A.G.
Y.S.
B.T.

SERIE PIPER

Zu diesem Buch

Der Tod ist eines der letzten großen Tabus – und übt dabei größte Faszination auf den Menschen aus. Constance Jones hat für dieses Kompendium gesammelt, was wir über den Tod wissen. Das Spektrum reicht von der Geschichte über die Theologie und die Anthropologie bis zur Psychologie und der Frage, wie Betroffene mit dem Tod umgehen. Die Autorin beschreibt nicht nur Bestattungszeremonien und Riten rund um den Tod wie Beschwörung der Totengeister, Menschenopfer, Witwenverbrennung oder Feiertage zu Ehren der Toten, sondern auch Jenseitsvorstellungen in verschiedenen Kulturen und den Tod in der Kunst. Außerdem werden Todeserlebnisse und berühmte letzte Worte, verschiedene Todesursachen und Theorien über das Altern sowie ganz praktische Probleme behandelt, die sich heute im Umgang mit Sterben und Tod stellen. Neugierig und sehr respektvoll nähert sich Constance Jones diesem wichtigen Thema und bietet viel Stoff zum Nachdenken.

Constance Jones ist Autorin von insgesamt zehn Büchern. Sie lebt in New York und arbeitet dort als freie Autorin und Journalistin.

Constance Jones
Der Tod

Alles über Leben und Sterben

Aus dem Amerikanischen von
Anni Pott

Piper München Zürich

Die deutsche Ausgabe wurde bearbeitet von Anni Pott.

Ungekürzte Taschenbuchausgabe
November 2000

Titel der amerikanischen Originalausgabe:
»R.I.P. – The complete book of death and dying«,
HarperCollins, New York 1997

Umschlag: Büro Hamburg
Stefanie Oberbeck, Katrin Hoffmann
Foto Umschlagvorderseite: Chip Forelli/Kevin R.
Schochat Photographer's Agent, N. Y.
Satz: Fotosatz Reinhard Amann, Aichstetten
Druck und Bindung: Clausen & Bosse, Leck
Printed in Germany ISBN 3-492-23196-9

Inhalt

Kapitel 2

Die Wissenschaft vom Tod und Sterben **63**

Kapitel 3

Sterbestatistiken **109**

Kapitel 10

Letztes Abschiednehmen **381**

Beiträgerinnen und Beiträger

Carleen Brice
Marion Dreyfus
Diedre Elliott
Liza Featherstone
Linda Greer
Ken Packman
Dr. Jordan P. Richman
Julia Banks Rubel
Karen Sbrockey
Susan Walton

Einleitung

Denn alles Interesse für Tod und Krankheit ist nichts als eine Art von Ausdruck für das am Leben.
THOMAS MANN, DER ZAUBERBERG

Es gibt nichts, was die Lebenden so sehr fasziniert wie der Tod. Er ist eine der wenigen Erfahrungen, die alle Menschen teilen, und dennoch bleibt er ein Mysterium. Er ist die vielleicht erschrekkendste, entsetzlichste Tatsache des Lebens. Aber er hat auch etwas ungeheuer Verlockendes und unbestreitbar Romantisches an sich. Der Tod regt die menschliche Phantasie an und beflügelt sie, seit sich der erste Funke von Intelligenz im menschlichen Hirn regte. Er nährt Religion, Politik, Kunst, Wissenschaft, Wirtschaft und die gesellschaftlichen Sitten und Gebräuche. Er berührt jeden Aspekt unseres täglichen Lebens.

Da es in dieser Welt (noch) nicht gelungen ist, den Tod zu besiegen, hat die Menschheit vielfältige Wege gefunden, den Prozeß des Sterbens zu kontrollieren, den Tod ins Leben zu integrieren, ihn für die unterschiedlichsten Zwecke zu nutzen und sich darauf einzustellen, daß er zuschlägt. Aber hinter all diesen Anstrengungen steht die Verleugnung des Todes durch einen nahezu universellen Glauben an die Unsterblichkeit. Auch wenn der Körper verfällt, die geistige Welt vergeht, irgendein Teil des Selbst wird schon weiterleben – ob in einer anderen Welt, in einer anderen Inkarnation, durch das eigene geschaffene und hinterlassene Werk oder in der Erinnerung der geliebten Hinterbliebenen. Im beharrlichen Licht dieser Überzeugung ist das unausweichliche Ende des Lebens alles andere als gewiß.

In diesem Buch wird das Puzzle unserer Sterblichkeit untersucht, angefangen bei den makabren Witzen über tote Babys bis zur Organspende. Themen wie Nahtod-Erfahrungen und Serienmörder, ärztliche Freitodhilfe und Nekromantie, Mumien und Lebensversicherungen kommen zur Sprache. Das ebenso breite wie bunte Spektrum dieses Buches ist ein Spiegel der Vielfalt der Antworten, welche die Menschen auf der ganzen Welt und durch alle

Zeiten auf die eine Frage nach dem Tod gaben. Sie bilden eine spannende, bisweilen komische, mitunter erschreckende, manchmal ergreifende, aber immer fesselnde Lektüre.

Das Buch besteht aus zwei Teilen mit jeweils ebenso unterhaltsamen wie nützlichen Informationen. Der erste Teil bietet einen kulturenübergreifenden Überblick über die allgemeinen Sitten und Gebräuche und über die vorherrschenden Einstellungen zur universalen Erfahrung des Todes und Sterbens. Die einzelnen Kapitel behandeln kulturelle Traditionen, wissenschaftliche Untersuchungen, demographische Statistiken, Bestattungsriten und -gebräuche, religiöse Überzeugungen, kreative Äußerungen und historische Anekdoten. Sie gewähren einen Einblick, welchen Stellenwert der Tod in der menschlichen Gesellschaft hat.

Der zweite Teil gibt praktische Informationen. Die Kapitel widmen sich der Frage der Vorbereitung auf den Tod. Vorkehrungen in Form von Verfügungen und Testamenten, die finanziellen Fragen, die Beisetzungsregularien und das Trauern werden angesprochen. Der zweite Teil wendet sich nicht nur an den interessierten Leser. Er gibt denjenigen, die persönlich mit diesen Fragen konfrontiert sind, praktische Hilfestellungen.

Das Buch ist in übersichtliche Abschnitte gegliedert, die sich ebenso dazu anbieten, lose darin herumzublättern, oder am Stück zu lesen. Die zahlreichen Überschriften und Unterteilungen und das Stichwortverzeichnis helfen gezielt spezielle Interessensbereiche zu suchen. Im Anhang finden Sie zudem eine Liste von hilfreichen Publikationen, Organisationen sowie weitere Informationsquellen.

Das Buch bietet einen umfassenden Überblick über das Thema Tod und Sterben. Es ist allen hilfreich, die eine Einführung in diese Thematik suchen. Es ist ein reiches – wenn auch zugegebenermaßen subjektives – Kompendium, das in dieser Form noch nie zusammengestellt wurde und seinesgleichen sucht. Es wird zumindest eines erreichen, es wird mit Sicherheit niemanden zu Tode langweilen.

Kapitel 1
Die Traditionen des Todes

Einer afrikanischen Legende zufolge übergab Gott der Kröte am Anfang der Zeit einen Tonkrug und sagte: »Sei vorsichtig damit, da er den Tod enthält.« Die Kröte, froh, für eine so wichtige Aufgabe auserwählt zu sein, versprach, gut auf den Todeskrug aufzupassen.

Eines Tages, als die Kröte die Straße entlanglief, begegnete sie einem Frosch.

»Oh, bitte, laß mich den Krug tragen«, bettelte der Frosch. »Ich weiß, wie man darauf aufpaßt.«

Die Kröte schüttelte den Kopf, aber der Frosch jammerte und bittelte und bettelte, bis die Kröte schließlich nachgab.

Der Frosch begann herumzuhüpfen und den Krug zuerst auf dem einen und dann auf dem anderen Fuß zu jonglieren.

»Halt!« schrie die Kröte, aber es war schon zu spät. Der Krug kippte, und da der Frosch ihn nicht mehr rechtzeitig auffangen konnte, fiel er zu Boden. Als er zerbrach, floß der Tod heraus. Und seither begegnen alle lebenden Kreaturen dem Tod.

Der Tod war für die Menschheit nie ein Fremder. Die Notwendigkeit, mit dem Tod umzugehen, ist eine universale Erfahrung. Geschichten wie die über den Frosch und die Kröte halfen in Gesellschaften, die des Lesens und Schreibens unkundig waren, sich mit dem Mysterium des Todes auseinanderzusetzen. In anderen Geschichten wird von zwei Geschöpfen erzählt, die den Auftrag hatten, der Menschheit wichtige Botschaften zu überbringen, wobei das Geschöpf, das die Todesbotschaft bei sich trug, unweigerlich als erstes eintraf. Einige mythische Helden wie der babylonische Gilgamesch fanden den Schlüssel zur Unsterblichkeit und verloren ihn wieder an andere Wesen. So wurde der Tod das Schicksal, das allen Lebewesen beschieden ist.

Einstellungen zum Tod: Historischer Überblick

Die Neandertaler

Die ersten Menschen, Jäger und Sammler, die im Rhythmus der Jahreszeiten umherzogen und ihren Wanderrouten folgten, waren mit dem Tod sehr vertraut. Kälte, Hunger, Krankheiten und Verletzungen machten den Tod zu einem ständigen Begleiter. Auch wenn es nicht möglich ist, die frühzeitlichen Einstellungen zum Tod voll und ganz zu erfassen, liefern archäologische Funde doch faszinierende und aufschlußreiche Hinweise.

Die frühen Hominiden scheinen ihre Toten einfach beiseite gelegt zu haben. Bei Ausgrabungen wurden Knochen verstreut in Abfallhaufen gefunden, die älter als einhunderttausend Jahre sind. Wie es scheint, schenkte man den Toten keine besondere Fürsorge oder Aufmerksamkeit, und es gab auch keine Beerdigungsriten. Die Leichen wurden einfach beiseite geschafft und liegengelassen.

Die Wohnstätten der Neandertaler weisen auf eine größere Fürsorge gegenüber den Toten hin. Vieles, was bei Ausgrabungen gefunden wurde, spiegelt durchaus heutige Beisetzungspraktiken wider. Bei den Ausgrabungen in der Shanidar Höhle im nördlichen Irak wurden beispielsweise menschliche Überreste gefunden, die von den Pollen verschiedener Blumen wie Disteln, Kornblumen, Traubenhyazinthen und Stockrosen umgeben waren. Wissenschaftler gehen davon aus, daß diese Blumen eine medizinische Bedeutung hatten. Mit anderen Worten, die Neandertaler versuchten vielleicht, ein »Heilmittel« gegen den Tod zu finden. Möglicherweise wollten sie aber auch nur die letzte Ruhestätte eines ihnen nahestehenden Menschen schmücken.

Im westlichen Himalaya wurde das Grab eines Neandertaler Kindes mit einem Ring von Wildziegenhörnern markiert – als wollte man damit einen Schutz vor Räubern und bösen Geistern heraufbeschwören. Bei einer Ausgrabung in Frankreich wurden die Überreste eines Jungen in einer Grube gefunden, der mit rotem Ockerpuder bedeckt war und dessen Kopf auf Feuersteinblättchen ruhte. Bei vielen paläolithischen Überresten fanden sich gewöhnliche Gebrauchsgegenstände wie Feuersteine, Waffen oder auch Speisen.

Die Neandertaler begruben ihre Toten mitunter in einer zusammengekrümmten Haltung gefesselt, mit verschränkten Armen und bis zur Brust angezogenen Knien. Eine Haltung, die an ein Kind im Mutterleib oder einen im Schlaf zusammengerollten Menschen erinnert. Manche Leichname wurden so beigesetzt, daß sie mit dem Gesicht nach Osten blickten, als wollte man dafür Sorge tragen, daß ihr Geist, wenn er erwachte, in die aufgehende Morgendämmerung blickte.

Von den vielen Hinweisen, die wir über die Einstellungen der Neandertaler zum Tod haben, ist die Entdeckung des Bärenkultes einer der faszinierendsten. 1917 entdeckte Emil Bächler, ein deutscher Archäologe, im Drachenloch, hoch oben in den Schweizer Alpen, systematisch angeordnete und ausgerichtete Höhlenbärenknochen. Bei einem ähnlichen Fund in Regourdu, Frankreich, fand man ebenfalls Bärenknochen und einen Neandertaler, der zusammen mit dem Vorderbeinknochen eines Höhlenbären beerdigt worden war.

Bei dem Fund im Drachenloch stieß man in einer rechteckigen »Kiste« aus Steinen auf sorgfältig angeordnete Bärenknochen und -schädel. In den Höhlenwänden fand man zudem Steinnischen, in denen weitere Schädel ruhten, darunter ein Bärenschädel, bei dem durch die Öffnung des Wangenbeins ein Oberschenkelknochen gesteckt war. Solche Funde lassen darauf schließen, daß die Neandertaler bereits regelrechte Kultstätten in Krypten für den starken und von ihnen verehrten Höhlenbären schufen.

Vielleicht versuchten die Neandertaler mit diesem Kult, jene wiederbelebenden Kräfte zu mobilisieren, die den Bären in diesen Gesellschaften oft zugeschrieben wurden. Da Bären Winterschlaf halten und dabei in einen tiefen, äußerlich dem Tod ähnelnden

Schlaf fallen, war der Bärenkult für die Beteiligten möglicherweise mit Gedanken an Wiedergeburt und Unsterblichkeit verbunden. Vielleicht wurden für Menschen und Bären eigene Zeremonien und sogar »Beerdigungen« abgehalten. Wenn die Neandertaler ihre Toten zusammen mit den sterblichen Überresten von Höhlenbären beisetzten, so wollten sie vielleicht die Kräfte des Winterschlafs auf den Toten übertragen. Jedenfalls sieht es ganz so aus, als hätten die Neandertaler schon vor über dreißigtausend Jahren versucht, der Endgültigkeit des Todes zu entrinnen.

Der Cro-Magnon-Mensch

Vor etwa fünfunddreißigtausend Jahren tauchte der als Cro-Magnon-Mensch bekannte Homo sapiens in Europa auf. Die Cro-Magnon-Menschen hatten bessere Werkzeuge als die Neandertaler und deshalb auch eine höher entwickelte Gesellschaft. Erste Zeugnisse über reguläre Beisetzungspraktiken weisen auf ein reiches zeremonielles Leben hin.

Natürlich können wir nicht genau wissen, welche Einstellungen die Cro-Magnon-Menschen im einzelnen zum Tod hatten; die Ausgrabungen deuten jedoch auf eine Reihe komplexer Vorstellungen hin. Funde von Cro-Magnon-Menschen in Sungir, im Nordosten von Moskau, förderten einen Mann zu Tage, der zusammen mit geschnitzten Werkzeugen aus Mammutknochen beerdigt worden war. Der Mann trug mehrere, aus über dreitausend Elfenbeinperlen gefertigte Halsketten, und auf seinem Grab ruhte der Schädel einer Frau.

Unmittelbar neben diesem Mann und dieser Frau wurde das Doppelgrab eines Jungen und eines Mädchens im jugendlichen Alter gefunden. Kopf an Kopf wurden sie zusammen mit dem Zahn eines Polarfuchses, mehreren Ringen, über eintausend Elfenbeinperlen und über einem Dutzend Dolchen, Speeren und Pfeilen beerdigt.

Entdeckungen wie dieser Fund in Sungir und andere Beerdigungen und Höhlenkunstwerke aus dieser Zeit legen den Schluß nahe, daß die Cro-Magnon-Menschen an eine Gruppenzugehörigkeit glaubten und verschiedene Ebenen von gesellschaftlichem Status kannten. Das Grab der Kinder weist zudem darauf hin, daß dieser Status vererbt werden konnte. Viele Cro-Magnon-Waffen und -Ornamente zeigen schöne Schnitzereien mit realistischen wie auch symbolischen Bildern. Vielleicht hatten die Cro-Magnon-Menschen auch ihre Schamanen oder eine Priesterkaste, die für die rituelle Verwendung solcher Gegenstände zuständig war. Wie dem auch sei, fest steht, daß dem Tod von dieser Zeit an in Ritualen und symbolischen Handlungen immer mehr Beachtung geschenkt wurde.

Die Mesopotamier

Mit dem Aufkommen der frühesten Zivilisationen konsolidierten sich die vorgeschichtlichen Einstellungen zum Tod zu formalen Überzeugungen und Glaubenssätzen. Die Mesopotamier hatten eine pessimistische Einstellung zum Tod und eine optimistische Einstellung zum Leben. Sie glaubten nicht an ein Weiterleben der Seele nach dem Tod und waren der Meinung, daß man sich vergnügen, Spaß haben und das beste aus seinem Leben machen sollte. Obwohl ihre Kultur in vieler Hinsicht der der alten Ägypter ähnelte, hatten sie eine völlig andere Einstellung zum Tod. Die Ägypter fetischisierten den Tod, während die Mesopotamier bewußt schlicht damit umgingen. Im Kontrast zu den grandiosen ägyptischen Pyramiden sind ihre architektonisch unauffälligen Gräber mit Erde bedeckt.

Ägypten: Das vom Tod besessene Königreich

Von der himmlischen Mutter kommt mir das IB-Herz;
Vom irdischen Leben kommt mir das HATI-Herz.
Möchten gegen mich stehen keine verlogenen Zeugen!
Die göttlichen Richter seien mir gütig und gnädig!
Wahrheitsliebend seien die Zeugen meines irdischen Wandels,
Wenn sie Zeugnis erstatten
Vor dem Wächter der Gerechtigkeitswaage …

Zu den Glückseligen Gefilden komm
Und lasse uns wandeln zusammen!
Möge mein Name nicht stinkend und faulend
Dem Herrscher des Jenseits erscheinen,
Der die Menschengeschicke waltet und lenkt!
Möge der Götter Gehör froh sein und ihre Herzen zufrieden,
Wenn deine Worte gewogen auf der Gerechtigkeitswaage!
Gegen mich seien keine Lügen erhoben
Vor dem Thron des mächtigen Gottes...

DAS ÄGYPTISCHE TOTENBUCH

Die alten Ägypter glaubten, daß das Schicksal der Seele nach dem Tod mit dem Schicksal des Körpers verknüpft sei. Das *kaò* oder die vitale Lebensenergie eines Menschen mußte im Grab mit dem *baò*, der spirituellen Energie, wiedervereinigt werden. Da das *baò* im Körper wohnte, war die physische Erhaltung des Leichnams von essentieller Bedeutung. Die Ägypter entwickelten mit der Zeit immer komplexere Bestattungskünste und machten die Vorbereitung auf den Tod und die Sorge um das Leben nach dem Tod zu einer Obsession.

Ordnungsgemäß durchgeführt, garantierten die ägyptischen Totenfeiern ein glückliches Dasein im nächsten Leben. Die entsprechenden Riten und begleitenden Prozeduren werden in dem sogenannten *Totenbuch* beschrieben, den frühesten heiligen Texten der Welt. Sie wurden an den Wänden von Grabstätten angebracht, innen in Särge gemalt, in Aufzeichnungen festgehalten, die in hölzernen Behältnissen aufbewahrt wurden, und auf Papyrusrollen geschrieben, die den Mumien beigelegt wurden.

Bei den Texten handelt es sich um eine Sammlung magischer Zauberworte und Beschwörungen, die das Wohlergehen des Verstorbenen im Jenseits gewährleisten sollen. Die im *Totenbuch* beschriebenen kunstvollen Rituale und Verfahrensweisen waren weit verbreitet und beherrschend. Die Ägypter praktizierten etwa seit 3000 v. Chr. die Mumifizierung. Diese wurde erst aufgegeben, als sie 3500 Jahre später zum Islam konvertierten.

Eine wichtige Vorstellung im Zusammenhang mit dem Tod war

für die alten Ägypter die Idee von einem letzten Gericht. Sie glaubten, daß jeder Mensch am Ende vor ein göttliches Tribunal gestellt würde. Im Jenseits würde das Herz der Mumie gegen die »Federn der Wahrheit und Gerechtigkeit« aufgewogen. Gute Taten sorgten dafür, daß das Herz leicht blieb, und gewährleisteten ein ewiges Leben. Ein schweres Herz deutete auf Sündhaftigkeit und wurde von Ammit, dem Monster mit einem Krokodilkopf, gefressen.

In der Annahme, daß der Tote die göttliche Prüfung bestehen und ihm das ewige Leben gewährt würde, glaubte man, daß er dann auch in seinem nächsten Leben Gegenstände aus seinem früheren Leben brauchen würde. Was erklärt, warum ägyptische Grabstätten so groß sind und darin so viele Gebrauchsgegenstände zu finden sind, die den Toten mit auf den Weg gegeben wurden. Schöne Frauen nahmen ihre Kosmetika mit, Musiker ihre Harfen und Kinder Spiele und Spielzeuge. Nahrung, Kleidung, Möbel, Abbilder von Dienern und Sklaven, Haustiere ... was immer es in diesem Leben gab, wurde mit der Mumie beerdigt.

Die Pyramiden, die größten Grabstätten der Welt, wurden die letzte Ruhestätte vieler Mumien. Die Große Pyramide, die Cheopspyramide von Giseh wurde aus über zwei Millionen dreihunderttausend Steinblöcken erbaut und hat eine Höhe von einhundertsechsundvierzig Meter. An so kunstvollen Grabstätten wie der Cheops Pyramide hatten eine halbe Million Arbeiter mehrere Jahrzehnte zu arbeiten, bis sie fertiggestellt waren.

Die Griechen und Römer

Die Griechen borgten einen Teil ihrer Philosophie über den Tod von den Ägyptern. Auch sie dachten, die Götter würden die Seele eines Menschen nach dem Tod wiegen. Sie gaben ihren Toten etwas Nahrung, Wein, Kleidung und Unterhaltliches mit, das sie nach ihrem Dafürhalten im Jenseits brauchen konnten.

Die Griechen hatten eine entsetzliche Furcht vor dem Tod; ihre Mythologie beschreibt die Schatten oder Seelen in der Unterwelt, im Hades, als sorgenvoll und klagend und ihre Umgebung als dunkel und düster. Ihre Texte und Mythologien spiegeln zugleich ein Fasziniert-Sein von der Unsterblichkeit wie auch Entsetzen über die Qual des Todes wider. Sokrates hat, auch wenn er ein Bilderstürmer seiner Zeit war, die künftige Sicht der westlichen Philosophen zu diesem Thema beeinflußt; er war der Meinung, daß man den Tod weder fürchten noch allzusehr betrauern mußte, sondern ihn ruhig und gelassen hin- und annehmen sollte.

Wurden die Bestattungsvorschriften nicht richtig eingehalten oder versäumt, genügend Opfer darzubringen, führte das zur Qual im »freudlosen Reich« des Lebens nach dem Tod, dem sogenannten Hades. Gewissenhafte Griechen legten Wert darauf, daß ihre Toten mit einer Münze für Charon, dem Fährmann der Toten, der die Seelen über den Fluß der Styx übersetzte, und mit Honigkuchen für Zerberus, den dreiköpfigen Wachhund an den Pforten der Unterwelt, begraben wurden.

Die Griechen badeten ihre Toten, salbten sie mit Öl und kleideten sie, mumifizierten sie jedoch nicht. Sie begruben ihre Toten bis etwa 1000 vor der christlichen Zeitrechnung, dann wurde die Verbrennung der Leichen die bevorzugte Bestattungsmethode. Die Feuerbestattung war zuerst eine praktische Lösung für den Tod auf dem Schlachtfeld gewesen. Urnen mit den Ascheresten der Gefallenen ließen sich wesentlich leichter zu den trauernden Verwandten transportieren, insbesondere, wenn der Tod an fernen Orten eingetreten war. Mit den aschegefüllten Urnen war es auch möglich, Staatsbegräbnisse erst Wochen oder Monate nach dem Tod eines Helden stattfinden zu lassen. Während die meisten gewöhnlichen griechischen Bürger weiterhin beerdigt wurden, wurde die Feuerbestattung alsbald die bevorzugte Bestattungsmethode der Elite.

Die Feuerbestattung wurde mit Tugendhaftigkeit und Patriotismus assoziiert. Homers *Ilias* beschreibt viele sorgfältig und kunstvoll vorgenommenen Einäscherungen. Darunter ist auch die, die der trojanischen König Priamos für seinen Heldensohn Hektor arrangierte, und auch der gewaltige Scheiterhaufen, den Achilles für die Einäscherung zu Ehren seines Freundes Patroklos errichten ließ.

Die gewöhnlichen römischen Bürger wurden, wie die gewöhnlichen Griechen, meistens beerdigt, während die römische Elite die Einäscherung vorzog. Wohlhabende Familien kauften kunstvolle Urnen und mieteten Stellplätze in besonderen Gruften, den sogenannten Kolumbarien. Sie kauften juwelenbesetzte Tränenkrüge, um die Tränen professioneller Trauernder aufzufangen und aufzubewahren. Mit der Zeit entwickelte sich rund um den protzigen Bestattungsaufwand, den die Römer betrieben, eine ganze Industrie, die auch den ersten professionellen Bestatter hervorbrachte.

In seinem Epos *Äneis* tadelt der Dichter Vergil die Römer scharf wegen ihrer geschmacklosen, unreligiösen Einäscherungen und ihres protzigen Bestattungsgehabes, und schildert ihnen stattdessen, wie ein angemessener schlichter Scheiterhaufen für die Verbrennung beschaffen ist und tritt dafür ein, daß nur ernsthaft Trauernde an den Zeremonien teilnehmen sollten.

Etwa ab dem Jahr 100 n. Chr. nahm die Praxis der Einäscherung allmählich ab, wobei die Gründe dafür nicht ganz klar sind. Zwei Theorien sind am wahrscheinlichsten. Erstens war das Christentum auf dem Vormarsch, und die frühe Kirche mißbilligte Verbrennungen. Und zweitens war das Holz durch die zahlreichen Verbrennungen, die man über einen so langen Zeitraum durchgeführt hatte, inzwischen knapp geworden. Die Römer brauchten diese kostbare Ressource jetzt für den Schiffsbau und den Bau von Festungen an den Grenzen ihres Imperiums.

Die Kelten

Während der Blüte der klassischen Zivilisationen im Mittelmeerraum entwickelten die Völker im nördlichen Europa ihre eigenen Kulturen und Glaubenssysteme. Die alten Kelten hatten wenig Furcht vor dem Tod; was wohl auch erklärt, warum sie so verwegene Krieger waren. Diese Einstellung hing mit ihren religiösen Überzeugungen zusammen: Sie glaubten, daß es nur einen geringfügigen Unterschied zwischen den spirituellen und den irdischen Welten gab, und daß das Leben nach dem Tod im wesentlichen wie das Leben auf Erden sei, nur besser. In der christlichen Ära wurden die Einstellungen der Europäer zum Tod dann jedoch wesentlich komplizierter.

Die Entwicklung der modernen Einstellungen zum Tod

Das frühe Mittelalter: Der Tod als kollektives Schicksal

Kurz nach einem Sieg in Spanien gerät die Nachhut des Heeres von Karl dem Großen in dem engen Tal von Roncesvalles in den Pyrenäen in eine Falle der Sarazenen. Das französische Heldenepos *Chanson de Roland*, das *Rolandslied*, feiert ihren Mut und ihre Tapferkeit, beklagt ihre Niederlage und liefert einen Einblick in die mittelalterlichen Einstellungen zum Tod und Sterben.

Nachdem er tödlich verwundet ist, macht Roland, der kühne Held des Kampfes, genau das, was im Zeitalter des Rittertums von einem Mann seines Standes erwartet wurde. Er erzählt sein Leben, erinnert sich der Dinge, die er geleistet hat, und der Menschen, die er geliebt hat. Er rühmt seine Truppen, spricht begeistert von den Ländern, die er eroberte, und betont seine Liebe und seinen Respekt gegenüber Karl dem Großen. Roland erwähnt hingegen mit keinem Wort die Frau, mit der er verlobt ist, noch seine Eltern, da seine letzten und hehrsten Gedanken seinem Vaterland, Frankreich, zu gelten haben.

Den Menschen im Mittelalter war der Tod gewiß mehr als vertraut. Er wurde, wie seit Jahrhunderten, angenommen und war Teil des Lebens. Übertriebene Gefühle angesichts des Todes – ob in Form von Trauer oder Angst – wurden als unangemessen betrachtet. Was zum Teil auch darauf zurückzuführen war, daß der Tod den meisten in Anbetracht der Tatsache, daß das Leben so voller Nöte und Härten war, als Erlösung erschien. Die Lebenserwartung war so gering, daß die Erwachsenen ihren Tod immer vor Augen hatten. Bei Säuglingen und Kindern ging man sogar von vornherein davon aus, daß sie starben. Die Gemeinschaft war in ihren

Augen wichtiger als der einzelne, so daß um den Verlust eines einzelnen Menschen nicht allzusehr getrauert wurde.

Ein schmerzvoller und langer Tod war üblich, der plötzliche Tod eher eine Seltenheit. Selbst Soldaten, die im Kampf verwundet wurden, hatten in der Regel Zeit, sich auf den Tod vorzubereiten. Sie legten ihre Rüstung ab, legten sich mit dem Gesicht nach Jerusalem blickend auf den Boden, verschränkten die Arme über der Brust, beglichen irdische Rechnungen und sprachen ihre Gebete. Und vielfach war auch ein Priester anwesend, der ihnen die Beichte abnehmen und die Absolution erteilen konnte. Dann versank der mittelalterliche Mensch – ob Krieger oder Bauer – schließlich in Schweigen und wartete auf den Tod.

Der plötzliche Tod war für das mittelalterliche Gemüt mit zahlreichen Komplikationen verbunden. Der Tod war ein öffentliches Ereignis. In einer Welt, die vom Kodex der Ritterlichkeit abhing und darauf baute, bedeutete, allein zu sterben, daß es niemanden gab, der die letzten Gebete des Sterbenden hören und niemanden, der seine letzten Anweisungen entgegennehmen konnte. Der Sterbende erwartete, daß er in der Stunde seines Todes von seiner Familie und seinen Freunden umgeben war. Der Tod wurde nicht als Schicksal des einzelnen, sondern als eine gemeinschaftliche Erfahrung gesehen. Alle Menschen starben, und alle nahmen an den Todesritualen teil. Der plötzliche Tod brach hingegen dieses Muster des gemeinschaftlichen Betroffen- und Einbezogenseins.

Durch das im Mittelalter in Europa vorherrschende christliche Denken wurde der Tod von den meisten als eine Phase der Erlösung, der Erleichterung und des Friedens gesehen, da die Kirche die Auferstehung der Toten versprach. Die Beerdigungen fanden in einem schlichten Rahmen und etwa bis zum sechsten Jahrhundert meistenteils außerhalb der Städte statt, was möglicherweise auf ein Relikt aus heidnischen Zeiten zurückzuführen war, als man es für möglich hielt, daß die Toten zurückkehren und die Lebenden verfolgen konnten.

Im sechsten und siebten Jahrhundert entwickelte sich das klösterliche Leben und ein Kult um Märtyrer. Große Pilgerscharen suchten die Grabstätten von Märtyrern auf, und viele Menschen wollten unbedingt in deren Nähe begraben sein, quasi als Extragarantie für ihr Leben nach dem Tod. So wurden mit der Zeit Kapellen und dann auch Kirchen neben diesen Grabstätten erbaut und man ging allmählich auch immer mehr dazu über, die Toten auf den Kirchhöfen statt auf dem freien Land zu begraben.

Ein anderer Platz, wo sterbliche Überreste ihre letzte Ruhe fanden, waren Beinhäuser. Diese Ossuarien waren öffentliche Orte, an denen die Gebeine aufbewahrt wurden, oft die von Armen oder Unbekannten oder auch die sterblichen Überreste aus alten Gräbern, die ausgehoben wurden, um Platz für neue Begräbnisse an derselben Stelle zu schaffen. In diesen Beinhäusern wurden die Knochen mitunter in geometrischen Mustern angeordnet. Oder es wurden, wie in den berühmten Pariser Katakomben, die Beinknochen und Schädel zu einem bis zu zwei Meter fünfzig hohen und neun Meter tiefen Berg aufgeschichtet.

An den Wänden von Beinhäusern waren oft Sätze wie »Wir sind überall vom Tod umgeben« zu lesen. Das war tatsächlich so. In diesen Beinhäusern kam man auch zusammen, um Geschäfte abzuwickeln, zu tanzen und zu spielen. In einem bretonischen Lied heißt es: »Laßt uns zum Beinhaus kommen, Christen; laßt uns die Skelette unserer Brüder sehen.« Solche Beisetzungspraktiken spiegeln die Überzeugung wider, daß der Tod ein kollektives Schicksal ist und nicht etwas, wovor man sich allzusehr fürchten muß. Schließlich gab es das Versprechen der Auferstehung.

Das späte Mittelalter und die Renaissance: Die Todesangst des einzelnen

Desgleichen sei mein Leib im Grabe beigesetzt.
Ihn soll die Erde, unsre große Mutter, haben …
Zu Sankt Avoye, im Oberstock, will ich begraben sein,
an keinem andern Orte soll mein Grabmal stehn …
Insgleichen wünsche ich, daß man mit Macht noch heute
die große Glocke, spröd wie Glas, am Münster läute,
wiewohl seit jeher beim Gedröhne dieser Glocken

ein jedes Herz im ganzen Land zu Tod erschrocken …
Um all dies durchzuführen und ins Lot zu bringen,
setz ich nun meine Testamentsvollstrecker ein …
Für Kerzen, einen Leichenzug und Totenwagen
mag Herr Guillaume de Ru persönlich Sorge tragen.
Die Zipfel meines Bahrtuchs, ziehn wir durch die Gassen,
solln meine Testamentsvollstrecker ehrerbietig fassen.
Hier schließt des armen Villon Testament,
und seiner Leiden lange Kette hat ein End.
Kommt alle her zu seinem Leichenzug,
wenn ihr das Totenglöcklein hört.

FRANCOIS VILLON, DAS GROSSE TESTAMENT

Um das zwölfte Jahrhundert änderten sich allmählich die mittelalterlichen Einstellungen zum Tod. Inzwischen hatten mehr Menschen mehr Zugang zu den Werken der griechischen und römischen Philosophen. Im Zeitalter der Entdeckungen wurden neue Kontinente und neue Kulturen erforscht. Intellektuelle und geographische Barrieren fielen, und es entstand ein neues Selbstbewußtsein. Die Menschen waren nicht mehr absolut überzeugt vom Versprechen der Kirche auf eine gemeinschaftliche Auferstehung. Nun wurde das Konzept von einer göttlichen Bilanz entwickelt, die nach dem Tod jedes einzelnen erstellt wurde. Und damit war der Gedanke an den Tod nun nicht mehr von einem Gefühl der Ruhe und des Friedens, sondern von Ängsten begleitet.

Dieser Gesinnungswandel wurde zum Teil durch das Überhandnehmen von Seuchen, insbesondere der Pest, herbeigeführt. Bis Ende des Jahres 1351 hatte die erste Welle des Schwarzen Todes mehr als ein Drittel der europäischen Bevölkerung dahingerafft. Der Tod schien überall zu sein. Die in der Ritterzeit gültige Ordnung war gekippt. Von der kirchlichen Lehre hielt vieles dem Wandel der Zeit zwar stand, gleichwohl wuchs die Angst, vor allem in Zusammenhang mit dem Seelenheil und der Frage nach dem göttlichen Gericht über die Seelen. In dem Maße, in dem sich der Individualismus stärker durchsetzte, wurde die gesellschaftliche Gemeinschaft zunehmend durch die Familie verdrängt und ersetzt. Parallel dazu bekam der Tod einen dramatischen, tragischen Beigeschmack und wurde in der Tat ein die Kultur regelrecht in Beschlag nehmendes Thema. Die Aussicht auf ein individuelles göttliches Gericht nach dem Tod wurde noch erschreckender, wie die Bilder vom Himmel und der Hölle zeigen, die in der Kunst und Literatur jener Zeit zu finden sind.

Dem Vorgang des Sterbens wurde nun größere Bedeutung beigemessen. Man glaubte, daß Engel und Dämonen über dem Sterbenden schwebten und miteinander um die Seele kämpften. Die Augenblicke vor dem Tod waren der Zeitpunkt, an dem man sich für sein Leben auf Erden zu rechtfertigen hatte und sich einen Platz in der nächsten Welt sichern konnte. Das Gebet des »Ave Maria« stammt aus dieser Ära und beschwört das Bild von einem guten Tod herauf.

Testamente, Reue und Buße, Spenden und Stiftungen gehörten oft zur Totenbettszene. Die revolutionäre Vorstellung vom freien Willen brachte moralische Verantwortlichkeiten mit sich. Im Begleichen irdischer Rechnungen, Ablegen persönlicher Zeugnisse und dem Vermächtnis von Eigentum sah man Mittel und Wege, die Waage der Ewigkeit zugunsten des Seelenheils zu neigen.

In den Jahren der Pest war der Tod von Tabus und Ängsten umgeben. Ab dieser Zeit wurden die Leichen verhüllt und vor den Augen der Lebenden verborgen. Vor allem wurden die Gesichter der Toten bedeckt und die in Tücher oder Hemden gehüllten Leichen eingesargt.

Während die sterblichen Überreste der Toten nunmehr verhüllt wurden, setzte sich zunehmend der Brauch durch, sie nach dem Tod in irgendeiner Form darzustellen. Grabsteinplatten und -inschriften kündeten von ihrem Leben. Totenmasken und Skulpturen stellten den Toten vor und nach seinem Tod dar. Statuen veranschaulichten detailliert den körperlichen Verfall und waren somit ein Mahnmal der Sterblichkeit und der unabwendbaren Verantwortlichkeit, die der einzelne für sein Schicksal trug.

Das Industriezeitalter: Wissenschaft, Glaube und Familie

Bis zum Ende der Renaissance wurde der einzelne von der Angst um seinen Tod regelrecht verzehrt. Der Tod war erschreckend und scheinbar willkürlich, das Seelenheil ungewiß und keineswegs göttlich garantiert. Etwa um 1700 verlagerte sich der Blickwinkel, vom eigenen Tod auf den Tod anderer. Zwischenmenschliche Bindungen – zwischen Liebenden, Eltern und Kindern, Ehemännern und -frauen sowie Freunden – wurden nun zunehmend ein anerkannter Teil des Lebens. Der Tod bedeutete die Auflösung dieser leidenschaftlichen Bindungen und wurde somit als noch unerträglicher empfunden, zugleich aber auch als erotisch und romantisch. Immer mehr Menschen – Gläubige wie Nichtgläubige – hofften darauf, daß es für die Familien die Chance gab, im Himmel wiedervereint zu sein. Die Konzentration auf das Schicksal anderer war ein Weg, mit der erschreckenden Möglichkeit der persönlichen ewigen Verdammnis fertig zu werden.

Aber was geschieht, wenn der Tod die einzige sichere Umwelt eines Menschen, die Familie, trifft? Die Auseinandersetzung mit dieser Frage führte im Ergebnis zu Ideen wie der von einem schönen Tod, zum Gedenkkult und zu übertriebenen Trauerritualen. So setzte sich schließlich die Sicht durch, den Tod nur noch als Vorspiel für die langerwartete Wiedervereinigung mit verstorbenen Familienangehörigen im Himmel zu sehen. Statt wie ihre puritanischen Vorfahren das Höllenfeuer und den Schwefel zu fürchten, verglichen die Romantiker des achtzehnten und frühen neunzehnten Jahrhunderts den Tod mit dem Entfalten eines Schmetterlings aus seiner Puppe. Totenbettszenen à la Romeo und Julia avancierten zu hochdramatischen Ereignissen und boten die Gelegenheit für einen letzten Austausch schöner Intimitäten.

Im Europa und Nordamerika des neunzehnten Jahrhunderts halfen kunstvolle Trauerzeremonien und Gedenksteine für die Toten den Schmerz des Verlustes zu lindern. Die Toten wurden mit reichverzierten Grabmälern, Statuen und Monumenten geehrt. Indes wurden Friedhöfe, da so viele Menschen Zeit dort verbrachten, in riesige, üppige und einladende Parks verwandelt. Die meisten Menschen starben zu dieser Zeit noch zu Hause, und die

Totenwachen an den im Wohnzimmer der Familien aufgestellten Särgen waren gesellschaftliche Ereignisse. Einer allgemeinen Beliebtheit erfreute sich in dieser Zeit auch Schmuck – wie Ohrringe, Broschen und Armbänder –, der aus dem Haar des geliebten Verstorbenen hergestellt wurde.

Die Viktorianer führten die Verwendung von speziell schwarzumrandetem Trauerbriefpapier ein. Darüber hinaus war es Sitte, daß die Hinterbliebenen nach der Beerdigung (außer, daß sie zur Kirche gingen) für gewöhnlich einen Monat zu Hause blieben und Festen jedweder Art ein Jahr lang fernblieben. Zu feiern wäre schlicht als geschmacklos angesehen worden. Die Modeindustrie entwarf eigens dunkelfarbige Trauerkleidung. Akzeptierte Trauerfarben waren Schwarz für das erste Jahr und dann Purpurrot und Grau.

In dieser Zeit kristallisierte sich allmählich auch unsere moderne Einstellung zum Tod heraus. Mit den Verbesserungen in der Medizin lebten die Menschen länger, und der Tod trat langsamer ein. Dies bedeutete, daß Krankheiten nun länger dauerten und damit erschreckender wurden; und durch die so genährte Furcht vor Krankheiten erhielt nun auch der Tod eine abstoßende, widerwärtige Dimension. Der Begriff der Intimsphäre kam auf, auf die der Einzelne und die Familie einen Anspruch hatten. Trauern oder auch nur ein offenes Gespräch über den Tod zu führen, wurde nun weitaus weniger akzeptabel.

Das moderne Zeitalter: Meidung und Leugnung

Die meisten Menschen sterben heutzutage im Krankenhaus. Fortschritte in den medikamentösen Behandlungen und andere Medikationen helfen, die unerträglichen Schmerzen und Qualen von Krankheiten und Verletzungen zu lindern. Aus der Sicht der Gesellschaft und Wissenschaft stellt der Tod einen biologischen Übergang dar, und beide sind bestrebt, ihn möglichst schmerzlos zu gestalten. Vor hundert Jahren und vor tausend Jahren starben die meisten Menschen zu Hause, heute ist der Tod für uns unsichtbar geworden. Anders ist es in den Entwicklungsländern, wo der

Tod noch immer – wie seit Äonen – eine alltägliche Tatsache des Lebens ist. Im heutigen Brasilien ist bei den ganz Armen selbst der Tod von Kindern eine so häufige Erscheinung, daß er ohne allzu große Trauer hingenommen wird.

Aber selbst die Tatsache, daß der Akt des Todes nunmehr durch die moderne Technologie kaschiert wird, ändert nichts daran, daß die Angst groß bleibt. Der Tod mag durch die Wissenschaft gebändigt und der Schmerz weitestgehend gelindert worden sein, aber viele fürchten den unpersönlichen, klinischen Aspekt, allein in einem Krankenhaus zu sterben. Angesichts der heutigen Mobilität der Bevölkerung und der demographischen Verschiebungen kann sich der Glaube an die Gemeinschaft und die Unterstützung seitens der Familie als flüchtig und vergänglich erweisen. Die Religion bietet immer weniger Menschen Trost. Viele können die Bedeutung des Lebens oder Todes nicht mehr ermessen. Mit weniger Ritualen, auf die man sich stützen kann, mit dem Mangel an Gewißheit über ein Leben nach dem Tod und mit weniger Trost, der von geliebten Menschen gespendet wird, ist das Sterben im letzten Teil des zwanzigsten Jahrhunderts in der Tat schwierig und problematisch geworden.

Beerdigungen sind heute meistenteils kurze und diskrete Angelegenheiten, die eher von Fachkräften als von den Familien abgewickelt werden. Und die Friedhöfe sind inzwischen so gestaltet, daß für aufwendige, kunstvolle Grabmäler und schmucke Statuen und Skulpturen kein Platz mehr ist und statt dessen schlichte kleine ebenerdige Namensplatten bevorzugt werden. Was die Einbeziehung von Kindern angeht, wird vielfach geraten, sie nicht mit zu Beerdigungen zu nehmen. Und da Freunde und die Familie es nicht mehr gewohnt sind, mit dem Tod umzugehen, heißt es oft: »Ich weiß nicht, was ich sagen soll. Ich weiß nicht, was ich tun soll.« In der modernen Gesellschaft scheint der Tod fast etwas Anstößiges zu sein. Die Folge ist, daß die Hinterbliebenen wie der Sterbende sich gleichermaßen isoliert fühlen können.

Die AIDS-Krise hat die Nichtbereitschaft der US-amerikanischen Kultur, sich dem Tod zu stellen, sichtbar werden lassen. Durch die Assoziation von AIDS mit stigmatisierten Gruppen und Sexualität wird die historische Verbindung zwischen Sex und Tod an die Überzeugung geknüpft, daß der Tod, genau wie einst der Sex, anstößig ist. Die extreme Ächtung der AIDS-Opfer und ihrer Angehörigen erscheint wie eine groteske Erweiterung der Behandlung, die den gewöhnlichen Sterbenden und ihren Angehörigen in der heutigen Gesellschaft widerfährt: andere wollen davon nichts wissen. Ironischerweise wird dadurch die Verbreitung der Krankheit nur beschleunigt. Die Öffentlichkeitsarbeit, die sich darum bemüht, das Krankheitsbild bekannt zu machen, versucht auch die Mauer des Schweigens zu durchbrechen, von der die menschliche Sterblichkeit umgeben ist.

Die Hospizbewegung widersetzt sich der herkömmlichen Leugnung des Todes. Hospizhelfer und -helferinnen bemühen sich darum, den Tod zu entmystifizieren und zu deinstitutionalisieren. Durch Schulungen und Aufklärung über den Tod ermutigen sie zur Offenheit und freien Diskussion über Lebens- und Todesoptionen und bieten sowohl den Lebenden als auch den Sterbenden ihre Hilfe und Unterstützung an.

Außereuropäische Einstellungen

Das komplexe Glaubenssystem der westlichen Zivilisation steht ganz im Gegensatz zu den Überzeugungen, die andere Völker vom Tod haben. Repräsentativ für die verschiedenen Einstellungen sind beispielsweise folgende Annahmen:

Die in Amerika beheimateten Indianerstämme unterscheiden sich sehr in ihren kulturellen Sitten, Gebräuchen und Überzeugungen, weisen aber dennoch eine gewisse Übereinstimmung in ihrer Betrachtungsweise des Todes auf. Der Tod wird in der Regel nicht gefürchtet, sondern als Teil des natürlichen Lebenszyklus und als ein Gefährte und nicht als Feind gesehen. Der einzelne sollte ihn sich stets vor Augen halten, da er jederzeit eintreten kann.

Im Gegensatz dazu sehen die australischen Aborigines den Tod nicht als etwas Natürliches, sondern als etwas Böses, von magischen feindlichen Kräften Bewirktes an. Auch im traditionellen Ghana gibt es keinen natürlichen Tod.

In Japan hatten die Samurai-Krieger bzw. -Ritter jahrhundertelang einen als *Buschido* bekannten Ehrenkodex, der vom Zen-Buddhismus, Konfuzianismus und Shintoismus beeinflußt war. Buschido bedeutete Resignation angesichts von Tod und Leid und unverbrüchliche Loyalität gegenüber dem eigenen Herrn und Gebieter – eine Loyalität, für die man bereit war zu sterben. Die Einstellungen der Chinesen sind vom Buddhismus, Taoismus und vor allem vom Konfuzianismus beeinflußt. Die chinesische Tradition mißbilligt Angst vor dem Tod. Für Taoisten sind Leben und Tod maßgebende Partner: Sie ermöglichen einander. Konfuzius lehrte, daß es zwar angemessen sei, nach einem Tod zu trauern, diese Trauer jedoch nicht zu lange dauern sollte, da alle Dinge ein Ende haben. Im übrigen weigerte er sich, über den Tod zu sprechen, da er der Überzeugung war, daß man darüber nichts wissen könne. Diese Traditionen münden in eine allgemeine Akzeptanz des Todes. Die Chinesen haben großen Respekt vor den Toten und ehren sie mit Opfergaben und Gebeten; diese Sitten und Gebräuche tragen zu dem Gefühl bei, daß der Tod ein Teil des täglichen Lebens ist. Die Tibeter glauben, daß der Mensch mehr als durch irgend etwas anderes im Leben durch Veränderungen lernt. Da der Tod die denkbar größte Veränderung darstellt, ist er der potentiell befreiendste Augenblick des menschlichen Lebens, der Punkt, an dem man am leichtesten Frieden und Erleuchtung erlangen kann. Man soll sich zu Lebzeiten selbst unterrichten und unterweisen, wie man zu sterben hat, insbesondere durch die Lektüre des *Tibetischen Totenbuches*, der unverbrüchlichen Quelle der tibetischen buddhistischen Lehren zu diesem Thema.

Bestattungen: Historischer und kultureller Überblick

Zwei Meter unter der Erde sind alle Menschen gleich groß.

ALTES SPRICHWORT

Beerdigungen hatten immer eine symbolische Funktion, nämlich, den Übergang vom Leben zum Tod zu markieren. Die lateinischen Ursprünge des englischen Wortes »funeral« (Beerdigung) liegen in dem Wort »Fackelzug«. Es bezeichnet eine Möglichkeit, den Toten beizustehen, ihren Weg in die nächste Welt zu finden. Beisetzungen helfen den Lebenden, die enormen Belastungen zu überwinden, die mit dem Tod anderer verbunden sind, und sie helfen der Gemeinschaft nach dem Verlust eines Mitglieds sich wieder enger zusammenzuschließen. In einigen Kulturen sind Beisetzungen eine notwendige Voraussetzung, um sicher ins Jenseits gelangen zu können und um die Lebenden vor der Macht gefährlicher Geister der Verstorbenen zu schützen. In den verschiedenen Kulturen und Epochen hat dieser Übergangsritus unterschiedlichste Formen angenommen.

Die Geschichte der Bestattung in Amerika

Jede Geschichte der amerikanischen Beisetzungsriten muß mit den Hunderten indianischer Stämme beginnen, die in der Zeit, als die Europäer diesen Kontinent entdeckten, in Nord- und Südamerika lebten. Jeder Stamm hatte seine eigenen Bestattungsriten und Trauerrituale. In Peru wurden bei Ausgrabungen von Inka-Ruinen Pyramiden und Mumien entdeckt. Ebenso bauten die Azteken und Mayas Pyramiden. Sie beteten die Sonne an, wie die Ägypter in der Alten Welt und die Inkas in der Neuen Welt. In diesen Kulturen wurde mit den Beerdigungsriten der menschliche Gehorsam gegenüber den Göttern verstärkt.

Bei den in Nord- und Südamerika beheimateten Stämmen gab es unter anderem folgende Bestattungsformen:

Beisetzung Der Leichnam wurde in Gruben, Gräben, unter Erdhügeln, in Höhlen und unter den Boden der Unterkünfte gelegt, wobei manchmal Einbalsamierungen oder Mumifizierungen vorgenommen wurden.

Oberirdische Bestattung Der Leichnam wurde in hohle Baumstämme gelegt oder mit Steinen oder losen Zweigen bedeckt.

Verbrennung Der Leichnam wurde verbrannt und die Asche eingesammelt oder verstreut.

Bestattung Der Leichnam wurde in etwas hineingelegt, was über der Erde blieb, wie in einen speziellen Wigwam, ein Kanu oder eine geschnitzte hölzerne Kiste.

Luftbestattung Der Leichnam wurde in Baumzweige, Körbe, zusammengebundene Gestelle oder Kanus gelegt.

Wasserbestattung Der Leichnam wurde Flüssen, Seen oder dem Meer übergeben.

Die großen Unterschiede in den Bestattungsmethoden der einzelnen Indianerstämme bestanden auch bei den Trauerriten. Trauergesänge waren bereits, ehe die europäischen Religionen Einzug hielten, ein fester Bestandteil und ein Merkmal der meisten indianischen Bestattungen. Diese Gesänge waren ein Ausdruck von Kummer und Schmerz und sollten den Toten ins Jenseits geleiten und die Lebenden vor Geistern aus dieser anderen Welt schützen.

Als die Weißen auf den amerikanischen Kontinent kamen, brachten sie ihre europäischen Beerdigungssitten mit. Im kolonialen Amerika war es durchaus üblich, Vorkehrungen für die eigene Beerdigung zu treffen. Den Menschen war bewußt, daß sie jederzeit durch Verletzungen oder Krankheiten dahingerafft werden konnten, und so horteten sie Holz für Särge oder »Kühlbretter«. In Schränken wurde besondere Kleidung für die Beerdigung aufbewahrt (die Frauen hoben manchmal ihre Hochzeitskleider auf), und Weber fertigten Leichentücher an. Die Eingangsdielen wurden ordentlich und sauber gehalten, so daß sie im Falle eines plötzlichen Todes für Totenwachen und Trauerfeiern genutzt werden konnten. In Pennsylvania bauten deutsche Einwanderer spezielle Räume, die sogenannten *Totenkammern*, bei denen die Türen breit genug waren, daß Sargträger problemlos mit einem Sarg hinein- und hinausgehen konnten.

In den dreizehn britischen Kolonien, die sich als die Vereinigten Staaten selbständig machten, und im Grenzland war es üblich, die Totenglocken zu läuten, um den Tod eines Mitbürgers bekanntzugeben, gleichwohl wurde es als unschicklich angesehen, uneingeladen an einer Beerdigung teilzunehmen. Die in New-Amsterdam (ursprünglicher Name der Stadt New York) ansässigen Holländer engagierten sogenannte *aanspreeckers*, Männer, die schwarz gekleidet waren und einen Trauerflor um ihre Hüte trugen, um andere Personen zu den Trauerfeiern einzuladen. Gegen Ende des neunzehnten Jahrhunderts wurden dann förmliche schwarzumrandete Einladungen für Beerdigungen verschickt.

Es war üblich, daß die Familienangehörigen (für gewöhnlich Frauen) den Leichnam wuschen und kleideten und in ein Leichentuch hüllten. Der Sarg wurde oft von der Familie gezimmert. Nach der Totenwache, die in der Diele oder im Wohnzimmer gehalten wurde, trug die Familie den Sarg zum Trauergottesdienst in die Kirche und dann auf den Friedhof.

Da Beerdigungen Anlässe waren, bei denen die Gemeinde zusammenkam, spielte Essen eine wichtige Rolle. Als Callie Dawes 1797 in Boston starb, kostete das Totenmahl achthundertvierundvierzig Dollar. Zu essen gab es Rindfleisch, Schinken, Geflügel, Fisch, Austern, Eier, Kartoffeln, Erbsen, Zwiebeln, Käse und Obst. Bei den Holländern in Pennsylvania wurden beim Beerdigungsessen vielfach Schinken, Brathähnchen, Kartoffelpüree, Apfelmus, Rote Beete, Krapfen und belegte Brote gereicht. Im Süden wurde den Trauergästen im Zweifel Rumpunch, heißer Apfelmost und Kuchen oder auch ganze Mahlzeiten serviert.

Nathaniel Hawthorne beschrieb Beerdigungen als »die einzigen Ereignisse ... bei denen unsere Vorfahren ihre zähen alten Herzen in Wein und starken Getränken zu ertränken und sich einen Ausbruch schauderhafter Fröhlichkeit zu gönnen pflegten.« Nicht selten arteten die Totenwachen zu allgemeinen Trinkgelagen aus. Ein Bericht aus dem Jahre 1845 erinnert daran, daß »es Väter gab, die zum Grab torkelten, Ehemänner, die hinfielen, und Söhne, die bei der Beerdigung, bei allem, was lieb und recht ist, betrunken waren.«

Aber nicht bei allen Beerdigungen fehlte die Etikette. Nehmen Sie nur diese Beschreibung einer ländlichen Beerdigung aus der Zeit um 1800:

> *Jeder nahm, so wie er eintrat, mit der linken Hand seinen Hut ab, glättete mit der rechten sein Haar, schritt zum Sarg vor, blickte auf den Leichnam hinab, machte ein geknicktes Gesicht, ging dann weiter zum Tisch, nahm sich ein Glas von seinem Lieblingslikör, ging dann auf die Terrasse vor dem Haus und redete über Politik oder die neue Straße oder diskutierte über verschiedene Getreidesorten oder nutzte die Gelegenheit zum Kuh- oder Pferdehandel, bis es an der Zeit war zum Aufbruch.*

In den einzelnen Regionen des Landes waren die Beerdigungen zugleich ein Spiegel der Kultur. In New Orleans gab es beispielsweise Jazz-Beerdigungen, bei denen Musiker den Trauerzug zum Friedhof geleiteten.

Anfang des 19. Jahrhunderts boten die ersten Geschäftsleute und Handwerker ihre Dienste bei Beerdigungen an. Zimmerer machten als Sargmacher für sich Reklame. Küster läuteten nicht nur die Kirchenglocken, sondern hoben auch die Gräber aus. Pferdebesitzer boten Fuhrwerke an. Ende des neunzehnten Jahrhunderts wurden dann zunehmend reichgeschmückte Leichenwagen eingesetzt, die schließlich mit Glasfenstern, Kutschenlampen, geschnitzten Säulen und mit Quasten besetzten Vorhängen noch perfekter gestaltet wurden. Die Leichenkutsche wurde von schönen, gut dressierten Pferdegespannen gezogen.

Der Amerikanische Bürgerkrieg brachte einen Wandel in den Beerdigungsgepflogenheiten mit sich. Da viele Familien Wert darauf legten, daß ihre toten Soldaten zur Beerdigung nach Hause zurückgebracht wurden, setzte sich auf breiterer Ebene die Einbalsamierung durch. Als Präsident Lincoln ermordet wurde, dauerte der Leichenzug vierzehn Tage. Sein Leichnam wurde mehr als eintausendsiebenhundert Meilen mit dem Zug von Washington D.C., nach Springfield in Illinois überführt. Über sieben Millionen Menschen sahen Lincolns einbalsamierten Leichnam. Bei jeder größeren Station, an der der Zug auf der Strecke hielt, wurde sein Sarg aus dem Zug gebracht und geöffnet.

Ende des 19. Jahrhunderts wurden die Beerdigungen im wesentlichen von Bestattungsinstituten ausgerichtet. Die Einbalsamierung, die inzwischen relativ verbreitet war, wurde vielfach mit Hilfe einer tragbaren Einbalsamierungsausrüstung zu Hause vorgenommen oder in separaten Räumen der Leichenhallen durchgeführt. Die Bestattungsunternehmer verkauften oder lieferten alle möglichen Artikel: Särge, Trauerdekorationen für Türen, Kränze und Blumengebinde, Trauerkarten, Trauerkleidung, Kerzen und selbst Grabstätten.

Heutzutage werden die gewerblichen Regularien der Bestattungsinstitute von nationalen Verbänden festgelegt, und Behörden erteilen Leichenbestattern und Balsamierern ihre Zulas-

Beerdigungsrechnung für die Witwe Ryseck Swart, Albany, New York, Februar 1700

Zunfthaus	3
trockene Bretter für den Sarg	7
3/4 Pfund Nägel	1
Kosten für die Sargherstellung	24
Fuhrlohn	10
ein halbes Faß gutes Bier	27
1 Gallone Rum	21
6 Gallonen Madeira für Frauen und Männer	84
Zucker	5
150 Zuckerkuchen	15
Tabak und Pfeifen	5
Gebrauch des Leichentuches	10
Frau von Jans Lockermanns (für die Aufbahrung der Leiche)	36

(*Aus: Death in Early America* von Margaret Coffin)

sungsgenehmigungen. Die Familien haben heute nur noch selten direkt mit den Leichen ihrer Verstorbenen zu tun und überlassen Fachleuten die gesamte Abwicklung der Beerdigung.

Die Bestattungsrituale in den verschiedenen Religionen

Alles hat seine Stunde. Für jedes Geschehen unter dem Himmel gibt es eine bestimmte Zeit: eine Zeit zum Gebären und eine Zeit zum Sterben.

BUCH KOHELET 3.1

In der ganzen Menschheitsgeschichte haben viele Kulturen und Religionen bestimmte Toten- und Trauerrituale geteilt: Das Aufbahren der Leiche, das Wachen bei den Toten (die Totenwache), Totenfeiern, Beerdigungszeremonien und Trauerrituale. Abhängig von den jeweiligen religiösen Überzeugungen wurde all das in einem sehr schlichten oder auch ausgesprochen aufwendigen Rahmen vollzogen.

Das Judentum

Muß ich auch wandern in finsterer Schlucht, ich fürchte kein Unheil; denn du bist bei mir, dein Stock und dein Stab geben mir Zuversicht.

PSALMEN 23:4

Zwischen den einzelnen jüdischen Glaubensgemeinschaften gibt es zwar Unterschiede in den jeweiligen Beerdigungssitten und -gebräuchen, die meisten sterbenden Juden fühlen sich jedoch getröstet, wenn sie speziell ein Gebet, das *Schma*, hören: »Höre, Israel, ER ist unser Gott, ER ist EINER … So liebe denn IHN, deinen Gott, mit all deinem Herzen, mit all deiner Seele, mit all deiner Macht.«

In den traditionellen Gemeinschaften kümmert sich die *Chewra kadisha*, die »Heilige Gemeinschaft«, um die sterblichen Überreste. Mitglieder dieser frommen Gruppe reinigen den Leichnam nach einer genau festgelegten Ordnung und hüllen ihn in weiße Gewänder. Die orthodoxen Juden werden nach Eintritt des Todes so schnell wie möglich in einem schlichten weißen Totenhemd beerdigt, das anzeigen soll, daß vor Gott alle Menschen gleich sind. Man gibt dem Mann auch seinen Gebetsmantel mit ins Grab, der über das Totenhemd gelegt wird. Von einer Einbalsamierung wird abgeraten, außer wenn sie gesetzlich verlangt wird. Die Särge sind schlicht und aus Holz gemacht. Viele der weniger traditionellen orthodoxen Juden lassen sich einäschern.

Die Trauerfeiern werden für gewöhnlich in jüdischen Beerdigungskapellen abgehalten, können jedoch auch in der Synagoge stattfinden. Dabei liest der Rabbi aus der Heiligen Schrift, etwa aus den Psalmen, und hält eine Lobrede auf den Verstorbenen. Der Sarg ist bei der Trauerfeier zwar dabei, bleibt jedoch verschlossen.

Es gehört zur Tradition, daß die Sargträger, wenn der Sarg zu Grabe getragen wird, siebenmal stehenbleiben. Die Trauernden haben dabei Gelegenheit, über den Sinn des Lebens nachzudenken. Am Grab liest der Rabbi entsprechende Psalmen und spricht Gebete, und die anwesenden Trauergäste sprechen das Kaddisch-Gebet. Jeder der Anwesenden wirft eine Schaufel voll Erde auf das Grab.

In strenggläubigen Gemeinschaften gibt es zahlreiche Trauervorschriften, vor allem für die Trauerwoche, die *Schiwa*, die ersten sieben Tage nach der Beisetzung. Nahe Verwandte sollen in dieser Zeit weder ihren Geschäften noch ihren alltäglichen Aufgaben nachgehen. Andere Familienangehörige und Freunde bereiten für sie die Mahlzeiten zu und trösten sie, während sie trauern.

Während der *Schiwa* werden alle Spiegel im Haus verhüllt, damit die Trauernden nicht über sich selbst, sondern über den Sinn des Lebens und des Todes nachzudenken. Nach der Rückkehr vom Friedhof wird eine Kerze angezündet, das »Seelenlicht«, das sieben Tage lang brennt. Die Trauernden sitzen während der *Schiwa* auf niedrigen Stühlen oder Schemeln und tragen statt Lederschuhen Pantoffeln oder Sandalen. Als Zeichen der Trauer ist es üblich, der Kleidung einen Riß beizubringen, der den Riß im Herzen versinnbildlichen soll, oder auch symbolisch einen Stofffetzen bei sich zu tragen.

Das *Kaddisch* ist ein Gebet, in dem Gott gepriesen, das Leben bekräftigt und der Glaube gefestigt wird. Während der *Schiwa* ist es täglich zu sprechen. In manchen Gemeinschaften wird es auch dreißig Tage und in anderen elf Monate, abzüglich einem Tag, gesprochen.

Am »Jahrzeittag«, ein Jahr nach dem Tod, suchen Verwandte und Freunde die Grabstätte auf, um den Grabstein zu setzen. Oben auf dem Stein stehen oft zwei hebräische Schriftzeichen, die bedeuten »hier ruht«, und unten am Schluß stehen oft fünf weitere Schriftzeichen, die besagen: »Es sei seine/ihre Seele gebunden an den Bund des Lebens«. Sodann wird jedes Jahr am Jahrestag des Todes, dem Jahrzeittag, im Gedenken und zu Ehren des Toten eine Kerze angezündet.

Der Islam

Es preiset Allah, was in den Himmeln und was auf Erden ist ... Er hat Macht über alle Dinge ... und zu Allah kehren die Dinge zurück.

DER KORAN, SURE 57, 1, 2, 5

Wenn Moslems sich dem Tode nahe fühlen, versuchen sie, den Koran zu lesen, das heilige Buch des Islam, sie sprechen Gebete und bekennen ihren Glauben an den Propheten Mohammed. Dabei wiederholen sie vor allem immer wieder den Satz: »Allah, es gibt keinen Gott außer Ihm, und Muhammed ist sein Gesandter.« Familienangehörige und Freunde lesen ebenfalls den Koran, beten und bieten dem Sterbenden Trost.

Nachdem der Tod eingetreten ist, wird der Leichnam gewaschen und in ein nahtloses weißes Gewand gehüllt. Es werden keine kosmetischen Mittel verwendet, und die Vorbereitungen für die Beerdigung sind sehr schlicht. Wenn der Verstorbene ein Märtyrer war, wird auf die rituelle Waschung verzichtet, da Blut das Emblem des Märtyrertums ist.

Mohammed sagte: »Je früher ein guter Mensch begraben wird, desto eher wird er im Himmel sein und Frieden haben.« Und so finden die Totenfeiern und Beerdigungen sobald wie möglich nach dem Eintritt des Todes, in der Regel innerhalb von vierundzwanzig Stunden statt.

Die Totenfeiern können zu Hause oder auch in der Moschee abgehalten werden. Die Gebete werden dabei von den Familienangehörigen, Freunden und, sofern er dabei ist, dem *Imam* gesprochen. Dann fragt jemand die Gemeinde, ob der Verstorbene irgendwelche Schulden hatte oder nicht. Weltliche Schulden müssen (für gewöhnlich von der Familie) beglichen oder vor der Beerdigung erlassen werden. Es werden Fragen zur Lebensführung des Verstorbenen gestellt, ähnlich denen am Tag des Jüngsten Gerichtes.

Särge werden nicht benötigt, da der Mensch nach den Lehren der Religion aus Lehm geschaffen wurde und wieder zu Lehm zurückkehren wird. Die Toten werden mit dem Gesicht nach Mekka blickend begraben. Am Grab werden einige einfache Gebete gesprochen.

Das Christentum

Im Haus meines Vaters gibt es viele Wohnungen ... Ich gehe, um einen Platz für euch vorzubereiten.

JOHANNES 14,2

Das Christentum betont das Versprechen auf ein Leben nach dem Tod. Bei christlichen Beerdigungen, gleich ob es sich um römisch-katholische, östlich-orthodoxe oder protestantische handelt, wird um den Verlust des geliebten Verstorbenen getrauert und die zu erwartenden spirituellen Belohnungen werden gefeiert.

Katholische Bräuche: Menschen, die sehr krank sind, wird die »Krankensalbung« erteilt, ein Ritual, das früher als die »Letzte Ölung« bezeichnet wurde. Der Priester begrüßt den Kranken, liest einen Vers aus der Heiligen Schrift oder einer Litanei, segnet das Öl und spricht ein Dankgebet. Dann werden Stirn und Hände des Kranken mit dem Öl gesalbt, wobei der Priester spricht: »Der Herr, der dich von Sünden befreit, rette dich, in seiner Gnade richte er dich auf.« Die Krankensalbung wird mit Gebeten (einschließlich dem Vaterunser), dem Spenden der Kommunion und einem letzten Segnen des Kranken beschlossen.

Das letzte Sakrament, das Katholiken empfangen können, ist die Heilige Kommunion, die als *Viaticum* bezeichnet wird. »Via« besagt, daß jemand auf »dem Weg« zum Himmel ist.

In den Vereinigten Staaten werden die meisten Leichname einbalsamiert und von Leichenbestattern für die Beerdigung vorbereitet. In katholischen Familien wurde der Leichnam früher von der Familie selbst gewaschen und hergerichtet, was in einigen ländlichen Gegenden auch heute noch so gehalten wird. Dabei wird dem Verstorbenen gute Kleidung angezogen, Männern für gewöhnlich Anzüge und Frauen Kleider, ehe sie dann in den Sarg gelegt werden. Die Einäscherung ist bei Katholiken zwar erlaubt, jedoch eher selten.

Die christliche Beerdigung umfasst drei Rituale:

Die Totenwache Familienangehörige, Verwandte und Freunde versammeln sich, um gemeinsam den Rosenkranz und andere Gebete zu beten. Die Totenwache wird für gewöhnlich am Vorabend der Beerdigung in der Leichenhalle abgehalten. Dann wird der Leichnam zur Kirche gebracht.

Die Begräbnisfeier (früher Requiem oder Totenmesse genannt) Zu Beginn der Messe wird der Leichnam als Symbol für die Taufe mit Weihwasser besprenkelt. Sodann folgt im Rahmen des Wortgottesdienstes eine Homilie, bei der auf das Leben des Verstorbenen eingegangen wird.

Die Beisetzung Bei diesem letzten Ritus folgt die Gemeinde in einer Prozession dem Sarg zum Friedhof. Dabei werden gegebenenfalls Gebete gesprochen und Lieder gesungen, oder im Falle eines Autokorsos beten die Teilnehmer jeweils für sich. Auf dem Friedhof werden dann weitere Gebete gesprochen und Lieder gesungen.

Katholische Begräbnisfeiern finden in der Regel in der Pfarrkirche des Verstorbenen statt und die Katholiken werden in der Regel auf katholischen Friedhöfen beigesetzt, da diese geweihte Erde sind.

Östliche orthodoxe Bräuche: Viele der Totenriten in den orthodoxen Ostkirchen gleichen denen der römisch-katholischen Kirche. Wenn der Sterbende noch bei Bewußtsein ist, empfängt er die Kommunion. Dann spricht der Priester Gebete und erteilt die Absolution und salbt den Sterbenden mit Öl. Bei beiden Kirchen ist es wichtig, daß der Sterbende die Möglichkeit hat, seine Sünden zu beichten und Vergebung zu erhalten.

Am Abend vor der Beerdigung wird ein Vespergottesdienst oder eine Totenwache gehalten; dabei werden Gebete gesprochen. Mitunter ist es üblich, daß Familienangehörige, Geistliche und Priester die ganze Nacht bei dem Verstorbenen bleiben.

Auch die orthodoxen Totenfeiern werden in Kirchen abgehalten und von Priestern zelebriert. Sie umfassen Gebete, liturgische Lesungen und Lobreden.

Am Grab werden kurze Gebete gesprochen und liturgische Lesungen vorgenommen.

Protestantische Bräuche: Die protestantischen Begräbnisfeiern kennen keine speziellen Riten. Es können Geistliche ans Bett des Sterbenden gerufen werden, um ihm zu helfen, sein Leben in Frieden zu beschließen. Wie bei den römisch-katholischen und orthodoxen Christen wird der Verstorbene von Leichenbestattern hergerichtet, dabei wird ihm vor der Sarglegung gute Kleidung angezogen. Manche Protestanten lassen sich nach der Totenfeier einäschern.

Vor der Totenfeier kommt der Geistliche mit der Familie zusammen, um die Feier zu besprechen. Dabei möchte der Geistliche vor allem Einzelheiten über das Leben des Verstorbenen in Erfahrung bringen, die er in der Lobrede mit einbringen kann. Am Tag oder Abend vor der Totenfeier versammelt sich die Familie in der Leichenhalle, um den Verstorbenen zu betrachten und um zu beten.

In den protestantischen Totenfeiern wird das Leben gefeiert. Musik und Hymnen, Gebete, Lesungen aus der Bibel, eine Lobrede und eine kurze Predigt sind typische Bestandteile der Totenfeiern. Dabei können Familienangehörige oder Freunde dem Verstorbenen auch einen letzten Tribut zollen. Der Sarg wird in der Regel vorne in der Kirche aufgestellt und kann während der Totenfeier geöffnet sein.

Protestantische Totenfeiern können so sein, daß die Teilnehmer wenig Emotionen zeigen und es vorziehen, ihren Schmerz und ihre Trauer im stillen zum Ausdruck zu bringen. Sie können aber auch die Möglichkeit bieten, den Schmerz offen zum Ausdruck zu bringen und zu zeigen. Charismatische Konfessionen und einige afro-amerikanische Kirchen glauben zum Beispiel, daß der Verstorbene in eine bessere Welt »hinübergegangen« ist. Sie trauern zwar um den Verlust des geliebten Verstorbenen, frohlocken und freuen sich aber zugleich darüber, daß der Verstorbene nun von seinem irdischen Kampf erlöst ist. Diese Begräbnisfeiern sind oft eine Mischung zwischen heftigem Weinen und freudigem Lobpreisen.

Die protestantischen Feierlichkeiten am Grab sind in der Regel kurz und umfassen einige Gebete und manchmal auch ein Lied.

Der Hinduismus

Verbrauchte Gewänder
Wirft ab der Körper;
Verbrauchte Körper
Wirft ab der hauset
In diesem Körper,
Und legt neue an
Wie neue Gewänder.
BHAGAVADGITA

Hindus glauben an den Zyklus von Leben, Tod und Wiedergeburt. Die wiederholten Reinkarnationen der Seele erfolgen nach dem moralischen Gesetz von Ursache und Wirkung, das *karma* genannt wird. Danach werden gute Taten vergolten und böse müssen gebüßt werden. Um den ewigen Kreislauf der Reinkarnation zu durchbrechen, müssen die Hindus sich von der materiellen Welt lösen und von dem physischen Leib befreien. Darum finden die Bestattungen und Einäscherungen sehr schnell nach Eintritt des Todes statt.

Vor dem Tod meditieren die Hindus über Krankheiten oder den Alterungsprozeß, der sich an ihrem Körper vollzieht. Dabei stellen sie sich ihren eigenen Tod in allen Einzelheiten vor und auch, wie ihr Körper dabei auf dem Scheiterhaufen dahingerafft wird. Diese Auseinandersetzung mit der eigenen Sterblichkeit soll die Illusion einer menschlichen Existenz des einzelnen zu überwinden helfen.

Nach dem Eintritt des Todes wird der Leichnam traditionell von der Familie für die Bestattung vorbereitet und in ein Leichentuch gehüllt. Je nach Glaubenszugehörigkeit werden diese Verrichtungen teilweise auch von Leichenbestattern übernommen. Die Totenfeiern, die zu Hause oder in der Leichenhalle stattfinden, schließen Gebete und Gesänge mit ein. Manche Familien tragen ihre Verstorbenen zum Feuerbestattungsort (oder ins Krematorium). Die Prozession wird oft vom ältesten Sohn angeführt, der auch das Feuer entzündet.

In Indien wird die Bahre, auf welcher der Leichnam getragen wird, im Rahmen einer Zeremonie in den Ganges eingetaucht, ehe er zum *ghat* bzw. zu der Stelle am Fluß gebracht wird, an der die Verbrennung stattfindet. *Ghee* (gereinigte Butter), Sandelholz und andere Dufthölzer und -blätter können auf dem Scheiterhaufen als Opfergaben beigefügt werden. Nach der Verbrennung wird die Asche in einer Urne eingesammelt, die dann im Ganges versenkt wird.

Die Verbrennung symbolisiert die Befreiung der Seele, und das Feuer hilft dem Verstorbenen, wiedergeboren zu werden. Manche Hindus glauben, daß die Zeit nach der Verbrennung eine schwierige Zeit für die Seele ist. Dabei wird unterstellt, daß die Verstorbenen als Geister weiterleben und Freunden und Verwandten gefährlich werden könnten. In Übergangsritualen werden dem Toten mitunter in einem Zeitraum von zwölf Tagen bis zu einem Jahr Opfergaben in Form von Speisen und Getränken dargebracht.

Der Buddhismus

Alle zusammengesetzten Dinge sind wie ein Traum,
ein Phantom, ein Tautropfen, ein Blitz.
So meditiert man über sie,
so betrachtet man sie.

BUDDHA, DAS DIAMANT-SUTRA

Die Buddhisten feiern den Tod als einen Weg, der zur nächsten Inkarnation führt. Auf ihm kommen sie dem *nirvana* näher. Die Totenfeiern und Bestattungsbräuche sind von Sekte zu Sekte verschieden. Für alle Buddhisten äußerst wichtig ist die Frage, wie ein Mensch stirbt. Nach buddhistischem Glauben entscheiden, neben dem Karma, die letzten Gedanken eines Menschen darüber, wie das nächste Leben sein wird. Daher wird der Sterbende mit sehr viel Aufmerksamkeit und Fürsorge bedacht.

Wenn jemand sehr krank ist, kommen Familie und Freunde zusammen, um gemeinsam zu beten und Trost zu spenden. Mönche bieten ihr Geleit an. Sie verheißen dem Kranken, was er im Augenblick des Todes und nach dem Tod zu erwarten hat. Das Ziel ist es, dem Betreffenden ein Sterben ohne Furcht oder Bedauern zu ermöglichen, um so ein gutes nächstes Leben zu gewährleisten.

Bei den Anhängern der tibetischen Tradition wird der Leichnam gewaschen, gekleidet und in Gebetsstellung gebracht. Dann wird der Leichnam drei Tage lang ungestört gelassen, damit sich das Bewußtsein des Verstorbenen ohne Schock vom Körper trennen kann.

Buddhistische Totenfeiern gleichen oft eher Feiern, die mit Gesängen, Gongs und Weihrauch begangen werden. Die Augenblicke unmittelbar nach dem Tod gelten als einmalige Chance den kosmischen Geist in sich aufzunehmen.

Die meisten Buddhisten werden nach der Totenfeier eingeäschert. Auf den für die Verbrennung errichteten Scheiterhaufen werden geweihtes Öl und andere Opfergaben gegeben, dann wird er mit weißen Tüchern umhüllt. Die Asche wird in alle Winde verteilt oder in Gräbern und Urnen untergebracht. In Ländern wie Japan, wo sich buddhistische Tradition und Ahnenverehrung mischen, stellen Mönche zu Ehren des Verstorbenen oft Gedenktafeln für die Familienaltäre her.

Die Totenfeiern dauern manchmal mehrere Tage und schließen rituelle Mahlzeiten mit ein. Zudem wird mitunter auch nochmals drei Monate später und am Jahrestag des Todes ein Essen zur Feier des Gedenkens des Toten gegeben.

Totenwache, Trauer, Gedenken der Toten

Mit einer schmerzlichen Beugung
neigt sich ein einsamer Mönch
in Stein gemeißelten Worten zu.
BUSON, ZEN-DICHTER, 1915–1983

In vielen Kulturen ist es üblich, vor dem Begräbnis oder der Einäscherung auf diese oder jene Weise Wache bei den Toten zu halten. In manchen sitzen die Angehörigen nur kurze Zeit bei dem Toten, in anderen bleiben sie die ganze Zeit vom Eintritt des Todes bis zur Bestattung bei dem Verstorbenen. In früheren Zeiten mußte allein schon deshalb ständig jemand bei dem Leichnam bleiben, um Ungeziefer davon fernzuhalten und, wie einige religiöse Überzeugungen es geboten, aufzupassen, daß der Geist des Toten unbeschadet und wohlwollend blieb. Manchmal wurden Personen auch dafür bezahlt, daß sie Totenwache hielten. Je länger in Schottland zum Beispiel die Totenwache dauerte, desto höher waren die Kosten. Was dazu führte, daß sparsame Menschen ihre Toten sobald wie möglich beerdigten.

Die Inkas spielten komplizierte Würfelspiele, während sie bei dem Toten saßen. Sie glaubten, daß der Tote darauf Einfluß nehmen konnte, wie die Würfel fielen. Am Schluß des Spiels wurden die Besitztümer und Habseligkeiten des Verstorbenen aufgeteilt.

In keltischen Ländern, insbesondere in Irland und Schottland, verwandelten sich die Totenwachen oftmals in ausgelassene Feste. Selbst wenn sie zunächst voller Schwermut und Traurigkeit begonnen wurden, waren sie vielfach alsbald nur noch Vorwand. Bei einer typischen Totenwache wurde der Leichnam zu Hause aufgebahrt, und die Familie und Freunde kamen zusammen, um gemeinsam zu beten. Dabei wurden mitunter auch Geschichten erzählt, gesungen und Musik gemacht.

Mit fortschreitender Stunde und unter starkem Zuspruch von Alkohol, nahmen auch das Witzemachen, Tanzen und rauhbeiniges Verhalten zu. Um Mitternacht wurden Brot, Käse, Pfannkuchen und Whiskey serviert. Scheinkämpfe, in denen einer der Beteiligten den Verstorbenen darstellte, wurden ausgetragen. Sie arteten manchmal in Gewalttätigkeiten aus. Es kam vor, daß dem Toten eine Handvoll Karten ausgeteilt oder er aus dem Sarg genommen wurde, damit jemand, der zuviel getrunken hatte, darin bequem seinen Rausch ausschlafen konnte.

In vielen Kulturen wird nach den Totenfeiern zusammen gegessen. In Aragonien, in Spanien, wird für die Totenwache ein spezielles Brot gebacken. In Ecuador wird das Brot in Menschen- oder Mumiengestalt geformt. Die Amische in Amerika backen einen eigenen »Beerdigungskuchen«, der mit Rosinen hergestellt wird. In jüdischen Familien wird die erste Mahlzeit nach einer Beerdigung *Seudat hawraa*, Stärkungsmahl, genannt. Es werden hartgekochte Eier und andere runde Eßwaren serviert, um die Kontinuität des

Lebens zu symbolisieren. Die Azteken pflegten für ihre Toten Nahrungsmittel und einen rundlichen, pummeligen Hund zu verbrennen, um ihnen bei der Überquerung der gefährlichen Flüsse des Jenseits zu helfen. In Haiti wird die Begräbnismahlzeit *mange mort* genannt. Einige Kulturen pflegten einen rituellen Kannibalismus, um den Leichnam vor dem Begräbnis und der Verwesung zu bewahren.

»Sündenesser« sind Personen, die sich bereit erklären, die Vergehen des Toten auf sich zu nehmen, indem sie spezielle rituelle Nahrungsmittel verzehren. Indien, England, Wales und Irland gehörten zu den Ländern, in denen es diese sogenannten »Sündenesser« gab. In Irland war dies in der Zeit der Großen Hungersnot für viele Hungernde eine willkommene Gelegenheit, etwas zu essen zu bekommen. Dem Verstorbenen wurden Brot, Bier und andere Nahrungsmittel auf die Brust gestellt. Mit dem Verzehr der Speisen nahmen die »Sündenesser« die Last der Sünden des Verstorbenen auf sich und verpfändeten auf diese Weise einen Teil ihrer Seele. Sie wurden deshalb oft gesellschaftlich als Ausgestoßene behandelt.

Trauer

Genau wie die Totenwache viele Formen annehmen kann, gibt es auch Unterschiede bei den Trauerritualen und der Trauerzeit. In einigen Kulturen und in bestimmten Epochen wurden ausgesprochen aufwendige Trauerrituale entwickelt.

Das viktorianische England war fasziniert vom Tod und hatte zahlreiche kunstvolle Trauerbräuche. In Cornwall wurden Vogelkäfige und die Pflanzen im Haus mit schwarzem Flor drapiert. Weiter gingen nur noch manche ländliche Gegenden Frankreichs. Dort befestigte man sogar Krepp an den Schweineställen und umwickelte Katzen damit.

Die viktorianische Einstellung überdauerte bis in unser Jahrhundert. In einem Etikettenratgeber, *Etiquette for Ladies,* der 1925 in London veröffentlicht wurde, hieß es:

»Nach der Totenfeier sollte das Zimmer gründlich gelüftet und, ehe es wieder benutzt wird, sollten die Wände, die Decke und der Anstrich ganz renoviert werden.
Witwen tragen in der Regel zwei Jahre Trauer. Diamanten und Perlen werden häufig bei sehr tiefer Trauer getragen ... Gold wird jedoch für gewöhnlich nicht getragen, ehe nicht ein Jahr vorbeigegangen ist.
Eine Witwe sollte sich nicht in der Gesellschaft zeigen, ehe nicht mindestens drei Monate verstrichen sind. Selbst dann sind ihre Besuche noch auf Verwandte und enge Freunde beschränkt. Sie läßt sich dann allmählich wieder sehen, sollte Tänze und Bälle jedoch mindestens ein Jahr lang meiden.
Die Kinder, Schwiegertöchter oder Schwiegersöhne und die Eltern tragen zwölf Monate Trauer; zehn Monate Schwarz, die letzten zwei Monate Grau, Weiß oder Mauve.«

Sowohl in England wie auch in den Vereinigten Staaten wurden Fotografien von Kindern oder anderen geliebten Verstorbenen mit kunstvoll verzierten Rahmen versehen und mit Wachsblumen und Bändern geschmückt. Als Andenken wurden Uhrbänder, Armbänder, Broschen, Ohrringe und andere Schmuckstücke aus dem Haar des Verstorbenen hergestellt. Mit schwarzumrandeten Karten und schwarzumrandetem Briefpapier wurde angezeigt, daß ein Mitglied der Familien verstorben war. Wobei die Breite des Trauerrandes nach dem ersten Trauerjahr schmäler wurde.

Die mesoamerikanischen Völker fürchteten den Tod weniger als die Ungewißheiten des Lebens. Viele glaubten, daß die Toten den Lebenden helfen würden, eine Verbindung zu den Göttern herzustellen. Es wurden eigens Feste veranstaltet, um die Toten zur Rückkehr zu bewegen. In ganz Mexiko und im Südwesten der Vereinigten Staaten feiert man die Totentage vom 31. Oktober bis zum 2. November.

In Michoacan werden Hausaltäre zu Ehren der Toten errichtet. Die Bäcker stellen Anisbrot her, das sogenannte *pan de muerto*, und Kinder erfreuen sich an Süßigkeiten, die wie Schädel geformt sind, den *calaveras*. Gemeinschaftlich feiert man die Toten mit Tänzen, bei denen alte Menschen nachgeahmt werden und der Tod nachgestellt wird.

Auf dem Friedhof richten die Familien die Gräber her und schmücken sie mit Ringelblumen, die auch *cempasuchilt* genannt werden. Durch die gelben und goldenen Blumenblätter entstehen Pfade, die den Seelen helfen sollen, ihren Weg zurück zur Erde zu finden. Am Abend ist der ganze Friedhof von Kerzen erleuchtet. Dann kommen die Familien hier zusammen, um am Grab Wache zu halten und mit den Toten zu sprechen.

Mexiko-amerikanisches Totengedenken:
Muriù como viviù. Tal vida, tal muerte.
(Er starb, wie er lebte. Solch ein Leben, solch ein Tod).
Neu-mexikanisches Sprichwort

In traditionellen Gemeinschaften im nördlichen Neu-Mexiko dauern die Totenwachen, die *velorios*, die ganze Nacht. Am nächsten Tag wird der Sarg nach der Feier der katholischen Messe von den Freunden zum Friedhof, dem *campo santo*, getragen. Auf dem Weg dorthin läuten die Kirchenglocken, und die Trauernden singen *alabados*. Wenn der Friedhof weit entfernt ist, halten die Sargträger manchmal an, um sich auszuruhen, und sprechen auf dem Weg zum Grab immer wieder Gebete. Jedesmal, wenn die Prozession sich von neuem in Gang setzt, legt ein Mitglied der Familie ein kleines Kreuz und einen Stein an die Stelle, an der der Sarg kurzweilig abgesetzt wurde.

Dieses Kreuz trägt oft eine Inschrift mit einem kurzen Gebet für den Verstorbenen und der Bitte an jeden, der später an dieser Stelle vorbeikommt, für den Toten zu beten. Es gehört zur Tradition, daß jeder, der an einem dieser Kreuze, den *descansos*, vorbeikommt und stehenbleibt, einen weiteren Stein hinzulegt.

Im ganzen Südwesten der Vereinigten Staaten markieren ähnliche Kreuze die Stellen, an denen sich tödliche Unfälle ereignet haben. Sie sind entlang der Highways zu sehen und dort, wo Menschen in Flüssen ertranken. Das Aufstellen dieser Kreuze hilft den

Hinterbliebenen mit dem plötzlichen und traumatischen Verlust eines geliebten Angehörigen fertig zu werden.

Toten- und Heiligen-Schreine sind ebenfalls ein wichtiger Bestandteil der mexikanischen und mexiko-amerikanischen Tradition. *Nichos* sind freistehende große oder kleine Marterl aus Flußsteinen, Zement, Ziegeln oder Holz. In ihnen stehen oft Statuen der Lieblingsheiligen des Verstorbenen.

Manche Schreine werden nicht zu Ehren von Heiligen, sondern zu Ehren von Sündern errichtet. El Tiradito in Tucson, Arizona, ist ein amtlich geschütztes nationales Wahrzeichen und »der einzige Schrein in den Vereinigten Staaten, der der Seele eines in nicht geweihter Erde begrabenen Sünders gewidmet ist.« Die Identität des Sünders ist zwar nicht bekannt, nach der Legende heißt es jedoch, die betreffende Person sei plötzlich und möglicherweise in einem Akt mörderischer Leidenschaft gestorben. Seit Generationen zünden Menschen hier Kerzen an und beten zu El Tiradito, »Dem/der kleinen Ausgestoßenen«, um Hilfe.

Dieser Schrein, wie auch viele andere im Südwesten Amerikas, ist Seelen gewidmet, die in ihrem Leben gelitten haben, jenen, die der Volkskundler Jim Griffith »Fürsprecher der Opfer« nannte. Sie können die Kämpfe der Armen verstehen. Solche Schreine wie der von El Tiradito werden von der Katholischen Kirche zwar nicht offiziell anerkannt, sie sind aber trotzdem starke und aussagekräftige Symbole des religiösen Glaubens und der ethnischen Identität.

Reliquienkästchen und Totenmasken

Zu den vielen Dingen, die Menschen als Reaktion auf den Tod tun, gehört auch die Herstellung verschiedener symbolischer Dinge:

Reliquienkästchen

Ein Reliquienkästchen ist ein Behältnis, in dem verehrte geheiligte Gegenstände, aufbewahrt werden. In Gabun gibt es glänzend geschliffene, kopfförmige schwarze Schatullen mit Schädeln und anderen menschlichen Überresten der Vorfahren. Auf den Salomoninseln werden fischförmige Reliquienkästchen für die Aufbewahrung von Schädeln hergestellt.

In christlichen Reliquienschreinen werden Köpfe, Hände oder andere Körperteile von Heiligen aufbewahrt. Dabei spiegelt die Form des Behältnisses mitunter den Inhalt wider. In der orthodoxen Kirche hat die Verehrung von Reliquien, die mit Wundern in Verbindung gebracht werden, eine besondere Tradition.

Einer der berühmtesten christlichen Reliquienschreine enthält die Arm- und Handknochen des Heiligen Thomas Becket. In einer Kirche in Rom wurde das halbe Herz, ein Fuß und ein Finger von San Camillo de Lellis aufbewahrt.

Mitunter werden auch ganze Skelette oder die mumifizierten sterblichen Überreste in geschmückten und verzierten Glasschreinen ausgestellt. Die Skelette sind vielfach in Spitze gehüllt, tragen eine Rüstung oder andere Kleidung oder sind in Brokat, Perlen und Samt gewandet.

Totenmasken

Die alten Römer stellten Totenmasken aus Wachs her und verwendeten sie bei Theateraufführungen. Wobei die Schauspieler dann die Masken trugen, wenn sie die Gestik der Verstorbenen nachahmten. Im mittelalterlichen Europa schmückten Totenmasken oft die Grabstätten von Fürsten, Königen und Mitgliedern des Königshauses.

Zur Herstellung von Totenmasken werden das Gesicht, die Ohren und der Hals zunächst eingeölt. Dann wird Gips oder Wachs darüber gelegt. Sobald sie getrocknet sind, wird die Form abgenommen und die Maske des Verstorbenen davon abgegossen.

»L'Inconnue de la Seine«, die Unbekannte aus der Seine, ist eine berühmte Totenmaske. Sie wurde um die Jahrhundertwende im Pariser Leichenschauhaus gefunden. Viele Künstler verwendeten sie. Totenmasken wurden auch von König Ludwig XIV., Marie Antoinette, Robespierre und Kaise Napoleon I. hergestellt. Madame Tussaud, die berühmte Gründerin des Londoner Wachsfigurenkabinetts, begann ihre Karriere mit der Herstellung von Totenmasken der Opfer, die während der Französischen Revolution auf der Guillotine hingerichtet wurden.

Die Fotografie, die eine saubere und wesentlich schnellere Methode war, ein Bild von dem Toten zu bewahren, ersetzte die Totenmasken schließlich.

Europäische und amerikanische Grabsteinsymbole

Anker: Hoffnung
Schmetterling: Wiederauferstehung
Kleeblatt: Die Dreieinigkeit
Krone: Lohn im Himmel
Efeu: Gedenken oder Freundschaft
Lamm: Reinheit
Lampe: Kenntnis Gottes
Lorbeer: Ruhm
Lilie: Reinheit
Palmzweig: Sieg
Muschel: Pilgerschaft
Rose: Süße oder die Jungfrau Maria
Schwert: Sieg, Gerechtigkeit oder Gnade
Veilchen: Demut
Weizen: Fruchtbarkeit
Weide: Trauer und Schmerz
Gebrochene Säule, drapierte Urne, umgeworfene Fackel, Schädel, Sense oder Sichel: Tod

Staats- und Militärbegräbnisse

Totenfeiern gehören zu den feierlichsten Ereignissen überhaupt. Das zeigt sich besonders bei den Begräbnissen von führenden Politikern, hohen Militärs und anderen bedeutenden Persönlichkeiten.

Staatsbegräbnisse

Als Königin Viktoria 1901 starb, wurde ihr Leichnam bei der Überführung von der Isle of Wight nach England von acht Torpedozerstörern und mehreren anderen Schiffen eskortiert. Eine Gruppe von Falben zog ihre Bahre durch London. Viele Regierungsgebäude wurden in Purpur drapiert. Ihr Staatsbegräbnis war ein immenses Ereignis, bei dem die Blumen allein mehr als achtzigtausend Pfund kosteten. Der von Australien gestiftete Kranz war aus seltenen Orchideen gemacht; das 7. Husarenregiment schickte sechzigtausend russische Veilchen; das 7. Lancer-Regiment zollte der Königin mit weißen Azaleen, Maiglöckchen, Nelken und Reseda seinen Tribut; der König von Portugal schickte einen Kranz aus Lilien, Orchideen und Veilchen.

Als Abraham Lincoln 1865 ermordet wurde, war der Zug, der seinen Leichnam von Washington D.C., nach Springfield brachte, schwarz drapiert und mit Immergrün geschmückt. Die ganze Strecke war von so vielen Menschen gesäumt, daß der Zugführer sagte: »In der Geschichte gibt es keine Parallele zu dem Ausbruch von Trauer und Schmerz, der diesem Leichenzug folgte.«

Das Begräbnis von Präsident John F. Kennedy erzeugte einen ähnlichen Ausbruch von Schmerz und Trauer. Sein Leichnam wurde in einem einfachen hölzernen Sarg in der Rotunde des Capitols aufgebahrt. Staatsoberhäupter, Königshäuser und Gesandte aus zweiundneunzig Ländern, einschließlich dem Vatikan, nahmen an den Trauerfeierlichkeiten teil. Millionen von Menschen verfolgten das Geschehen am Fernsehen. Kennedy wurde mit allen militärischen Ehren auf dem Nationalfriedhof Arlington beigesetzt. Gemäß dem Wunsch von Mrs. Kennedy waren die einzigen Blumen am Grab ein Korb voll Blüten aus dem Garten des Weißen Hauses. Kardinal Cushing spendete nach einundzwanzig Salutschüssen den Segen. Ein Hornist spielte die Leitmelodie des Zapfenstreichs. Mrs. Kennedy wurde eine gefaltete amerikanische Flagge überreicht, und dann entzündete sie die ewige Flamme.

Aber nicht nur Königen, Königinnen und Präsidenten werden Staatsbegräbnisse zuteil:

> Anläßlich der Beisetzung von Victor Hugo 1885 in Paris wurde der Arc de Triomphe mit riesigen schwarzen Kreppbahnen umspannt.
>
> Die Beerdigung des Herzogs von Wellington im Jahre 1852 wurde als »das großartigste Begräbnis, das in Europa je stattfand« bezeichnet. Ein riesiger Wagen, der aus den Kanonen hergestellt worden war (in sechs Gießereien von einhundert

Mann), die Wellingtons Armee erbeutet hatte, und das reiterlose Pferd des Herzogs mit den umgekehrt in den Steigbügeln hängenden Stiefeln wurden mitgeführt.

Als William »Buffalo Bill« Cody 1917 starb, wurde sein Leichnam im Staatscapitol in Denver, Colorado, aufgebahrt. Fünfundzwanzigtausend Menschen defilierten an ihm vorbei. Bei der Beerdigungsprozession schritten Infanteriesoldaten und eine Regimentskapelle dem Sarg voraus, dem Codys reiterloses Pferd, McKinley, folgte.

Militärbegräbnisse

Jahrtausendelang war das Begräbnis auf dem Schlachtfeld Tradition. Bei Hunderten oder gar Tausenden von Toten und fehlenden Einbalsamierungs- und knappen Transportmöglichkeiten war es sinnvoll, die gefallenen Soldaten dort zu beerdigen, wo sie gekämpft hatten und gestorben waren. Gedenkstätten für den unbekannten Soldaten ehren die Kämpfer für das Vaterland in der Heimat. Ebenso hat die Seebestattung eine lange Tradition. Der in ein Leichentuch gehüllte Leichnam wird nach einem Trauergottesdienst ins Meer gelassen.

Zu militärischen Begräbnissen gehören im allgemeinen eine Ehrenwache, militärische Protokolle, ein Salut und das Zelebrieren des Zapfenstreichs.

Freiwilliger und unfreiwilliger Tod

Die Todesrituale umfassen nicht nur die Sitten und Gebräuche, die in Zusammenhang mit der Entsorgung des Leichnams und der Wanderung der Seele in ein anderes Reich gepflegt werden. Sie beinhalten auch Todespraktiken, in denen der Tod bewußt herbeigeführt wird. Zu den Tötungsritualen zählen zum Beispiel Hinrichtungen oder Menschenopfer, bei denen die Betroffenen freiwillige oder unfreiwillige Opfer sein können.

Menschenopfer

Die Ägypter, Griechen, Römer, Phönizier und Hebräer pflegten den Brauch, ihr Erstgeborenes oder auch andere Kinder und ältere Kinder zu opfern. Die Kindstötung unehelich Geborener und nach Vergewaltigung und Inzest geborener Kinder ist auch heute noch in vielen Kulturen üblich, genau wie die Tötung von behinderten Säuglingen. In einigen Ländern (insbesondere in China und Indien) werden vielfach heute noch Mädchen unmittelbar nach der Geburt getötet, verstärkt in Zeiten knapper Nahrungsmittel, um Platz für einen männlichen Erben zu schaffen.

Der Brauch, Menschen zu opfern, um eine gute Ernte zu beschwören oder Naturkatastrophen abzuwenden, hat eine lange Tradition. Genauso die Sitte, Menschen zu opfern, um den Feind zu beschwichtigen. Etwa 100 v. Chr. herrschte in Israel eine schwere Hungersnot. König David führte sie auf das Massaker zurück, das König Saul vor vielen Jahren unter den Gibeonitern angerichtet hatte. Um die Hungersnot zu beenden, verfügte David, daß den Gibeonitern mehrere Nachkommen Sauls zur Hinrichtung ausgeliefert wurden. Nach dem zweiten Buch Samuel im Alten Testament hörte die Hungersnot dann auf, als »sich Wasser vom Himmel über die Toten ergoß«.

Die Azteken entdeckten ihre Heimat im Hochtal von Mexiko erst, nachdem die Tochter eines ihrer Häuptlinge von einem anderen Stamm ermordet worden war. In Teotihuacán bezeugen riesige Pyramiden den Sonnenkult der Azteken. Auf den Pyramiden brachten die Azteken Tausende von Menschenopfern dar. Die Priester verwendeten Feuerstein- und Obsidian-Messer, um den Opfern bei lebendigem Leibe das Herz herauszuschneiden. Andere Opfer wurden in Brunnen geworfen, noch anderen wurde bei lebendigem Leibe die Haut abgezogen. Es gab unzählige Tötungsrituale.

Auch die Tolteken brachten Menschenopfer dar. Während des Rituals wurden die Anführer der zeremoniellen Tanzgruppen enthauptet. Tolteken, Azteken, Mayas, Inkas ... die Götter der Neuen Welt forderten Blut.

Suttee oder Sati (Witwenverbrennung)

Nicht jedes Opfer stirbt unfreiwillig. In vielen Kulturen ging die Ehefrau mit ihrem Mann zusammen in den Tod, um sicherzustellen, daß sie in ihrem Leben nach dem Tod wiedervereint waren. Im alten China, in Thrakien, bei den Skythen, in Ägypten, Afrika, Polynesien, Skandinavien und Indien wurde überall die Witwenverbrennung praktiziert. Das *Suttee* oder *Sati* wurde 1928 von den britischen Herrschern in Indien verboten, bis dahin war die Witwenverbrennung jedoch relativ weitverbreitet, da Witwen in der indischen Gesellschaft einen geringen Status hatten.

Hinrichtungen

Im alten Rom konnte jemand, der unverschämte Lieder sang, hingerichtet werden.

Im alten Indien konnte jemand dafür getötet werden, wenn er einen königlichen Elefanten gestohlen hatte.

Babylonier, die schlechtes Bier verkauften, erhielten die Todesstrafe.

Und nicht anders erging es mittelmäßigen assyrischen Barbieren.

Im alten Ägypten wurde das bloße Verletzen einer Katze mit dem Tod bestraft.

Steinigungen waren wahrscheinlich die erste Hinrichtungsform. Bei den Griechen und Hebräern waren sie im allgemeinen auf Personen beschränkt, die Verbrechen begangen hatten, die die ganze Gemeinschaft betrafen. Gerichte entschieden, wer hingerichtet werden sollte, und das Ziel war, »das Böse aus ihrer Mitte zu verbannen«. Der Mob schlug vielfach mit Stöcken, Steinen oder bloßen Händen auf die Täter ein.

Die Römer machten ein Schauspiel daraus, Verbrecher, Christen, Sklaven und fremdländische Feinde den Löwen oder anderen wilden Tieren zum Fraß vorzuwerfen. Sie ließen in ihren Arenen auch bewaffnete Feinde gegeneinander antreten, die dann auf Leben und Tod miteinander kämpfen mußten. Ebenfalls eine verbreitete Hinrichtungsmethode war die Kreuzigung, welche die Römer von den Phöniziern übernommen hatten.

Adeligen Griechen und Römern war es manchmal erlaubt, Selbstmord zu begehen. Sokrates konnte die Stunde seines Todes wählen, und seine Schüler durften bei ihm sein, als er den Schierlingsbecher trank.

In einigen Kulturen wurden Menschen lebendig begraben. Die vestalischen Jungfrauen in Rom wurden, wenn sie der Unmoral für schuldig befunden wurden, in unterirdischen Kammern eingemauert. Bei den Inkas wurden untreue Ehefrauen des Sonnengottes lebendig begraben. Im Mittelalter konnten Mönche, Nonnen und Adelige manchmal den Skandal einer öffentlichen Hinrichtung meiden und diese Todesart wählen.

Im Mittelalter wurden Prozesse oft öffentlich auf dem Marktplatz abgehalten. Man glaubte, daß grausame und vor aller Augen vollzogene Todesstrafen der Abschreckung vor Verbrechen dienen würden. Die Hinrichtungen gerieten oft zu allgemeinen unterhaltsamen Belustigungen und gewalttätigen Festspielen. Die verurteilten Opfer wurden am Galgen aufgehängt, aufgeschlitzt, geschleift und gevierteilt, gerädert, auf riesigen Rädern verstümmelt, lebendig in kochendes Wasser geworfen oder unter Gewichten zerquetscht.

Die Enthauptung war eine weitere historische Hinrichtungsmethode. Cicero wurde von den Römern zum Tod verurteilt und enthauptet, weil er gegen die Allianz zwischen Marcus Antonius und Augustus kämpfte. Wilhelm der Eroberer führte die Enthauptung als Todesart in England ein. König Heinrich VIII. enthauptete einige seiner Ehefrauen. Seine Tochter mit Anna [Boleyn], Königin Elisabeth I., ließ ihre Rivalin, Maria Stuart, die Königin der Schotten, hinrichten.

Eine weitere Enthauptungsform durch das Fallbeil, die Guillotine, versprach einen »schmerzlosen« Tod, als sie eingeführt wurde. Ludwig XVI., Marie Antoinette und Tausende französische Adelige und Bürger starben durch die Guillotine. Als Marie Antoinette zu ihrer Hinrichtung ging, trat sie ihrem Henker auf die Füße. Ihre letzten Worte waren: »Mein Herr, ich bitte um Verzeihung. Es war ein Versehen.«

Hinrichtungen durch Exekutionskommandos, den elektrischen Stuhl, die Gaskammer und die Todesspritze sind moderne Hinrichtungsmethoden. Benjamin Franklin experimentierte mit tödlichen Elektroschocks und stellte fest, daß es sechs Leidener Flaschen bedurfte, um einen Truthahn von neun Pfund zu töten. Die erste amerikanische Hinrichtung durch Elektroschocks, die 1890 im Auburn-Gefängnis im Bundesstaat New York durchgeführt wurde, dauerte acht Minuten und erforderte mehrere Stromstöße. Das Verfahren war so grausam, daß die Hinrichtung durch Elektroschocks fast wieder abgeschafft worden wäre.

Die Gaskammer schien dem elektrischen Stuhl technisch und moralisch überlegen. Die Einstellung zur Todesstrafe veränderte sich. Die Öffentlichkeit verlangte, daß Hinrichtungen, wenn es sie schon geben mußte, wenigstens humaner sein sollten. In der Gaskammer starben manche Verbrecher bereits nach zwei Minuten, wobei es jedoch auch andere gab, bei denen es bis zu elf Minuten dauerte.

1976 fand in Huntsville, Texas, die erste Hinrichtung durch die Todesspritze statt. Dabei wurde zunächst eine Salzlösung und in der Folge ein Gemisch aus drei Chemikalien über intravenöse Kanülen injiziert. Eine Chemikalie betäubte die Sinne, eine entspannte die Muskulatur, um die Atmung zu verhindern, und eine führte den Herzstillstand herbei. Die Todesspritze ist in den Vereinigten Staaten heute die häufigste Hinrichtungsmethode.

Harakiri und Kamikaze-Flieger

In Japan und China praktizierten Krieger einen rituellen Selbstmord, der als *Harakiri* oder *Seppuku* bekannt ist. Mit dieser Tat konnten Soldaten dem Tod durch den Feind zuvorkommen oder ehrenvoll sterben, wenn sie bei dem Kaiser in Ungnade gefallen waren. In Gegenwart offizieller Zeugen zog der Krieger sich einen juwelenbesetzten Dolch quer über den Bauch, schlitzte ihn mit einem Stoß nach oben auf und wurde anschließend von einem treuen Freund enthauptet. Harakiri wurde über Generationen hinweg praktiziert. Am Ende des Zweiten Weltkrieges wählten viele japanische Soldaten, Matrosen und Zivilisten lieber den Tod, statt sich auszuliefern.

Kamikaze-Flieger wählten eine andere Todesart. Im Zweiten Weltkrieg steuerten 3.913 japanische Piloten vom »göttlichen Wind« in Selbstmordkommandos mit ihren Bombenflugzeugen feindliche Ziele an. Ihr Moralkodex legte ihnen nahe: »Es sei dir eine Freude, auch das allerletzte deiner körperlichen und geistigen Kraft bei dem einzusetzen, was du tust. Bleibe nicht unehrenhaft am Leben.«

Dichos: Traditionelle Sprüche und Redensarten aus dem Südwesten und aus Mexiko

»Achaque quiere la muerte.« Der Tod braucht keine Entschuldigungen.

»Casamiento y palo mortaje del cielo baja.« Ehe und Tod werden beide im Himmel geschlossen.

»De la muerte y de la suerte no hay quien se escape.« Es gibt niemanden, der dem Tod oder Schicksal entrinnen kann.

»Llegando al campo santo no hay calaveras plateadas.« Bei der Ankunft im Grab gibt es keine vergoldeten Schädel (der Tod macht uns alle gleich).

»No se puede cargar el muerto y cantar el alabado.« Du kannst nicht den Leichnam tragen und das Alabado singen (du kannst nicht zwei Dinge gleichzeitig tun).

»Cuando se cae un santo, alguien de la familia va a morir.« Wenn eine Heiligenstatue umfällt, wird in der Familie jemand sterben.

»Si supiera el muerto que ando con la viuda, se volviera amorir en la sepultura.« Wenn der Tote wüßte, daß ich bei seiner Witwe war, würde er in seinem Grab noch mal sterben (sich in seinem Grab umdrehen).

»Cuando canta una gallina en el patio, un pariente se muere.« Wenn ein Huhn auf dem Hof gackert, stirbt ein Verwandter.

Kapitel 2

Die Wissenschaft vom Tod und Sterben

Wenn man die Gefühle und die symbolischen Handlungen, die mit dem Tod verbunden sind, wegläßt, dann sind Sterben und Tod biologische Vorgänge. Nichtsdestotrotz sind sie für die Todkranken und deren Angehörige mit tiefgreifenden gesellschaftlichen, emotionalen und psychologischen Folgen verbunden. Der Sterbende empfindet Schmerz angesichts des unmittelbar bevorstehenden Endes; die Familie und Freunde trauern um den Verlust eines geliebten Menschen. Im wissenschaftlichen Sinne handelt es sich bei diesem Ereignis jedoch einfach um das Versagen eines komplexen biologischen Systems. Der Mechanismus dieses Versagens ist mit einer Reihe spezifischer biologischer Abläufe verbunden, die dem Tod vorhergehen, mit ihm zusammenfallen und auf ihn folgen – wie etwa der Alterungsprozeß, klinischer Tod und Hirntod. Wo die Menschheit bisher nach dem Sinn fragte und immer neue Erklärungen fand, versucht die moderne Wissenschaft, die Frage der Sterblichkeit aus einer objektiveren – oder zumindest anderen – Sicht zu verstehen.

Evolution, Altern und Tod

Für diejenigen, die nicht einem vorzeitigen Tod durch Gewalt, Unfall oder Krankheit erliegen, ist der Tod der natürliche Abschluß des Alterns. Im evolutionären Sinne gibt es für den Alterungsprozeß keine gute Erklärung, da er das Überleben der Spezies ja mitnichten fördert. Warum altern Lebewesen dann also? Die vorherrschende Meinung ist, daß das Altern eine Nebenwirkung eines wichtigeren Prozesses ist: des Fortpflanzungserfolges.

Im neunzehnten Jahrhundert begannen die Wissenschaftler sich zu fragen, wie das Altern mit der neu aufgestellten Evolutionstheorie zu vereinbaren sei. Bis dahin war man gemeinhin der Ansicht, das Altern sei der Weg der Natur, die Bevölkerung von »verschlissenen« Mitgliedern zu »säubern«. Was in gewisser Weise einleuchtend und sinnvoll ist, da dadurch den Mitgliedern im fortpflanzungsfähigen Alter, den Jüngeren also, mehr Nahrungsmittel und Ressourcen verfügbar gemacht werden. Wenn also die natürliche Selektion Individuen bevorzugt, die sterben, wenn ihre fortpflanzungsfähigen Jahre vorüber sind, dann erklärt diese Theorie immer noch nicht, warum Lebewesen über ihr fortpflanzungsfähiges Alter hinaus weiterleben.

Eine andere Theorie ging davon aus, daß das Altern sich aus dem fortlaufenden Entwicklungsprozeß ergibt. Organismen sind genetisch dazu programmiert, sich zur Geschlechtsreife zu entwickeln, um sich fortpflanzen zu können. Alterbedingte Veränderungen sind also die Fortsetzung dieser Programmierung. Aber genau wie die Verschleißtheorie erklärt auch diese Theorie nicht, warum Lebewesen über ihr fortpflanzungsfähiges Alter hinaus leben. Eine im evolutionären Sinne brauchbare Antwort wäre, daß Lebewesen sterben, nachdem sie ihre Fortpflanzungsmission erfüllt haben.

Genug und mehr: Biologische Redundanz und ein langes Leben

Die Antwort, die auf das Rätsel des Altern im evolutionären Sinne Sinn macht, ist, daß das Altern eine Nebenwirkung eines wichtigeren Prozesses ist: dem des Überlebens der Spezies. Leonard Hayflick, ein prominenter Alters-Forscher, erklärt, daß die natürliche Selektion Tiere favorisiert, bei denen die Wahrscheinlichkeit hoch ist, daß sie die Geschlechtsreife erlangen und sich fortpflanzen – jene, die, um es mit Darwins Worten zu sagen, am »fittesten«

und tüchtigsten sind. Um dieses Alter zu erreichen, müssen die Tiere den Angriffen der Natur – wie Krankheiten, Räubern, Nahrungsmangel, eisiger Kälte und anderen Widrigkeiten – widerstehen, die die Schwachen töten. Die Überlebenden sind robuster als diejenigen, die nicht überleben; sie konnten besser jagen, schneller laufen (oder anderweitig Räuber überlisten), sich Nahrung beschaffen und Schutz finden – höchstwahrscheinlich auf Kosten schwächerer Mitglieder der Spezies. Bei ihnen ist auch die Wahrscheinlichkeit hoch, daß sie gute, starke Immunsysteme haben, um Krankheiten und Verletzungen zu überstehen.

Welche Eigenschaft haben diese Überlebenden gemeinsam? Biologisch gesprochen, teilen sie eine Redundanz: Sie sind nicht nur stark genug, um bis zur Geschlechtsreife zu überleben, sie sind mehr als stark genug. Eine Überkapazität, mit der die Wahrscheinlichkeit steigt, daß das Tier zumindest lange genug überleben wird, um sich fortzupflanzen. Hayflick und andere vergleichen diese Überkapazität mit dem »Backup«-System eines Raumfahrzeuges. Es gibt dem Raumschiff soviel Reserve, daß es über das Ziel hinaus fliegen kann, womit die Wahrscheinlichkeit steigt, daß es zumindest sein Ziel erreicht.

Die Redundanz bedeutet, daß manche Tiere Verletzungen überleben, denen schwächere Tiere im Zweifel erliegen, da ihre lebenswichtigen Systeme eine gewisse Reserve haben. Demnach könnte das Tier, dessen Herz eine Pumpkapazität hat, die über das notwendige Minimum hinausgeht, auch überleben, selbst wenn ein Teil des Herzmuskels geschädigt ist und nicht mehr arbeiten würde. Ein Tier, das so robust ist, daß die Wahrscheinlichkeit hoch ist, daß es bis zur Geschlechtsreife überlebt, ist auch stark genug, länger zu überleben, nachdem es seine Fortpflanzungsfunktion erfüllt hat. Diese »höheren physiologischen Reserven«, von denen Hayflick spricht, werden an die Nachkommen weitergegeben. Langlebigkeit ist als solche nicht der Sinn der Evolution; das Wichtige ist das Überleben, wobei die gleichen Eigenschaften jedoch beiden Zielen förderlich sind.

Abgesehen von diesen grundlegenden Überlebenseigenschaften kann ein längeres Leben auch mit der Fähigkeit eines Organismus, seine DNS zu reparieren, in Verbindung gebracht werden. Bei Untersuchungen, die in den achtziger Jahren in den Laboratorien von Roy Walford durchgeführt wurden, der vor allem durch seine Arbeit über die Verbindung zwischen einer geringen Kalorienaufnahme und Langlebigkeit bekannt wurde, haben Forscher Mäuse für verschiedene Lebensspannen gezüchtet: kurze, lange und mittlere. Dann maßen sie die Fähigkeit der Tiere, Schädigungen der DNS zu reparieren, die durch ultraviolettes Licht herbeigeführt worden waren. Dabei stellten sie fest, daß bei den kurzlebigen Mäusen die Reparaturquote am geringsten war, während sie bei den langlebigen am höchsten war und die Mäuse mit der mittleren Lebenserwartung irgendwo zwischen diesen beiden Extremen lagen.

Aber selbst mit der höchsten physiologischen Reserve und einer hohen DNS-Reparaturquote ist kein Organismus unsterblich. An irgendeinem Punkt wird ein lebenswichtiger Mechanismus versagen, was dann entweder direkt oder indirekt zum Tode führen wird.

Warum wir altern

Sie können um alles bitten, was Ihnen beliebt, außer um Zeit.

Napoleon

In Verbindung mit der Frage, warum der menschliche Körper sich mit dem Alter verändert, haben Wissenschaftler zwar viele Theorien aufgestellt und dann auch wieder verworfen, letztlich weiß man jedoch immer noch nicht, was eigentlich die Ursache des Alterns ist. Die heute vorliegenden Erkenntnisse sprechen jedoch eindeutig für einige dieser Theorien und schließen andere aus. Die wahrscheinlichsten Thesen erklären das Altern entweder als einen programmierten Ablauf oder als das Produkt zufälliger Abläufe. Die meisten Theorien beinhalten Elemente beider Positionen. Viele Biogerontologen gelangen inzwischen zu der Überzeugung, daß das Altern nicht mit einer einzelnen Theorie erklärt werden kann.

Alte Theorien über das Altern

Seit ewigen Zeiten spekuliert der Mensch über die Ursachen des Alterns, wobei man fast generell darin übereinstimmt, daß das Altern ebenso natürlich wie unvermeidlich ist. Die ältesten bekannten Hypothesen gingen davon aus, daß vier Körpersäfte (Körperflüssigkeiten) und ihre Eigenschaften den menschlichen Körper steuern. Die Anhänger des griechischen Arztes Hippokrates glaubten, daß der Körper im hohen Alter kalt und feucht wurde, Eigenschaften, die auf Phlegma, Schleim, zurückgeführt wurden.

Aristoteles, der im dritten Jahrhundert v. Chr. schrieb, unterschied sich von den hippokratischen Ärzten darin, daß für ihn der Körper im hohen Alter kalt und trocken wurde. Galen, ein Arzt des zweiten Jahrhunderts n. Chr. betrachtete das hohe Alter als die Endphase eines Prozesses, der mit der Empfängnis begann. Er glaubte, daß der Samen des Mannes eine trocknende Wirkung hatte, die in der Folge zur Bildung von Geweben und Organen führte. Wobei das Trocknen am Ende dann jedoch aufhörte, etwas Gutes zu sein, und dazu überging, die »körpereigene Feuchtigkeit« aufzubrauchen, die dem Körper Brennstoff lieferte. Mangels dieser Feuchtigkeit alterte der Körper und starb.

Die Unsterblichkeit ist anderswo

Die Hoffnungen auf Unsterblichkeit werden seit Ewigkeiten durch Legenden und Geschichten über Orte geschürt, an denen Menschen ewig oder wenigstens sehr lange leben. Das Alte Testament erzählt von einer Zeit vor der Sintflut, als die Menschen fast tausend Jahre alt wurden; Methusalem soll neunhundertneunundsechzig Jahre alt geworden sein. Wenn Menschen, so wurde argumentiert, einmal so lange leben konnten, dann können sie es auch wieder; eine Lebensspanne von fünfzig oder sechzig Jahren ist dann in der Tat eine Aberration, eine Abweichung.

In einigen Legenden über die Unsterblichkeit geht es um ferne, mystische Schauplätze. Die Griechen erzählten von den Hyperboreern, die irgendwo jenseits des Nordwindes lebten und tausend Jahre alt wurden, dann sprangen sie ins Meer (da sie vermutlich genug hatten). In der Legende über Shangri-La konnten Außenstehende aus Versehen ins Land der Unsterblichen geraten. Es gab jedoch keine Karte, aus der hervorging, wo es lag. Viele Forscher machten sich auf, um diese langlebigen Völker zu finden, aber keinem war je ein Erfolg beschieden.

Verbunden damit war auch die Suche nach der Quelle der Unsterblichkeit.

Die Legende vom »Jungbrunnen« tauchte zuerst als der hinduistische »Teich der Jugend« und der hebräische »Fluß der Unsterblichkeit« auf.
In der hinduistischen Legende gibt der König dem bereits betagten Cyavana seine Tochter Sukanya als Wiedergutmachung für das Verhalten seiner Brüder zur Frau. Cyavana und Sukanya begegnen zwei Halbgöttern, die versuchen, der schönen jungen Frau den Hof zu machen und sie von ihrem betagten Ehemann wegzulocken, sie aber bleibt ihm treu. Da er so jung wie seine Braut sein möchte, bietet Cyavana den Halbgöttern an, ihnen im Tausch gegen das Geheimnis der Verjüngung bestimmte religiöse Geheimnisse zu offenbaren. Das Abkommen wird geschlossen, und die Halbgötter bringen ihn an den »Teich der Jugend«, aus dem alle »göttlich schön und jugendlich« hervorgehen.
Die hebräische Legende stützt sich auf biblische Verweise auf den »Fluß der Unsterblichkeit«. Er verleiht denjenigen ewiges Leben, die darin baden. Diese Geschichte inspirierte andere Legenden über das Wasser der Unsterblichkeit. Die Idee tauchte auch in mittelalterlichen Romanzen auf. Auf der Suche nach dem Jungbrunnen entdeckte der spanische Forscher Ponce de Leon in Amerika den Landstrich Floridas, das wegen seines angenehmen Klimas auch heute noch Rentner und Pensionäre anlockt.
In jüngerer Zeit gab es drei Beispiele, in denen die Einwohner bestimmter Gegenden behaupteten, weit über die normale Lebenserwartung hinaus zu leben. In den fünfziger Jahren gaben mehr als fünfhundert Einwohner des damals zur Sowjetunion gehörenden Georgiens an, zwischen einhundertzwanzig und einhundertfünfundsechzig Jahre alt zu sein. Sie führten ihre Langlebigkeit zum Teil auf eine joghurtreiche Ernährungsweise zurück. Dadurch wurde in den Vereinigten Staaten ein regelrechter Joghurtboom ausgelöst. Zu diesen hohen Altersangaben ist zu sagen, daß die Behörden dort keine Geburts- oder Taufregister führten und die Einwohner bei ihren Altersangaben übertreiben, um sich allgemein Respekt und Ansehen zu verschaffen.
In Vilcambamba, einer Region in Ecuador, erhob ein Dorf für sich den Anspruch, daß es unter den achthundertneunzehn Einwohnern neun Hundertjährige gab, ein Anteil, der mehr als hundertmal höher als in den Vereinigten Staaten war. Aber genau wie in Georgien gab es auch hier keine amtlichen Register, die diese Behauptung unterstützt hätten. Ein Forscher, der nach fünf Jahren dorthin zurückkehrte, stellte fest, daß die Einwohner inzwischen höhere Altersangaben machten, was die Glaubwürdigkeit noch weiter in Frage stellt.
Ähnlich behauptete ein Dorf namens Hunza in der pakistanischen Region von Kaschmir, viele zu beheimaten, die über einhundertzwanzig Jahre alt seien, wobei man jedoch jeden Beweis schuldig blieb, der diese Behauptung erhärtet hätte. Denjenigen, die den Schlüssel zu einem längeren Leben suchen, sei gesagt, daß leider auch keine der vielen anderen Behauptungen dieser Art je belegt wurden – viele jedoch widerlegt. Es wird weiterhin ferne Regionen geben, die sich einer besonderen Langlebigkeit rühmen, und zahllose Menschen werden ihnen glauben. So währt wenigstens die Hoffnung, wenn schon nicht das Leben, ewig.

Die Theorie des zwanzigsten Jahrhunderts

Das frühe zwanzigste Jahrhundert erlebte den Beginn von Laboruntersuchungen in der Alternsforschung, als es den Wissenschaftlern gelang, menschliche Zellen außerhalb des Körpers, in Zellkulturen zu untersuchen. Diese frühen Experimente führten die Forschung jedoch in die falsche Richtung. Alexis Carrel, ein Franzose, der am Rockefeller-Institut (der heutigen Rockefeller University) arbeitete, initiierte Forschungen, die bis Mitte der vierziger Jahre fortgesetzt wurden. Carrel hatte einem Hühnerherzen Zellen entnommen, sie kultiviert und in der Retorte zur ständigen Vermehrung gebracht. Die Hälfte der Kultur beseitigte er, als sie zu umfangreich wurde. Carrel und seine Mitarbeiter behaupteten, ein und dieselbe Kultur vierunddreißig Jahre erhalten zu haben, bis sie sie zerstörten. Das bedeutete, daß diese Zellen – und damit alle Zellen – sich auf ewig weiter vermehrt hätten, wenn nichts geschah, das sie daran hinderte. Sie waren unsterblich.

Carrels Behauptung hatte einen weitreichenden Einfluß auf die Frage des Alterns in Wissenschaftlerkreisen. Wenn Zellen sich unendlich vermehrten, dann war das Altern kein natürliches Phänomen, wie man bis dahin angenommen hatte, sondern eines, das ausgelöst wurde, wenn etwas von außen in die Zellteilung eingriff. Somit wandten sich die Gerontologen von einem Forschungsweg ab, der ansonsten klar gewesen wäre – den inneren Funktionsweisen der Zelle –, und suchten anderweitig nach den Ursachen des Alterns.

Carrel hatte jedoch unrecht. 1959 begannen Leonard Hayflick und Paul Moorhead Untersuchungen, mit denen sie feststellen wollten, ob normale Zellen sich selbst in Krebszellen verwandelten. Im Zuge dieser Forschungen machten sie eine bahnbrechende Entdeckung: nämlich, daß normale Zellen sich nur begrenzt, etwa fünfzigmal teilen. Was inzwischen als das Hayflick-Limit bekannt ist. Diese Erkenntnis, die die Wissenschaftler nur langsam akzeptierten, sorgte dann dafür, daß die Biogerontologen wieder darauf zurückkamen, sich bei ihren Forschungen darauf zu konzentrieren, wie die Funktionsweise der Zellen das Altern beeinflußten.

Die derzeit gängigen Theorien gehen in der Regel sowohl vom

Zufälligkeitsprinzip wie auch von einem programmierten Alterungsprozeß aus: Das Altern ist programmiert, wie es sich jedoch im einzelnen vollzieht, ist zumindest in einem gewissen Maße eine Frage des Zufalls. Eine Vielzahl von Theorien beschreiben jene Prozesse, die höchstwahrscheinlich beim Altern eine Rolle spielen.

Die Verschleißtheorie: Die Abnutzung und der Verschleiß des menschlichen Körpers können auf vielen Ebenen zum Tragen kommen; der kumulative Effekt ist die altersbedingte Veränderung. Auf der molekularen Ebene, schreibt Hayflick, könnte es sein, »daß wichtige Moleküle im Lauf der Zeit Schaden nehmen und nicht so schnell ersetzt werden, wie sie verlorengehen, oder sogar überhaupt nicht ersetzt werden.« Die DNS-Reparatursysteme in Zellen funktionieren weniger effektiv, und so können Zellen, Gewebe, Organe und Reparatursysteme allmählich ihre physiologische Wirksamkeit verlieren, in ihrer Effizienz nachlassen und am Ende schließlich ganz versagen. Jaime Miquel, ein spanischer Forscher, ist der Überzeugung, daß der molekulare Verschleiß vor allem die Mitochondrien betreffen könnte, das Kraftwerk der Zelle, da Mitochrondrien DNS-Schädigungen offenbar nicht reparieren können.

Die Genmutationstheorie: Genmutationen spielen auch bei der Verschleißtheorie eine Rolle. Sie treten ganz natürlich auf, wenn die Zellen weniger effektiv funktionieren. Mutationen können mit Altersveränderungen in Verbindung gebracht werden. Laboruntersuchungen haben gezeigt, daß strahlungsbedingte Mutationen nicht mit Alterungsveränderungen zu tun haben; diese Erkenntnis schließt jedoch nicht aus, daß sie bei anderen Mutationen eine Rolle spielen können.

Die Freie-Radikale-Theorie: Freie Radikale sind Moleküle, die in ihrem äußeren Bereich eine ungerade Zahl von Elektronen enthalten. Das Molekül kann nur stabil werden, indem es ein Elektron hinzugewinnt oder verliert, und versucht, sich mit irgendeinem verfügbaren Molekül zu verbinden. Die daraus erwachsenden Folgen für das Zielmolekül sind oft abträglich, da die freien Radikale die ordnungsgemäße Funktion des Moleküls stören oder es ganz deaktivieren können. Diese Folgen sind durch Antioxidantien zu unterbinden, die von vornherein verhindern, daß freie Radikale überhaupt erst entstehen können. Wenn das Altern ein molekularer Prozeß ist, können Antioxidantien ihn verlangsamen.

Die Fehler- und Katastrophentheorie: Einer anderen Theorie zufolge ist das Altern ein Produkt der schwindenden DNS-Reparaturfähigkeit der Zellen. Die DNS-Reparatur ist kein perfekter Prozeß, und wenn er versagt, gehen Kopien vitaler Gene verloren. Das betrifft die Eiweißsynthese, die für das physiologische Funktionieren von vitaler Bedeutung ist. Dies hat zur Folge, daß der Körper beginnt, defekte Kopien von essentiellen Proteinen anzufertigen. Da wenige Enzymmoleküle Tausende von Kopien eines Proteins herstellen können, könnten die Folgen eines derartigen Fehlers verheerend sein. Laborstudien haben gezeigt, daß alte Zellen nicht genügend defekte Proteine enthalten, um für das Altern verantwortlich zu sein, die Theorie hält sich aber nichtsdestotrotz als mögliche Mitursache.

Die Zell-Uhr-Theorie: Die Zell-Uhr-Theorie des Biogerontologen Leonard Hayflick entstand aus seiner frühen Arbeit über die Zellteilung. Hayflick behauptet, daß derselbe genetische Prozeß sowohl das Aufhören der Zellteilung als auch die Zellfunktion steuert. Die Menschen sterben nicht, weil ihre Zellen ihre Grenzen erreichen und aufhören, sich zu teilen, sondern weil die Zelle, während sie sich weiter teilt, ihre Fähigkeit zu einer tadellosen Funktionsweise verliert. Diese Verschlechterung ist genauso programmiert, wie es die Grenzen bei der Teilung sind. Die reduzierte Funktionsfähigkeit führt zu Veränderungen in den Zellen, Veränderungen, die den ganzen Körper betreffen und ihn anfälliger für die alterstypischen Krankheiten machen. Hayflick glaubt, und wissenschaftliche Erkenntnisse stützen seine Hypothese, daß die »Zell-Uhr« im Zellkern sitzt. Calvin B. Harley und andere von der McMaster

University in Kanada haben einen möglichen Mechanismus identifiziert, der erklären würde, wie die Uhr funktioniert: Bei jeder Zellteilung wird die immer wiederkehrende Aneinanderreihung eines Teils der Chromosomen, der sogenannten »Telomere«, jeweils um ein bestimmtes Stückchen gekürzt.

Die Neuroendokrin-Theorie: Die Neuroendokrin-Theorie des Alterns bringt das Altern mit programmierten Veränderungen in den Hormonausschüttungen und Hormonspiegeln in Verbindung: Diese Hormone werden vom neuroendokrinen System produziert und haben weitreichende Effekte auf alle Körpersysteme. Nach dieser Theorie sind Veränderungen in den Hormonausschüttungen und Hormonspiegeln mit altersbedingten Veränderungen verbunden.

Die Immunsystem-Theorie: Dieser Theorie zufolge treten altersbedingte Veränderungen und Krankheiten auf, da das alternde Immunsystem langsam seine Fähigkeit verliert, die eigenen Gewebe des Wirtes zu erkennen. Was zur Folge hat, daß der Körper beginnt, seine eigenen Gewebe abzustoßen.

Die Akkumulationstheorie (»Die Zelle als Müllhalde«): Altersbedingte Veränderungen können auch mit der Akkumulation von Abfallstoffen auf der zellulären Ebene in Verbindung gebracht werden. Genau wie Nierenversagen zur Akkumulation von »Abfallstoffen« im Blut führt und den Organismus schließlich tötet, so können auch die aufgebauten Abfallprodukte in der Zelle eine ordnungsgemäße Zellfunktion verhindern und schließlich zum zellulären Tod führen. Zellen akkumulieren Abfallstoffe, während sie älter werden, es gibt bisher jedoch keine Beweise, die diesen Aufbau mit altersbedingten Veränderungen in Verbindung brächten. So sammelt sich zum Beispiel Lipofuszin, das als das Alterspigment bekannt ist, in den Zellen an, und zwar hauptsächlich in Nerven- und Herzmuskelzellen. Aber selbst wenn sich große Mengen in den Zellen angereichert haben, funktionieren sie weiterhin normal. Zudem wurde bei alten Tieren in manchen Zellen kein oder fast kein

Alterspigment gefunden, und dennoch waren bei den Tieren normale Anzeichen des Alterns erkennbar. Gleichwohl bleibt die Akkumulation von Gift- und Abfallstoffen eine theoretisch plausible Erklärung für manche altersbedingten Veränderungen.

Die Cross-linking-Theorie: Kollagenproteine, der Leim, der die Zellen zusammenhält, wurden auch als Ursache des Alterns ins Feld geführt. Die molekulare Struktur dieser Proteine ähnelt einer Leiter, bei der die zwei seitlichen Stützstangen durch Sprossen miteinander verbunden sind. Das »Cross-linking« entsteht, wenn sich zusätzliche Verbindungen (Sprossen) bilden und separate Leiter-Moleküle miteinander verbinden. Dieses Phänomen nimmt mit dem Alter zu, wodurch das Gewebe weniger geschmeidig wird. Die Theorie geht davon aus, daß das Cross-linking den Transport von Nährstoffen und Gift- und Abfallstoffen in die Zellen bzw. aus den Zellen behindern kann, was einen normalen Zellstoffwechsel unterbricht und schließlich zum Tod der Zelle führt. Cross-linking könnte auch die DNS der Zelle schädigen und Mutationen oder den Zelltod herbeiführen.

Ein längeres Leben

Jeder Mensch hat den Wunsch, lange zu leben,
aber keiner möchte alt sein.

JONATHAN SWIFT

Seit Jahrhunderten suchen die Menschen nach Wegen und Möglichkeiten, das Leben zu verlängern, aber keine ihrer diesbezüglichen Anstrengungen hatte bisher Erfolg. Das ist weitestgehend darauf zurückzuführen, daß die Ursachen altersbedingter Veränderungen nach wie vor unbekannt sind. Der Mensch lebt heute im Durchschnitt länger als vor hundert oder gar noch vor fünfzig Jahren. Die erhöhte Lebenserwartung bedeutet jedoch nicht unbedingt, daß sich die maximale potentielle menschliche Lebensspanne erhöht hat, sondern nur, daß der Mensch es heute besser versteht, den Tod zu meiden. Die Lebenserwartung wird sich wahrscheinlich noch weiter erhöhen, wenn es den Ärzten gelingt, noch mehr Krankheiten zu bekämpfen. Eine Erweiterung der theoretischen Grenzen, die dem menschlichen Leben gesetzt sind, ist jedoch aus heutiger Sicht unwahrscheinlich.

Das hätte die alten Griechen allerdings nicht überrascht. Für Hippokrates, Aristoteles und Galen waren Altern und Tod etwas Natürliches und damit Gutes, da »jedes Ding gemäß der Natur (geschieht)«. Die Idee, daß der Tod weder natürlich noch unvermeidlich ist, kam im 13. Jahrhundert im westlichen Denken auf, und zwar bei den Alchimisten. Der englische Gelehrte Roger Bacon, ein Anhänger der Alchimie, führte vier Gründe an, warum das Leben nicht unausweichlicherweise kurz war. Der erste ging auf die Bibel zurück: Vor der Sintflut lebten die Menschen ein sehr langes Leben, und da die Seele unsterblich war, konnte das leibliche Leben entsprechend verlängert werden. Aus Bacons Sicht war das Leben zudem künstlich kurz, da die Menschen die Hygiene vernachlässigten und sich unmoralisch verhielten (eine wohl zutreffende Einschätzung), und da die durch schlechte Gewohnheiten erworbenen Schwächen an die nächste Generation weitergegeben wurden (eine definitiv unzutreffende Einschätzung). Er sprach auch von »geheimen Künsten«, mit denen Menschen verjüngt worden seien, nachdem sie mit irgendwelchen Substanzen in Kontakt gekommen waren, oftmals mit Gold.

Aber weder Gold noch irgendein anderes von den Alchimisten zusammengebrautes Elixier konnte den Tod abwenden, und die moderne Wissenschaft ist diesbezüglich nicht erfolgreicher. Durch experimentelle Manipulationen verschiedener Faktoren ist es den Wissenschaftlern hingegen inzwischen gelungen, die Lebenserwartung bei manchen Tieren zu verlängern.

Parabiose

Die Parabiose, die künstliche Aneinanderpflanzung zweier Lebewesen, ist derzeit kein aktives Forschungsfeld. Mit parabiotischen Experimenten wurde versucht, das Leben zu verlängern, indem ein älteres Tier an das Blut eines jüngeren Tieres und damit auch an eine vermeintlich »verjüngende Substanz« mit angekoppelt wurde. Von einem Mann namens Gayant wurde berichtet, daß er im siebzehnten Jahrhundert in England einem alten, fast blinden Hund, der sich kaum noch rühren konnte, das Blut eines jungen Hundes übertragen hatte. Zwei Stunden nach der Transfusion sei er »putzmunter herumgesprungen«. Jean Denis, ein französischer Arzt, versuchte als erster, die Methode beim Menschen anzuwenden; er berichtete von fünf derartigen Bluttransfusionen. Als einer seiner Patienten starb, verbot ihm die Medizinische Fakultät in Paris, weitere Experimente durchzuführen. Bis ins frühe neunzehnte Jahrhundert wurden dann nur noch wenige derartige Versuche unternommen.

Im zwanzigsten Jahrhundert ließ Frederic C. Ludwig von der University of California das Interesse an der Technik der Parabiose kurzweilig wiederaufleben. Er führte ein Experiment mit mehr als fünfhundert Rattenpaaren durch und stellte fest, daß eine alte Ratte, die mit einer jüngeren Ratte verkoppelt war, wesentlich länger lebte als eine nicht gepaarte alte Ratte. Vor dem Hintergrund sowohl praktischer als auch ethischer Fragen ist es jedoch unwahrscheinlich, daß die Parabiose jemals systematisch zur Lebensverlängerung irgendeiner Spezies angewandt wird.

Älter und kälter

In Versuchen wurde nachgewiesen, daß eine kältere Umwelt die Langlebigkeit erhöht. Leonard Hayflick beobachtete, daß Zellen, die in Gewebekulturen eingefroren und dann aufgetaut wurden, am selben Punkt mit den Teilungen weitermachten, an dem sie aufgehört hatten. Diese Erkenntnis hilft vielleicht die Ergebnisse eines 1917 durchgeführten Experimentes mit Fruchtfliegen erklären, bei dem Jacques Loeb und John H. Northrop feststellten, daß die Insekten länger lebten, wenn sie bei kühleren Temperaturen gehalten wurden. Bei Versuchen mit Fischen und anderen Kaltblütern wurde derselbe Effekt nachgewiesen. Folgeuntersuchungen zeigten dann jedoch, daß der Zusammenhang zwischen kalten Temperaturen und Langlebigkeit nicht so unmittelbar war, wie es zunächst ausgesehen hatte. In manchen Fällen konnte die Lebenszeit nur verlängert werden, wenn der Organismus in einem bestimmten Entwicklungsabschnitt der Kälte ausgesetzt wurde.

»Auf Eis gelegt«

Auch die Dormanz und der Winterschlaf wurden dahingehend untersucht, ob sie irgendeinen Einfluß auf das Altern haben. Organismen, die durch harsche oder extreme Umweltbedingungen in einen Schlafzustand gezwungen werden, scheinen, genau wie Hayflicks gefrorene Zellen, wenn sie daraus erwachen, an dem Punkt in ihrer Entwicklung weiterzumachen, an dem sie stehengeblieben waren. Warmblütige Tiere, die durch eine künstliche Absenkung der Temperatur in ihrem Habitat länger im Winterschlaf gehalten wurden, lebten ebenfalls länger, während diejenigen, die vom Winterschlaf abgehalten wurden, eine kürzere Lebensspanne hatten. Was diese Erkenntnisse, wenn überhaupt, für den Menschen für eine Bedeutung haben, bleibt unklar; fest steht jedoch, daß zeitweilig eingestellte Aktivitäten nicht die Länge eines nützlichen Lebens verlängern, sondern lediglich die Zeitspanne zwischen Geburt und Tod ausdehnen würden.

Kalorienreduktion

In den dreißiger Jahren berichtete Clive M. McCay von der Cornell University erstmals, daß eine kalorien-, aber nicht nährstoffarme Kost lebensverlängernd wirke. McCays magere Ratten lebten doppelt so lange wie Ratten, die normal ernährt wurden. Folgeuntersuchungen zeigten, daß es die reduzierten Kalorien waren und nicht irgendeine Substanz, die in der Kost war oder gefehlt hätte, worauf diese erstaunliche Erhöhung der Lebensspanne zurückzuführen war.

In den achtziger Jahren ergänzte Roy L. Walford diese Ergebnisse dann um zwei weitere wesentliche Erkenntnisse: Ratten lebten länger, selbst wenn mit der kalorienreduzierten Ernährung erst in der Lebensmitte begonnen wurde. Die Lebensspanne verlängerte sich um so mehr, je stärker die Kalorienreduktion war. (Wenn die Kalorieneinschränkung jedoch über vierzig Prozent der Normalkost hinausging, war bei den Tieren der Punkt erreicht, daß sie verhungerten.) Ermutigt durch diese Ergebnisse, beschnitt Walford dann seine eigene Kalorienaufnahme radikal, um auf diese Weise sein eigenes Leben zu verlängern. Leider wird sein Fall nur anekdotisch interessant sein, da ihm ein Duplikat von sich fehlt, das er als Kontrolle verwenden könnte.

Der Mechanismus, über den eine kalorienreduzierte Ernährung lebensverlängernd wirkt, ist nach wie vor nicht bekannt. Eine Möglichkeit ist, daß magere Tiere aktiver bleiben und somit Herzkrankheiten und andere Krankheiten vermeiden können, die wir mit einem inaktiven hohen Alter assoziieren.

Ob je eine zuverlässige Methode zur Verlängerung des menschlichen Lebens entwickelt wird, ist eine offene Frage. Momentan gilt Leonard Hayflicks Analyse, die besagt: »Vieles in der Alternsforschung ist umstritten, doch zumindest ein Faktum steht unstreitig fest: Niemand hat je eindeutig nachgewiesen, daß eine medizinische Intervention, ein Wandel im Lebensstil, ein Ernährungsfaktor oder irgendein wie auch immer geartetes Arzneimittel oder Tonikum den grundlegenden Alterungsprozeß beim Menschen abzubremsen, zu stoppen oder umzukehren vermag.« Der Tod ist, wie es scheint, etwas, mit dem wir einfach leben müssen.

Die Definition oder Feststellung des Todes

Die Feststellung des Todes, die einst eine einfache Frage des Pulsmessens war, ist eine in medizinischer, ethischer und rechtlicher Hinsicht komplexe Angelegenheit geworden. Mit den Fortschritten in der medizinischen Technologie wurde der Tod als Augenblick durch den Tod als Prozeß ersetzt. In den meisten Fällen ist dieser Prozeß nicht langwierig. Für die meisten Menschen ist der Tod noch immer ein klar umrissenes Phänomen, das plötzlich auf ein unerwartetes Ereignis – einen Herzanfall, einen Autounfall –

folgt oder eine lange Krankheit wie Krebs oder AIDS beendet. Das Herz hört auf zu schlagen und kann nicht wiederbelebt werden – oder wenn, dann nur für eine kurze Zeitspanne. Die Person wird für tot erklärt.

Hinter dem Wandel, wie heute der Tod festgestellt oder definiert wird, stehen zwei einschneidende Entwicklungen in der medizinischen Technologie. Dabei geht es zum einen um die Organtransplantationstechnologie und zum anderen um die Life-Support-Technologie, die technische Möglichkeit, das Leben künstlich aufrechtzuerhalten. Beide gewannen in den sechziger Jahren an Boden, und beide gehören heute gleichermaßen zur Routine. Die moderne Ära der Organtransplantation begann 1967, als Dr. Christian Barnard die erste erfolgreiche Herztransplantation gelang. Mit der Entwicklung immer potenterer Medikamente, die die Abstoßung von Organen verhindern, sind die Überlebensraten gestiegen.

Organtransplantationen haben jedoch die größte Aussicht auf Erfolg, wenn die Organe von einem »lebenden« Körper kommen: einem, bei dem das Herz nach wie vor schlägt und das Blut nach wie vor zirkuliert. Mit der Entwicklung der Life-Support-Technologie wurde die Möglichkeit eröffnet, einen Körper künstlich am »Leben« zu erhalten, der sonst eine Leiche wäre. Eine Praxis, die von Ärzten, Spendern, Empfängern und den Familienangehörigen verlangt, sich den Körper gleichzeitig als lebendig und als tot vorzustellen.

Ein Herz, das aufgehört hat zu schlagen, signalisiert somit nicht mehr automatisch den Eintritt des Todes, genau wie umgekehrt ein schlagendes Herz nicht mehr unbedingt signalisiert, daß der Betreffende noch am Leben ist. Ein Herz kann aufhören zu schlagen und mit einer Herz-Lungen-Maschine wiederbelebt werden. Ein Chirurg kann das Herz bei einer Operation vorübergehend zum Stillstand bringen. Ein Herz kann trotz eines irreversiblen Ausfalls des Hirns weiterschlagen, wenn auch nicht unendlich. Life-Support-Systeme können die Atem- und Herzschlagfunktionen des Körpers künstlich aufrechterhalten, die beide zum Erliegen kämen, sobald die Maschinen abgeschaltet würden.

Tod nach Hirnkriterien

Der Tod wird heute nicht mehr im Sinne des einfachen klinischen Todes, sondern im Sinne des Hirntodes festgestellt. Er ist technisch als »Tod nach Hirnkriterien« bekannt. Dabei wird analog einem Kontinuum zwischen verschiedenen Formen des Hirntodes unterschieden. Die schwächste ist der neokortikale Tod, bei welcher der obere Teil des Gehirns, in dem Denken, Lust, Schmerz und Wille residieren, nicht mehr funktioniert. Der zerebrale Tod, als nächster Schritt, tritt ein, wenn nur noch die untersten Zentren des Kleinhirns und Hirnstamms aktiv sind.

Die Schwierigkeit, Tod als Hirntod zu definieren, besteht darin, daß das Herz möglicherweise zumindest noch eine begrenzte Zeit, wenn das Hirn schon nicht mehr arbeitet, weiter normal funktionieren und den Kreislauf in Gang halten kann. Der Hirntod tritt somit nicht unbedingt in dem Augenblick ein, wenn das Elektroenzephalogramm (EEG) keine Aktivitäten mehr zeigt, sondern nur noch eine Nullinie verzeichnet; der Betreffende muß auch die Fähigkeit verloren haben, unabhängig von technischen Interventionen zu leben.

Wie wird der Tod festgestellt?

Angesichts der Komplikationen haben die Ärzte formale Richtlinien für die Feststellung des Todes entwickelt. Nachdem ein Patient ins Koma gefallen ist, kontrollieren die Ärzte sechs Reflexe. Kein Patient, bei dem alle Tests negativ ausgefallen sind, hat jemals wieder das Bewußtsein erlangt. Die Feststellung des Hirntodes muß von einem neutralen Ärzteteam getroffen werden, das unabhängig von denjenigen ist, die auf Organe zur Transplantation warten, und denjenigen, die versucht haben, das Leben des Patienten zu retten, da beiden Parteien Voreingenommenheiten vorgehalten werden könnten.

Die Ärzte müssen als erstes darüber befinden, warum die Person im Koma liegt. Die Beurteilung muß jegliche potentiell reversiblen Ursachen wie eine Überdosis von Drogen oder Medikamenten, eine sehr niedrige Körpertemperatur oder ein gravierendes chemisches Ungleichgewicht (wie es beim diabetischen Koma auftritt) ausschließen. Fehlen diese Ursachen, dann wird eine strukturelle Schädigung des Gehirns postuliert, die schwerwiegend genug ist, um eine Genesung auszuschließen.

Um festzustellen, ob ein irreversibler Hirntod eingetreten ist, führen Ärzte eine Reihe von Tests durch, die belegen, ob im Hirnstamm noch irgendwelche funktionierenden Reflexe zu verzeichnen sind. Ohne diese grundlegenden Reflexe kann ein Mensch, ohne daß er künstlich am Leben erhalten wird, also unabhängig von einem Life-Support-System, nicht überleben.

1. Die Fähigkeit, eigenständig zu atmen

Die Ärzte schalten als erstes die Beatmungsgeräte ab (sofern sie zum Einsatz kamen) und führen Sauerstoff zu, um zu sehen, ob der Patient von selbst atmen kann. Kohlendioxyd stimuliert bisweilen die eigenständige Atmung, so daß Ärzte auch diesen Weg versuchen werden.

2. Husten oder Röcheln

Wenn der Patient nicht hustet oder röchelt, wenn an seinen Luftwegen gesaugt wird, ist dieser Reflex zum Erliegen gekommen.

3. Pupillen

Bei der Kontrolle des Pupillen-Licht-Reflexes leuchtet der Arzt mit einem Licht direkt ins Auge, um festzustellen, ob sich die Pupille wie im Normalfall zusammenzieht.

4. Lidschlagreflex

Ein lebender Mensch bewegt das Augenlid und zwinkert, wenn die Hornhaut des Auges berührt wird; fällt dieser Reflex aus, so deutet dies auf den Eintritt des Todes hin.

5. Gesicht verziehen oder Grimassen schneiden

Die Ärzte bewegen den Kopf des Patienten schnell hin und her oder gießen ihm Eiswasser in die Ohren, um zu prüfen, ob der normale Grimassenreflex noch funktioniert.

6. Blutfluß

In einigen europäischen Ländern wie in Deutschland, Österreich und Teilen Skandinaviens wird von den Ärzten auch verlangt, dem Patienten ein Kontrastmittel zu spritzen, um nachzuweisen, daß das Gehirn nicht mehr durchblutet ist.

Obwohl diese physiologischen Kriterien darüber entscheiden, ob eine Person für hirntot erklärt wird, hat die Medizin dennoch nicht die Tatsache aus den Augen verloren, daß ein sinnvolles Leben auch schon vor dem erklärten Eintritt des Hirntodes vorbei sein kann. Bei der 22. World Medical Assembly wurde denn auch festgehalten: »Das klinische Interesse richtet sich nicht auf die Erhaltung isolierter Zellen, sondern auf das Schicksal einer Person. Der Punkt des Todes der verschiedenen Zellen und Organe ist nicht so wichtig wie die Gewißheit, daß der Prozeß irreversibel geworden ist.«

Der Nachweis, daß der Hirntod tatsächlich irreversibel ist, wurde anhand von Autopsien erbracht, die in den sechziger Jahren vorgenommen wurden, als reaktionsunfähige Patienten künstlich am Leben erhalten wurden, bis der Herzstillstand schließlich von alleine eintrat. Bei der Autopsie stellten die Pathologen fest, daß diese Patienten »Respirator-Gehirne« hatten, die weich und dunkelgrün oder völlig flüssig geworden waren, nachdem die Zellen Tage oder Wochen vorher abgestorben waren. Umgekehrt sterben Patienten mit schweren Hirnverletzungen, da die Schwellung ihres Hirns Druck auf das Atmungszentrum des Hirnstammes ausübt und die Atmung zum Stillstand bringt.

Verfrühte Beerdigung

Die Berichte über meinen Tod sind maßlos übertrieben. MARK TWAIN

Heute wird nur jemand für tot erklärt, wenn wirklich der letzte Funke an Gehirnfunktion ausgefallen ist, was mit höchst komplizierten und zuverlässigen Überwachungsgeräten festgestellt wird. In der Vergangenheit wurden Menschen mitunter jedoch auch schon einmal für tot erklärt, was sich dann im nachhinein als Irrtum erwies.

Verfrühte Beerdigungen waren eine erschreckende Tatsache des Lebens. Bei einer Epidemie, wenn der Tod gewöhnlich die Krankheit beendete, wurde jemand, der tot aussah, für tot gehalten. Wobei manche dieser Unglückseligen dann wieder lebendig wurden, während sie auf ihre Beerdigung warteten; andere erwachten auf dem Weg zum Friedhof und versetzten die Trauernden in Panik, wenn sie von innen gegen den Sargdeckel klopften. Andere wurden lebendig begraben, hatten aber das Glück, von Grabräubern heimgesucht zu werden, die es auf ihren Schmuck abgesehen hatten, den Sarg öffneten und die »Leiche« dann gehen ließen (wahrscheinlich haben diejenigen, die derart überrascht wurden, dann nie mehr ein weiteres Grab ausgeraubt). Bei denen, die kein Glück hatten, wurde erst zu spät entdeckt, daß man sie lebendig begraben hatte, nämlich, als das Grab wieder geöffnet wurde, um einen weiteren Verwandten darin zu begraben.

Wer Angst hatte, lebendig begraben zu werden, konnte bereits im Vorfeld Schritte unternehmen, um diesem Schrecknis vorzubeugen. So bat ein Mann in London im neunzehnten Jahrhundert darum, ihm vor der Beerdigung das Herz herauszuschneiden oder ihm den Kopf abzuschneiden, um eine verfrühte Beerdigung zu vermeiden. Die Witwe des Forschers Sir Richard Burton bat ihren Arzt, ihr Herz mit einer Nadel zu durchstoßen, um sicherzustellen, daß sie tot war.

In Belgien war ein Arzt des Königshauses so erschüttert, als er die Schreie eines Mädchens hörte, das durch das Geräusch der Erde, die auf seinen Sarg fiel, aus seiner Trance erwacht war, daß er ein System erfand, mit dem derjenige, der lebendig begraben worden war, Hilfe herbeiholen konnte. Seine Erfindung wurde 1897 patentiert. Sie bestand aus einem Rohr, das aus dem Grab bis zur Erdoberfläche reichte und an einem Ball auf dem Brustkorb des Beerdigten befestigt war. Wenn der Beerdigte atmete und dabei den Brustkorb bewegte, sollte sich der unter Federdruck stehende Ball lösen und das Rohr dann Licht und Luft in den Sarg hineinlassen. Oberhalb der Erde sah das Sicherungssystem vor, daß parallel dazu eine Fahne erscheinen, eine Lampe leuchten und Glocken läuten würden. Es gibt jedoch keine Aufzeichnungen darüber, ob ein solcher Sarg jemals gebaut oder auf diesem Wege jemals Hilfe herbeigerufen wurde. Das Aufkommen fachgerechter Leichenhallen ging zum Teil auf die Angst vor verfrühten Beerdigungen zurück. Leichenhallen dienten dazu, daß irrtümlich für tot erklärte Menschen auf sich aufmerksam machen konnten.

Der Augenblick des Todes

Die im Augenblick des Todes auftretenden physiologischen Veränderungen sind ebenso einfach wie klar: Das Herz pumpt kein Blut mehr, so daß die Zellen keinen Sauerstoff oder keine Nährstoffe mehr erhalten und anfangen zu sterben. Was die meisten Menschen fasziniert und ihnen angst macht, ist nicht so sehr der Augenblick, in dem das Herz aufhört zu schlagen. Es ist vielmehr der Moment, in dem sie erkennen, daß ihr eigener Tod unmittelbar bevorsteht. Es ist nicht der Augenblick, sondern der Augenblick vor dem Augenblick.

Dieser flüchtige Augenblick ist durch das Eintreten des physischen Kampfes gekennzeichnet, obwohl der Sterbende sich dieses Kampfes nicht bewußt sein kann. Was der Sterbende nach jüngsten Forschungen und Analysen empfindet, ist ein Gefühl des Wohlbefindens und der Eindruck, nicht zu sterben, sondern aus dem Leben zu reisen. Diese letzte Aktivität hat jedoch auch eine physiologische Grundlage.

Was auch immer die unmittelbare Ursache sein mag, die ultimative Todesursache ist immer Sauerstoffmangel. Ohne Sauerstoff sterben die Zellen ab. Die ultimative Reaktion des Körpers auf den Sauerstoffmangel wird im sogenannten »agonalen Augenblick«, im »Augenblick des Todeskampfes«, kurz bevor der klinische Tod (Herzstillstand) eintritt, sichtbar. Genau wie das Wort »Agonie« wurde auch »agonal« von dem griechischen Wort *agon* abgeleitet, das den Begriff des Kampfes mitbeinhaltet. Der abnehmende Sauerstoffgehalt im Blut kann zu Muskelkrämpfen führen. Die normale Atmung kann in ein Keuchen oder mühsames Nach-Luft-Ringen übergehen. Ein kurzer Krampf kann den Körper dahinstrecken. Und dann ist es vorbei.

Wenn dieser agonale Augenblick kommt, ist es selbst bei jemandem, der seit Monaten dem Tod entgegensieht, unwahrscheinlich, daß er sich dieses schnellen Kampfes bewußt wird. Ob dem Betreffenden in diesem Augenblick überhaupt etwas bewußt wird, ist eine andere Frage. Das Bewußtsein vom Tod hängt von der Todesursache ab. Manche Menschen, die plötzlich durch Unfälle sterben, haben zweifellos keine Ahnung, daß ihr letzter bewußt erlebter Augenblick ihr letzter ist. Demgegenüber kann es bei denjenigen, die einen längeren Tod erfahren, durchaus so sein, daß sie sich des Umstandes bewußt sind, daß der Augenblick für sie gekommen ist.

Das sterbende Hirn und die Nahtod-Erfahrung

Der Sauerstoffmangel, der den Tod verursacht, kann auch die als Nahtod-Erfahrung bekannten Wahrnehmungen hervorbringen. Demnach berichten Personen, die klinisch tot erschienen und dann wiederbelebt wurden, wie sie in der Zeit, in der sie »tot« waren, Ereignisse und Abläufe in ihrer unmittelbaren Umgebung, in ihren Gedanken oder in irgendwelchen darüber hinaus gehenden Bereichen bewußt wahrgenommen hatten.

Als Raymond Moody 1977 erstmals seine gesammelten Berichte über solche Erfahrungen veröffentlichte, sahen die meisten darin übersinnliche Ereignisse, die aus ihrer Sicht den Beweis für ein Leben nach dem Tod lieferten. Nach den jüngsten Analysen sind Nahtod-Erfahrungen jedoch neurologisch zu erklären. Die genetische Grundlage für jenen letzten bewußt erlebten Augenblick ist im wesentlichen im rechten Schläfenlappen und in der limbischen Region des Gehirns vorgegeben. Unter den richtigen Bedingungen, wenn der Tod nicht zu langsam und nicht zu schnell kommt, erfährt der Patient diesen Augenblick als einen Übergang und nicht als ein Ende. Ob er tatsächlich ein Übergang oder nur eine Illusion ist, ist eine ganz andere Frage. Es ist auch nicht bekannt, wie verbreitet diese Erfahrung ist, da die potentiellen Informanten nicht zurückkommen, um die entsprechenden Daten zu liefern.

Neue Analysen deuten darauf hin, daß der Schlüsselfaktor bei den Nahtod-Erfahrungen eine allmählich einsetzende Anoxie (Sauerstoffmangel) im Gehirn ist. Die Effekte dieses Sauerstoffmangels verbinden sich mit der jeweiligen Nerventätigkeit, die gerade abläuft, wenn der Sauerstoffmangel wirksam wird. Beides wird dann zusammen auf einer, wenn man so will, Schablone übereinandergelegt, die sich im rechten Schläfenlappen des Gehirns befindet. Die daraus entstehende Aktivität kann dann die Nahtod-Erfahrung erzeugen oder einer solchen Erfahrung zumindest entsprechen.

Im Bemühen, Moodys Erkenntnisse zu replizieren, sammelte der Psychologe Kenneth Ring zahlreiche Berichte über Nahtod-Erfahrungen und entdeckte dabei eine »Kernerfahrung« von fünf Elementen: Eintritt in die Dunkelheit (der Tunneleffekt), Sehen des Lichtes, Gefühle von Frieden, Trennung vom Körper (außerkörperliche Erfahrungen) und Eintritt ins Licht. Nicht jede Nahtod-Erfahrung schloß alle diese Elemente mit ein, die meisten jedoch mindestens zwei.

Daß solche Erfahrungen vorkommen, ist hinreichend belegt, und viele glauben, daß eine Nahtod-Erfahrung einen winzigen Einblick in »die andere Seite« des Todes gewährt. Einige Wissenschaftler haben diese Erfahrungen jedoch analysiert, um festzustellen, ob sie nur nahe am Tod auftreten und wie sie anderweitig zu erklären wären.

Melvin Morse, ein Arzt aus Seattle, begann seine Untersuchungen mit den Nahtod-Erfahrungen von Kindern, bei einer Bevölkerungsgruppe, bei der er davon ausgehen konnte, daß sie relativ frei von Vorurteilen zu dem Thema sind. Bei seiner ersten Untersuchung verglich er zwölf Kinder, bei denen es aus unterschiedlichsten Gründen zum Herzstillstand gekommen war, mit einhunderteinundzwanzig Kindern, die schwerkrank gewesen, dem Tod aber nicht so hautnah begegnet waren. Dabei stellte er fest, daß nur die erste Gruppe, diejenigen also, die dem Tod tatsächlich nahe gewesen waren, von Nahtod-Erfahrungen berichteten.

Morses neurologische Erklärung für Nahtod-Erfahrungen geht auf die Arbeit des Neurologen Wilder Penfield zurück. Bei Gehirnoperationen stellte Penfield fest, daß durch die Stimulation einer bestimmten Region, der Sylvius-Furche oder Sulcus lateralis, die sich im rechten Schläfenlappen unmittelbar über dem rechten Ohr befindet, Sinneswahrnehmungen erzeugt werden, die in mancher Hinsicht den Nahtod-Erfahrungen ähneln. Wenn er diese Region stimulierte, berichteten Patienten von außerkörperlichen Erfahrungen, davon, daß sie tote Verwandte gesehen hatten, Gott gesehen hatten, und von anderen Elementen der Kernerfahrung, mit Ausnahme von dem Element »des Lichtes«. Morse und seine Kollegen stellten nach ihren Erkenntnissen die Theorie auf, daß Nahtod-Erfahrungen tatsächlich in jenem Teil des Gehirns genetisch vorgeprägt sind. Als er seine Analyse veröffentlichte, stellte er fest, daß eine chilenische Forschergruppe unabhängig von ihm zu der gleichen Schlußfolgerung gelangt war.

Ein Aspekt der Nahtod-Erfahrung, dem Morses Theorie nicht Rechnung trägt, ist das Licht, von dem viele berichten. Sie beschreiben ein Licht, das außergewöhnlich ist, warm und einhüllend, und einen extrem starken Eindruck auf diejenigen macht, die es erfahren. Auch dieses Licht kann neurologisch erklärt werden. Susan Blackmore, eine britische Psychologin, hat Nahtod-Erfahrungen analysiert, um herauszufinden, welche physiologischen Mechanismen diese offenbar mystischen Erfahrungen erklären könnten. Nach ihrer These sind weder übersinnliche noch spirituelle Erklärungen notwendig, um dem Licht oder irgendeinem anderen Aspekt der Nahtod-Erfahrung Rechnung zu tragen. Alles, was es dazu braucht, ist bereits im Gehirn vorhanden.

Die Erklärung, die Blackmore liefert und die umfassend von ihren eigenen Forschungen und denen anderer untermauert wird, ist folgende: Wenn sich der Sauerstoffmangel in den Gehirnzellen bemerkbar macht, hören sie nicht einfach auf, chemische Botschafter auszusenden. Was vielmehr geschieht, ist, was Blackmore als »Enthemmung« bezeichnet, wonach viele Zellen, die keine Botschafter aussenden sollten, anfangen, sie auszusenden. Unter normalen Umständen senden Neuronen über die Synapsen oder die Lücken zwischen den Synapsen chemische Singale aus; Signale, die den Rezeptor, die Empfängerzelle, entweder erregen oder hemmen. Bei Sauerstoffmangel geht die hemmende Funktion als erste verloren, wodurch es zu dem willkürlichen Aussenden von Botschaftern kommt. Blackmore zufolge werden Nahtod-Erfahrungen nur unter einigen Formen von Sauerstoffmangel ausgelöst, wenn dieser Mangel weder sehr schnell noch sehr langsam auftritt. Unter diesen Umständen könnten dann die schnellen, desorganisierten und in weiten Teilen des Gehirns wirksam werdenden Aktivitäten der Nervenzellen eine Erklärung für die Nahtod-Erfahrungen sein.

Die Ähnlichkeiten zwischen den von verschiedenen Personen berichteten Nahtod-Erfahrungen – der Tunnel und die außerkörperlichen Erfahrungen, das Licht und die Gefühle des Wohlbefindens – können mit der Ähnlichkeit aller menschlichen Gehirne erklärt werden. Der Tunneleffekt entsteht, so behauptet Blackmore, durch eine Enthemmung in der Sehrinde und hängt damit zusammen, wie die Hirnaktivitäten in Bilder übersetzt werden. Der Punkt ist, daß die Zellen sich im Zentrum des Gesichtsfeldes drängen und an den Rändern vereinzelter sind. Wenn die Zellen nun anfangen, willkürlich Signale auszusenden, senden im Zentrum einfach deshalb mehr Zellen Signale aus, weil dort mehr Zellen sind. Diese Aktivität wird in das sichtbare Bild von einem hellen Kreis übersetzt, der zum Zentrum hin heller erscheint. Und das Bild ist rund, da diese Form von Gehirnaktivität so in »Erscheinung« tritt. Das »Ende des Tunnels« kommt dieser Theorie zufolge deshalb näher, da das Licht mit dem zunehmenden »neuralen Lärm«, der von den betriebsamen Zellen erzeugt wird, größer zu werden scheint. Das brausende Geräusch, das die Durchfahrt durch den Tunnel begleitet, ist ebenfalls eine Begleiterscheinung der Enthemmung.

Die Gefühle intensiven Wohlbefindens, von denen bei vielen Nahtod-Erfahrungen berichtet wird, entstehen, so behaupten Blackmore und andere, wenn der Körper Endorphine freisetzt, jene Opiate, die vom Gehirn in der Reaktion auf Streß erzeugt werden. Die Untersuchungen anderer Forscher weisen nachdrücklich darauf hin, daß unmittelbar vor dem Tod Endorphine freigesetzt werden. Und Endorphine erzeugen Gefühle intensiven Wohlbefindens. Eine interessante, wenn auch anekdotische Untermauerung dieser Theorie liefert eine Nahtod-Erfahrung, von der ein zweiundsiebzig Jahre alter Mann berichtete, dessen glückselige Erfahrung, während er im Koma war, abrupt beendet wurde, als Lichtgestalten sich in Teufel verwandelten. Wie sich herausstellte, hatte man ihm eine Naloxonspritze gegeben, in dem Versuch, ihn damit wachzurütteln. Naloxon ist ein potenter Opiatantagonist, der die Freisetzung von Endorphinen in jedem Fall gestoppt haben dürfte.

Für außerkörperliche Erfahrungen müssen keine übersinnlichen Erklärungen bemüht werden, obgleich viele Beobachter, darunter auch einige Wissenschaftler, weiterhin behaupten, daß es sich bei außerkörperlichen Erfahrungen um eine genuine übersinnliche Erfahrung handele. Die Literatur über Nahtod-Erfahrungen ist voller Berichte von Personen, deren »Geist«, als er außerhalb des Körpers war, Dinge sah und sich erinnerte, Dinge gesehen zu haben, von denen die betreffende Person nicht wissen konnte, daß sie sich zugetragen hatten.

Raymond Moody kam jedoch zu dem Schluß, daß es keine Beweise gibt, welche die Behauptung unterstützen, daß »irgend etwas« den Körper bei einer vermeintlichen außerkörperlichen Erfahrung verläßt. Moody wie auch andere Forscher weisen darauf hin, daß hier zu viele nichtübersinnliche Erklärungen bleiben. Dazu gehört etwa die Verbindung von Gedächtnis und Informationen, die von den fünf Sinnen selbst in einem offenkundig unbewußten Zustand gesammelt werden. Fest steht jedenfalls, daß noch nie eine visuelle außerkörperliche Erfahrung amtlich bei einem blinden Menschen dokumentiert wurde, dessen »Astralleib« vermutlich zu sehen gewesen wäre.

Endorphine spielen auch bei der neurologischen Erklärung der Lebensrückschau eine Rolle, bei der das ganze Leben nochmals schlaglichtartig an einem vorbeirast, wenn der Tod naht. Diese Lebensschau ist nicht Teil der Kernerfahrung, und sie kommt nur in etwa einem Drittel der Berichte über Nahtod-Erfahrungen vor. Da diese Rückschau jedoch oft von »Lichtgestalten« durchgeführt wird, wird dies als Beweis dafür genommen, daß es sich bei der Nahtod-Erfahrung tatsächlich um eine übersinnliche Erfahrung handele. Aber hier liefert die Theorie vom sterbenden Hirn auch wiederum eine plausible, wenn auch komplexe Erklärung, die sich auf Wilder Penfields Untersuchungen des Schläfenlappens stützt und übersinnliche Momente ausschließt. Wie Blackmore den Sachverhalt erklärt, werden Endorphine bei Streß freigesetzt. Sie haben unter anderem die Wirkung, die Schwelle für Anfälle im

Schläfenlappen (der, wie Penfield zeigte, die Quelle Nahtod-ähnlicher Erfahrungen ist) und im limbischen System zu senken, jenem Teil des Gehirns, der die Gefühle und Emotionen steuert. Bei Epileptikern können anfallsbedingte Aktivitäten in diesem Bereich Flashbacks und Gefühle von déjà-vu erzeugen. Ebenso werden bei Nahtod-Erfahrungen durch abnormale Aktivitäten in diesen Bereichen Flashbacks und jene Gefühle von Vertrautheit ausgelöst, die der Erfahrung etwas so Reales geben können.

»Ernte« und Aufbewahrung von Organen zur Transplantation

Alle Organe, die zur Transplantation bestimmt sind, müssen so bald wie möglich nach dem Eintritt des Todes entnommen werden. Die Entnahme von Organen zur Transplantation ist praktisch nichts anderes als ein routinemäßiger chirurgischer Eingriff, außer daß der Spender dabei nicht narkotisiert wird. Die als »Ernte« bezeichnete Entnahme impliziert die Hülle und Fülle und Nahrung, die mit einer wirklichen Ernte verbunden sind, da sie dem Empfänger Leben spendet.

Die Entnahme wird von Chirurgen in einem sterilen Operationsraum durchgeführt, wo der Spender an Life-Support-Maschinen angeschlossen ist, damit das Herz weiterschlägt. Durch das Life-Support-System werden die Organe über das Blut weiter mit Sauerstoff versorgt. Der Operationsverlauf hängt im einzelnen von der Zahl der Organe ab, die der Verstorbene spendet. Wenn nur ein Organ entnommen wird, schließen die Chirurgen den Schnitt unmittelbar nach der Organentnahme wieder. Sofern mehrere Organe entnommen werden, müssen verschiedene Operationsteams herangezogen werden, die jeweils nacheinander die einzelnen Organe entnehmen.

Mitunter wartet der Empfänger eines Organs bereits operationsbereit in einem benachbarten Operationssaal. Häufiger ist es jedoch so, daß das Organ nach der Entnahme erst noch verpackt und so schnell wie möglich zur Klinik des Empfängers transportiert werden muß. Die Notwendigkeit eines schnellen Transportes bedingt, daß die meisten Organspenden Patienten in nicht allzu entfernten Kliniken zukommen. Wie lange ein Organ lebensfähig für die Transplantation bleibt, hängt von dem jeweiligen Organ ab. Ein Herz-Lungen-Transplantat muß den Empfänger innerhalb von vier bis fünf Stunden erreichen, während die Zeitspanne bei Nierentransplantationen bis zu achtundvierzig oder zweiundsiebzig Stunden reichen kann. Ein Herz kann einzeln genommen sechs bis acht Stunden später und Lungen bis zu zwölf Stunden später verpflanzt werden.

Gewebespenden sind ein ebenso wichtiger, aber vor dem Hintergrund des zeitlichen Ablaufs weniger dringlicher Punkt. Gewebe können noch entnommen werden, nachdem die Ärzte die Maschinen zur künstlichen Aufrechterhaltung des Lebens bereits abgeschaltet haben, und sie können vor der Transplantation länger aufbewahrt werden. Dazu gehören Augenhornhäute, Knochen, Haut, Venen und Herzklappen.

Tod, Bestattung und Ansteckungsgefahr

Jedes Gewebe, das von einer Leiche nicht an einen lebenden Empfänger verpflanzt wird, muß irgendwie entsorgt werden. Diese »Entsorgung« und wie sie vorgenommen wird, hat weitestgehend eine kulturelle und weniger eine hygienische Funktion. Obwohl viele Kulturen und Religionen Leichen als unrein betrachten, stellen die Toten heute, abgesehen von äußerst ungewöhnlichen Umständen, gleichwohl keine Gefahr mehr für die Gesundheit der Lebenden dar.

Die Angst vor einer Ansteckungsgefahr durch Leichen rief erstmals bei der epidemischen Beulenpest 1665 in London die Behörden mit entsprechenden Maßnahmen auf den Plan. Ohne genau zu verstehen warum, wußten die Menschen, daß diejenigen, die an der Pest starben, die Lebenden infizieren konnten. Deshalb durfte der Leichnam eines Pestopfers nicht in einer Kirche aufgebahrt werden, und es war den Freunden und Verwandten verwehrt, den

Verstorbenen auf seinem letzten Weg zum Grab zu begleiten. Die Leichen wurden nachts begraben – vielleicht auch, weil dann weniger Menschen unterwegs waren – in Gräbern, die mindestens ein Meter achtzig tief waren.

Nachdem man die Krankheitsursachen besser verstehen gelernt hatte, wurden die Vorbeugungsmaßnahmen gegen Ansteckungsgefahr durch Leichen spezifischer. Ein Haus, in dem jemand an einer Infektionskrankheit gestorben war, wurde vielfach unter Quarantäne gestellt. Ein Armer, der in ein Massengrab kam, wurde mit einer Schicht Kalk abgedeckt. Im allgemeinen wurde eine Leiche, die in einer Holzkiste eingenagelt war, jedoch nicht als Gefahr empfunden.

Ebensowenig stellen die Toten für die Lebenden heutzutage noch eine große Gefahr dar. In Untersuchungen wurde zwar nachgewiesen, daß manche Krankheitserreger noch beachtliche Zeit nach dem Tod im Körper überleben, aber die Wahrscheinlichkeit, daß eine Person sich infizieren könnte, die normalen Kontakt mit der Leiche hat, ist denkbar gering. Einer der wenigen Umstände, unter denen Tote Lebende infizieren könnten, wäre beispielsweise, wenn jemand vom medizinischen Personal sich zufällig mit einer Nadel stechen würde, die durch die Leiche mit einem Krankheitserreger wie etwa dem AIDS-Virus kontaminiert war.

Obwohl Leichen fast kein öffentliches Gesundheitsrisiko mehr darstellen, behaupten Leichenbestatter nach wie vor, daß eine Ansteckungsgefahr bleibt, die durch Einbalsamierungen ausgemerzt werden könne. Wenn dieses Argument stichhaltig wäre, müßte bei den Einbalsamierern eine überdurchschnittlich hohe Infektionsrate etwa mit Hepatitis-B zu verzeichnen sein. Tatsache ist jedoch, daß Balsamierer im Vergleich zur Durchschnittsbevölkerung nicht häufiger Opfer von Krankheiten werden.

Die Entwicklungsländer der Dritten Welt sind demgegenüber noch mit manchen der im 17. Jahrhundert in London verbreiteten Gefahren konfrontiert, teils durch AIDS, häufiger jedoch durch tödliche Viren wie den Ebola-Virus, der immer wieder auftaucht und einen hohen Prozentsatz der Opfer dahinrafft. Ihre Leichen stellen zwar kein besonderes Risiko dar, solange angemessene Schutzmaßnahmen ergriffen werden – Latexhandschuhe, Masken, strengste Sauberkeit, aber allzuoft werden solche Schutzvorkehrungen mangels vorhandener Mittel nicht durchgeführt.

Die Folgeerscheinungen des Todes

Leben. Eine geistige Würztunke, die den Körper vor Verfall bewahrt.
AMBROSE BIERCE, AUS DEM WÖRTERBUCH DES TEUFELS

Abhängig von der Art der Bestattung und der Frage, wieviel Zeit zwischen Tod und Einäscherung oder Einbalsamierung verstreicht, vollziehen sich in einem toten Körper eine Reihe klar erkennbarer Veränderungen. Jene, die alsbald nach dem Tod eintreten, sind mit bloßem Auge oder einfachen Instrumenten ohne weiteres erkennbar. Der Staub-zu-Staub-Prozeß, den wir als Verwesung bezeichnen, ist anfänglich für das bloße Auge unsichtbar, schon bald aber nicht mehr zu übersehen. Die ersten drei Anzeichen (außer Herz- und Atemstillstand), daß das Leben gewichen ist, sind Veränderungen in der Körpertemperatur, -farbe und -starre.

Algor mortis – Leichenkälte

Das Absinken der Körpertemperatur nach dem Tod ist ein Phänomen, das als »Algor mortis« oder Leichenkälte bezeichnet wird. Wie schnell der Körper auskühlt, hängt davon ab, wie warm der lebendige Körper zum Zeitpunkt des Todes war. Wenn ungewöhnliche Umstände – zum Beispiel bei einer Immersion in eisigem Wasser oder bei hohem Fieber – darauf hindeuten, daß die Temperatur einer Leiche künstlich hoch oder niedrig ist, kann ein Pathologe den Todeszeitpunkt nicht genau bestimmen. Die Körpertemperatur sinkt etwa um knapp ein Grad (Celsius) pro Stunde ab, bis sie die Temperatur der umgebenden Luft erreicht hat. Wenn jemand mit einer normalen Körpertemperatur von 37 °C stirbt, wird die Körpertemperatur zwei Stunden später auf nicht ganz 35 °C gesunken sein.

Livor mortis – Totenfleck

Der Herzstillstand stoppt die fortlaufende Vermischung von roten Blutkörperchen und Plasma, den zwei Hauptbestandteilen des Blutes. Als Ergebnis dessen sammeln sich die roten Blutkörperchen am untersten Teil des Körpers an, etwa im Rücken, sofern die Leiche auf dem Rücken liegt. Dieser Vorgang wird »Livor mortis« oder Totenfleck genannt und bezeichnet die nach dem Tod eintretende Verfärbung der Haut. Die übrige Haut wird mit dem Absinken der roten Blutkörperchen blasser. Dieses Absinken wird nach etwa zwei Stunden sichtbar; wo die roten Blutkörperchen sich konzentrieren, wird die Haut rötlich. Acht Stunden nach dem Tod zerfallen die roten Blutkörperchen, und damit wird die rötlich-purpurne Verfärbung zum dauerhaften Totenfleck.

Rigor mortis – Totenstarre

»Rigor mortis«, die Totenstarre, ist den Lesern von Kriminalgeschichten bekannt. Sie bezeichnet jenen nach dem Tod eintretenden Prozeß, der uns zu der umgangssprachlichen Verwendung des Begriffes »steif« im Zusammenhang mit Leichen inspirierte. Unmittelbar nach dem Tod entspannt sich der Körper vollständig. Das Gesicht verliert seinen Ausdruck und fällt ein, sobald die Muskeln die Haut nicht mehr kontrollieren. Unter normalen Umständen setzt die Leichenstarre etwa zwei Stunden nach Eintritt des Todes ein. In einer kälteren Umgebung, oder wenn der Verstorbene bis unmittelbar vor seinem Tod hart gearbeitet hat, noch eher. Die Ursache für die Totenstarre ist nach wie vor nicht ganz klar. Sie kann das Ergebnis der Gerinnung von Muskelproteinen, eine Veränderung innerhalb der Muskelzellen sein, oder sie ist durch Stoffwechselprozesse bedingt, die in manchen Zellen nach dem Tod noch fortgesetzt werden.

Die Totenstarre tritt als erstes im Gesicht, dann am Rumpf, danach an den Gliedmaßen und schließlich an den inneren Organen auf. Die Steifheit erreicht nach zwölf Stunden ihren Höhepunkt. In den nächsten vierundzwanzig bis achtundzwanzig Stunden – je nach Temperatur und anderen Einflüssen – wird der Körper dann allmählich wieder biegsam.

Verwesung

Die meisten Leichen werden innerhalb von vierundzwanzig Stunden nach Eintritt des Todes und oft noch sehr viel schneller an Bestattungsunternehmer übergeben, die durch Einbalsamierung oder Einäscherung den Verwesungsprozeß stoppen. Wenn die Leiche jedoch nicht behandelt wird, macht sich eine zweite Abfolge von Veränderungen bemerkbar. (Die Ausführungen darüber sind keine angenehme Lektüre; empfindliche Leser sollten hier vorsichtig sein.)

Auf der zellulären Ebene läßt die Autolyse (Selbstzerstörung der Zellen) den Körper zerfallen. Genau wie der Organismus, zu dem sie gehören, sterben die Zellen zunehmend ab. Nachdem das Herz aufgehört hat zu schlagen, erhält die Zelle keine Nährstoffe mehr; ohne Brennstoff erzeugt sie keine Energie und kann ihre Verbindungen zu den anderen Zellen nicht aufrechterhalten. Die Prozesse, die den Flüssigkeitsaustausch der Zellen kontrollieren, brechen zusammen. Der Zellkern hört auf zu funktionieren, und die Zelle selbst schwillt an. Innerhalb der Zellen klumpen einige Produkte in den Mitochondrien (den Energiezentralen der Zelle) zusammen. Es werden Unmengen zerstörerischer Säuren freigesetzt, welche die Zelle auffressen.

Das erste sichtbare Zeichen der Verwesung (Zersetzung) tritt zwei oder drei Tage nach dem Tod auf, wenn erstmals ein grünlicher Bereich auf der Haut im rechten unteren Viertelkreis des Unterleibes zu sehen ist. Er dehnt sich auf den ganzen Unterleib, die Brust und die Oberschenkel aus. Die Verfärbung und der sehr unangenehme Geruch, der damit verbunden ist, werden durch die Reste verfallener roter Blutkörperchen und durch den Darmwind erzeugt, der Schwefel enthält. Die durch Darmbakterien erzeugten Gase verbreiten sich bis zu den Geweben und sind für das aufgeblähte Aussehen des Körpers verantwortlich. Es wird soviel Gas erzeugt, daß Augen und Zunge durch den Druck hervorquellen und die Därme durch die Vagina und das Rektum herausgedrückt werden.

Die grünliche Haut wird in der Folge zunächst purpurfarben und dann schwarz. Diese Verfärbung breitet sich nach sieben Tagen über den ganzen Körper aus, und an diesem Punkt treten dann große übelriechende Pusteln auf. Mit fortschreitender Verwesung hält die Haut nicht mehr zusammen, und die oberste Schicht schält sich beim leichtesten Druck großflächig ab. Weitere übelriechende Gase werden erzeugt, wenn die Organe und Fettgewebe zerfallen. Wenn eine zweite Woche vergangen ist, sind Unterleib, Hoden, Brüste und Zunge geschwollen, und aus Mund und Nase treten Flüssigkeiten aus. Eine weitere Woche später fallen die Haare, Nägel und Zähne aus. Die meisten inneren Organe bersten und verflüssigen sich schließlich. Nur die Gebärmutter und die Prostata können bis zu einem Jahr nach dem Tod erhalten bleiben.

Was nach zwei bis vier Wochen im wesentlichen von einem toten Körper bleibt, ist ein Skelett mit Haut.

Die Autopsie

Die Autopsie, ob sie kurze Zeit nach dem Tod oder nach bereits mehr oder weniger fortgeschrittener Verwesung – oder in der Tat erst Jahre später – durchgeführt wird, ist das wichtigste verfügbare Instrument, um festzustellen, wann und warum eine Person gestorben ist. Die gewonnenen Informationen können im Zweifel auch dazu beitragen andere Leben zu retten. Nichtsdestotrotz ist die Zahl der durchgeführten Autopsien rückläufig. Obduktionen sind im Prinzip Biographien; sie erzählen weitaus effektiver, als Worte es jemals könnten, wie ein menschlicher Organismus lebte und starb. Erkenntnisse,die bei Leichenöffnungen gewonnen wurden, haben in manchen Fällen Tausende von Leben gerettet oder geholfen, die Merkmale eines neuen Krankheitssyndroms zu erkennen.

Autopsien durch die Jahrhunderte hinweg

Seit der Antike wurden immer wieder anatomische Untersuchungen durchgeführt. Systematisch zu sezieren begann man zur Feststellung der Todesursache erst Anfang des 14. Jahrhunderts in Bologna, in Italien. Ab da war es durchaus an der Tagesordnung, Autopsien durchzuführen, um die Ursache bestimmter Krankheiten festzustellen. Papst Sixtus IV. erteilte Medizinstudenten im späten 15. Jahrhundert bei Ausbruch der Pest eigens die Erlaubnis, Leichen zu öffnen, um auf diese Weise hinter die Ursache der Krankheit zu kommen. Der französische Entdecker und Forscher Samuel de Champlain ordnete Autopsien an, als seine Mannschaft vom Skorbut getroffen wurde. Manchmal hatte die Leichenöffnung auch religiöse Gründe. Die erste Autopsie, die 1533 in der Neuen Welt, in Santo Domingo, vorgenommen wurde, führte man durch, um festzustellen, ob ein siamesisches Zwillingspaar eine oder zwei Seelen hatte. Wie der Chirurg feststellte, waren sie nur an der Leber miteinander verbunden, und so entschieden die Priester, daß zwei Seelen einer posthumen Taufe bedurften.

Bis 1769 hatte man aus Autopsien so viele Informationen gewonnen, daß der italienische Arzt Giovanni Batista Morgagni die erste Schrift veröffentlichen konnte, in der er die bei den Autopsien gewonnenen Erkenntnisse mit klinischen Krankheiten zusammenbrachte. Dieses Werk markiert den Anfang der anatomischen Pathologie als eigenes Fachgebiet der Medizin.

Die moderne Autopsie

Heute werden in den USA im Durchschnitt nur noch bei etwa zwölf Prozent der Todesfälle in den Krankenhäusern Obduktionen durchgeführt. Abgesehen von den Fällen, in denen die Todesursache fragwürdig ist oder der Tod durch eine strafbare Handlung verursacht wurde, müssen die Familienangehörigen die Erlaubnis geben, ehe ein Arzt eine Autopsie anordnen kann. Die Abneigung der Familienangehörigen ihre Zustimmung zu einer Leichenöffnung zu geben, ist zum Teil für den Rückgang der Autopsieraten verantwortlich; viele Familienangehörige sind der Meinung, daß der Verstorbene »genug gelitten« habe und der Arzt die Todesursache sowieso bereits kenne. Manchmal sollen auch ein gramgebeugter Ehepartner oder ein erschüttertes Elternteil durch eine Autopsie nicht noch mehr aus der Fassung gebracht werden. Möglicherweise raten auch Leichenbestatter von einer Autopsie ab, da es schwieriger ist, die Leiche einzubalsamieren, und sie nicht mehr so herzurichten ist, daß sie öffentlich gezeigt werden kann.

Keiner dieser Einwände ist jedoch stichhaltig. Autopsien können in Wirklichkeit ein gewisser Trost und eine Beruhigung sein, da sie den Angehörigen die Gewähr geben, daß der Verstorbene tatsächlich nicht gerettet werden konnte. Hinzu kommt, daß die auf der Todesbescheinigung unmittelbar nach dem Tod vermerkte Diagnose nicht unbedingt korrekt ist; eine Studie enthüllte 1987 bei einem Drittel der untersuchten Fälle Unstimmigkeiten zwischen den Obduktionsergebnissen und den Diagnosen. Die meisten Leichenbestatter wissen heute, daß Pathologen durchaus sensibel für kosmetische Fragen sind. Wann immer möglich, erhalten sie das Aussehen sichtbarer Körperteile und setzen bei Hirnautopsien Schläuche als Ersatz für sezierte Blutgefäße ein, so daß die Balsamierung vorgenommen werden kann.

Kompliziert werden Autopsien durch Organtransplantationen. Die gespendeten Organe müssen gesund sein, was Personen mit Krankheiten ausschließt, da die Transplantation zu Organentartungen führen kann. Organe, die von Personen kommen, die eines plötzlichen oder gewaltsamen Todes sterben, sind oft am besten für Transplantationen geeignet. Diese Todesfälle sind jedoch im allgemeinen Fälle für die Gerichtsmedizin, das heißt, daß hier routinemäßig eine Autopsie durchgeführt wird. Die besten Transplantate entstammen Körpern, die bis zur Entnahme der Organe künstlich »am Leben« erhalten werden – unter Aufrechterhaltung des Herzschlags und Kreislaufs. Pathologen können danach natürlich keine umfassende Autopsie mehr vornehmen. Mancherorts wurde das Problem durch gesetzliche Regelungen dahingehend gelöst, daß ein Pathologe bei der Organentnehme als Beobachter hinzugezogen werden muß; andernfalls hat dieses Problem zu vertanen Chancen für die Entnahme von Transplantaten geführt.

Die Verfügbarkeit eines Pathologen kann natürlich auch maßgebend dafür sein, ob eine Autopsie durchgeführt wird. Viele kleine Krankenhäuser beschäftigen keinen Vollzeitpathologen, was zwangsläufig dazu führt, daß weniger Autopsien vorgenommen werden.

Das Autopsieverfahren

Bei einer Obduktion erfolgt die Feststellung der Todesursache für gewöhnlich über ein Eliminierungsverfahren. Die verschiedenen Arten der Autopsie und ihre Abwicklung veranschaulichen, wie Pathologen dabei vorgehen.

Eine Autopsie dauert durchschnittlich etwa zwei Stunden. Gerichtsmedizinische Autopsien, bei denen die Todesursache ungeklärt oder fragwürdig ist oder einen kriminellen Hintergrund hat, dauern länger; in diesen Fällen ist mehr zu untersuchen und mehr auszuschließen. Schußwunden erfordern mehr Arbeit als ein Herzinfarkt, da hierbei oft strafbare Handlungen im Spiel sind und es wichtig ist, genau zu wissen, welche Wunden zum Tod geführt haben. Die Komplexität der Autopsie nimmt mit der Zahl der Verletzungen zu.

Die Detailgenauigkeit, mit der die Todesursache beschrieben werden muß, entscheidet darüber, welche Art der Autopsie der Pathologe vornimmt. Eine vollständige Autopsie umfaßt den ganzen Körper, einschließlich des Gehirns. Eine begrenzte Autopsie schließt den Kopf aus, den Rest des Körpers jedoch ein. Bei einer selektiven Autopsie untersucht der Pathologe nur die entsprechend relevanten Bereiche.

Die normale Autopsie wird in vier Stufen vorgenommen. Der Pathologe geht von den deutlich sichtbaren Zeichen wie Messerstich- oder -schnittwunden aus und untersucht bis zur mikroskopischen und biochemischen Analyse von Geweben und Körperflüssigkeiten. Als erstes nimmt der Arzt eine sehr sorgfältige äußerliche Untersuchung des Körpers vor, sucht nach Schnittwunden, Quetschungen, Nadelstichen oder irgendwelchen anderen Merkmalen. Jeder Schritt und jede Beobachtung dieser Untersuchung wird auf Tonband aufgezeichnet, um sicherzustellen, daß jede Einzelheit festgehalten ist.

Die innere Untersuchung beginnt im allgemeinen mit dem »Y-Schnitt«, ein Öffnungsschnitt, der im Schulterbereich links und rechts ansetzt und unterhalb des Brustbeines zusammentrifft, von wo der Schnitt nach unten bis zur Schamgegend weitergeführt wird. Dann entfernt der Pathologe das Brustbein, um die Organe freizulegen. Indem der Pathologe die Organe in ihrer natürlichen Lage untersucht, kann er sie in Relation zueinander sehen und erkennen, ob Probleme bei einem Organ zu Schädigungen bei anderen Organen geführt haben. Möglicherweise entnimmt der Pathologe die Organe, schließt den Schnitt und gibt die Leiche an den Leichenbestatter frei. Einige Religonen wie das Judentum verlangen eine Bestattung innerhalb von vierundzwanzig Stunden nach Eintritt des Todes. Diese Art der Autopsie ermöglicht es der Familie, die religiösen Sitten und Gebräuche trotz einer Leichenöffnung einzuhalten.

In den meisten Fällen bleibt jedoch die ganze Leiche im Autopsieraum, während der Pathologe seine Untersuchungen fortsetzt. Dabei werden die Organe entnommen, voneinander getrennt und einzeln untersucht. Zur Untersuchung werden unter dem Mikroskop sehr dünne Schnitte vorgenommen und chemisch fixiert. Darüber hinaus werden für eine spätere mikroskopische Untersuchung und vielleicht auch für eine Laborkultur oder für toxikologische Untersuchungen Proben von Körperflüssigkeiten entnommen.

Wenn die Autopsie auch eine Öffnung des Gehirns miteinschließt, ist das die nächste Untersuchungsstufe, die der Pathologe sich vornimmt. Sie beginnt mit einem Schnitt, der quer über den Hinterkopf geführt wird (nach Abschluß der Autopsie ist er nicht mehr sichtbar), so daß die Kopfhaut über das Gesicht heruntergeklappt werden kann. Nachdem der Schädel mit einer Säge geöffnet wurde, wird das Gehirn untersucht, um Schädigungen des Gehirns als Todesfaktor auszuschließen oder festzustellen.

Nun hat der Pathologe alle Informationen für die Erstellung seines Befundes. Die Leiche kann jetzt an den Leichenbestatter freigegeben werden. Laboruntersuchungen werden einen weiteren Teil der Geschichte erzählen und weitere Einzelheiten darüber liefern, ob der Tod natürlich oder unnatürlich war, ob die Todesursache tatsächlich die vermutete war, ob Mikroben oder Chemikalien nachzuweisen sind, und ob zelluläre Veränderungen die ursprüngliche Diagnose unterstützen oder widerlegen.

Gerichtsmedizinische Autopsien sind zwingend vorgeschrieben, wenn der Tod unter ungeklärten und fragwürdigen Umständen oder durch eine strafbare Handlung eintrat. Im Falle eines Verbrechens kann die gerichtsmedizinische Autopsie buchstäblich ein Teil der polizeilichen Ermittlungen sein. Der Pathologe stellt fest, wie lange das Opfer bereits tot ist und ebenso, ob es dort starb, wo die Leiche gefunden wurde, oder ob diese erst nach Eintritt des Todes dorthin gebracht wurde. Im übrigen sieht er sich nicht nur die Leiche als solche an, sondern auch etwaige Spuren, die in Zusammenhang mit dem Tod stehen können: Hautfetzen, die unter den Fingernägeln des Opfers zu finden sind, Blutflecken und ähnliches. Wenn eine Vergiftung als Todesursache vermutet wird, kann der Pathologe testen, ob etwaige Giftstoffe im Körper des Toten nachzuweisen sind. Die Molekularbiologie spielt bei pathologischen Untersuchungen zunehmend eine Rolle. Mit einer DNS-Bestimmung und -Zuordnung kann ein Pathologe beispielsweise der Polizei helfen, einen möglichen Täter auszuschließen oder zu identifizieren.

Anatomie-Seminare

Die Autopsie dient zur Klärung der Todesursache eines Menschen, die Sektion legt die Geheimnisse des Lebens offen. In den Anatomie-Seminaren der Medizinischen Fakultären lehren die Toten die Lebenden. Seit Mitte des 18. Jahrhunderts sind Medizinstudenten ihren ersten Leichen in der Regel in den Anatomie-Seminaren begegnet. Diese Begegnung hat noch immer einen symbolischen Wert und praktische Folgen, da sie dem Medizinstudium eine Anschaulichkeit gibt, die Bücher nicht vermitteln können.

Der griechische Arzt Galen war offenkundig der erste, der Tierkadaver zu anatomischen Studienzwecken benutzte. Kulturelle Tabus hielten ihn davon ab, menschliche Leichen zu verwenden. Er sezierte andere Säugetiere. Ähnliche Tabus gab es in vielen Kulturen und Religionen, wobei heute die meisten der großen Religionen die Verwendung von Leichen für Studien- und Lehrzwecke erlauben.

Bis zu Beginn des 14. Jahrhunderts spielte das Anatomiestudium bei der medizinischen Ausbildung kaum eine Rolle. In dem wichtigsten mittelalterlichen Lehrbuch der Medizin kam sie nicht vor. Das änderte sich 1316, als Mondino de'Luzzi aus Bologna eine anatomische Abhandlung veröffentlichte. In den folgenden zweihundert Jahren wurde die Anatomie in ganz Europa gelehrt, wobei Italien ein wichtiges Zentrum blieb. In den englischsprachigen Ländern begann die Anatomielehre erst im sechzehnten Jahrhundert.

Bis Mitte des achtzehnten Jahrhunderts war es üblich, daß die Studenten bei der Sektion nur zusahen und Modelle und Schaubilder studierten. Dann führte William Hunter die sogenannte Pariser Methode ein. Sie erlaubte es jedem Studenten, selbst zu sezieren.

Die Verfügbarkeit von Leichen für anatomische Studienzwecke war in Großbritannien und später auch in den Vereinigten Staaten ein Problem. Im sechzehnten Jahrhundert erklärten sich verschiedene Regierungen bereit, den Medizinischen Fakultäten eine gewisse Zahl der Leichen von gehängten Verbrechern zur Verfügung zu stellen. Das half, aber die Nachfrage war immer noch größer als das Angebot, und so wurde der Leichenraub eine gängige Praxis. Da der Markt gut war, zog er auch professionelle Grabräuber an, sogenannte Leichenräuber, zu denen auch Studenten und Professoren gehörten. In manchen Städten ermutigte das Universitätssystem regelrecht dazu, da von den Medizinstudenten verlangt wurde, ihre eigenen Leichen ins Anatomie-Seminar mitzubringen.

In den Vereinigten Staaten führte man 1750 die ersten anatomischen Sektionen durch. Wie in England wurden auch in den USA oft die Leichen von Gehängten verwendet. Da die Öffentlichkeit davon ausging, daß die Hochschulen die Leichen von Grabräubern bekamen, sah man Sektionen als skandalös an.

Der im Zusammenhang mit menschlichen Sektionen unterstellte Leichenraub war nicht der einzige Grund für den öffentlichen Aufschrei. Viele sahen darin auch eine Schändung, eine Mißachtung der Würde der Toten. Einige medizinische Fakultäten sahen sich zu extremen Schutzmaßnahmen ihrer Anatomie-Seminare genötigt. In Maryland richtete die Universität geheime Sektionsräume hinter den Vorlesungsräumen ein. Sie waren über versteckte Verbindungswege von der Straße aus erreichbar, so daß die Studenten unbemerkt hinein- und hinausgelangen konnten.

Geheime Tunnel und Leichenraub sind heute nicht mehr nötig. Die meisten Leichen, die heute in der Anatomieausbildung verwendet werden, stammen von Personen, die ihre sterblichen Reste testamentarisch der Wissenschaft vermacht haben. Bei einer typischen Sektion teilen sich heute vier Studenten eine Leiche; zwei sezieren die eine Seite und zwei die andere. Gesicht und Hände werden dabei mit Tüchern abgedeckt, die mit einem Konservierungsmittel getränkt sind. Sie bezwecken, die Leiche zu konservieren, und sie gesichtslos zu halten, bis die Studenten sich – psychologisch – mehr an den Sektionsprozeß gewöhnt haben.

Die Stundenten beginnen mit der Sektion der Rückenmuskeln. Der Rücken ist sowohl unpersönlich als auch groß genug, um den Studenten eine Fläche zu bieten, an der sie lernen können, ihre Sezierinstrumente zu verwenden. Im Laufe des Semesters nehmen sie dann den Rest des Körpers durch, wobei der Kopf als letztes untersucht wird. Nach Abschluß der Sektion werden die Leichen eingeäschert und in einem Massengrab beigesetzt.

Heute haben die Anatomiestudenten jedoch auch noch eine Alternative: Sie können sich »die Visuelle Frau« und »den Visuellen Mann« per Internet heranholen. Diese Cyberleichen wurden von Forschern der University of Colorado geschaffen. Sie haben Leichen in Gelantine eingelegt, dann gefroren und sie schließlich in fünftausendzweihundert hauchdünne Scheiben geschnitten. Die Fotografien von jeder einzelnen Scheibe wurden mit anderen per Röntgenaufnahme, Computer-Tomographie und Kernspinresonanztomographie hergestellten Bildern zusammenmontiert und digital aufgezeichnet.

»Freeze – Wait – Reanimate« (Einfrieren – Warten – Wiederbeleben)

»Freeze – Wait – Reanimate« – »Laß dich einfrieren, warte ein paar Jahrzehnte, und laß dich dann wiederbeleben« – ist der Slogan, mit dem einschlägige Firmen in den USA für *Cryonics* werben, ein hochtechnologisches Gefrierverfahren, das eine US-spezifische Option darstellt und in Europa nicht praktiziert wird.

Wenn ein Körper nach dem Tod nicht beerdigt oder eingeäschert und nicht für Obduktionszwecke, eine Organspende oder wissenschaftliche Studien seziert wird, kann er per *Cryonics* eingefroren werden. Dahinter steht ein Verfahren, bei dem der gerade gestorbene Körper bei sehr niedrigen Temperaturen konserviert wird, für gewöhnlich in der Hoffnung, daß der medizinische Fortschritt eines Tages die Krankheit besiegen kann, an welcher der Patient starb. Dann, so die Theorie, wird er aufgetaut und wiederbelebt. Weitere Vorkehrungen sichern, daß die sterblichen Überreste dereinst richtig behandelt werden. Aber die Chancen, daß sie jemals wiederbelebt werden könnten, sind heute gleich Null.

Cryonics basiert, wie ein früher Befürworter meinte, auf der Prämisse, daß der Gefriertank einfach attraktiver als das Grab ist.

Wer sich nach dem Tod einfrieren lassen möchte, braucht ausreichende finanzielle Mittel und sollte in jedem Fall im voraus eine entsprechende Verfügung treffen. Diese Vorausverfügung ist insofern wichtig, als nach dem Eintritt des Todes sobald wie möglich mit dem Kühlprozeß begonnen werden sollte; entscheidend ist ein möglichst schneller Transport zu der *Cryonics*-Einrichtung. Hinzu kommt, daß Personen, die sich einfrieren lassen möchten, sich die Kooperation der Hinterbliebenen sichern müssen. Es könnte ja sein, daß diese *Cryonics* Unfug betrachten, als eine Methode, den Leuten das Geld aus der Tasche zu ziehen. Vielleicht sind sie auch nicht damit einverstanden, daß das Vermögen des Verstorbenen an ihnen vorbei in andere Kanäle gelenkt wird.

Sich einfrieren zu lassen, ist in der Tat eine teure Angelegenheit. Bei einer der drei größten *Cryonics*-Gesellschaften liegt der Mindestbetrag, der verlangt wird, bei einhundertzwanzigtausend Dollar, wovon achtundzwanzigtausend Dollar allein für die Einfrierprozedur in Rechnung gestellt werden und der Rest für die langfristige Aufbewahrung zurückgelegt wird. Diejenigen, die nur ihren Kopf einfrieren lassen möchten, sehen sich zwar mit geringeren, aber immer noch erheblichen Kosten von immerhin fünfzigtausend Dollar konfrontiert. Und diese Investition ist nicht mit der Garantie verbunden, daß ihre sterblichen Überreste unbegrenzt auf Eis bleiben; mehr als eine *Cryonics*-Gesellschaft ist bereits bankrott gegangen, mit dem Ergebnis, daß ihre Kunden auftauten.

Das Einfrierverfahren umfaßt mehrere Schritte. Zunächst einmal muß die Leiche sobald wie möglich nach Eintritt des Todes zu einer *Cryonics*-Einrichtung transportiert werden. In einigen Großstädten gibt es speziell ausgebildete Notfalltechniker, die ans Totenbett geschickt werden; wo sie nicht verfügbar sind, muß ein Leichenbestatter eingeschaltet werden, der das Blut des Verstorbenen durch eine Lösung ersetzt, in der auch Organe, die zur Transplantation vorgesehen sind, aufbewahrt und befördert werden.

Sobald die Leiche dann in der Einrichtung angekommen ist, wird sie von Technikern sofort »wiederbelebt«, indem sie an eine Herz-Lungen-Maschine gehängt wird. Da Sauerstoffentzug (eine unvermeidliche Begleiterscheinung des Todes) den Körper in vieler Hinsicht schädigt, werden der Leiche als nächstes Medikamente verabreicht, die einen Teil dieser Schädigungen abwehren bzw. konterkarieren sollen. Zudem wird ein Loch in den Schädel gebohrt, durch das eine Hirnsonde eingesetzt wird, über die das Gehirn dann beobachtet werden kann.

Wenn nur der Kopf eingefroren und aufbewahrt werden soll, ersetzen die Techniker als erstes das im Hirn zirkulierende Blut durch Konservierungsstoffe. Als nächstes wird der Kopf in Schulterhöhe vom Körper abgetrennt. Danach ist das weitere Verfahren im wesentlichen das gleiche wie bei einer ganzen Leiche. Der Hauptunterschied ist einzig der, daß Köpfe in uniformen kommerziellen *Cryonics*-Behältnissen eingelagert werden, wohingegen ganze Leichen in teureren und schwieriger zu transportierenden maßangefertigten Behältern aufbewahrt werden.

Dann beginnt der Kühlprozeß. Dabei wird die Leiche in ein Silikonölbad gelegt, wo sie zwischen sechsunddreißig und achtundvierzig Stunden bleibt. Nach dieser Phase ist die Leiche auf -42 °C gekühlt. Als nächstes wird sie eingewickelt und in eine Aluminiumhülle gesteckt. Diese Hülle kommt in einen mit flüssigem Stickstoff gefüllten Tank, in dem die Temperatur auf -160 °C gesenkt wird. Nach vierundzwanzig Stunden wird die Leiche in ihren endgültigen (Interims-) Ruheplatz geschoben, einen großen Zylinder, der ein oder zwei Leichen faßt. Er ist mit flüssigem Stickstoff gefüllt und oben mit einem Kunststoffpfropfen verschlossen. Undichtigkeiten, durch die der Stickstoff entweicht, sind neben dem Problem, daß den Gesellschaften das Geld ausgeht, das größte Hindernis für eine Wiederbelebung, sofern diese überhaupt jemals möglich sein sollte. Und hier beginnt das lange Warten.

Dieses Warten mag in der Tat sehr lang sein, wenn sich die derzeit vorherrschende wissenschaftliche Meinung als wahr erweist. Denn die Theorie des Einfrierens ist mit vielfältigen wissenschaftlichen Problemen verbunden. Wenn das Herz aufhört, Blut zu pumpen, sterben Zellen ab, und ihr Gesamtgefüge bricht zusammen. Sie warten also nicht wie Dornröschen, leblos, aber intakt. Sowohl medizinische Wissenschaftler als auch Kryobiologen behaupten, daß eine Umkehrung dieses Prozesses und die Wiederbelebung eines aus diesen Zellen bestehenden Lebewesens unmöglich ist. Es wäre, wie ein Wissenschaftler es formulierte, als wollte man einen Hamburger in eine Kuh zurückverwandeln.

Ein weiteres Problem ist, daß durch das Gefrierverfahren als solches Zell- und Organschädigungen verursacht werden. Eine Zelle, die eingefroren wurde, ist nicht die gleiche wie eine Zelle, die nicht eingefroren wurde. Die lebenswichtigen Organe bersten, wenn sie den bei *Cryonics* verwendeten Temperaturen ausgesetzt werden. Das Gehirn und das Rückenmark müßten, um lebensfähig zu bleiben, weitaus schneller als derzeit möglich gekühlt werden. Wäre es die Sache wert aufzuwachen und festzustellen, daß man gelähmt ist? Zudem können bei dem Auftauprozeß weitere Schädigungen herbeigeführt werden: Ein erfolgreiches Auftauen verlangt, abhängig von dem jeweiligen Zelltypus, ganz unterschiedliche Voraussetzungen.

Cryonics-Befürworter räumen diese Probleme zwar ein, glauben aber dennoch an das Verfahren. Sie behaupten, daß das Gefrieren nicht so viele Schädigungen verursacht, daß dadurch eine Wiederbelebung vereitelt würde. Sie glauben, daß der technologische Fortschritt eines Tages diese Probleme lösen wird. Ihre Argumentation beeindruckte nur sehr wenige Menschen. Die größte *Cryonics*-Gesellschaft, Alcor, hatte im April 1993 gerade einmal sechsundzwanzig Klienten (oder ihre Köpfe).

Außer den praktischen Hindernissen bleiben auch noch eine Fülle von ethischen und gesellschaftlichen Fragen. Bei *Cryonics* geht es um einen Eingriff in die Natur, dessen Konsequenzen nicht vorhersehbar sind. Stören Menschen, die von heute aus gerechnet in Jahrzehnten oder Jahrhunderten wiederbelebt würden, die gesellschaftliche und biologische Evolution? Sollten ihre Gene wieder in den Genpool einfließen oder außen vorgelassen werden, wie es die Natur gehalten hätte?

Die Chancen für eine Wiederbelebung sind heute gleich Null. Nichtsdestotrotz werden sich auch weiterhin zweifellos einzelne finden, die lieber auf ein »Ruhe in Frieden«, das auf einem Grabstein steht, verzichten und statt dessen ein »Bis wir uns wiedersehen«, auf einem großen Metallzylinder eingraviert, vorziehen.

Unsterblichkeit? Noch nicht

Nichts kann die Stunde
der Herrlichkeit im Gras,
der Pracht in der Blume zurückbringen.
WILLIAM WORDSWORTH

Der Mensch sucht nahezu während der gesamten überlieferten Menschheitsgeschichte nach dem Schlüssel zur Unsterblichkeit. Er hat ihn noch nicht gefunden und wird ihn nach der derzeit vorherrschenden wissenschaftlichen Meinung auch nicht finden. Der pessimistische Standpunkt der Wissenschaftler hat verschiedene Gründe. Zwar sprechen sich die meisten Biogerontologen für die eine oder andere Theorie aus, gleichwohl sind die meisten auch der Auffassung, daß Altern (und Tod) nicht die Produkte eines einzelnen Mechanismus sind. Eine Umkehrung der Sterblichkeit würde somit eine Umkehrung vielfältiger komplexer Prozesse voraussetzen.

Eine große und starke Fraktion der Gerontologieforscher vertritt die Meinung, daß die menschliche Lebensspanne festgelegt ist. Das heißt, selbst wenn die medizinische Wissenschaft alle Krankheiten heilen und alle Krankheitssymptome ausschließen könnte, würden die Menschen dennoch sterben, da sie sich, wie von der Natur vorgesehen, abnutzen und verschleißen. Zur Untermauerung dieser These verweisen die Wissenschaftler auf die großen Unterschiede in der Lebensspanne verschiedener Spezies und die sehr konsistente Lebensspanne jeder einzelnen Spezies.

Abgesehen von der Frage, ob der Mensch Unsterblichkeit erlangen kann, stellt sich die gleichermaßen wichtige Frage, ob er es sollte. Stellen Sie sich eine Welt vor, in der jeder ewig leben würde. In einer solchen Welt gäbe es keinen Platz für Veränderungen und Erneuerungen. Die Geburtenraten müßten auf einem künstlich niedrigen Niveau gehalten werden. Wenn die Alten niemals sterben würden, käme für die Jungen nie der Zeitpunkt, an dem sie an der Reihe wären, das Ruder zu übernehmen. Und was, wenn die Wissenschaft den Tod, nicht aber das Altern eliminieren könnte: Könnte irgendeine Gesellschaft eine endlos wachsende Bevölkerungsgruppe ertragen und unterhalten, die pflegebedürftig ist? Wäre ein solches endloses Leben ein lebenswertes Leben, oder hätten die Menschen dann, nach tausend Jahren, doch eher das Bedürfnis, sich wie die Hyperboreer ins Meer zu stürzen?

Die Frage ist, glücklicherweise vielleicht, eine rein hypothetische Frage. Denn der Punkt ist, wie der Arzt Sherwin Nuland feststellte: »Ob als Folge von Störungen biochemischer Abläufe oder vom genauen Gegenteil, dem unaufhaltsamen, planmäßig verlaufenden Abbau, der Mensch stirbt im Alter an Entkräftung oder Verschleiß, und dieses Ende ist vorprogrammiert. Hochbetagte erliegen im Grunde nicht irgendwelchen Krankheiten, sondern dem altersbedingten Schwund von Körpersubstanz und Lebenskraft.«

Kapitel 3
Sterbestatistiken

Das ewige, zeitlose menschliche Streben, den Tod zu verstehen und zu begreifen, hat dazu geführt, daß viele Gelehrte, Wissenschaftler und andere Experten unterschiedlichster Ausrichtung sich beruflich damit befassen, alle möglichen Informationen über dieses Thema zusammenzutragen. Die so gesammelten Daten zeichnen ein lebhaftes Bild davon, wie Menschen sterben. Obwohl der Tod eine Konstante in jedem Leben ist, tritt er abhängig vom Alter, Geschlecht, Beruf, Wohnort, von persönlichen Gewohnheiten und anderen einschlägigen Merkmalen und Eigenschaften eines Menschen, in vielen Formen auf. Gezählt, bemessen, analysiert und addiert, können die Einzelheiten des menschlichen Todes zu Statistiken komprimiert werden. Alles andere als trocken und abstrakt, gewähren diese Zahlen über die Todesfälle einen erhellenden und faszinierenden Einblick in diese universale menschliche Erfahrung.

Lebenserwartung weltweit

Eine der großen Fragen, die die Menschheit zum Tod hat, ist: Wann wird er eintreten? Die demographischen Untersuchungen über die Lebenserwartung bringen heute etwas Licht in diese Frage. Die Lebenserwartung, die nach den entsprechenden Zahlen weltweit große Unterschiede aufweist, wird als die durchschnittliche Zahl der Jahre definiert, die eine Person erwartungsgemäß leben wird. Die durchschnittliche Lebenserwartung für die gesamte Weltbevölkerung liegt (nach den Schätzungen für 1995) sowohl für Männer als auch für Frauen bei fünfundsechzig Jahren. In den Industrieländern liegt die gesamte Lebenserwartung sowohl für Männer als auch für Frauen bei fünfundsiebzig Jahren, während sie in weniger entwickelten Ländern bei zweiundsechzig Jahren liegt. Nach einem Bericht der Vereinten Nationen über die Bevölkerungsentwicklung und den Bevölkerungsstand, des »United Nations Fund for Population Activities« (UNFPA), *The State of World Population 1994*, sind Europa (mit fünfundsiebzig Jahren) und Nordamerika (mit sechsundsiebzig Jahren) die Regionen mit den höchsten Lebenserwartungen. In den meisten europäischen Ländern liegt die Zahl bei sechsundsiebzig Jahren, außer in Osteuropa, wo sie bei einundsiebzig Jahren liegt.

Die Regionen, die weltweit die niedrigsten Lebenserwartungsraten aufweisen, sind Afrika (mit dreiundfünfzig Jahren) und Asien (mit fünfundsechzig Jahren). In Uganda liegt die Lebenserwartungsrate bei zweiundvierzig Jahren und in Sambia bei vierundvierzig Jahren, während die Menschen in Südostasien, in Kambodscha und Laos, eine Lebenserwartung von einundfünfzig Jahren haben. Die regionalen Zahlen für die Lebenserwartung steigen mit dem Rückgang der Säuglings- und Kindersterblichkeit wie auch mit der Verfügbarkeit von Medikamenten zur Bekämpfung von Infektionskrankheiten und mit der Verbesserung der Ernährungssituation und der sanitären Bedingungen.

Rasse und Geschlecht machen einen signifikanten Unterschied bei den Lebenserwartungsraten. In den Vereinigten Staaten erreichte die durchschnittliche Lebenserwartung zum Beispiel 1992 einen Höchststand von 75,7 Jahren. Während die Zahl bei der weißen Bevölkerung bei 76,5 Jahren lag, hatte sie sich bei der schwarzen Bevölkerung nur auf 69,8 Jahre erhöht. Es wird davon ausgegangen, daß verschiedene Faktoren zu dieser Diskrepanz von 6,7 Jahren beigetragen haben, unter anderem die höheren Mord- und Totschlag-, AIDS-, Tuberkulose- und Drogenkonsumraten, die bei den Schwarzen zu verzeichnen sind, Bedingungen, die für gewöhnlich mit Armut assoziiert werden.

1992 konnten weiße Männer in den Vereinigten Staaten davon ausgehen, 73,2 Jahre alt zu werden, und weiße Frauen 79,7 Jahre.

Schwarze Männer konnten demgegenüber davon ausgehen, im Durchschnitt lediglich 67,8 Jahre alt zu werden, und schwarze Frauen 75,6 Jahre.

Die Lebenserwartungsberechnungen können auch die noch verbleibende durchschnittliche Lebenserwartung, nachdem ein bestimmtes Alter erreicht ist, vorhersagen. Nach den 1992 für die Vereinigten Staaten ermittelten Zahlen hatte ein fünfundzwanzigjähriger Mann, gleich welcher Rasse, noch eine Lebenserwartung von 48,9 Jahren; und eine fünfundzwanzigjährige Frau, gleich welcher Rasse, konnte davon ausgehen, noch weitere 55,1 Jahre zu leben. [Nach den für den Zeitraum 1993/95 für die Bundesrepublik Deutschland ermittelten Zahlen hatte ein fünfundzwanzigjähriger Mann noch eine Lebenserwartung von 49,1 Jahren; und eine fünfundzwanzigjährige Frau konnte davon ausgehen, noch weitere 55,2 Jahre zu leben.]

Lebenserwartung weltweit: 1990–1995

Region/Land	Lebenserwartung (in Jahren)
weltweit gesamt	65
entwickeltere Regionen	75
weniger entwickelte Regionen	62
AFRIKA	**53**
Ostafrika	**49**
Äthopien	47
Burundi	48
Kenia	59
Madagaskar	55
Malawi	44
Mauritius	70
Mocambique	47
Ruanda	46
Sambia	44
Simbabwe	56
Somalia	47
Tansania	51
Uganda	42
Zentralafrika	**51**
Angola	46
Gabun	54
Kamerun	56
Kongo	52
Tschad	48
Zaire	52
Zentralafrikanische Republik	47
Nordafrika	**61**
Ägypten	62
Algerien	66
Libyen	63
Marokko	63
Sudan	52
Tunesien	68
Südafrika	**63**
Botswana	61
Lesotho	61
Namibia	59
Südafrika	63
Westafrika	**51**
Benin	46

Region/Land	Lebenserwartung (in Jahren)	Region/Land	Lebenserwartung (in Jahren)
Burkina Faso	48	China	71
Elfenbeinküste	52	Hongkong	78
Ghana	56	Japan	79
Guinea	45	Korea, Nordkorea	71
Guinea-Bissau	44	Korea, Südkorea	71
Liberia	55	Mongolei	64
Mali	46	**Südostasien**	**63**
Mauretanien	48	Indonesien	63
Niger	47	Kambodscha	51
Nigeria	53	Laos	51
Senegal	49	Malaysia	71
Sierra Leone	43	Myanmar (Birma)	58
Togo	55	Philippinen	65
LATEINAMERIKA	**68**	Singapur	74
Karibik	**69**	Thailand	69
Dominikanische Republik	68	Vietnam	64
Haiti	57	**Südasien**	**59**
Jamaika	74	Afghanistan	43
Kuba	76	Bangladesch	53
Puerto Rico	75	Bhutan	48
Trinidad und Tobago	71	Indien	60
Mittelamerika	**69**	Iran	67
Costa Rica	76	Nepal	54
El Salvador	66	Pakistan	59
Guatemala	65	Sri Lanka	72
Honduras	66	**Westasien**	**66**
Mexiko	70	Irak	66
Nicaragua	67	Israel	77
Panama	73	Jemen	53
Südamerika	**67**	Jordanien	68
Argentinien	71	Kuwait	75
Bolivien	61	Libanon	69
Brasilien	66	Oman	70
Chile	72	Saudi-Arabien	69
Ecuador	67	Syrien	67
Kolumbien	69	Türkei	67
Paraguay	67	Vereinigte Arabische	
Peru	65	Emirate	71
Uruguay	72	**EUROPA**	**75**
Venezuela	70	**Osteuropa**	**71**
NORDAMERIKA	**76**	Bulgarien	72
Kanada	77	Polen	72
Vereinigte Staaten	76	Rumänien	70
ASIEN	**85**	Slowakei	-
Ostasien	**72**	Tschechische Republik	-

Region/Land	Lebenserwartung (in Jahren)
Tschechoslowakei (ehemalige)	73
Ungarn	70
Nordeuropa	**76**
Dänemark	76
Estland	71
Finnland	76
Großbritannien	76
Irland	75
Lettland	71
Litauen	73
Norwegen	77
Schweden	78
Südeuropa	**76**
Albanien	73
Bosnien-Herzegowina	-
Griechenland	78
Italien	77
Jugoslawien	-
Jugoslawien (ehemaliges)	72
Kroatien	-
Portugal	75
Slowenien	-
Spanien	78
Westeuropa	**76**
Belgien	76

Region/Land	Lebenserwartung (in Jahren)
Deutschland	76
Frankreich	77
Niederlande	77
Österreich	76
Schweiz	78
OZEANIEN	**73**
Australien – Neuseeland	**77**
Australien	77
Neuseeland	76
Melanesien	**59**
Papua-Neuguinea	55
SOWJETUNION (ehemalige)	**70**
Armenien	71
Aserbaidschan	70
Georgien	72
Kasachstan	69
Kirgisistan	68
Moldauische SSR	68
Rußland	70
Tadschikistan	70
Turkmenistan (Turkmenien)	65
Ukraine	71
Usbekistan	-
Weißrußland	72

Anmerkung: Durch Auf- und Abrunden der einzelnen Zahlen können sich bei den Gesamtwerten Abweichungen ergeben.
Quelle: United Nations Fund for Population Activities (UNFPA). *The State of World Population 1994.*

Häufigste Todesursachen in vielen Nationen

Ein genauer Blick auf die Statistiken über die Lebenserwartung wirft logischerweise Fragen hinsichtlich der zahlreichen Möglichkeiten auf, durch die das Leben verkürzt werden kann – jenen Faktoren, die die Lebenserwartung definieren. Die vier häufigsten Todesursachen weltweit waren 1990:

1. Infektiöse und parasitäre Krankheiten.

2. Krankheiten des Kreislaufsystems (Herz- und Gefäßkrankheiten).

3. Bösartige Neubildungen (Krebs).

4. Krankheiten wie AIDS, Diabetes und Krankheiten der Verdauungsorgane sowie bestimmte schwerdefinierbare Ursachen wie Senilität.

Zusammengenommen waren diese vier Haupttodesursachen 1990 für 39.964.000 Todesfälle von den weltweit insgesamt 49 936 000 Todesfällen verantwortlich.

Todesursachen weltweit: 1990

Haupttodesursache	**Geschätzte Zahl**	**je 100 000 Personen**
Infektiöse und parasitäre Krankheiten	17 499 000	331
Krankheiten des Kreislaufsystems[1]	11 931 000	225
Bösartige Neubildungen	5 121 000	97
Äußere Ursachen[1]	3 466 000	65
Perinatale Ursachen	3 116 000	59
Chronische obstruktive Lungenkrankheiten	2 888 000	55
Mütterliche Ursachen	504 000	10
Sonstige und unbekannte Ursachen[3]	5 413 000	102
Alle Ursachen insgesamt	49 936 000	944

[1] Einschließlich Herzkrankheiten, Krankheiten des zerebrovaskulären Systems (Hirngefäßkrankheiten), sonstige Krankheiten des Kreislaufsystems etc.

[2] Einschließlich AIDS, Diabetes, Krankheiten der Verdauungsorgane, Krankheiten der Harn- und Geschlechtsorgane, schwerdefinierbare Ursachen wie Senilität etc.

Quelle: Weltgesundheitsorganisation, *Global Health Situation and Projections*, 1992.

1990 starben weltweit schätzungsweise 17 499 000 Personen infolge von infektiösen und parasitären Krankheiten. Was eine Sterblichkeitsrate von 331 Sterbefällen pro 100 000 Personen ergibt. Unter infektiösen Krankheiten sind alle Krankheiten zu verstehen, die durch Mikroorganismen wie Bakterien, Viren oder Protozoen verursacht werden. Parasitäre Krankheiten können ebenso durch Mikroorganismen verursacht werden, im allgemeinen werden sie jedoch mit größeren Lebensformen wie Würmern (Bandwürmern und Hakenwürmern), Läusen, Zecken, Blutegeln, Pilzen, Trematodes oder Milben assoziiert, ein Befall, der innerlich wie auch äußerlich am Körper auftreten kann.

Nach der Weltgesundheitsorganisation (WHO) wird ein Viertel aller Todesfälle auf der Welt durch den zweitgrößten Killer, durch Herz- und Gefäßkrankheiten, verursacht. Etwa zwölf Millionen Menschen sterben auf der ganzen Welt pro Jahr infolge von Herz- und Schlaganfällen, eine Rate von 225 Sterbefällen je 100000 Personen. Aufgrund der Fortschritte in der Medizin, der Vorbeugung von Krankheiten und der Gesundheitspflege sowie der sanitären Einrichtungen haben Herz- und Gefäßkrankheiten sowie Krebs den infektiösen Krankheiten in den Industrieländern als Haupttodesursache den Rang abgelaufen. In den Vereinigten Staaten waren im Jahr 1900 zum Beispiel noch die Infektionskrankheiten Lungenentzündung, Grippe und Tuberkulose die drei führenden Todesursachen, wobei Herz- und Schlaganfälle erst an vierter und fünfter Stelle kamen. 1940 waren demgegenüber Herzkrankheiten, Krebs und Schlaganfälle die drei führenden Todesursachen, gefolgt von Infektionskrankheiten.

Häufigste Todesursachen in Deutschland: 1970–1995

Todesursache	Sterbefälle	Sterberate je 100 000 Einwohner		
	1992	1970	1980	1995
Alle Ursachen insgesamt	884.588	990.7	1 156.8	1.083.2
Tuberkulose der Atmungsorgane	625	2.8	2.2	0.8
Bösartige Neubildungen	212.913	215.4	239.9	260.7
Diabetes mellitus	23.328	18.6	22.2	28.6
Krankheiten des Kreislaufsystems	429.407	477.3	582.4	525.8
darunter: Krankheiten des zerebrovaskulären Systems	101.034	131.6	165.8	123.7
Pneumonie	17.613	16.4	20.7	21.6
Grippe	425	0.6	0.8	0.5
Chronische Leberkrankheit und -zirrhose	19.445	25.1	26.6	23.8
Unfälle	23.818	29.6	44.9	29.2
darunter: Kraftfahrzeugunfälle	8.942	18.7	20.3	11.0
Selbstmord und Selbstbeschädigung	12.888	19.5	20.8	15.8

Quelle: Statistisches Bundesamt, *Statistisches Jahrbuch für die Bundesrepublik Deutschland,* 1984 und 1997.

Häufigste Todesursachen in den Vereinigten Staaten: 1970–1992

Todesursache	Sterbefälle	Sterberate je 100 000 Einwohner		
	1992	1970	1980	1992
Alle Ursachen insgesamt	2.177.000	945.3	878.3	863.3
Herzkrankheiten	720.480	362.0	336.0	282.5
Krebs	521.090	162.8	183.9	204.3
Zerebrovaskuläre Krankheiten	143.640	101.9	75.1	56.3
Lungenkrankheiten	91.440	15.2	24.7	35.8
Unfälle	86.310	56.4	46.7	33.8
Pneumonie und Grippe	76.120	30.9	24.1	29.8
Diabetes mellitus	50.180	18.91	15.4	19.7
AIDS	33.590	-	-	13.2
Selbstmord	29.760	11.6	11.9	11.7
Mord, Totschlag, Tod durch Staatsgewalt	26.580	8.3	10.7	10.4
Leberkrankheiten und Zirrhose	24.830	15.5	13.5	9.7
Nierenkrankheiten	22.400	4.4	7.4	8.8
Blutvergiftung (Sepsis)	19.910	1.7	4.2	7.8
Arteriosklerose	16.100	15.6	13.0	6.3
Perinatale und sonstige verwandte Ursachen	15.790	21.3	10.1	6.2

Quelle: U.S. Dept. of Health and Human Services, National Center for Health Statistics, *Monthly Vital Statistics Report*, 28. September 1993.

In den westlichen Industrieländern sind Herz- und Gefäßkrankheiten für fünfzig Prozent der Sterblichkeitsrate verantwortlich. In Entwicklungsländern in Afrika, Asien und Südamerika ist die Sterblichkeitsrate infolge von Herz- und Gefäßkrankheiten demgegenüber sehr gering und liegt bei etwa sechzehn Prozent. Ein solcher Unterschied weist auf die Bedeutung des Lebensstils als eine Ursache von Herz- und Gefäßkrankheiten hin. Zusätzlich zu dem schnelleren Lebenstempo und Streß, die mit der wirtschaftlichen Entwicklung einhergehen, tragen auch die mit der Industrialisierung verbundenen Luftverschmutzungen und Wasserbelastungen zu höheren Herzkrankheits- und Krebsraten bei.

Ebenso wird Zigarettenrauchen als ein wichtiger Faktor bei Herz- und Gefäßkrankheiten gesehen. Da Zigaretten inzwischen auch in die Entwicklungsländer exportiert werden, zeigen die

Sterblichkeitsraten allmählich auch die durch sie herbeigeführten Krankheiten an. Nach den Prognosen der Weltgesundheitsorganisation wird die durch Herz- und Gefäßkrankheiten bedingte Sterblichkeitsrate bis zum Jahr 2000 in den Entwicklungsländern auf dreißig Prozent hochgeklettert sein. Vor allem die Antiraucherkampagnen und der Fortschritt in der medizinischen Technologie haben in einigen entwickelten Ländern einen deutlichen Rückgang bei den durch Herz- und Gefäßkrankheiten bedingten Sterbefällen erreicht; während andere Länder wie etwa Polen und Bulgarien in den siebziger und achtziger Jahren Zunahmen zu verzeichnen hatten.

Im gleichen Zeitraum gingen in den Vereinigten Staaten, in Kanada, Australien und Japan die durch Herz- und Gefäßkrankheiten bedingten Todesfälle erheblich zurück. In anderen Ländern wie in Norwegen, Griechenland und Ungarn blieben die durch Herz- und Gefäßkrankheiten bedingten Sterblichkeitsraten stabil. In Finnland, England und Wales sind die höchsten Sterblichkeitsraten durch Herz- und Gefäßkrankheiten zu verzeichnen, während sie in Japan am niedrigsten ist. In den Vereinigten Staaten war zwischen 1970 und 1987 ein Rückgang von vierzig Prozent bei den Vierunddreißig- bis Vierundsiebzigjährigen bei den durch Herz- und Gefäßkrankheiten bedingten Todesursachen zu verzeichnen. Bei dieser Altersgruppe ist nunmehr Krebs anstelle von Herz- und Gefäßkrankheiten die führende Todesursache. Auch andere westliche Länder verzeichnen hier einen Rückgang von etwa zehn Prozent.

Die Bedeutung des Lebensstils gegenüber der Ethnie als einem entscheidenden Faktor bei der Entwicklung von Herz- und Gefäßkrankheiten wird beim Vergleich von Japanern, die in Japan leben, und Japanern, die in den Vereinigten Staaten leben, deutlich. Die durch Herz- und Gefäßkrankheiten bedingte Sterblichkeitsrate ist bei den in den Vereinigten Staaten lebenden Japanern sechsmal höher als bei den in Japan lebenden.

1990 lag die geschätzte Zahl der durch Krebs bedingten Todesfälle weltweit bei 5 121 000, eine Rate von siebenundneunzig Todesfällen je einhunderttausend Personen. Noch vor Ende der neunziger Jahre, so wurde prognostiziert, sind weitere sechzig Millionen Menschen an Krebs gestorben. Es wird angenommen, daß über achtzig Millionen Menschen in den ersten zehn Jahren des 21. Jahrhunderts an Krebs sterben werden. Nach den Schätzungen der Weltgesundheitsorganisation werden zwischen 1985 und 2015 die durch Krebs verursachten Todesfälle in den entwickelten Ländern um achtzehn Prozent und in den Entwicklungsländern um einhunderteinundvierzig Prozent zunehmen. Dabei wird davon ausgegangen, daß durch Rauchen bedingter Lungenkrebs in den entwickelten Ländern erheblich zur Krebssterblichkeitsrate beiträgt.

Die vierte weltweit häufigste Todesursache wird von der Weltgesundheitsorganisation als »sonstige und unbekannte Ursachen« angeführt. In dieser Kategorie sind jedes Jahr 5 413 000 Todesfälle (einhundertzwei je einhunderttausend Personen) zu verzeichnen. Dazu gehören AIDS, Diabetes, Krankheiten des Verdauungssystems, Krankheiten der Harn- und Geschlechtsorgane und sonstige schwerdefinierbare Ursachen wie Senilität.

Nach Schätzungen aus dem Jahre 1994 haben sich weltweit siebzehn Millionen Menschen mit dem HIV-Virus infiziert, seit diese tödliche Krankheit erstmals Anfang der achtziger Jahre in den Vereinigten Staaten auftrat. Eine Million davon sind Kinder, vier Millionen davon haben das Vollbild der Krankheit entwickelt (gleichwohl der Weltgesundheitsorganisation lediglich 985 119 Fälle berichtet wurden), und drei bis vier Millionen sind bereits infolge der mit AIDS einhergehenden Krankheiten gestorben. Achtzig Prozent der HIV-Infektionen und AIDS-Fälle treten in den Entwicklungsländern auf, wobei achtzig bis neunzig Prozent der mit HIV-infizierten Kinder in Afrika zu verzeichnen sind. Neunzig Prozent der neuinfizierten Erwachsenen infizieren sich beim heterosexuellen Geschlechtsverkehr mit dem HIV-Virus; bis zum Jahr 2000 werden, so die Prognosen, dreißig bis vierzig Millionen Menschen HIV-positiv sein.

1995 behauptete der Gesundheitsminister Simbabwes, Timothy Stamps, in seinem Land sei weltweit die höchste Zahl an neuen AIDS-Fällen zu verzeichnen, und es sei davon auszugehen, daß einer von einhundert Einwohnern wahrscheinlich innerhalb von achtzehn Monaten an AIDS-bedingten Krankheiten sterben werde. Nach dem von ihm vorgelegten Bericht starben pro Woche mindestens dreihundert Personen an AIDS-bedingten Krankheiten, so daß die Leichenhallen durch die Opfer so überlastet waren, daß es unumgänglich war, mehr als nur eine Leiche in den Särgen unterzubringen.

Aus einer Sterbeliste aus London 15.–22. August 1665:
Die Krankheiten und Unfälle dieser Woche

Altersbedingt	54
Krebs	2
Kolik	1
Schwindsucht	174
Ertrunken	2
Tot auf der Straße gefunden	1
Brand (Gangrän)	1
Durch Sturz von der Treppe getötet	1
Ermordet	1
Pest	3880
Verhungert	1
Zähne	113
Geschwür	2
Würmer	18

Quelle: The Illustrated Pepys, Robert Latham, Hg., University of California Press, 1983

Säuglingssterblichkeit weltweit

Versteckt in den Statistiken über die Todesursachen sind die Millionen Todesfälle von Säuglingen und Kleinkindern jedes Jahr. Demographisch wird unter der Säuglingssterblichkeit jedes Kleinkind erfaßt, das sein erstes Lebensjahr nicht vollendet. Die Säuglingssterblichkeitsrate gibt die Anzahl solcher Sterbefälle pro tausend Lebendgeborenen an und wird berechnet, indem die Zahl der Säuglinge, die vor Erreichen des ersten Lebensjahres sterben, durch die Zahl der im selben Jahr Lebendgeborenen dividiert wird.

Länder mit der höchsten und niedrigsten Säuglingssterblichkeitsrate: 1994

Land	Rate[1]	Land	Rate[1]
Höchste Säuglingssterblichkeit:		**Niedrigste Säuglingssterblichkeit**	
Afghanistan	156	Island	4
Westliche Sahara	152	Japan	4
Angola	145	Finnland	5
Sierra Leone	142	Liechtenstein	5
Malawi	141	Hongkong	6
Guinea	139	Niederlande	6
Zentralafrikanische Republik	137	Norwegen	6
Tschad	132	San Marino	6
Mocambique	129	Singapur	6
Somalia	126	Schweden	6
Gambia	124	Taiwan	6
Bhutan	121	Österreich	7
Guinea-Bissau	120	Australien	7
Ruanda	119	Belgien	7
Burkina Faso	118	Kanada	7
Burundi	114	Dänemark	7
Liberia	113	Frankreich	7
Jemen	113	Deutschland	7
Uganda	112	Irland	7
Kambodscha	111	Luxemburg	7
Kongo	111	Monaco	7
Dschibuti	111	Spanien	7
Niger	111	Großbritannien	7
Zaire	111	Andorra	8
Benin	110	Aruba	8
Tansania	110	Italien	8
		Malta	8
		Réunion	8
		Slowenien	8
		Vereinigte Staaten	8

[1] Je 1000 Lebendgeborenen
Quelle: U.S. Bureau of the Census, *World Population Profile 1994.*

Die weltweite Säuglingssterblichkeitsrate liegt bei fünfundsechzig Sterbefällen je eintausend Lebendgeborenen, wobei regional die niedrigsten Raten (mit einem Durchschnitt von acht Sterbefällen) in Nordamerika und die höchsten (mit fünfundneunzig) in der Sub-Sahara Afrikas zu verzeichnen sind. Bei Kindern im Alter von unter vier Jahren waren 1990 weltweit fast dreizehn Millionen

Sterbefälle zu verzeichnen, wobei 27,6 Prozent infolge von akuten Infektionen der Atmungsorgane, wie Pneumonie (Lungenentzündung) und 23,3 Prozent infolge von Diarrhoe (Durchfall) starben.

Säuglingssterblichkeitsraten nach Regionen: 1994

Region	Säuglingssterblichkeitsrate je nach 1000 Lebendgeborenen
weltweit	65
entwickelte Regionen	15
Entwicklungsregionen	72
Sub-Sahara, Afrika	95
Asien	68
Naher Osten und Nordafrika	60
Lateinamerika und Karibik	43
Nordamerika	8
Europa	9
ehemalige UdSSR	34

Quelle: U.S. Bureau of the Census, *World Population Profile 1994.*

Führende Ursachen der Kindersterblichkeit: 1990 (Geburt bis zum Alter von vier Jahren)

Ursache	Geschätzte Zahl der Sterbefälle	Prozent von der Gesamtzahl
Weltweit insgesamt	12 900 000	100.0 %
Akute Infektionen der Atmungsorgane (hauptsächlich Pneumonie)	3 560 000	27.6
Diarrhoe (allein)	3 000 000	23.3
Asphyxie bei der Geburt (Erstickung durch Atemstillstand)	860 000	6.7
Malaria	800 000	6.2
Neugeborenentetanus (Wundstarrkrampf)	560 000	4.3
Akute Infektionen der Atmungsorgane - Masern	480 000	3.7
Kongenitale Anomalien	450 000	3.5
Geburtstrauma	430 000	3.3
Frühgeburten	430 000	3.3

Quelle: Weltgesundheitsorganisation, *Global Health Situation and Projection,* 1992.

Sterberaten in verschiedenen Ländern

Nicht nur die Säuglingssterblichkeitsrate ist von Region zu Region unterschiedlich, die Gesamtsterblichkeitsrate für Personen aller Altersgruppen ist es ebenso. Die in einem Jahr für eine Bevölkerungsgruppe angegebene Sterblichkeitsrate gibt die Zahl der Sterbefälle in jenem Jahr pro eintausend Personen in der Jahresmitte an.

Sterblichkeitsraten weltweit: 1990–1994

Region/Land	Sterblichkeitsrate je 1000
weltweit insgesamt	9
entwickeltere Regionen	10
weniger entwickelte Regionen	9
AFRIKA	**14**
Ostafrika	**16**
Äthopien	18
Burundi	17
Kenia	10
Madagaskar	13
Malawi	21
Mauritius	7
Mocambique	18
Ruanda	18
Sambia	18
Simbabwe	11
Somalia	19
Tansania	15
Uganda	21
Zentralafrika	**16**
Angola	19
Gabun	16
Kamerun	12
Kongo	15
Tschad	18
Zaire	15
Zentralafrikanische Republik	18
Nordafrika	**9**
Ägypten	9
Algerien	7
Libyen	8
Marokko	8
Sudan	14
Tunesien	6
Südafrika	**9**
Botswana	9
Lesotho	10
Namibia	11
Südafrika	9
Westafrika	**15**
Benin	18
Burkina Faso	18
Elfenbeinküste	15
Ghana	12
Guinea	20
Guinea-Bissau	21
Liberia	14
Mali	19
Mauretanien	18
Niger	19
Nigeria	14
Senegal	16
Sierra Leone	22
Togo	13
LATEINAMERIKA	**7**
Karibik	**8**
Dominikanische Republik	6
Haiti	12
Jamaika	6
Kuba	7
Puerto Rico	7
Trinidad und Tobago	6
Mittelamerika	**6**

Region/Land	Sterblichkeitsrate je 1000
Costa Rica	4
El Salvador	7
Guatemala	8
Honduras	7
Mexiko	5
Nicaragua	7
Panama	5
Südamerika	**7**
Argentinien	9
Bolivien	9
Brasilien	7
Chile	6
Ecuador	7
Kolumbien	6
Paraguay	6
Peru	8
Uruguay	10
Venezuela	5
NORDAMERIKA	**9**
Kanada	8
Vereinigte Staaten	9
ASIEN	**8**
Ostasien	**7**
China	7
Hongkong	6
Japan	7
Korea, Nordkorea	5
Korea, Südkorea	6
Mongolei	8
Südostasien	**8**
Indonesien	8
Kambodscha	14
Laos	15
Malaysia	5
Myanmar (Birma)	11
Philippinen	7
Singapur	6
Thailand	6
Vietnam	9
Südasien	**10**
Afghanistan	22
Bangladesch	14
Bhutan	17
Indien	10
Iran	7
Nepal	13

Region/Land	Sterblichkeitsrate je 1000
Pakistan	10
Sri Lanka	6
Westasien	**7**
Irak	7
Israel	7
Jemen	14
Jordanien	5
Kuwait	2
Libanon	7
Oman	5
Saudi-Arabien	5
Syrien	6
Türkei	7
Vereinigte Arabische Emirate	4
EUROPA	**11**
Osteuropa	**11**
Bulgarien	12
Polen	10
Rumänien	11
Slowakei	-
Tschechische Republik	-
Tschechoslowakei (ehemalige)	11
Ungarn	14
Nordeuropa	**11**
Dänemark	12
Estland	12
Finnland	10
Großbritannien	11
Irland	9
Lettland	12
Litauen	10
Norwegen	11
Schweden	11
Südeuropa	**10**
Albanien	5
Bosnien-Herzegowina	-
Griechenland	10
Italien	10
Jugoslawien	-
Jugoslawien (ehemaliges)	10
Kroatien	-
Portugal	10
Slowenien	-
Spanien	9
Westeuropa	**11**
Belgien	11

Region/Land	Sterblichkeitsrate je 1000	Region/Land	Sterblichkeitsrate je 1000
Deutschland	11	Armenien	6
Frankreich	10	Aserbaidschan	7
Niederlande	9	Georgien	9
Österreich	11	Kasachstan	8
Schweiz	10	Kirgisistan	7
OZEANIEN	**8**	Moldauische SSR	10
Australien – Neuseeland	**8**	Rußland	11
Australien	8	Tadschikistan	7
Neuseeland	8	Turkmenistan (Turkmenien)	8
Melanesien	**9**	Ukraine	12
Papua-Neuguinea	11	Usbekistan	-
SOWJETUNION (ehemalige)	**10**	Weißrußland	10

Anmerkung: Durch Auf- und Abrunden der Zahlen können sich bei den Gesamtwerten Abweichungen ergeben.
Quelle: United Nations Fund for Population Activities (UNFPA). *The State of World Population 1994.*

Wahrscheinlichkeitstabelle für die verschiedenen Todesursachen

Die bei einer bestimmten Bevölkerungsgruppe gegebene Wahrscheinlichkeit, infolge spezifischer Ursachen zu sterben, kann vom Alter, Geschlecht, der Rasse und Region abhängig sein.

Wahrscheinlichkeitsliste der verschiedenen Todesursachen weltweit – 1992

Todesursache	Wahrscheinlichkeit zu sterben (%)
Infektiöse und parasitäre Krankheiten	35
Krankheiten des Kreislaufsystems	24
Bösartige Neubildungen	10
Äußere Ursachen	7
Perinatale Ursachen	6
Chronische Krankheiten der Atmungsorgane und Lungenkrankheiten	6
Mütterliche Ursachen	1
Sonstige und unbekannte Ursachen	11
Alle Ursachen insgesamt	100

Quelle: Weltgesundheitsorganisation, *Global Health Situation and Projection*, 1992.

Gefährliche Berufe und Freizeitbeschäftigungen

Die Wahrscheinlichkeit des einzelnen, zu irgendeinem bestimmten Zeitpunkt zu sterben, ist bei bestimmten Berufen und bestimmten Freizeitbeschäftigungen deutlich höher. Das mit diesen Berufen verbundene Risiko, tödlich zu verunglücken oder Gesundheitsschäden mit Todesfolge davonzutragen, hängt oft von den Örtlichkeiten ab, wo der Beruf ausgeübt wird. Ein Polizist, der in einem Gebiet mit einer hohen Kriminalität arbeitet, wird von den Lebensversicherungen möglicherweise ausgeschlossen oder höher eingestuft. Nach den von der Nationalen Kontrollstelle für die Erfassung von tödlichen Berufsunfällen und berufsbedingten tödlichen Krankheiten 1991 veröffentlichten Daten weist Alaska mit einer Rate von 33.1 pro einhunderttausend Arbeitern und Beschäftigten die höchste Rate in den Vereinigten Staaten auf, die mehr als 4.5 mal höher als die nationale US-weite Rate mit 7.2 Todesfällen pro einhunderttausend Arbeitern und Beschäftigten ist. Eine separate Untersuchung, die 1991 von der US-Behörde für Berufliche Sicherheit und Gesundheit durchgeführt wurde, schlüsselte im einzelnen die Risiken auf, mit denen die Arbeiter und Beschäftigten in Alaska, Finnland und anderen Polarregionen konfrontiert sind, die ein rauhes Klima und rauhe landschaftliche Bedingungen haben und von gefährlichen Erwerbszweigen wie Fischerei, Lufttransport und Holzfällerarbeiten abhängig sind.

Berufe in Alaska mit den höchsten tödlichen Unfall- und tödlichen Folgeschadensraten (pro 100 000)

Landwirtschaft, Forstwirtschaft, Fischerei	132.2
Transportwesen, Kommunikationswesen, öffentliche Versorgungsbetriebe	59.2
Produktionsbetriebe	53.5
Bauwesen	50.5

Quelle: National Institute for Occupational Safety and Health, *Occupational Epidemics of the 1990s*, S. 18.

Ein weiterer Faktor, der jenseits von geographischen Gegebenheiten zum beruflichen Risikoprofil beiträgt, ist der Gefährlichkeitsgrad, mit dem die gewöhnliche Ausübung der beruflichen Aufgaben verbunden ist. Das kann zum Beispiel Personen betreffen, die mit Sprengstoffen arbeiten. Umgekehrt erleiden etwa dreißig Beschäftigte in der Gesundheitspflege alljährlich tödliche Verletzungen, von den insgesamt einhundertfünfzigtausend Berufsunfällen, die sich jedes Jahr in diesem Arbeitsbereich ereignen. Solche Verletzungen schließen versehentliche Stiche mit subkutanen Injektionsnadeln ein, die Blut enthalten, das etwa mit HIV oder dem Hepatitis-B-Virus belastet ist. Aber diese Form von Verletzungen stellen in Wirklichkeit nur ein minimales Risiko für die im Gesundheitsbereich Beschäftigten dar.

Einer der gefährlichsten Erwerbszweige in den Vereinigten Staaten ist die Land- und Forstwirtschaft und Fischerei. Während nur zwei Prozent in diesem Sektor beschäftigt sind, weist er (mit 19,1 Todesfällen pro einhunderttausend Beschäftigten) die vierthöchste Unfalltodesrate auf und liegt bei der Zahl der Todesfälle an dritter Stelle. Die Landwirtschaft allein hat eine arbeitsbedingte Unfalltodesrate von 21.2 pro einhunderttausend Beschäftigten.

Die Wahrscheinlichkeit, an Krebs zu sterben, ist in bestimmten Erwerbs- und Industriezweigen drei- bis fünfmal größer als im Durchschnitt für die Arbeiter in anderen Industriezweigen. Was Sterblichkeitsuntersuchungen über verschiedene Berufe widerspiegeln:

Krebserkrankungen des Verdauungssystems, Atemwegsystems, Gehirns und unbekannten Regionen wie auch Lymphome treten häufiger als erwartet bei Beschäftigten auf, die Vinylchlorid ausgesetzt sind.

Beschäftigte, die mit Asbest arbeiten, tragen das höchste Risiko, sich nach fünfundzwanzig bis vierzig Jahren, nachdem sie dem Stoff ausgesetzt waren, Lungenkrebs zuzuziehen.

In New York City wurde bei Zimmermännern eine hohe Sterblichkeitsrate infolge von Magen- und Blasenkrebs festgestellt.

Bei den Arbeitern in der Gummi verarbeitenden Industrie wurde eine ungewöhnlich hohe Sterblichkeitsrate infolge von Magenkrebs und Lymphgefäßleukämie festgestellt.

Drei wichtige Studien über berufsbedingte Krebserkrankungen zeigen, daß Maler erheblich häufiger als die allgemeine Bevölkerung an Lungenkrebs erkranken.

In den Vereinigten Staaten hat das Nationale Institut für Arbeitssicherheit und Gesundheit eine Liste mit Dutzenden gefährlichen Substanzen und Chemikalien veröffentlicht, die am Arbeitsplatz verwendet werden. In Berufen, in denen die Beschäftigten mit diesen Stoffen arbeiten, treten verschiedene Krankheiten und Verletzungen auf, von denen manche tödlich sind. Die Pneumokoniose (Staublungenerkrankung), umfaßt auch Krankheiten, die durch die Einatmung verschiedenster mineralischer Stäube verursacht werden. Kohlearbeiter sind zum Beispiel von der Krankheit der »schwarzen Lunge« betroffen, einem komplexen Krankheitsbild mit respiratorischen Syndromen wie Emphysemen und Tuberkulose. Von Silikose, die durch die Einatmung von kieselsäurehaltigem Staub verursacht wird, der in Sand, verschiedenen Stein- und Quartzarten vorkommt, sind Arbeiter im Tunnelbau und Steinmetze, Porzellan-, Glas- und Gießereiarbeiter sowie Bergleute betroffen. Silikose kann bereits nach nur zehnmonatiger intensiver Exposition auftreten.

Asbestose ist eine chronische Lungenkrankheit, die nicht in die Kategorie der Pneumokoniose fällt und sogar noch problematischer und zerstörerischer ist. Betroffen davon sind die Arbeiter in Asbestminen und Bauarbeiter sowie alle, die mit der Verarbeitung und Herstellung von asbesthaltigen Produkten zu tun haben. Mehr als eine Million Arbeiter wurden gefährlichen Asbestkonzentrationen ausgesetzt. Sie leiden unter Atemnot, Versagen des Atmungssystems, Lungenkrebs (insbesondere bei Rauchern), Tuberkulose und Tumoren. Es gibt keine wirksame Asbestosebehandlung, und frühe Invalidität oder Tod sind in der Regel das Ergebnis. (Nach Schätzungen des Bundesumweltamtes war Asbest Anfang der achtziger Jahre in der Bundesrepublik Deutschland alljährlich für etwa viertausend Krebstodesfälle verantwortlich, wobei Arbeitswissenschaftler des Deutschen Gewerkschaftsbundes die Zahl der jährlichen Asbesttoten auf mindestens zehntausend bezifferten.)

Lebensversicherungsgesellschaften schließen Personen, die gefährlichen Freizeitbeschäftigungen nachgehen, insbesondere wenn es dabei noch um Wettbewerbe geht, vom Versicherungsschutz aus oder stufen sie bei den zu entrichtenden Versicherungsbeiträgen höher ein. Zu solchen Freizeitbeschäftigungen gehören:

Autorennen
Ballonfliegen
Motorbootrennen
Sporttauchen (bei Tiefen von zwanzig Meter oder mehr)
Pferderennen
Drachenfliegen
Bobfahren
Fallschirmspringen
Bergsteigen
Motorschlittenrennen
Bungee-Springen
Fliegen (als Privatsport)

Die großen Lebensversicherungsgesellschaften führen umfassende Dateien, die zeigen, für wieviele Todesfälle sie jedes Jahr infolge dieser Aktivitäten zu zahlen haben. Auf der Grundlage versicherungsstatistischer Untersuchungen werden Personen, die solchen Freizeitbeschäftigungen nachgehen, dann entweder vom Versicherungsschutz ausgeschlossen oder bei den Beiträgen höher eingestuft.

Mord- und Selbstmordraten weltweit

Mord und Selbstmord lösen bei den Lebenden eine größere Faszination und ein größeres Entsetzen als jede andere Todesursache aus. Beide plagen die Menschheit seit prähistorischen Zeiten und kommen nach wie vor in jeder modernen Kultur vor. Die Mordraten aus der *International Crime Statistics* von Interpol zeigen, daß die Vereinigten Staaten die höchste Rate von allen entwickelten Ländern haben. Nordirland hatte eine Zeitlang eine höhere, schwankende Rate, was hauptsächlich auf die zivilen Unruhen im Land zurückzuführen war. Irland selbst hat mit 1.08 pro einhunderttausend Einwohnern eine niedrige jährliche Mordrate. In den Vereinigten Staaten lag die Mordrate 1982 bei 13.82, die bis 1987 auf 7.9 zurückging. Nach einem 1990 vorgelegten Bericht des Rechtsausschusses des US-Senats war dann neuerlich eine Zunahme auf 10.5 zu verzeichnen, und 1992 hatte die Mordrate nochmals um vier Prozent gegenüber dem Vorjahr zugenommen. Im Vergleich dazu lag die Mordrate 1990 in Großbritannien bei knapp 0,8 pro einhunderttausend Einwohner, in Japan bei 1.0 und in Westdeutschland bei 1.2

Mordraten weltweit: 1986

Rang	Land	Rate je 100 000 Einwohner
OBERSTEN 10		
1.	Lesotho	53.19
2.	Philippinen	42.51
3.	Bahamas	25.66
4.	Simbabwe	21.11
5.	Libanon	19.20
6.	Thailand	16.56
7.	Niederlande	12.26
8.	Bermuda	10.79
9.	Angola	10.30
10.	Venezuela	9.93
OBERE MITTE		
11.	Sambia	9.73
12.	Dominikanische Republik	9.32
13.	Papua-Neuguinea	9.23
14.	Tansania	8.67
15.	Vereinigte Staaten	7.91
16.	Seychellen	7.69
17.	Botswana	7.49
18.	Trinidad und Tobago	6.76
19.	Ruanda	6.71
20.	Kanada	6.33
21.	Chile	6.26
22.	Barbados	6.14

23.	Dänemark	5.77
24.	Schweden	5.74
25.	Finnland	5.62
26.	Italien	5.25
27.	Luxemburg	5.25
28.	Frankreich	4.63
29.	Portugal	4.60
30.	Ecuador	4.53
31.	Kenia	4.53
32.	Westdeutschland	4.51
33.	Sudan	4.46
34.	Malta	4.24
35.	Ungarn	3.72
36.	Burundi	3.67
37.	Australien	3.42
38.	Belgien	3.27
39.	Malawi	2.93
UNTERE MITTE		
40.	Fidschi-Inseln	2.89
41.	Singapur	2.73
42.	Jordanien	2.72
43.	Dominica	2.67
44.	Kolumbien	2.54
45.	Neuseeland	2.54
46.	Österreich	2.44
47.	Mauritius	2.33
48.	Syrien	2.25
49.	Schweiz	2.24
50.	Spanien	2.16
51.	Zypern	2.06
52.	Malaysia	1.97
53.	Griechenland	1.83
54.	Israel	1.83
55.	Vereinigte Arabische Emirate	1.79
56.	Elfenbeinküste	1.78
57.	Malediven	1.76
58.	Qatar	1.71
59.	Nigeria	1.69
60.	Senegal	1.67
61.	Hongkong	1.64
62.	Libyen	1.60
63.	Ägypten	1.53
64.	Japan	1.47
65.	Türkei	1.41
66.	Großbritannien	1.37
67.	Korea, Südkorea	1.36
68.	Saudi-Arabien	1.16

UNTERSTEN 10

69.	Gabun	1.12
70.	Irland	1.08
71.	Kongo	1.06
72.	Kuwait	1.06
73.	Brunei	0.95
74.	Norwegen	0.92
75.	Indonesien	0.90
76.	Marokko	0.78
77.	Niger	0.21
78.	Togo	0.18

Quelle: *INTERPOL Crime Statistics*, 1987.

In den meisten Ländern ist die Selbstmordrate bei Männern wesentlich höher als bei Frauen. Zwei Drittel der fehlgeschlagenen Selbstmordversuche werden jedoch von Frauen begangen. Von 1930 bis 1970 ist die Zahl der verübten Selbstmorde in den Vereinigten Staaten um fast fünftausend gestiegen; im Jahr 1965 war Tod durch Selbstmord die an elfter Stelle führende Todesursache. Bei Alleinstehenden wie auch geschiedenen oder verwitweten Personen ist die Selbstmordrate höher als bei Verheirateten. Bei den unter Fünfundsechzigjährigen ist die Selbstmordrate bei Geschiedenen dreimal höher als bei verheirateten Personen. Und bei den Alleinstehenden ist sie bei allen Altersgruppen mehr als doppelt so hoch wie bei Verheirateten.

Bei Personen mit höherer Bildung und angesehenen Berufen, wie etwa Ärzten, Rechtsanwälten und Zahnärzten, ist die Selbstmordrate wesentlich höher als bei Personen, die weniger Bildung und bescheidenere Berufe vorzuweisen haben. Krieg und Wirtschaftskrisen sind Faktoren, welche die Selbstmordraten beeinflussen. In Zeiten allgemeinen Wohlstands sind die Zahlen im allgemeinen rückläufig. Insgesamt sind die nationalen Selbstmordraten in den letzten drei Jahrzehnten relativ stabil geblieben.

Vergleich der Selbstmordraten in einigen ausgewählten Ländern

Land:	Rate (pro 100 000)
Irland (1968)	2.5
Chile (1967)	2.8
Griechenland (1968)	3.6
Italien (1967)	5.4
Niederlande (1968)	6.3
Norwegen (1967)	7.0
Israel (1968)	7.6
Großbritannien (1968)	9.1*
Kanada (1968)	9.7
Polen (1968)	10.6
Vereinigte Staaten (1967)	10.8
Australien (1968)	12.7
Japan (1967)	14.1
Frankreich (1968)	15.3*
Schweiz (1967)	17.3
Bundesrepublik Deutschland (1967 – außer Westberlin)	21.3*
Schweden (1967)	21.6
Österreich (1968)	21.9
Tschechoslowakei (1967)	23.9
Ungarn (1968)	33.7

* Geschätzt

Quelle: *Encyclopedia Americana*, Grolier, 1992.

Tod durch Hinrichten – früher und heute

Eine weitere Todesform, die über die Jahrhunderte hinweg für die Zuschauer sowohl mit einem besonderen Nervenkitzel als auch mit Entsetzen verbunden war und ist, ist die Hinrichtung. Dieses drastischste Mittel der Bestrafung wurde oft und bei vielen Arten von Vergehen angewandt. Die alten Römer pflegten die Christen entweder durch Kreuzigung hinzurichten, oder indem sie sie den Löwen vorwarfen. Vlad Tepes, der »Pfähler« – der die Inspiration zu der Romanfigur Graf Dracula war –, ließ fünfundzwanzigtausend rumänische Bauern als Strafe für eine Revolte kreuzigen. In Europa wie in der übrigen Welt ließen Könige und Aristokraten ihre religiösen und politischen Feinde öffentlich foltern und töten. Im achtzehnten und neunzehnten Jahrhundert wurde die Todesstrafe in England sowohl für große als auch für kleinere Verbrechen verhängt. Der Verbrecher wurde öffentlich gehängt und dann zur Abschreckung gestreckt und gevierteilt, um den Zuschauern Furcht vor dem Gesetz einzuflößen.

In den Vereinigten Staaten wurde an der Grenze zum Wilden Westen die Todesstrafe durch Hinrichtung gegen Vieh- und Pferdediebe verhängt. Banditen und politische Widersacher wurden in Japan, China, Südamerika, Mexiko und Rußland im 19. Jahrhundert und in der ersten Hälfte des 20. Jahrhunderts für gewöhnlich hingerichtet. Schätzungen zufolge war Joseph Stalin für die Hinrichtung von zwanzig Millionen Russen verantwortlich, die er als Feinde des Sowjetsystems betrachtete.

In der zweiten Hälfte des 20. Jahrhunderts gab es einen merklichen Rückgang der Hinrichtungen, was weitestgehend auf die Tatsache zurückzuführen ist, daß viele Länder und Staaten die Todesstrafe inzwischen abgeschafft haben. Manche Länder wie Belgien und Irland halten zwar noch an ihr fest, wenden sie jedoch, wenn überhaupt, nur selten an. In anderen Ländern wie Israel und Marokko ist der Vollzug der Todesstrafe strikt eingeschränkt. In den Vereinigten Staaten war die Rate auch bereits rückläufig, noch ehe ein Oberstes Bundesgericht 1972 mit einem Entscheid die Todesstrafe für verfassungwidrig erklärte; und selbst nach der Revision dieses Entscheids ist die Hinrichtungsrate relativ klein geblieben.

Amerikanische Bundesstaaten und Länder, in denen die Todesstrafe heute praktiziert wird.

Die Todesstrafe ist in Westeuropa und den meisten Ländern Lateinamerikas praktisch abgeschafft. In Afrika, Asien und dem Nahen Osten wird die Todesstrafe hingegen mit der Ausnahme von Israel noch bei vielen Verbrechen anwendet, wobei die Häufigkeit, mit der sie genutzt wird, variiert.

1967 wurde in den Vereinigten Staaten die Vollstreckung von Hinrichtungen ausgesetzt, so daß Berufsgerichte die verfassungsgemäße Rechtmäßigkeit der Todesstrafe überdenken konnten. 1972 entschied dann das Oberste Bundesgericht, daß die Todesstrafe eine »grausame und außergewöhnliche Strafe« für die Verbrechen Vergewaltigung oder Mord darstellte. Nach der Argumentation des Bundesgerichtes wurde die Todesstrafe mit einer »unberechenbaren« Uneinheitlichkeit verhängt, so daß ihre Anwendung »willkürlich« und »grausam« sei.

Trotz des Bundesgerichtsentscheids setzten die meisten Bundesstaaten neue Todesstrafenstatuen in Kraft, die das Oberste Bundesgericht im Falle von Gregg vs. Georgia 1976 dann für verfassungskonform erklärte. Nach diesen Statuen sind erstinstanzliche Gerichte nun in der Regel autorisiert, nach einem Schuldspruch Todesstrafen oder lebenslängliche Gefängnisstrafen zu verhängen. Nach der Überführung werden bei einer Anhörung die Beweise vorgelegt, um festzustellen, welche »erschwerenden« oder »strafmildernden« Faktoren bei dem Verbrechen im Spiel waren. Sofern »erschwerende« Faktoren überwiegen und die Todesstrafe verhängt wird, wird der Fall automatisch nochmals von einem Berufungsgericht überprüft.

1977 entschied das Oberste Bundesgericht im Falle von Coker vs. Georgia, daß die Todesstrafe bei Vergewaltigung »grob und unverhältnismäßig und übertrieben« war. Das einzige Kapitalverbrechen, das seither in den Vereinigten Staaten noch mit der Todesstrafe geahndet wird, ist, abgesehen von Verbrechen wie Hochverrat, Mord. In einigen Bundesstaaten wird die Todesstrafe nicht mehr angewendet: Alaska, Hawaii, Iowa, Kansas, Maine, Massachusetts, Michigan, Minnesota, North Dakota, Rhode Island, West Virginia und Wisconsin. In Puerto Rico, auf den Jungferninseln und im District of Columbia, dem Bezirk um Washington, gibt es ebenfalls keine Todesstrafe. Bereits 1853 und 1854 wurde die Todesstrafe in Wisconsin und Michigan abgeschafft.

Im Jahr 1991 waren es zweitausenddreihundertfünfzig Personen, die in sechsunddreißig Bundesstaaten in Todeszellen auf ihre Hinrichtung warteten. Seit 1977 wurden in den USA etwa einhundertfünfzig Verurteilte, darunter eine Frau, hingerichtet. In den Vereinigten Staaten wie weltweit gibt es erhebliche Diskussionen über den Wert der Todesstrafe. Amnesty International beobachtet weltweit die Anwendung der Todesstrafe und bewertet die Länder nach deren Anwendung.

Die Verteidiger der Todesstrafe vertreten die Meinung, daß sie eine angemessene Strafe für Mord sei. Die Gegner der Todesstrafe sind demgegenüber der Auffassung, daß »ein Leben für ein Leben« kein gesundes Prinzip sei und die Gesellschaft nicht zulassen sollte, daß die Brutalitäten von Gewaltverbrechen die Parameter für die Bestrafung setzen. Eine Sorge in Zusammenhang mit der Anwendung der Todesstrafe sind die rassischen und sozioökonomischen Vorurteile und Einschlägigkeiten, mit der sie verhängt wird: Sie wird häufiger gegenüber Armen und Angehörigen von Minderheiten ausgesprochen. Der Oberste Gerichtshof weigerte sich 1987 (McCleskey vs. Kemp) jedoch anzuerkennen, daß die Todesstrafe mit rassischen Befangenheiten gegen Schwarze verhängt wird, die des Mordes an Weißen überführt werden.

Die tödlichsten Kriege in der Geschichte

Der Hang der Menschheit, sich selbst und sich gegenseitig umzubringen, geht natürlich weit über den Tod einzelner hinaus und schließt in Kriegszeiten ganze Bevölkerungsgruppen mit ein. In der Antike und im Mittelalter wurde die Zahl der Gefallenen für gewöhnlich durch die Größe der jeweiligen Gemeinschaften, die Dauer des Krieges, das Ausmaß der Betroffenheit der Zivilbevölkerung und die Technologie der Kriegsführung bestimmt. In den Kriegen, ob im alten Griechenland und Rom, in den Kreuzzügen, dem Dreißigjährigen Krieg, dem Hundertjährigen Krieg oder dem Amerikanischen Bürgerkrieg gingen die Zahlen der Kriegsgefallenen in die Tausende oder Zehntausende.

In der Welt der Antike wurde die Zivilbevölkerung oft am Leben gelassen, um sie als Sklaven zu nehmen. Das Konzept des »totalen Krieges« wurde 1828 von Karl von Clausewitz definiert. Es beinhaltet die Vernichtung der feindlichen Zivilbevölkerung, um damit die Ressourcen und den Kampfwillen des Feindes zu vernichten.

Im 12. Jahrhundert setzten die Chinesen das Schießpulver bei verschiedenen Feuerwaffen ein und bis zum 14. Jahrhundert hatten die Europäer die Kanone als Kriegswaffe entwickelt. Im 19. Jahrhundert erhöhte die Entwicklung von Munition und Sprengstoffen die Zahl der Kriegsgefallenen drastisch. Schätzungen zufolge wurden im Amerikanischen Bürgerkrieg zwischen sechshundertfünfzigtausend und siebenhundertfünfzigtausend Menschen getötet, die höchste Zahl an Gefallenen, die es bis dahin je in einem Krieg gegeben hatte und die es bis zum Ersten Weltkrieg gab.

Das volle Ausmaß der Opfer, die der Erste Weltkrieg forderte, ist schwer abzuschätzen, da die vom Krieg betroffenen Menschen an vielerlei Ursachen starben, etwa durch Erfrieren und Verhungern oder an Grippe und Typhus. Die Schätzungen über die Zahl der Todesopfer wurden verschiedenen Quellen entnommen.

Gefechts- und Ziviltote des Ersten Weltkrieges

Land	Gefechtstote	Ziviltote
ALLIIERTEN		
Frankreich	1.357.800	4.266.000
Britisches Empire	908.371	2.090.212
Rußland	1.700.000	2.000.000
Italien	462.391	-
Vereinigte Staaten	50.585	-
Belgien	13.715	30.000
Serbien	45.000	650.000
Montenegro	3.000	-
Rumänien	334.706	275.000
Griechenland	5.000	132.000
Portugal	100.000	-
Japan	300	-
Alliierte insgesamt:	4.888.891	3.157.633
ZENTRALMÄCHTE		
Deutschland	1.808.546	760.000
Österreich-Ungarn	922.500	300.000
Türkei	325.000	2.150.000
Bulgarien	75.844	275.000
Zentralmächte insgesamt:	3.131.889	3.485.000
TOTE INSGESAMT	8.020.780	6.642.633

Quelle: R. Ernest Dupuy und Trevor N. Dupuy, *The Encyclopedia of Military History*, überarbeitete Ausgabe, Harper & Row, 1977

Der Zweite Weltkrieg

Es gibt zwar keine genauen Daten über die Verluste an Menschenleben im ZweitenWeltkrieg. Die Schätzungen liegen jedoch bedeutend höher als für den Ersten Weltkrieg. Er gilt in der Geschichte noch immer als der Krieg, der die meisten Menschenleben gekostet hat.

Zwischen fünfzehn und zwanzig Millionen Soldaten starben auf Kriegsschauplätzen. Von den Achsenmächten hatte Deutschland etwa 3,5 Millionen Gefechtstote, Japan 1,5 Millionen und Italien zweihunderttausend zu beklagen. Von den Alliierten hatte die Sowjetunion die schwersten Verluste, mit wahrscheinlich präzise geschätzten 7,5 Millionen Gefechtstoten zu verzeichnen. China verlor 2,2 Millionen Soldaten und Großbritannien schätzungsweise über dreihunderttausend; bei den Vereinigten Staaten beliefen sich die Verluste auf zweihundertzweiundneunzigtausend, und Frankreich hatte zweihundertzehntausend tote Soldaten zu beklagen.

Die Schätzungen über die Verluste unter der Zivilbevölkerung belaufen sich auf etwa fünfundzwanzig Millionen Menschen. Die höchsten Verluste hatte die Sowjetunion mit über 7,7 Millionen Zivilisten, gefolgt von China, wo vielleicht eine Million Menschen ihr Leben lassen mußte. Frankreich verlor vierhunderttausend Zivilisten, Großbritannien fünfundsechzigtausend, und die Vereinigten Staaten sechstausend. Von den Achsenmächten verlor Japan mit 3,6 Millionen die meisten Zivilisten. In Deutschland starben etwa 3,8 Millionen Menschen aus der Zivilbevölkerung. Darüber hinaus wurden etwa sechs Millionen Juden und weitere vier Millionen Zigeuner, Homosexuelle, geistig Kranke und Behinderte, meistenteils aus Osteuropa, von den Nazis umgebracht.

Der Koreakrieg

Die Zahl der chinesischen und nordkoreanischen Gefallenen von 1950–1953 wird nebst einer Million Zivilisten auf 1,5 bis zwei Millionen Menschen geschätzt. Die UN-Streitkräfte verloren insgesamt 459 360 Gefallene, Verwundete, Vermißte, davon 88 000 Soldaten und dreihunderttausend Südkoreaner. Südkorea verlor darüber hinaus eine weitere Million Zivilisten.

Der Vietnamkrieg

Der Krieg in Vietnam (1950–1975) kostete auf seiten Indochinas zwischen zwei bis drei Millionen Menschen und achtundfünfzigtausend Amerikaner das Leben. In diesem »begrenzten Krieg« wurden dreimal soviele US-Bomben wie während des Zweiten Weltkrieges abgeworfen.

Die schlimmsten Massaker und Genozide auf der Welt

Krieg war oft mit Völkermord verbunden. Das Phänomen der Massenvernichtung ganzer Bevölkerungsgruppen verdunkelt zwar von Anfang an die menschliche Geschichte, der Begriff des Genozids (*genos:* Gruppe, *cide:* töten) wurde jedoch erst zur Beschreibung der Greuel geprägt, die sich im Zweiten Weltkrieg in den Todeslagern der Nazis abspielten. In der ganzen Menschheitsgeschichte wurden von Invasionstruppen und kriegführenden Splittergruppen große Massaker unter der Zivilbevölkerung angerichtet. Unter Genozid ist jedoch der umfassende und systematisch angelegte Versuch zu verstehen, eine nationale, ethnische oder sonstige kulturelle Gruppe aus politischen oder ideologischen Gründen vollständig zu vernichten. Die modernen Zeiten kennen die schlimmsten Unmenschlichkeiten des Menschen gegenüber Menschen, nicht nur in Europa, sondern auch in Afrika und im Nahen Osten. Äthiopien, Somalia, der Sudan und Ruanda haben brutale Bürgerkriege erlebt, in denen Stämme versuchten, sich gegenseitig auszumerzen. Im Irak sind kurdische Städte bombardiert und Gasangriffen ausgesetzt worden, wodurch Hunderte von Zivilisten zu Tode kamen. Das erschreckendste Beispiel in jüngster Zeit lieferte Ex-Jugoslawien. Diese Vorkommnisse setzen eine lange Geschichte von Massakern und Genoziden fort, zu der unter anderem die folgenden Morde gehören:

Der Fall Bagdads, 1258 Als mongolische Horden unter der Führung des Enkels von Dschingis-Khan über die Stadt hereinfielen, brachten sie zwischen achtzigtausend und zwei Millionen Menschen um.

Die Inquisition Brutale Kampagnen zur Sicherstellung der Loyalität gegenüber der römisch-katholischen Kirche wüteten fünf Jahrhunderte in Europa. Sie forderten Tausende von Menschenleben. Die erste ist die römische Inquisition. Sie begann 1235. Die Kirche bediente sich der Folter, um Glaubensbekenntnisse zu erzwingen. Sie verbrannte die Opfer auf dem Scheiterhaufen, um jede Häresie im Keim zu ersticken. Unter der Führung von Torquemada, einem dominikanischen Mönch, verbreitete die spanische Inquisition im 15. Jahrhundert Angst und Schrecken. Dieser Terror wurde auch nach seinem Tod 1498 noch fortgesetzt. In Toledo, Sevilla und Barcelona wurden Autodafés, das Verbrennen von Häretikern, für Massenhinrichtungen von Abtrünnigen und Juden genutzt, die sich weigerten, zum Christentum zu konvertieren. 1531 begann eine portugiesische Inquisition, die bis ins 18. Jahrhundert dauerte. Frauen (vor allem ältere Frauen) wurden verfolgt und der Hexerei angeklagt.

Das Blutbad der Bartholomäusnacht, 1572 Das Blutbad, das in der Nacht zum Bartholomäustag angerichtet wurde, nahm von Paris seinen Ausgang und breitete sich auf andere Landesteile Frankreichs aus. Römische Katholiken brachten Zehntausende von Hugenotten (französische Protestanten) um, die eine Minderheit darstellten.

Balkangenozid, 1876–1896 1876 brachte die türkische Armee des Osmanischen Reiches auf brutale Weise zwölftausend bulgarische Bauern um. Zwischen 1894 und 1896 richteten die Osmanen ein Massaker unter den christlichen Armeniern an.

Armenischer Genozid Im Ersten Weltkrieg war Armenien als Verbündeter Rußlands Ziel eines türkischen Völkermordes. Er sollte als der erste moderne Genozid bezeichnet werden. Die Türken trieben die ganze armenische Bevölkerung der Türkei zusammen und deportierten sie nach Rußland. Die Deportation kostete zusammen mit den von der türkischen Armee verübten Massakern zwischen sechshunderttausend und eine Million Armenier das Leben.

Der Holocaust, 1933–1945 Die Ermordung von sechs Millionen Juden durch die Nazis im Zweiten Weltkrieg stellte den größten Genozid in der Geschichte dar. In den Todeslagern der Nazis wurden die Gefangenen effizient vergast und verbrannt – sofern sie zuvor nicht sowieso bereits verhungert waren. Auch andere kleinere ethnische Gruppen wie Zigeuner und Slawen und nichtethnische Zielgruppen wie Homosexuelle, geistig Behinderte und politische Dissidenten fielen dem Genozid der Nazis zum Opfer. Die Nazis begannen bald nach ihrer Machtergreifung in Deutschland mit ihrer Völkermord-Politik und setzten sie bis zu ihrer Niederlage Ende des Zweiten Weltkrieges fort. Viele Naziführer wurden im Rahmen der Nürnberger Prozesse vor Gericht gestellt und hingerichtet oder inhaftiert.

Kambodschanischer Genozid, 1975–1977 Im April 1975 kam der kommunistische Führer der Roten Khmer, Pol Pot, in Kambodscha an die Macht und errichtete eine brutale Diktatur. Zwischen zwei und vier Millionen Kambodschaner starben durch politische Gewalt und Verhungern, als die Roten Khmer gewaltsam versuchten, die Landwirtschaft zu kollektivieren.

Bosnischer Genozid, 1991–1995 Nach dem Zusammenbruch der Sowjetunion loderte im ehemaligen Jugoslawien der jahrhundertealte ethnische Konflikt zwischen Serben, Bosniern (Moslems) und Kroaten wieder auf. Im Rahmen einer sogenannten »ethnischen Säuberung«, die überwiegend von den bosnischen Serben betrieben wurde, wurden Bosnier und Moslems zur Räumung ihrer

Häuser gezwungen. Schätzungsweise zweihundertfünfzigtausend Menschen starben bei dieser Aktion, wobei viele von serbischen Soldaten erschossen wurden. 1995 wurde ein Friedensabkommen unterzeichnet und die Einberufung eines Kriegsverbrechertribunals verlangt.

Die tödlichsten Seuchen, Epidemien und Naturkatastrophen in der Geschichte

In manchen Zeiten der Geschichte hatte die Tatsache, daß Menschen starben, sehr wenig damit zu tun, wer sie waren und wie sie ihr Leben lebten, vielmehr war es die Geographie, die ihr Schicksal besiegelte. Es gab Pestzeiten oder andere Katastrophen, in denen jeder, der in einem bestimmten Dorf, einer Stadt, einem Land oder auf einem Kontinent, einem erheblichen Todesrisiko allein dadurch ausgesetzt war, daß er dort lebte und arbeitete. Es zeugt von dem Grauen, das eine einzige Krankheit – die Beulenpest – heraufbeschworen hat, daß der Begriff der »Pest« für jeden weitverbreiteten Ausbruch einer verheerenden oder tödlichen ansteckenden Krankheit verwendet wird. Die Beulenpest steht für die Seuche schlechthin, wohl aufgrund des Entsetzens, das sie seit den Zeiten der Antike über Europa und Asien brachte. Die Beulenpest, als der »Schwarze Tod« bezeichnet, weil sie auf dem Körper der Opfer dunkle Hautflecken oder Pusteln hervorruft, die am Ende aufplatzen, war ebenso bösartig wie ihr Spitzname vermuten läßt. Einige Experten glauben, daß es sich bei dem berüchtigten Schwarzen Tod, der im 14. Jahrhundert grassierte und fünfundzwanzig Millionen Menschen dahinraffte, in Wirklichkeit um eine Milzbrandseuche handelte. Ihre Symptome ähneln denen der Beulenpest. Ob das nun stimmt oder nicht, fest steht, daß die Erwähnung der Beulenpest Schauer den Rücken herunterlaufen lassen kann.

Die Beulenpest wird durch Flöhe von Ratten übertragen, die mit Bakterien, entweder mit *Yersinia pestis* oder *Pasteurella pestis,* infiziert sind. Manche sind der Auffassung, *Pasteurella pestis* sei für den Ausbruch der Pest im vierzehnten Jahrhundert verantwortlich gewesen. Die infizierten Ratten wurden mit den Handelsschiffen, die zwischen Asien und Europa verkehrten, von Hafen zu Hafen gebracht. Durch Flohbisse wurden zunächst Menschen entlang den Küstengebieten infiziert. Von dort verbreitete sich die Krankheit ins Landesinnere. Im 14. Jahrhundert vervielfachte ein gleichzeitiger Ausbruch der Lungenpest, die durch Husten per Tröpfcheninfektion von Mensch zu Mensch übertragen wurde, die Seuche.

Manche Personen, die sich die Beulenpest zuzogen, überlebten die verheerenden Auswirkungen der Krankheit, die meisten jedoch nicht. Besonders hart getroffen von der ansteckenden Krankheit wurden die Armen, da es den Reichen oft möglich war, aus den dichtbesiedelten Gebieten zu fliehen. Die Symptome der Krankheit sind entsetzlich und treten nach einer Inkubationszeit von zwei bis fünf Tagen auf. Das Opfer bekommt Schüttelfrost und hohes Fieber und leidet unter starken Kopfschmerzen. In der Haut treten Blutungen auf, die die dunklen Flecken verursachen. Blutvergiftung kann früh den Tod herbeiführen. Wenn nicht, zeigen sich alsbald die »Bubos«, Lymphknotenschwellungen. Dabei handelt es sich um rote, weiche, ovalförmige Schwellungen, die an der Leiste, in den Achselhöhlen, am Hals und an anderen Körperteilen auftreten und starke Schmerzen verursachen.

Die mit der Pest infizierten Haus- und Schiffsratten fingen sich die Krankheit bei wildlebenden Nagetieren ein. Die Pest lauert auch heute noch in der Welt und tritt vereinzelt auf, wobei sie jedoch eher von wildlebenden Nagetieren als von Haus- und Schiffsratten übertragen wird. Man kann sich heute in jenen Teilen der Welt, wo sie immer noch auftreten kann, gegen die Pest impfen lassen. In einem frühen Stadium kann sie auch erfolgreich mit Antibiotika behandelt werden.

Ein größeres Problem ist heute noch die Cholera, die durch Bakterien, *Vibrio cholerae,* hervorgerufen wird. Die Hauptsymptome sind Dehydratation, Wasserverlust, aufgrund von Durchfall und Erbrechen, Muskelkrämpfe und blaue Lippen. Bis 1961 trat die Cholera meistenteils in Asien auf (in einem tibetanischen, in Sanskrit abgefaßten Manuskript aus dem neunten Jahrhundert wurde die Krankheit bereits beschrieben), aber seither hat sie pandemische Ausmaße angenommen und sich von Indonesien bis Afrika, in andere Teile Asiens, in den Mittelmeerraum und an die Küsten Nordamerikas ausgebreitet. Behandelt wird die Krankheit heute mit Antibiotika und Rehydrierungsmaßnahmen, um dem Körper wieder die notwendige Flüssigkeit zuzuführen. Kurzfristig sind Schutzimpfungen geeignet. Da die Krankheit meist durch kontaminiertes Trinkwasser verursacht wird, kann sie vor allem durch eine Trinkwassersanierung oder den Verzicht auf Trinkwasser in entsprechenden Gegenden kontrolliert werden.

Die Verbreitung tödlicher Seuchen wird oft von anderen Epidemien oder Naturkatastrophen begleitet oder hervorgerufen. Katastrophen wie Erdbeben, Vulkanausbrüche, Hungersnöte durch Mißernten, Flut- oder Feuerkatastrophen verursachen oft eine Kontaminierung der Wasserversorgung und andere sanitäre Desaster, welche die Verbreitung der Krankheit fördern. Die großen Epidemien der Geschichte haben viele Gesichter. Kurz nach der Ankunft von Kolumbus in Amerika zogen die Europäer sich sexuell übertragene Krankheiten zu, denen sie erlagen. Im 17. und 18. Jahrhundert wurde ganz Europa von schlimmen Pockenepidemien heimgesucht. Die Cholera wütete im Altertum und stellt noch heute eine Gefahr dar. Gelbfieber, Grippe, Tuberkulose und in jüngster Zeit AIDS sind einige der anderen Infektionskrankheiten, die Epidemien hervorgerufen haben.

430 v. Chr. Mit dem Peloponnesischen Krieg (431–404) brach in Athen die Beulenpest aus. Sie wurde wahrscheinlich aus Äthiopien nach Griechenland eingeschleppt und trat zuerst in Piräus auf. Sie erreichte Athen, als die Spartaner die Bevölkerung aus der umliegenden Region in die Stadt trieben, wo es in der Hitze des Sommers zu einer Überfüllung kam. Der griechische Historiker Thukydides, der als Soldat für Athen kämpfte, zeichnete den Krieg auf. Er zog sich die Pest zu, konnte jedoch überleben und ihre Symptome beschreiben. Er schrieb über das brennende Fieber im Kopf, die geröteten und entzündeten Augen, das Bluten aus dem Rachenraum, den stinkenden Atem, dem Erbrechen und den

Krämpfen und schließlich dem Ausbruch von Pusteln und Geschwüren auf der Haut. Während die Leichen eines Viertels der Athener Bevölkerung sich in den Straßen häuften, fanden großangelegte Plünderungen statt.

24. August 79 n. Chr. Pompeji wurde unter Asche begraben, als der nahegelegene Vesuv, plötzlich, ohne jede Vorwarnung ausbrach. Die gesamte Bevölkerung der Stadt wurde vernichtet; die Zahl der Toten ging in die Tausende.

500–650 n. Chr. Im ganzen Römischen Reich brach in dieser Zeit wiederholt die Beulenpest aus, die als die Justinianische Pest bezeichnet wurde und eine Million Menschen das Leben kostete. In Konstantinopel raffte die Pest im Jahr 542 die Hälfte der Stadtbevölkerung dahin. Berichte gaben die Sterbeziffer mit sechzehntausend am Tag an. Von den vierhunderttausend Einwohnern der Stadt sollen zweihundertdreißigtausend gestorben sein. Man vermutete, daß die Pest aus Ägypten nach Konstantinopel eingeschleppt worden war.

1347 Die Beulenpest trat im Süden Rußlands und in den Häfen auf der Krim auf. Sie verbreitete sich bis zu den Mittelmeerländern und wurde durch die Handelsschiffe, die zwischen Asien und Europa verkehrten, stetig weiter nach Westen getragen. Im Jahr 1348 starben in ganze Europa Hunderttausende an der Pest. Nacheinander wurden alle Länder auf dem Kontinent befallen. Der Schwarze Tod radierte ein Drittel der europäischen Bevölkerung aus, rund fünfundzwanzig Millionen Menschen.

1494 Die sogenannte »Französische Syph«, Syphilis, kostete Tausende von Menschen das Leben. Obwohl sie als Krankheit erkannt wurde, die von den Armeen übertragen und mit Geschlechtsverkehr in Verbindung gebracht wurde, gab es keine Kontroll- oder Behandlungsmöglichkeit für die Krankheit.

1545 Die spanischen Eroberer brachten die Pocken nach Mexiko, die achthunderttausend Einheimische dahinraffte. Die Sterblichkeitsrate war unter der Urbevölkerung Mexikos wesentlich höher als bei den Spaniern, da sie noch keine Abwehrkräfte gegenüber der Krankheit aufgebaut hatten.

1630 Die Beulenpest gelangte nach Norditalien und tötete etwa eine Million Menschen. Südfrankreich war ebenfalls betroffen. Es wurde angenommen, daß eindringende Armeen die Pest eingeschleppt hatten. Die Pest versetzte Europa auch weiterhin alle zehn bis fünfzehn Jahre einen Schlag. Die Ärzte konnten nicht mehr tun, als die davon Betroffenen unter Quarantäne zu stellen.

1650 Nach dem Dreißigjährigen Krieg: Die Pest und Hungersnot richteten Europa weiter zugrunde und breiteten sich nach Amerika aus. Schätzungen zufolge hat die Pest fünfundneunzig Prozent der Indianer ausgemerzt, die mit Europäern in Kontakt gekommen waren.

1664 London erlebte in diesem Jahr seine schlimmste Pestepidemie, die schätzungsweise einhunderttausend Menschenleben kostete. In Sterbelisten wurde die Zahl der Toten genau registriert, aber abgesehen von der Quarantäne kannten die Ärzte immer noch keine Gegenmittel. Eines von zehn Opfern überlebte die Krankheit.

1666 Zur Zeit der Pest zerstörte ein Großbrand in London dreizehntausend Häuser und siebenundachtzig Kirchen. Über 1 600 000 Quadratmeter der Stadt wurden dem Erdboden gleichgemacht. Trotz des großen Sachschadens gab es nur neun Todesfälle durch den Großbrand.

1713 Europäische Seefahrer brachten die Pocken nach Südafrika, wo viele Ureinwohner den Tod fanden.

1721 Bei einer Pockenepidemie in Massachusetts wies Cotton Mather, ein früher Pionier der Pockenimpfung, einen Bostoner Arzt an, zweihundertvierzig Einwohner der Stadt zu impfen; zweihundertvierunddreißig der Geimpften überlebten die Krankheit. Bei Pockenepidemien kamen für gewöhnlich vierzig Prozent der Opfer um, und man kannte keinen Weg, die Krankheit zu behandeln, wenn sie erst einmal ausgebrochen war. Mather hatte von seinem afrikanischen Sklaven von der Wirksamkeit der Impfung erfahren.

1. November 1775 Das Erdbeben in Lissabon forderte fünfzigtausend Menschenleben, richtete enormen Sachschaden an und zerstörte Kunstschätze und Bibliotheken.

1817 Die Cholera, die in Asien mindestens seit dem neunten Jahrhundert ein Problem war, hielt über Rußland ihren Einzug nach Europa. Sie dezimierte die Bevölkerung Moskaus und von St. Petersburg radikal. Mehrere Epidemien verursachten Millionen von Todesfällen. Bei den ersten Anzeichen eines Ausbruchs flohen die Reichen aus den Städten, während die zurückgebliebenen Armen die Hauptopfer wurden.

1845 Das Jahr 1845 brachte die schlimmste Kartoffelfäule in Irland. Bereits ein Jahrhundert zuvor hatte es mehr als zwanzig Mißernten größeren Ausmaßes gegeben. Die Hungersnot von 1845 nahm so verheerende Formen an, da inzwischen vier Millionen Iren und zwei Millionen Engländer ganz von der Versorgung mit Kartoffeln abhängig waren. Die Hungersnöte kosteten Tausende von Toten und verursachten eine Massenauswanderung der Iren nach Nordamerika. Es wird geschätzt, daß einer von sechs Auswanderern auf den überfüllten Schiffen bei der Überfahrt ums Leben kam.

1853 Bei einer Gelbfieberepidemie starben in New Orleans elftausend Menschen.

1878 Im Süden der Vereinigten Staaten starben vierzehntausend Menschen am Gelbfieber.

28. August 1883 In Krakatau auf Java in Indonesien kamen bei einem Vulkanausbruch dreißigtausend Menschen ums Leben. Der Ausbruch löste eine Flutwelle von über sechsunddreißig Meter Höhe aus. Küstenstädte auf Java und Sumatra wurden von der Welle überflutet. Die Vulkanasche stieg etwa siebenundzwanzig Kilometer in die Atmosphäre hoch, verdeckte die Sonne und tauchte die Region in eine zweitägige Dunkelheit, welche die Rettungsmaßnahmen schwierig machte. Die Eruption des Vulkans war noch in einer Entfernung von über dreitausendfünfhundert Kilometern, in Australien, zu hören.

19. April 1906 Über eintausend Menschen wurden bei einem Erdbeben getötet, das einen Großteil San Franciscos dem Erdboden gleichmachte und Tausende zwang, aus ihren Häusern zu fliehen.

1918–1919 Der Erste Weltkrieg kostete zehn Millionen Menschenleben. In seinen Wirren griff die sogenannte »Spanische Grippe«, ein virulenter Grippetypus, um sich. Schätzungen zufolge tötete sie vermutlich zwanzig Millionen Menschen.

1. September 1923 Ein Erdbeben in Tokio zerstörte fünfhunderttausend Häuser und vertrieb eine Million Menschen aus ihren Wohnungen. Der Tod forderte 132 807 Opfer in der Stadt. Diese Zahl stieg durch die angerichteten Schäden in der näheren und weiteren Umgebung auf dreihunderttausend. Bis zu 2.5 Millionen Menschen wurden in der Folge obdachlos.

1925 Inmitten des Chaos der gesellschaftlichen Unruhen wütete in China eine Hungersnot. In Szetschuan führte sie 1925 zum Tod von drei Millionen Menschen.

1984 Forscher identifizierten HIV, das Human Immunodeficiency Virus, das AIDS verursacht.

13. November 1985 Bei einem Vulkanausbruch in Kolumbien wurden zwanzigtausend Menschen getötet. Zehntausend kamen im gleichen Jahr bei einem Erdbeben in Mexiko ums Leben.

1988 Bei Flutkatastrophen in Bangladesch wurden zwanzig Millionen Menschen obdachlos. Bei einem Erdbeben in Armenien kamen etwa zwanzigtausend Menschen ums Leben.

Samuel Pepys' Bericht über die Pest in London

Ein besonders verheerender Ausbruch der Pest begann im Frühjahr 1665 in London und dauerte bis zum Sommer 1666. Mehr als einhunderttausend Menschen starben. Samuel Pepys führte Tagebuch über diese Zeit und machte folgende Einträge:
30. April 1665. Große Furcht vor der Krankheit hier in der Stadt; es heißt, daß zwei von drei Häusern bereits fest verschlossen sind. Gott bewahre uns alle ...
12. August 1665. Die Menschen sterben so, daß es jetzt scheint, daß sie genötigt sind, die Toten bei Tageslicht zu transportieren, um sie zu beerdigen, da die Nächte dafür nicht ausreichen. Und mein Oberbürgermeister befiehlt den Leuten, um neun Uhr abends drinnen zu sein, alles, damit die Kranken (wie es heißt) die Freiheit haben können, nach draußen an die Luft zu gehen ...
3. September 1665. Auf und zog meinen bunten Seidenanzug an, sehr fein und meine neue Perücke ... wage aber nicht, sie zu tragen, da die Pest in Westminster war, als ich sie kaufte ... niemand wird es wagen, irgendwelche Haare zu kaufen, aus Angst vor Ansteckung, daß sie von den Köpfen von Personen abgeschnitten sein könnten, die an der Pest starben ...
16. Oktober 1665. Aber Gott, wie leer die Straßen sind, und Schwermut, so viele arme kranke Menschen in den Straßen, voll von Geschwüren, und so viele traurige Geschichten hörte ich beim Gehen, jeder sprach davon, daß dieser Mann tot und jener krank sei, und so viele hier und so viele dort. Und sie erzählen mir, daß in Westminster nie ein Arzt ist und nur ein Apotheker geblieben ist, alle tot, aber es gibt große Hoffnungen auf einen großen Rückgang in dieser Woche: Gott schicke ihn.

Anmerkung: Pepys starb nicht an der Pest. Er starb 1703 im Alter von siebzig Jahren an einer Kombination aus Herzkrankheit, Arteriosklerose und Harnvergiftung.

Katastrophale Unglücksfälle

Natur und Gewalttätigkeit waren nicht die einzigen Ursachen für Massensterben. Mit den technologischen und wissenschaftlichen Fortschritten im neunzehnten und zwanzigsten Jahrhundert bekam die Welt die Folgen katastrophaler Unglücksfälle zu spüren, die durch menschliches Versagen oder menschliche Nachlässigkeit verursacht werden. Zu den bedeutendsten gehören etwa folgende:

Die Titanic

Am 15. April 1912 sank der Luxuspassagierdampfer *Titanic* im nordatlantischen Ozean, nachdem er einen Eisberg gerammt hatte. Über eintausendfünfhundert Passagiere und Besatzungsmitglieder ertranken dabei. Etwa achthundert konnten gerettet werden. Es wird angenommen, daß der Kapitän des Schiffes Warnungen vor Eisbergen in diesem Gebiet ignorierte, um eine neue Rekordzeit bei der Überfahrt von Europa nach den Vereinigten Staaten aufzustellen. Aufgrund ihrer sechzehn wasserdichten Abteilungen galt die *Titanic* als unsinkbares Schiff. Falsches Vertrauen mag die Ursache für Schlampigkeiten bei der Jungfernfahrt des Schiffes gewesen sein.

Große Zugunglücke

Bis 1853 gab es nur wenige Zugunglücke, und die Zahl der Toten war gering. Die frühen Eisenbahnen fuhren langsam, waren wenige an der Zahl und selten bei Nacht unterwegs und fuhren zudem auch keine langen Strecken. Von 1853 bis 1915 gab es nicht mehr als einhundert Tote. Seit 1915 ereigneten sich eine Reihe von Zugunglücken mit Verlusten, die in die Hunderte gingen.

Große Zugunglücke 1915–1993

Jahr	Land	Tote
1915	Schottland	227
1917	Frankreich	550
1918	Vereinigte Staaten	101
1926	Costa Rica	300
1944	Italien	521
1949	Polen	200
1957	West-Pakistan	300
1970	Argentinien	236
1972	Mexiko	204
1981	Indien	268
1990	Pakistan	210

Quelle: *1995 Information Please Almanac,* Houghton Mifflin.

Flugzeugabstürze

Die Luftfahrtindustrie brüstet sich stolz damit, daß Fliegen statistisch mit Abstand sicherer als Autofahren ist, gleichwohl haben Flugzeugabstürze aufgrund ihrer Dramatik seit jeher für gewaltiges Aufsehen gesorgt.

3. März 1974, Paris Ein türkischer DC-10-Jumbo stürzte kurz nach dem Start in einen Wald; alle 346 Passagiere und Besatzungsmitglieder kamen dabei ums Leben.

27. März 1977, Santa Cruz in Teneriffa, Kanarische Inseln Eine Pan Am-Maschine und eine Boeing 747 der KLM stießen auf einer Rollbahn zusammen. Alle 249 Passagiere der KLM-Maschine und 333 der insgesamt 394 Personen an Bord der Pan Am-Maschine wurden dabei getötet. Die Zahl der Toten von insgesamt 582 ist die höchste, die je bei einer Flugzeugkatastrophe zu beklagen war.

1. Januar 1978, Bombay, Indien Eine Air India 747 mit 213 Personen an Bord explodierte Minuten nach dem Start und stürzte ins Meer. Alle Personen an Bord wurden getötet.

25. Mai 1979, Chigaco, Illinois Sekunden, nachdem eine DC-10 der American Airlines abgehoben hatte, fiel die linke Maschine aus. Der Absturz kostete 272 Menschen an Bord der Maschine und drei Menschen auf dem Boden das Leben.

28. November 1979, Mount Erebus in der Antarktis Bei einem Sightseeing-Flug stürzt eine DC-10 der Air New Zealand ab; 257 Personen wurden dabei getötet.

18. März 1980, UdSSR Fünfzig Menschen kamen im Raumfahrtzentrum Plesetsk ums Leben, als eine Wostok-Rakete beim Betanken auf ihrer Startrampe explodierte.

23. Juni 1985 Eine Boeing 747 der Air India explodierte über dem Atlantischen Ozean vor der Küste Irlands; alle 329 Personen an Bord der Maschine werden getötet.

12. August 1985 Eine Boeing 747 der Japan Airlines prallte gegen einen Bergkamm, wobei 520 der insgesamt 524 Personen an Bord ums Leben kamen.

12. Dezember 1985 Eine gecharterte DC-8 der US-Chartergesellschaft Arrow Air, die U.S.-Soldaten über Weihnachten nach Hause bringen sollte, stürzte kurz nach dem Abheben in Gander, Neufundland, auf der Rollbahn ab; alle 256 Personen an Bord starben.

28. Januar 1986, Cape Kennedy, Florida Nur dreiundsiebzig Sekunden nach dem Start explodierte das Space Shuttle *Challenger*, wobei alle sieben Besatzungsmitglieder, darunter die Lehrerin Christa McAuliffe aus New Hampshire, die als erste Zivilperson in der Geschichte der US-Raumfahrt mit ins All fliegen sollte, ums Leben kamen.

3. Juli 1988, Persischer Golf Der US-Marine-Kreuzer *Vincennes* schoß aus Versehen einen Airbus A300 der Iran Air ab, nachdem man den Airbus mit einem angreifenden F-14-Kampfflugzeug verwechselt hatte; dabei fanden 290 Personen den Tod.

21. Dezember 1988, Lockerbie, Schottland Eine Pan Am-Boeing 747 mit Ziel New York brach während des Fluges auseinander und stürzte ab, nachdem eine Terroristenbombe explodiert war. Der Jumbo stürzte über einem schottischen Dorf ab, wobei alle 259 Flugzeuginsassen und elf Personen auf dem Boden getötet wurden.

11. Juli 1991, Jedda, Saudi-Arabien Eine kanadische Chartermaschine DC-8, die moslemische Pilger nach Nigeria zurückbringen sollte, stürzte kurz nach dem Start ab, wobei 261 Personen ums Leben kamen.

26. April 1994, Nagoya, Japan Ein Airbus 300-600R der China Airlines stürzte nach dem Flug von Taiwan beim Landeversuch nahe dem Rollfeld ab, wobei mindestens 261 Personen getötet und zehn weitere verletzt wurden.

11. Mai 1996, Miami, Florida Einhundert Meilen nach ihrem Start in Miami mit Ziel Atlanta drehte eine Valujet DC-9 zum Rückflug ab, da sich im Cockpit Rauch entwickelt hatte. Die Fluglotsen verloren den Funkkontakt. Das Flugzeug stürzte über den Everglades ab, wobei alle 109 Insassen ums Leben kamen.

17. Juli 1996, New York Dreißig Minuten nach ihrem Start vom Kennedy-Flughafen explodierte die TWA-Maschine, Flug 800, mit Ziel Paris über dem Atlantischen Ozean unmittelbar südlich von Long Island. Alle 230 Personen an Bord starben.

Industrielle Katastrophen

Der technologische Fortschritt hat ein immenses Potential für industrielle Unfälle mit weitreichenden Folgen geschaffen. Unfälle dieser Art können mit umfangreichen menschlichen Verlusten verbunden sein, und zwar sowohl unmittelbar, wenn sie sich ereignen, und auch aufgrund der damit einhergehenden Folgewirkungen.

6. Dezember 1907, Monongha, West Virginia 361 Personen starben bei einer Explosion in einem Kohlebergwerk.

16.–18. April 1947, Texas City, Texas Nachdem ein Frachter mit einer Ammoniumnitratladung explodiert war, ging ein Großteil der Stadt in Flammen auf und wurde zerstört; dabei kamen 516 Menschen ums Leben.

3. Dezember 1984, Bhopal, Indien Bei einer Explosion in einer Union Carbide-Chemiefabrik wurde Giftgas freigesetzt, wodurch mindestens 2352 Personen getötet und rund einhundertfünfzigtausend verletzt wurden, die zum Teil noch an den Folgen sterben dürften.

26. April 1986, Tschernobyl, UdSSR Bei einer Explosion im Graphit-Block des Reaktorkerns in einem der vier Reaktoren des Kernkraftwerks wurde Radioaktivität freigesetzt. Die unmittelbare Zahl der Personen, die durch den Unfall starben, wird auf zweihundertfünfzig geschätzt, wobei jedoch davon ausgegangen werden kann, daß er für weitere einhunderttausend Krebstote verantwortlich sein wird.

10. Mai 1993, Bangkok, Thailand Bei dem schlimmsten Fabrikbrand in der Geschichte kamen 187 Menschen ums Leben und weitere fünfhundert wurden verletzt, als eine Puppenfabrik in Flammen aufging.

Die größten Massengräber

Unfälle, Genozide, Kriege und Naturkatastrophen haben seit undenklichen Zeiten auf der ganzen Welt Massengräber gefüllt. Massengräber wurden zudem auch seit römischen Zeiten für die Beerdigung der Armen und Mittellosen geschaffen, und in Großstädten gibt es sie immer noch. In Rom legten die Bürger zum Teil Gärten über diesen Plätzen an. Bis Ende des neunzehnten Jahrhunderts waren Armenmassengräber weitverbreitet; in Paris war eines so groß, daß es über eintausendfünfhundert Leichen aufnehmen konnte. Es dauerte in der Regel drei Jahre, bis die Gräber gefüllt waren. Während dieser Zeit lagen die Leichen darin in primitiven Särgen bis das Grab geschlossen wurde. Ein englisches Armenhaus, St. Pancras Guardians, schloß sein Massengrab überhaupt nicht, so daß die Toten zweimal in der Woche darin beerdigt werden konnten. In Nordchina wurden in den Massengräbern, die in Katastrophenzeiten angelegt wurden, Männer sorgfältig von den Frauen getrennt. In Potters Field in New York City ist eines der größten Massengräber der Welt. Die Zahl der Personen, die dort beerdigt wurden, ist nicht bekannt, inzwischen wird jedoch bei jeder hundertfünfzigsten Leiche eine Markierung angebracht.

Das Schwarze Loch von Kalkutta war ein Massengrab für 146 anti-britische indische Rebellen, die von einer Festung aus in einen Graben geworfen und dann lebendig begraben wurden.

Eines der größten Kriegsmassengräber des neunzehnten Jahrhunderts liegt in Georgia. Dreizehntausend Unionssoldaten gingen in einem Kriegsgefangenenlager in Andersonville an Hunger und Krankheiten zugrunde. Sie wurden auf einem nahegelegenen Friedhof in Gräben beerdigt, in die jeweils einhundert Leichen kamen.

Im Zweiten Weltkrieg wurde ein Fluß in Peking das Massengrab für zwanzigtausend chinesische Soldaten und Zivilisten, die von den Japanern umgebracht worden waren. Als die Russen Ende des Krieges in chinesisches Gebiet eindrangen, versteckten die Japaner Tausende von Chinesen in einer großen Grube, die sie bei medizinischen Experimenten umgebracht hatten. Ihrerseits brachten die Russen im Krieg viertausend polnische Offiziere um und begruben sie in der Nähe von Smolensk in einem Massengrab im Wald von Katyn.

Die mit Abstand größten Massengräber wurden am Ende des Zweiten Weltkrieges geschaffen, um die Zehntausenden von unbestatteten Opfern der deutschen Konzentrationslager darin zu beerdigen. Mit Bulldozern und Traktoren beseitigten die ehemaligen Wachen und die Befreiungstruppen riesige Leichenberge und brachten sie zu ihrer letzten Ruhestätte.

Durch Satellitenfotos wurden die Orte von Massengräbern in Bosnien identifiziert, und Ermittler haben die Existenz dieser Gräber zudem bestätigt.

Die ältesten Friedhöfe

Diejenigen, die das Glück hatten, unter weniger anonymen Umständen als Massenseuchen, Armut und Krieg zu sterben, haben ihre letzte Ruhestätte oft in der geheiligten Erde eines Friedhofs gefunden. Einer der ältesten Friedhöfe, der noch immer genutzt wird, ist der Friedhof auf dem Ölberg in Jerusalem, in Israel. Er ist eine sehr begehrte Beerdigungsstätte der orthodoxen Juden, da wichtige religiöse Gelehrte dort begraben sind. Die Grabparzellen werden danach bewertet, wie nahe sie bei den Gräbern dieser Gelehrten liegen, in dem Glauben, daß dies die ersten sein werden, die am Tag des Jüngsten Gerichts auferstehen. Die Grabstätten können bis zu zwanzigtausend Dollar kosten.

Bezeichnend für viele ältere Friedhöfe in Europa und in den Vereinigten Staaten ist ihre Unbeständigkeit. Alte Kirchhöfe sind, sofern sie nicht recht groß sind, zu historischen Orten erklärt worden. Aber die meisten wurden »recycled« und, so wie die Umstände es erforderten, anderen Verwendungen zugeführt. Mit zunehmender Bevölkerungsdichte wurden manche alten Friedhöfe auch an neue Orte weit außerhalb der Stadt verlegt. Der Cimetière des SS. Innocents, der bis auf römische Zeiten zurückging, lag 1785 zum Beispiel mitten in Paris. Er wurde geschlossen und zuplaniert. Einige Überreste brachte man an andere Orte.

In England warfen die überfüllten Kirchhöfe innerhalb der Stadtgrenzen 1840 sanitäre, respektive hygienische Fragen auf. Man sorgte sich um die gesundheitlichen Gefahren, die damit verbunden waren, wenn in den Gräbern die Särge übereinander gestapelt wurden. 1855 verabschiedete man ein Gesetz, wonach Beerdigungsstätten auf Flächen außerhalb der Stadt beschränkt wurden.

Auf dem Arlington Nationalfriedhof in Washington D.C., steht ein Herrenhaus. 1802 von dem Adoptivsohn George Washingtons, George Washington Parke Custis erbaut, verzichtete der Herrensitz auf das dazugehörige Areal von rund viereinhalb Millionen Quadratmetern, um 1864 einen Militärfriedhof einzurichten. Die Stätte wird heute noch immer genutzt, um herausragende amerikanische Persönlichkeiten wie Präsident John F. Kennedy dort zu beerdigen.

Kapitel 4
Das Schicksal des Körpers

Ja! Aber sterben. Gehn, wer weiß, wohin.
Da liegen, kalt, eng eingesperrt, und faulen;
Dies lebenswarme, fühlende Bewegen
Verschrumpft zum Kloß; und der entzückte Geist
Getaucht in Feuerfluten, oder schaudernd
Umstarrt von Wüsten ew'ger Eisesmassen;
Gekerkert sein in unsichtbare Stürme,
Und mit rastloser Wut gejagt rings um
Die schwebende Erd.

WILLIAM SHAKESPEARE, MASS FÜR MASS

Sobald der Tod da ist, hören die Toten auf, selbst irgendwelche Bedürfnisse zu haben. Das Schicksal des Körpers ist strenggenommen eine Sache und Sorge der Lebenden. Die Gemeinschaft muß aus psychologischen, ästhetischen und hygienischen Gründen die Leichen entsorgen. Die Hinterbliebenen, die einen geliebten Menschen verloren haben, möchten den Toten ehren, ihn auf den rechten Weg zum Leben im Jenseits bringen oder auch nur, ihre Trauer zum Ausdruck bringen. Im Laufe der Geschichte hat sich eine Fülle unterschiedlichster Umgangsformen in diesem Zusammenhang entwickelt. Gleichwohl gibt es einige grundlegende Ansätze, an denen die Menschheit im Umgang mit Leichnamen festgehalten hat.

Das Begräbnis ist die vielleicht älteste Methode für die Entsorgung menschlicher Leichen. Dieser Brauch kann bis zu den Neandertalern vor mehr als zweihundertfünfzigtausend Jahren zurückverfolgt werden. Ihre Begräbnisgepflogenheiten scheinen formalisiert gewesen und nicht dem Zufall überlassen worden zu sein. Statt die Leichen einfach in ein Loch in der Erde zu werfen, brachten die Hinterbliebenen den Körper sorgfältig in eine zusammengekrümmte, fötale Stellung oder in Rückenlage. Die Toten wurden in Ost-West-Richtung hingelegt oder gesetzt, so daß sie mit dem Gesicht immer gen Osten schauten. In den Gräbern der Neandertaler wurden Werkzeuge, Waffen und andere Gebrauchsgegenstände gefunden.

Mit der Entwicklung menschlicher Kulturen wurden auch Techniken zur Mumifizierung der Toten entwickelt. Die Leichen wurden mit Rauch behandelt, um sie zu »heilen«, in ihre beste Kleidung gehüllt und blieben oft im Hause ihrer Angehörigen. Nach einer in Chile üblichen Praxis, die mindestens sechstausend Jahre zurückreicht, wurden die Leichen mit Pflanzen und anderen Materialien ausgestopft, nachdem man die Körperhöhlen zunächst ausgenommen und gereinigt hatte. Die Haut, die man vor dem Ausstopfen entfernte, wurde zur Abdeckung der Mumie verwendet. Danach wurden Kopf und Gesicht mit Perücke und Tonmasken bedeckt.

Die großen Mumifizierer in der Geschichte waren natürlich die Ägypter. Als sie die Mumifizierung vor fünftausend Jahren entwickelten, wurde sie zunächst hauptsächlich bei den Pharaonen angewendet. Bis zum Jahr 400 v. Chr. war sie eine allgemein übliche Bestattungspraxis geworden.

Für die Griechen war die Beerdigung des Leichnams wichtig, damit die Seelen der Verstorbenen ins Reich des Jenseits eingehen konnten. Helden und Krieger, die im Kampf starben, kamen in die himmlischen Gefilde. Zwei große Werke der griechischen Literatur veranschaulichen, wie ein Feind an einem Toten Rache übte, indem er sein ordnungsgemäßes Begräbnis verhinderte. In Homers *Ilias* verstieß Achilleus gegen das Protokoll, das verlangte, daß Hektors Leichnam zu seinen Verwandten zurückgebracht wurde. Statt dessen »frevelte« er, indem er Hektors Leichnam hinter seinen Wagen band und um die Mauern Trojas schleifte, so daß seine Familie es sehen konnte. In Sophokles' Werk *Antigone* weigert Kreon sich rachsüchtig, einen seiner Neffen begraben zu lassen. Er war beim Kampf mit einem weiteren Neffen Kreons ums Leben gekommen, dem die Gunst einer angemessenen, ordentlichen Beerdigung zuteil geworden war. Kreons Nichte Antigone, die

Schwester der zwei verfeindeten Brüder, die miteinander kämpften, trotzt Kreon. Sie beerdigt den geschmähten Leichnam ihres Bruders, obwohl sie damit auf Kreons Befehl zum Tode verurteilt war.

Auch die alten Römer glaubten, daß eine ordnungsgemäße Beerdigung es den Verstorbenen erleichterte, ins Reich der Toten einzugehen. Ein nicht bestatteter Leichnam würde eine sehr weite Reise über den Fluß Styx zurücklegen müssen, ehe er ins Reich der Toten eingehen konnte. Es war Sitte bei den Römern, auf jede zurückgelassene, unbeerdigte Leiche, auf die sie irgendwo stießen, Erde zu werfen, um der Seele zu helfen, ihre Ruhestätte zu finden. Wenn sie wußten, daß ein Verwandter nicht beerdigt worden war, bauten sie einen Tempel, in dem Opfer dargebracht wurden, um sicherzustellen, daß die Hinterbliebenen deswegen nicht zu leiden hatten.

Neben der Erdbestattung wurde in vorgeschichtlichen Zeiten und im Altertum auch die Verbrennung oder Einäscherung praktiziert. Die Verbrennung wird in der Bibel erwähnt. Sie war in manchen Gegenden die normale Bestattungsform: Etwa 1000 v. Chr. begannen die Griechen mit der Verbrennung von Pestopfern, Feinden und Reichen, um die Seele vom Körper zu befreien. Die Römer fingen etwa 750 v. Chr. an, die Verbrennung zur Totenverehrung zu benutzen. Zur gleichen Zeit als die Griechen und Römer zur Verbrennung übergingen, hielten die Ägypter weiter an ihrer Praxis der Mumifizierung fest, in dem Glauben, daß es für einen Toten nach einer Verbrennung kein Leben nach dem Tod mehr geben konnte.

Der Natur ihren Lauf lassen

Leichen, die nicht verbrannt oder eingeäschert, in besonderer Weise konserviert oder vor dem Einfluß der Elemente geschützt werden, verwesen durch mannigfache Umweltfaktoren. Bei der Untersuchung von Mordfällen berücksichtigen Gerichtsmediziner jene Verwesungsfaktoren im unmittelbaren Umfeld ungeschützter Leichen, um den Zeitpunkt und die Art des Todes einengen zu können. Es sind eine Reihe variabler Verwesungsfaktoren, die dabei berücksichtigt werden, wie die Temperatur, die Frage, wie weit die Leiche entblößt war, die Insekten-, Nagetier- und Pflanzenpopulationen in der Umgebung, die Präsenz anderer Fleisch- oder Aasfresser und die Menge der Regenniederschläge, des Eises oder Schnees.

Hitze beschleunigt die Verwesung; Kälte verlangsamt den Verfall. Warmes Wetter lockt Insekten und Aasfresser (Aasgeier, andere fleischfressende Vögel oder Tiere) an, so daß die Leiche recht schnell auf ein Skelett reduziert wird. Bei kalter Witterung sind die Aktivitäten von Tieren und Insekten verschwindend gering.

Bei warmen Temperaturen gehen auch die chemischen Veränderungen im Körper schneller voran. Enzyme zersetzen das Verdauungssystem, und chemische Reaktionen treiben den Verrottungs- und Zersetzungsprozeß des Körpers voran. Bei kaltem Wetter lassen die Aktivitäten der Insekten nach und auch die Maden entwickeln sich langsamer. Bei eisigen Temperaturen sterben Fliegen und Maden an der Leichenoberfläche ab. In der gefrorenen Leiche drin können die Maden jedoch noch weiterleben. 1991 wurde in den österreichischen Alpen eine über fünftausend Jahre alte Leiche eines prähistorischen Jägers in einem ausgezeichnet erhaltenen Zustand gefunden. Sowohl die Leiche als auch die Kleidung und die Waffen des Jägers waren in einem erstaunlich guten Zustand, da sie durch die Eisspalte, in die er gefallen ist, konserviert worden waren. Sein Alter wurde auf dreißig geschätzt.

Eine menschliche Leiche, die ohne Sarg oder eine spezielle Einbalsamierung beerdigt wird, zerfällt innerhalb von zwölf Jahren oder noch schneller zu einem nackten Skelett. Die Leiche eines Säuglings verwest in der Hälfte der Zeit von der eines Erwachsenen. In einem Sarg wird sie, ob dieser aus Holz oder irgendeinem anderen Material ist, nach einigen hundert Jahren zu einer Masse unkenntlicher Überreste mit einem deutlichen Verwesungsgeruch. Durch trockenes, heißes Klima können bestimmte Körperteile mumifiziert werden. Die Haut und Sehnen um die Knochen werden zu einem lederartigen Pergament, während die inneren Organe verwesen. Sumpfmoore konservieren den Körper über fünftausend Jahre. Durch die besonderen Chemikalien, die im Moorwasser enthalten sind, und durch den Luftabschluß werden sie überall auf der Welt zu »Moormenschen«.

Wie gut die Einbalsamierung den Verfall des Körpers durch den Einfluß der Elemente verlangsamt, hängt davon ab, wie gründlich die Leiche einbalsamiert wurde. In der Regel wurden und werden vor allem die Körperteile, welche die Angehörigen sehen können (Hals, Hände, Gesicht) besonders stark einbalsamiert, während der Rest des Körpers im allgemeinen nicht genügend einbalsamiert wird, um den Verfallsprozeß tatsächlich zu verlangsamen. Insekten – wie auch Fische im Falle einer Wasserbestattung – werden durch die Balsamierungsflüssigkeit abgeschreckt, wodurch sich der Zerfall verlangsamt. Eine gute Einbalsamierung kann den Zerfall einige Jahrhunderte lang aufhalten.

Bei einer Wasserbestattung verfällt die Leiche wesentlich schneller als an Land, fast viermal so schnell. Sofern das Wasser die richtige Temperatur hat (von kühl bis kalt) findet eine chemische Reaktion, die sogenannte Adipocire, statt, bei der die Proteine im Körper in ein Fettwachs verwandelt werden. Durch diese Substanz wird der bakterielle Zerfall deutlich aufgehalten. Auch die inneren Organe bleiben durch den einsetzenden Adipocire-Prozeß erhalten.

Eine Leiche, die dem Vakuum im Weltraum ausgesetzt wäre, würde aufgrund des eintretenden Feuchtigkeitsverlustes wahrscheinlich langsam mumifizieren. Diese Art der Mumifizierung würde der Gefriertrocknung ähneln, die bei der Herstellung mancher Instantprodukte angewandt wird.

Ruf der Wildnis: Tiere und Exkarnation

Viele Kulturen haben es in der Menschheitsgeschichte wilden Tieren überlassen, ihre Toten zu verzehren. Diese Methode der Leichenentsorgung wird als Exkarnation bezeichnet. Seit vorgeschichtlichen Zeiten bis in die Gegenwart findet sie sich in Gegenden wie im Nordosten Indiens, in Bali, Tibet und der Mongolei.

In Afrika und Ägypten wurden tote Sklaven in die Wüste geworfen, damit sie von Schakalen, Wölfen und Hyänen gefressen wurden. Näher am Nil wurden die Leichen den Krokodilen zum Fraß vorgeworfen. In Afghanistan wurden Hunde gehalten, welche die Toten und die altersschwachen, entkräfteten Alten fraßen. Hundebesitzer von zentralasiatischen Nomadenstämmen, in der Regel wohlhabende Personen, setzten ihre Hunde bei ihrer eigenen Bestattung ein. Es war für sie eine Frage der persönlichen Ehre, wieviele Hunde an dem Schmaus teilnahmen. Diese Praxis wurde auch in Sibirien beobachtet, wobei die Knochen anschließend begraben wurden. In Südafrika überließ man die Leichen von Ausgestoßenen den Hyänen und Schakalen zum Fraß.

Die Anhänger des Zoroastrismus liefern ein bekanntes Beispiel für die derzeitige Nutzung der Exkarnation. Sie waren ursprünglich in Persien beheimatet, wanderten nach Indien aus und wurden als Parsen bekannt, ein Begriff, der für »Perser« steht. Während die meisten Kulturen und Religionen es verabscheuen, das Fleisch ihrer Toten von wilden Tieren verzehren zu lassen, haben die Parsen ein wohldurchdachtes Glaubenssystem zur Rechtfertigung der Exkarnation. Sie betrachten die Erde als ein heiliges Gefäß. Im Tod wird der menschliche Körper von Dämonen besetzt. Mit einer Verbrennung des ganzen Körpers würde somit die Luft verschmutzt, und bei einer Beerdigung würde die Erde oder das Wasser verschmutzt. Zudem glauben sie, daß es gut ist, wilde Tiere zu füttern, die für das Gute der Schöpfung stehen.

Die Sitte der Parsen verlangt, daß die Leiche auf einen Hügel gebracht wird, wo Aasgeier oder wilde Hunde das Fleisch von dem Skelett reißen. Die Knochen werden aufgesammelt und begraben. In Indien werden in Bombay spezielle Türme errichtet, in welche die Leichen gebracht werden, so daß Aasgeier sie in etwa einer Stunde bis auf die Knochen abfressen können. Die Knochen werden dann in einen Schacht gefegt. Diese Bauten werden als »Türme der Ruhe« bezeichnet. Parsen, die nach Großbritannien, in die Vereinigten Staaten oder andere Länder emigrieren, in denen Exkarnation nicht erlaubt ist, benutzen die Einäscherung als Bestattungsform für ihre Toten.

Bis vor kurzem war es bei einigen Stämmen in Indochina und Australien Brauch, Leichen in offenen Sargkisten in Bäume zu hängen. Nach einer gewissen Zeit wurden die verbliebenen Reste auf einen Ameisenhaufen gelegt und die trockenen Knochen schließlich beigesetzt. Die Nutzung wilder Tiere bei der Entsorgung der Toten wurde auch von Indianerstämmen in Amerika, insbesondere in den Plains, in Mittelamerika und Alaska praktiziert.

Christen und Löwen: Nach der Hinrichtung

Es war nicht unbedingt eine natürliche, aber gleichwohl eine abgewandelte Form der Exkarnation, die Mitte des 3. Jahrhunderts vor der christlichen Zeitrechnung auftauchte, als Rom eine alsbald populäre Form des öffentlichen Spektakels aufbrachte: die Gladiatorenkämpfe. Diese Kämpfe auf Leben und Tod, bei denen Sklaven einander gegenübergestellt wurden, wurden oft bei Leichenfeiern ausgetragen. Auch wilde Tiere, Löwen und Hunde, spielten bei den Gladiatorenwettkämpfen eine Rolle. Sie wurden in großen öffentlichen Arenen in Rom und anderen Städten abgehalten. In frühchristlicher Zeit kamen Verbrecher, verurteilte Sklaven und Christen zur Folter und Massenexekution in den römischen Zirkus.

Im Jahre 80 n. Chr. versammelten sich fünfzigtausend blutdurstige Menschen in Roms großem Amphittheater, dem Kolosseum. Als sich die Wut des Römischen Reiches gegen die Christen wandte, wurden die religiösen Dissidenten kannibalistischer und inzestuöser Riten bezichtigt. Manche Christen wurden Leoparden, Hunden, Bären oder auch Löwen im Kolosseum vorgeworfen. Gerüchten zufolge wurden manche Christen auf wundersame Weise beschützt. Aus dieser Zeit stammt die Geschichte von Androkles und dem Löwen und von Blandina, einem jungen christlichen Mädchen, das man an einen Marterpfahl gebunden hatte. Die wilden Tiere weigerten sich jedoch, es auch nur zu berühren.

Kannibalismus

Wilde Tiere sind natürlich nicht die einzigen Kreaturen, die gelegentlich menschliches Fleisch zu schmecken bekommen. Der Kannibalismus ist ein Teil der menschlichen Geschichte. Er taucht in vielen Teilen der Welt wie den Pazifischen Inseln, Polynesien, Australien, Neuseeland, Südamerika und Afrika auf. Er hatte in Kriegszeiten eine rituelle Funktion, und wird nach wie vor in Zeiten akuter Hungersnöte praktiziert. In der ganzen entwickelten Welt gibt es Fälle von Serienmördern mit einem perversen Appetit auf Menschenfleisch.

Als kulturelles Phänomen hat der Kannibalismus symbolischen Zwecken gedient. Manche glaubten, daß mit dem Verzehr des Fleisches eines toten feindlichen Kriegers dessen Kräfte auf den Kannibalen übergingen. Das gleiche Prinzip galt für den Verzehr toter Angehöriger; in diesem wie in jenem Fall verdeutlichte es eine Achtungsbezeigung gegenüber dem Toten.

Der griechische Historiker Herodot schilderte mehrere Fälle von rituellem Kannibalismus, der zu Ehren toter Angehöriger veranstaltet wurde. Er erwähnt verschiedene europäische Volksgruppen, die ihre toten Väter aßen. Nach einem Brauch wurde ein Festmahl veranstaltet, bei dem Schaffleisch mit Menschenfleisch für die Festtafel der Familienmitglieder und nahen Verwandten gemischt wurde. Der Schädel des toten Vaters wurde anschließend in Gold gefaßt und jedes Jahr bei einer Gedenkfeier hervorgeholt und gezeigt. Herodot schrieb auch noch von einer anderen Gruppe, die ihre Alten tötete und ihre Leichen dann für ein großes Festmahl kochte.

Die Eingeborenen Australiens und Neuguineas erachteten es für notwendig, die Leichen von Verwandten zu verzehren, um ihnen Respekt zu erweisen und zu verhindern, daß ihre Geister zurückkehrten. Dieser Leichenschmaus war jedoch kein Vergnügen. Im Gegenteil, die Beteiligten waren bedrückt und schwermütig, erbrachen sich oder spien ihr Essen wieder aus. Sie zeigten auch viele andere Zeichen von Ekel. Bei einem Stamm in Neuguinea, den Gimi, verzehrten die Frauen die verwesten Leichen der männlichen Verwandten in einem männlichen Heiligtum, das sie normalerweise nicht betreten durften. Anschließend gaben die lebenden männlichen Verwandten ihnen die entsprechenden Teile von einem Schwein. Bei ihren Hochzeitszeremonien imitierten die Frauen den rituellen Kannibalismus, den sie vorher praktiziert hatten.

Kannibalismus gehörte möglicherweise auch zu dem kunstvollen rituellen Opfersystem der Azteken. Diese Opfer wurden gebracht, um die Götter versöhnlich zu stimmen, und damit die Krieger mit ihnen sprechen konnten. Manche Schätzungen gehen davon aus, daß bis Ende des 15. Jahrhunderts jedes Jahr zweihundertfünfzigtausend Menschen geopfert wurden. Zuerst wurden den für die Opferung bestimmten Gefangenen – Männern, Frauen und Kindern – die Herzen aus der Brust gerissen und ihre Leichen dann an den Seiten der Pyramiden hinuntergeworfen. Krieger oder andere, die bei der Opferfeier zugegen waren, warteten unten, schnitten die Leichen in Stücke, legten das rohe Fleisch in Streifen oben auf Schüsseln mit Mais und reichten diese dann rundum. Die Nachbarn der Azteken folgten ähnlichen Praktiken. Manche Historiker bestreiten die Behauptung, daß die Azteken ihre Opfer verzehrt hätten.

Und jetzt etwas völlig anderes ...

Ein Mann, der sich mit einem großen Knall davonmachen wollte, soll Berichten zufolge darum gebeten haben, daß seine eingeäscherten Überreste in Schrotflintenpatronenhülsen gefüllt werden. Seine Freunde sollten seine Asche dann an seinen Lieblingsschießübungsplätzen verschießen.
Eine Frau, die nie eine Folge ihrer Lieblingsseifenoper verpaßt hatte, wollte auch nach ihrem Tod an dieser Tradition festhalten. Sie bat darum, mit einem Fernseher, der auf den entsprechenden Kanal eingestellt war, beerdigt zu werden.
Summun, eine gemeinnützige Organisation in Utah, behauptet, bei ihren Mitgliedern handele es sich um die einzigen beglaubigten Mumifizierer in den USA, die an der Lynn University in Boca Raton, Florida, ausgebildet worden seien; die Mitglieder studierten auch die traditionelle Leichenwissenschaft und arbeiteten im ganzen Land. Bis heute haben einhundertfünfunddreißig Personen ihre Dienste bereits in Anspruch genommen oder verfügt, daß sie, wenn sie sterben, mumifiziert werden möchten.
Die Asche geliebter Verstorbener wird oft in höchst individuellen Behältnissen aufbewahrt. Ein Kolumbarium in San Francisco berichtet, Keksdosen, Kameras und Tabakfeuchthaltedosen, die mit den Ascheresten gefüllt waren, beigesetzt zu haben.
Auf einem Haustierfriedhof in Illinois können Haustierbesitzer, deren fellige Lieben ihnen ins Jenseits vorausgehen, Doppelgrabstellen kaufen, in denen dann auch ihre eigene Asche beigesetzt werden kann.

Asche zu Asche: Verbrennung und Einäscherung über die Jahrhunderte hinweg

Die Verbrennung oder Einäscherung wurde zeit der Menschheitsgeschichte von vielen Kulturen und Glaubensgemeinschaften genutzt. Für manche Gruppen ist dies die Hauptbestattungsart, während sie bei anderen streng verboten ist. In einer Reihe von Gesellschaften wie bei den alten Griechen und Römern, im Tibet und der Mongolei war die Verbrennung den Reichen vorbehalten. Im Unterschied dazu stellt sie in Indien das Kernstück aufwendiger Bestattungszeremonien aller frommen Hindus dar.

Die Teutonen und Vikinger waren überzeugte Anhänger der Verbrennung. Die Vikinger bauten spezielle Beisetzungsschiffe für ihre Führer. Sie wurden mit ihren Besitztümern und der gesamten Dienerschaft in Flammen gesetzt und aufs Meer hinausgeschoben. Die Skandinavier praktizierten die Verbrennung bis zum elften Jahrhundert, als sie zum Christentum konvertierten. Auch im vorchristlichen Rußland wurden die Leichen verbrannt, bis man nach der Konvertierung zur Beerdigung überging. Juden, griechisch-orthodoxe Christen, die Baptisten in den Südstaaten Amerikas und Moslems sind heute weitestgehend gegen die Verbrennung. Die römisch-katholische Kirche hat 1963 ihren Bann aufgehoben. Von allen entwickelten Ländern ist in Japan die höchste Einäscherungsrate zu verzeichnen. Es obliegt den Frauen in einer Familie, die sterblichen Überreste eines geliebten Verstorbenen in der Familiengrabstätte beizusetzen.

Ein Scheiterhaufen zur Feuerbestattung

Der Scheiterhaufen, der seit dem Altertum für die Feuerbestattung genutzt wird, besteht aus einem Stapel Holz und mitunter einer Plattform, auf die die Leiche gelegt wird. Diese Scheiterhaufen werden heute noch in ganz Asien und anderen nichtentwickelten Teilen der modernen Welt verwendet. Solche Verbrennungen auf dem Scheiterhaufen sind eine öffentliche Angelegenheit und wichtige religiöse Zeremonien für die Gruppen, die diese Praxis nach wie vor pflegen.

Die auf den Scheiterhaufen gelegten Leichname werden normalerweise in irgendeiner Form bedeckt. Die australischen Aborigines malten die Leichen mit roter Ockerfarbe an. Die Babylonier bedeckten die Leichen mit Tüchern, die leicht Feuer fingen, und legten sie dann in Tonsärgen in die Scheiterhaufen. Das Gedicht *Beowulf* ist ein Zeugnis für die Praxis der Verbrennung der mittelalterlichen Kultur: der Angelsachsen.

> Sie bauten für Beowulf das Jutegerüst
> Einen Scheiterhaufen; der fest verankert war.
> Sie behingen ihn mit Helmen, wie er es erbeten hatte,
> Mit glänzenden Brünnen und Kampfschildern.
> In die Mitte legten sie, unter lautem Wehklagen,

Ihren geliebten Herrn, ihren mutigen Führer.
Am Rand der Klippe entzündeten sie das Feuer,
Schwarz über den Flammen schoß der Qualm in die Höhe;
Wehgeschrei, in der windstillen Luft,
Erhob und vermischte sich mit der tosenden Feuersbrunst,
Bis das Gerippe der Leiche bei der Hitze
des siedenden Herzens barst. In klagevoller Stimmung
Betrauerten sie laut ihren toten Führer.

In Indien wurde von den Hindu-Witwen eine besonders dramatische Form des Trauerns erwartet. Sie werfen sich selbst in einem rituellen Selbstmord, der als *Suttee* oder *Sati* bekannt ist, auf den Scheiterhaufen ihrer Ehemänner. Die Frauen wollten sich selten dem *Suttee* hingeben, wurden von den Verwandten ihrer Ehemänner jedoch dazu gezwungen. Die britischen Kolonialherren schafften diese Praxis 1829 ab. Die modernen Hindu-Frauen praktizieren eine symbolische Form der *Suttee*, indem sie sich auf den Scheiterhaufen ihres Mannes legen, bis er angezündet wird.

Die moderne Einäscherung

Nach den neuesten Einäscherungsmethoden wird der Leichnam in einem Holz- oder Metallsarg, der den spezifischen Umweltstandards entspricht, oder in einen Leichensack oder ein Leichentuch gehüllt im Krematorium in einen Brennofen geschoben. Die meisten Krematorien verwenden Erdgas bei der Verbrennung, manche jedoch auch Öl, Propagangas oder Elektrizität. Auf jeder Seite des Leichnams sind zwei Brenner und einer noch darunter.

Um die Rauchbelastung auf ein Minimum zu beschränken, werden die Temperaturen zwischen etwa 600 °C und 700 °C gehalten. Beim Verbrennen des Sarges und Leichnams können die Ofentemperaturen bis auf rund 1.370 °C steigen. Um die Rauchentwicklung zu reduzieren, wird bis zur vollständigen Verbrennung über Züge Luft zugeführt, wobei bei sehr schweren Leichen dennoch schwarzer Rauch und Flammen emittiert werden. Die beim Verbrennungsprozeß entstehenden Abgase und der Rauch werden mehrfach zurückgeführt, das heißt, der Verbrennung zugeführt, um so die Schadstoffbelastung zu reduzieren.

Als weitere Maßnahme zur Reduzierung der Schadstoffbelastung der Abluft sind die Öfen mit Nachbrennern und Naßfiltern ausgerüstet, wodurch sich die für eine vollständige Verbrennung benötigte Zeit etwas erhöht. Bei modernen Einrichtungen verringert sich die für die Verbrennung einer Leiche erforderliche Zeit im allgemeinen um eine halbe Stunde. Die Öfen brauchen nicht vorgeheizt zu werden und können innerhalb von einer Stunde nach dem Einsatz vollständig abkühlen. Krematorien mit älteren Einrichtungen benötigen etwa drei Stunden für den ganzen Vorgang.

Die Asche und Knochenteilchen sammeln sich am Boden des Ofens an. Die Asche oder Überreste wiegen etwa drei bis acht Pfund (das Durchschnittsgewicht liegt bei rund sechs Pfund und hat ein Volumen von rund 3.250 cm^3 bzw. rund dreieinviertel Liter), je nach Geschlecht des Verstorbenen. Die Farbe variiert von grau bis weiß bis gelb. Die Färbung kann auch durch die Zusammensetzung eines Metallsarges beeinflußt werden, in dem die Leiche eingeäschert wurde. Die Überreste werden aus dem Ofen gefegt, weiter behandelt und kommen dann in einen Kunststoff- oder anderen gängigen Behälter und werden an die Familie zurückgegeben.

Bei der weiteren Behandlung geht es darum, die Überreste auf Körnchengröße zu verkleinern. Sofern die Leiche in einem Sarg mit Metallbeschlägen eingeäschert wurde, werden diese aus der Asche herausgenommen. Gold und Metalle, die sich aufgrund von Operationen im Körper befanden, schmelzen bei diesen Temperaturen nicht; große Teile wie Prothesen werden bei dieser weiteren Behandlung herausgenommen und entsorgt, während kleine Teile wie Zahnplomben oder -klammern in der Asche verbleiben. Zahnmetall, das wenig Gold enthält, verdampft in der Regel bei großer Hitze oder zerplatzt im Ofen in winzige Bestandteile. Sofern der Verstorbene einen Herzschrittmacher trug, muß dieser vor der Einäscherung entfernt werden, da das Gerät, wenn es in Brand gerät, eine Explosion verursachen könnte.

Entsorgung der Asche

Seit dem Altertum werden die eingeäscherten Überreste oft in Urnen gefüllt und in Kolumbarien aufbewahrt. Ein Kolumbarium kann ein kunstvoll konstruiertes Gebäude oder auch eine einfache Einrichtung sein, die für die dauerhafte Unterbringung der sterblichen Überreste geeignet ist. Die Assyrer verwendeten für die Aufbewahrung der Asche Urnen und die Etrusker überdimensionale Gefäße, die auf einen Sockel gestellt wurden. Kolumbarien sind in italienischen, griechischen und römischen Katakomben zu finden. Einige wurden auch, wie etwa in Mexiko und Nicaragua, im Innern von Bergen entdeckt, wo die Aschereste in einer Kammer, der sogenannten *mogotes*, aufbewahrt werden. Bei den modernen Buddhisten stehen die Urnen auf den Hausaltären, die sie zu Hause errichten.

Heute werden die Aschereste oft an einem von dem Verstorbenen bestimmten oder den Hinterbliebenen gewählten besonderen Ort in alle Winde verstreut. Alternativ können die Urnen mit der Asche auch von einem lieben Hinterbliebenen aufbewahrt oder auf einem Friedhof beigesetzt werden. Moderne Kolumbarien können Tausende von Urnen fassen, die entsprechend beschriftet in Nischen eingelassen und gelagert werden. Ein 1887 erbautes französisches Kolumbarium weist fünfundzwanzigtausend Nischen auf, von denen fünfzehntausend gefüllt sind. Manche dieser Nischen enthalten die sterblichen Überreste von vergangenen Berühmtheiten wie etwa Isadora Duncan. Ein 1898 in San Francisco erbautes Kolumbarium wurde restauriert und reaktiviert und ist zu einer Touristenattraktion geworden; dort finden inzwischen Trauungen statt.

Das Konservieren der Leiche: Mumifizierung und Einbalsamierung

In vielen Religionen und Kulturen wurde die Erhaltung des Körpers nach dem Tod als ein wesentlicher Bestandteil der Achtung gegenüber den Toten oder sogar als Voraussetzung für das Wohlergehen der Seele im Jenseits betrachtet. Einäscherung, Exkarnation und andere Methoden der Leichenentsorgung sind keine Optionen für Kulturen, deren Sitten und Bräuche den Erhalt des Körpers verlangen. In solchen Gesellschaften war die Mumifizierung oder Einbalsamierung, gefolgt von irgendeiner Form der Beisetzung, üblich.

Von Mumien ist die Rede: Die Geschichte der Mumifizierung

Bei Mumien handelt es sich um ausgetrocknete Leichen, Haut über dem Skelett. Sie gelten zwar im allgemeinen als Ergebnis menschlicher Bemühungen, können aber auch natürlich entstehen. Kalte trockene Luft, wie sie in bestimmten Bergen und Höhlen zu finden ist oder eine Beisetzung in heißem trockenen Sand führt zur Mumifizierung des Körpers. Ehe die Ägypter anfingen, ihre Pharaonen zu mumifizieren, begruben sie ihre Toten in heißem Sand. Auf der ganzen Welt wurden natürliche Mumien gefunden, die infolge ungewöhnlicher, oft zufälliger Bestattungsbedingungen entstanden sind. Wenn bei religiös verehrten Personen diese Transformation nach dem Tod eintrat, gab das den Anstoß zu Ausbrüchen religiösen Eifers.

Als Meister des Todes perfektionierten die alten Ägypter die Kunst der Mumifizierung. Die inneren Organe wurden entnommen, die Körperhöhlen mit Ölen und Gewürzen gesättigt und dem Körper mittels Natron, einem Bestandteil des Natriumkarbonats, die Flüssigkeit entzogen. Bei völligem Flüssigkeitsentzug bleiben die Körperteile nicht wirklich erhalten. Sie können wie Staub zerfallen oder hart und lederartig werden.

Bei ihrem hochentwickelten Mumifizierungsverfahren entnahmen die Ägypter der Leiche zuerst das Gehirn. Dann schnitten sie den Körper auf und entfernten die Organe in der Bauchregion, wuschen sie mit Palmwein und behandelten sie mit aromatischen Kräutern. Als nächstes wurde die Körperhöhle mit verschiedensten Gewürzen wie Myrrhe und Kassie gefüllt. Anschließend wurde der Bauch wieder zugenäht und der zur weiteren Austrocknung mit Natron bedeckte Leichnam für zweiundsiebzig Tage beiseite gelegt. Das Natron wurde allerdings nicht beim Kopf und Hals angewandt, da es die Haut verfärbte.

Die inneren Organe wurden in besonderen Gefäßen konserviert, das Gehirn wurde als nutzlos beseitigt. Das Herz, das als das Organ des Intellekts galt, wurde in der Mumie belassen, um dem Verstorbenen bei seiner Reise ins Land der Toten zu helfen. Zur Verschönerung des Leichnams gab es eine Vielzahl kosmetischer Prozeduren. Dabei wurden auch Substanzen wie heißes Pech verwendet, welche die Körperteile jedoch schädigten, die die Mumifizierer eigentlich zu erhalten versuchten. Nach der Austrocknung wurde der Leichnam gewaschen und von Kopf bis Fuß in feines, mit einem Gummiharz bestrichenes Leinen gewickelt, der wie Klebstoff wirkte. Dann wurde die Mumie wieder den Verwandten übergeben, die sie in einen hölzernen, in Menschengestalt geformten Sarkophag legten. Darin wurde die Mumie dann schließlich aufrecht in eine Grabkammer gestellt.

Bei einem weniger kostspieligen Mumifizierungsverfahren wurde Zedernöl durch den After in die Därme injiziert, womit die Prozedur des Aufschneidens umgangen wurde. Nach einer siebzigtägigen Austrocknung wurde das Öl zusammen mit dem inzwischen zersetzten Verdauungstrakt wieder aus dem Körper herausgelassen. Das Natron hatte in der Zwischenzeit das Fleisch und andere Körperteile zersetzt, so daß nichts außer Haut und Knochen übrigblieb. Dann wurde die Mumie ohne irgendeine Hülle oder sonstige Attribute an die Angehörigen zurückgegeben.

Bei einem dritten und noch billigeren Mumifizierungsverfahren wurde das Zedernöl durch einen Einlauf ersetzt, der den Verdauungstrakt entleerte. Dann wurde der Leichnam in Natron getrocknet und an die Verwandten zurückgegeben.

Umgerechnet in heutige Währung belief sich, wie aus ägyptischen Aufzeichnungen hervorgeht, die feinste Mumifizierung auf rund 2500,- DM, die mittlere Preisvariante auf etwa 600,- DM und die Billigversion auf etwa 150,- DM. Diese Kosten waren bei Inanspruchnahme weiterer Dienstleistungen entsprechend höher, wie etwa dem Entfernen der Fingernägel und dem Einsetzen von

Gold an ihrer Stelle. Die Mumifizierung wurde in begrenztem Rahmen auch von Chinesen, den Tibetern und in Mexiko praktiziert, wo die Graberde die begrabenen Leichen auf natürliche Weise mumifizierte.

Körperflüssigkeiten: Die Geschichte der Einbalsamierung

Alles Menschliche unterliegt dem Zerfall,
Und wenn das Schicksal ruft, müssen auch
Monarchen gehorchen.

John Dryden, Mac Flecknoe

Die älteste Einbalsamierungsmethode bestand darin, den Leichnam mit aromatischen Substanzen und Pflanzensäften zu bedecken. Die Perser, Syrer und Babylonier konservierten ihre Toten mit Honig und verschiedenen Gewürzen. Die Inkas verwendeten Harzsubstanzen, die Indianer füllten die Haut des Leichnams mit Sand, die Aleuten nahmen den Leichnam aus und banden ihn in fötaler Stellung zusammen, die frühen Mongolen verwendeten Moschus und Rosenwasser, und die Chinesen bewahrten den Leichnam drei Jahre lang mittels Kampfer und Gewürzen vor dem Verfall, dann wurde er verbrannt.

Die Ägypter, die Experten in Sachen Mumifizierung, waren auch die großen Pioniere der Einbalsamierung. Aus religiösen Gründen begannen sie vor etwa fünftausend Jahren, die Einbalsamierung neben der Mumifizierung zu nutzen. Sie verwendeten konservierende Flüssigkeiten und Gewürze, mit denen sie den Leichnam von innen und außen behandelten. Sie entnahmen die inneren Organe und wickelten den Leichnam in spezielle Tücher und Leichentücher ein.

Die zweitausendfünfhundert Jahre alte mumifizierte Leiche einer Chinesin war vermutlich von ihren Einbalsamierern in einen mit einer konservierenden Flüssigkeit gefüllten luftdichten Sarg gelegt worden. Dieser Sarg wurde von sechs weiteren Särgen umschlossen und rund achtzehn Meter tief unter der Erde in Tonnen von Kohle und Lehm begraben. Als die Leiche in den siebziger Jahren gefunden wurde, war sie in einem ausgezeichneten Zustand. Sie wog rund achtundsechzig Pfund, das Fleisch und Haar waren in gutem Zustand, und die Gelenke waren nach wie vor beweglich. Alle Organe waren erhalten geblieben, mit Ausnahme des Gehirns jedoch geschrumpft.

Es gibt zwar einige biblische Hinweise auf Einbalsamierungen. Aber die frühen Christen lehnten sie mit wenigen Ausnahmen ab, da sie in ihren Augen eine heidnische Praxis und eine Schändung des Leichnams darstellte. Eine Ausnahme war die Einbalsamierung von Karl dem Großen 814. Einige Mönche hielten im Mittelalter mit unterschiedlichem Erfolg an der Praxis, königliche Leichen einzubalsamieren, fest. Diese Einbalsamierer verwendeten mehr als fünfzig verschiedene – teils wirksame, teils unwirksame – Substanzen, um den Leichnam zumindest so lange zu erhalten, daß er vom Schlachtfeld oder einem anderen Ort zu seiner letzten Ruhestätte transportiert werden konnte. In England waren im sechzehnten Jahrhundert Chirurgen (die zugleich auch Barbiere waren) die einzigen, denen die Einbalsamierung gestattet war. In Neuengland wurden die Toten im siebzehnten Jahrhundert so schnell wie möglich von Leichenbestattern beerdigt und nur einbalsamiert, wenn sie transportiert werden mußten, wobei dann die inneren Organe entnommen und die Körperflüssigkeiten abgeführt wurden.

Mitte des neunzehnten Jahrhunderts entwickelten Leichenbestatter Methoden, Balsamierungsflüssigkeiten in die Blutgefäße zu injizieren. Die Körperflüssigkeiten werden arteriell durch Balsamierungsflüssigkeiten ersetzt, um so die Präsenz von Mikroben zu reduzieren und den natürlichen Zerfall des Körpers aufzuhalten. Balsamierungsflüssigkeiten sollen dem Leichnam zudem auch ein lebendiges Aussehen geben. Der Duft moderner Balsamierungssubstanzen wirkt überdies abschreckend auf Insekten und andere Tiere, die den Leichnam befallen könnten.

Das moderne Balsamierungsverfahren

1867 brach mit der Entdeckung des Formaldehyds für die Einbalsamierung das moderne Zeitalter an. Der große Durchbruch war, daß Formaldehyd in das Blutbahnensystem der Leiche injiziert wurde. Heute gibt es viele Derivate und andere Flüssigkeiten, die anstelle von Formaldehyd verwendet werden, wobei Formaldehyd jedoch nach wie vor die chemische Grundlage vieler dieser Substanzen ist. Die moderne Einbalsamierung stützt sich darauf, Körperflüssigkeiten durch Chemikalien zu ersetzen, die sowohl desinfizieren als auch die Körpergewebe erhalten.

Bei der Einbalsamierung werden viele Techniken, Materialien und Instrumente eingesetzt. Neben gewöhnlichen Skalpellen, Operationsscheren, Sezierpinzetten, Spreizern, Aneurysmanadeln und Spritzen verfügt der Balsamierer über viele spezielle Instrumente.

- Der Balsamierungstisch, entweder aus rostfreiem Stahl oder Porzellan. Der Leichnam wird auf dem Tisch flach hingelegt, dann werden die Kleidung und alle Schmuckgegenstände abgenommen. Sie werden an die Familie zurückgegeben.
- Desinfektionsmittel, die entweder aufgesprüht oder in Form einer Lösung auf dem Leichnam aufgetragen werden, um Insekten, Maden oder Milben abzutöten und die Geruchsentwicklung einzudämmen.
- Nasale Absaugung, um Flüssigkeiten zu entziehen. Körperflüssigkeiten werden abgeleitet, oder ihr Fluß wird unterbunden.
- Den Leichnam in Positur bringen, wobei der Kopf angehoben und die Brust in eine »ruhende« Lage gebracht wird. Um die Finger zusammenzuhalten, wird Leim verwendet.
- Seifen und Desinfektionslösungen, um den Leichnam zu waschen und Bakterien und Viren abzutöten. Das Haar wird gewaschen und gekämmt. Blutflecken werden aus dem Haar und vom übrigen Körper entfernt. Dazu wird oft eine Kosmetikerin oder Friseuse hinzugezogen.
- Mundformer, Trokarknöpfe (um Löcher im Körper zu füllen) und Trokar (in einem Röhrchen steckende lange Nadel zur Entnahme von Flüssigkeiten und zur Injektion der Balsamierungs-

flüssigkeit) werden für weitere kosmetische Kniffe, insbesondere am Kopf, im Gesicht und am Hals, verwendet.

- Nadel und Faden, die benötigt werden, um den Mund zu schließen. Besondere Sorgfalt wird darauf verwendet, wie der Mund geschlossen wird, damit er natürlich und nicht verkniffen erscheint.

- Einbalsamierungsflüssigkeiten, die nach vier möglichen Methoden verwendet werden:

 1. arteriell (wobei die Flüssigkeit in die Blutgefäße injiziert wird);
 2. in den Körperhöhlen (wobei die Flüssigkeit in den Bauch und die Brust injiziert wird),
 3. subkutan (wobei die Flüssigkeit in bestimmten Regionen unter die Haut injiziert wird);
 4. äußerlich (wobei der Körper äußerlich mit flüssigen oder gelförmigen Chemikalien behandelt wird).

In den letzten Jahren ist nun eine neue Gruppe von Balsamierern aufgetaucht, welche die alten Techniken der Ägypter, der ersten Balsamierer der Welt, wiederbeleben. 1975 fing ein Unternehmen in Salt Lake City an, mit einer modernen Mumifizierungsmethode zu werben, die die Ägypter noch übertreffen sollte. Die Kosten für die Mumifizierung beginnen bei vierzigtausend Dollar und können mit allen Extras bis zu fünfundsiebzigtausend Dollar gehen. Dabei werden spezielle Chemikalien für den Dehydratationsprozeß verwendet. Die Mumie wird mit Fiberglaslagen und einem aus einer epoxidähnlichen Substanz hergestellten Harz versiegelt. Zu den Extras gehört das Einschweißen in eine dicke geformte und verzierte Bronzeschale, dem Gegenstück zum hölzernen Sarkophag der Ägypter.

Ein Meter achtzig unter der Erde: Die Geschichte der Beerdigung

Das Grab ist ein schöner und abgeschiedener Ort,
Aber niemand, glaube ich, umarmt sich dort.
ANDREW MARVELL

Üblicher als die Exkarnation, der Kannibalismus oder jede andere Bestattungsmethode war und ist die einfache Erdbestattung. Seit Äonen haben Menschen unendlich viele Methoden entwickelt, wie sie ihre Toten bestatten. Eine Methode ist die sogenannte »Teilbestattung«, »exartikulierte Bestattung« oder »Zweitbestattung«, bei welcher der Leichnam in Teilen beigesetzt wurde. Bei Bestattungen des ganzen Leichnams wird er entweder flach oder mit angewinkelten Knien hingelegt. Verbreitet ist auch die fötale Stellung, bei welcher der Leichnam in gekrümmter Haltung fest zusammengebunden wird. Fötal gekrümmte Leichen können sitzend, liegend oder stehend beigesetzt werden.

Im Nahen Osten wurden Leichen bereits im vierzehnten Jahrhundert v. Chr. in Keramikbehältnisse und rudimentäre Särge gelegt. Später wurden die Knochen dann in Höhlen gebracht, die mit großen Felsbrocken verschlossen wurden. Die Höhlenbestattung war in Europa und im Nahen Osten verbreitet. Bei den frühesten Höhlenbestattungen blieb der Leichnam unverhüllt. Mit Verfeinerung der Technik wurden die Leichen dann in Leichentücher gewickelt, in Zedernholz- oder irdene Särge und schließlich in Sarkophage aus Stein gelegt. Manche Höhlenbestattungen fanden in labyrinthischen Katakomben statt.

Während der gesamten Menschheitsgeschichte war es üblich, daß mehr als nur eine Person in einem Grab beigesetzt wurde. Es war gang und gäbe, daß ein Mann und seine Frau oder eine Mutter und ihr Kind zusammen beerdigt wurden. Auch in unserer modernen Welt können Privatgräber auf überfüllten Friedhöfen bis zu drei Särgen enthalten, während die Armen und Mittellosen vielfach in Massengräber gelegt werden.

Ehe behördlicherseits verlangt wurde, daß Leichen in amtlich ausgewiesenen Friedhöfen beizusetzen sind, konnten Beerdigungen überall stattfinden. Manche legten ihre Toten unter den Kirchenboden, was den Kirchenbesuchern aufgrund des Leichengeruchs übel zu schaffen machte. Wenn die Böden schließlich selbst verrotteten, kamen Skeletteile zum Vorschein.

Bis ins frühe neunzehnte Jahrhundert waren die Kirchhöfe die üblichen Begräbnisstätten, bis sie so überfüllt und schlecht gepflegt waren, daß man von ihrer weiteren Nutzung absah. Manche Volksgruppen, wie die Zigeuner, begruben ihre Toten unter Büschen oder an Straßenkreuzungen, wo im übrigen auch Verbrecher gehängt wurden. An Straßenkreuzungen wurden zudem auch Selbstmörder und Verbrecher begraben, da man glaubte, die Kreuzungen würden ihre Geister verwirren, und der Durchgangsverkehr würde sie daran hindern, sich fortzubewegen.

Die meisten Kulturen haben besondere Bestattungsregelungen für Selbstmörder, ungetaufte Kinder, Geschiedene, Mörder, Sexualstraftäter und andere problematische Fälle. Umgekehrt gibt es besondere Regelungen für die Beisetzung von Führungspersönlichkeiten, militärische Würdenträger und Helden. Sie werden mit Särgen, die mit Flaggen bespannt sind, mit Ehrenwachen und Salutschüssen geehrt.

Gräber, Gruften, Krypten, Katakomben, Grabhügel, Pyramiden und Krater

Früher gruben die Familien und Freunde des Toten selbst das Grab, bis ab dem sechzehnten Jahrhundert dann gesetzlich verankert wurde, daß diese Aufgabe von offiziellen Totengräbern übernommen wird. Die Totengräber hatten auch die Aufgabe, sich um die Friedhofspflege zu kümmern, die Toten zu registrieren, die Totenglocke zu läuten und andere ähnliche Aufgaben. Die Größe und Tiefe der Gräber war eine wichtige Frage; von diesen Faktoren hingen auch die Kosten für das Grab ab. Vor der Erfindung des Löffelbaggers war das Gräbergraben eine mühsame Arbeit, die viele Stunden in Anspruch nahm. Einzelgrabstätten wurden über Generationen hinweg immer wieder genutzt und mit neuen Leichen belegt. Dabei wurden die Knochen des Vorgängers einfach herausgenommen, um so Platz für eine neue Beerdigung zu schaffen. Manchmal wurden sie in Beinhäuser verbracht.

In unserer modernen Zeit sind die Friedhöfe so angelegt, daß sie den Anschein von Dauerhaftigkeit erwecken. Die Grabmarkierungen sind oft ebenerdig in den Boden eingelassen, und eine parkähnliche Atmosphäre mit Rasenflächen und Anlagen steht im Kontrast zu dem eher düsteren Erscheinungsbild der alten Friedhöfe. Da Eigentumsgrabstätten hoch im Kurs stehen, bleibt es abzuwarten, ob diese Grabstätten den Wandel der Zeiten überstehen.

Gruften können überirdisch oder unterirdisch angelegt sein. Gebäude für die Beisetzung von Toten werden als Gruften oder Mausoleen bezeichnet. Anders als Gräber haben sie den Vorteil, daß die Toten über der Erde beigesetzt werden, und auf die Erhaltung des beigesetzten Leichnams wird weitaus mehr Sorgfalt verwendet. Das Taj Mahal ist ein Beispiel für eine Gruft; sie enthält Krypten oder Grabgewölbe für die Familie des Erbauers.

Katakomben, eine Art von unterirdisch angelegten Friedhöfen, bestehen aus Gängen und eingelassenen Grabkammern, in denen Särge oder Grabstätten untergebracht sind. Die Katakomben im alten Rom wurden von den frühen Christen nicht nur als Begräbnisstätten, sondern auch als Verstecke vor ihren Verfolgern genutzt.

Als die alten Griechen dazu übergingen, Urnen für die Aufbewahrung der eingeäscherten Überreste ihrer Toten zu verwenden, bezeichneten sie diese als Krater. Einige dieser sehr schön angefertigten und mit Malereien oder Skulpturen verzierten Urnen haben den Gang der Zeit als große Kunstwerke überlebt. Mythologische Gestalten und Szenen vermitteln die Einstellungen, welche die Griechen sowohl zum Leben als auch zum Tod hatten. In Nachahmung der Griechen haben heute viele Friedhöfe und Gedenkparks einen besonderen Platz für die Urnenbestattung der eingeäscherten Überreste.

Prähistorische Kulturen, die Hügelgräber anlegten, verwendeten irdene Strukturen als Gräber. Die Ägypter hatten anfangs einfache Hügelgräber, später entwickelten sie den Pyramidenbau.

Die große Cheopspyramide wurde aus über fünf Millionen Steinen erbaut. Sie bedeckt eine Fläche von über dreiundfünfzigtausend Quadratmetern und war ursprünglich 146,6 Meter hoch. Ihr Bau dauerte etwas mehr als zwanzig Jahre und erforderte die Arbeitskraft von über vierhunderttausend Männern, meistenteils Sklaven. Pyramiden sollten einen optimalen Schutz gegen Grabräuber bieten, aber im Laufe der Jahrhunderte gelang es den Plünderern doch hineinzukommen.

Die Geschichte der Friedhöfe

Aus der Sorge um die hygienischen und sanitären Verhältnisse legten die alten Römer, Juden, Ägypter und Chinesen ihre Friedhöfe außerhalb der großen Städte an. Die ausgedehnten Friedhofsflächen wurden als »Städte der Toten« bezeichnet. Christen hingegen beteten in ihren frühen Katakomben und späteren Kirchen unmittelbar neben den Toten. Im sechsten Jahrhundert waren die Katakomben derart überfüllt, daß auch die Christen anfingen, ihre Friedhöfe außerhalb der Städte anzulegen. Bis zum achtzehnten Jahrhundert nutzten sie darüber hinaus weiterhin den Kirchenbesitz in den Städten, bis auch diese Plätze schließlich hoffnungslos überfüllt waren.

Der Vorteil der Kirchhöfe war, daß die Familien die Grabstätten kostenlos bekommen konnten, solange sie Mitglied der Kirchengemeinde waren. Der Nachteil war, daß die Kirchen so keine Geldeinnahmen für die Pflege der Friedhöfe hatten. Die heutigen Friedhöfe werden zwar auch nicht kommerziell betrieben, aber die Gemeinde oder Stadt, der das Land gehört, oder das Unternehmen, das sich um die Pflege kümmert, stellen Gebühren zur Abdeckung der Unterhaltungskosten für die Grabstellen in Rechnung.

In London wurde 1855 ein Gesetz erlassen, das Kirchhofbestattungen verbot. Etwa in dieser Zeit wurden große Friedhöfe außerhalb der Stadt angelegt und alles darangesetzt, die Bestattungen innerhalb der Stadt einzuschränken. Die Beisetzung außerhalb der Stadt ist in den meisten Großstädten weltweit die Norm.

Armenfriedhöfe: Beisetzung der Armen und Namenlosen

Bis ins frühe neunzehnte Jahrhundert hinein verweigerten englische Behörden Schuldnern mitunter die Beerdigung, um so deren Hinterbliebene unter Druck zu setzen, die Schulden zu zahlen. In Aufzeichnungen, die bis ins sechzehnte Jahrhundert zurückgehen, werden viele solcher Fälle belegt, in denen Leichen zwecks Schuldeneintreibung vorerst nicht bestattet wurden. Es gibt jedoch keine Belege, aus denen hervorginge, ob diese Versuche Erfolg hatten. Es war eine schlecht angeschriebene Sitte, die dann auch für illegal erklärt wurde. Gleichwohl war bekannt, daß Leichenbestatter mitunter einbalsamierte Leichen lange bei sich behielten, wenn sie die Zahlungen für ihre Dienste nicht eintreiben konnten.

Die Armengräber waren in Europa jahrhundertelang weitverbreitet; und in manchen liegen die Leichen berühmter Männer wie Mozart, der arm starb. Neben den Leichen von hingerichteten Verbrechern wurden auch die der Armen von medizinischen Fakultäten auch für Sezierzwecke genutzt.

Massengräber werden in Krisenzeiten, bei Naturkatastrophen, Hungersnöten, Seuchen und Krieg nötig. Mit einer großen Zahl anonymer oder nicht identifizierter Leichen konfrontiert, brauchen die Lebenden einen gangbaren Bestattungsweg. Massengräber sind auch für die Bestattung der Armen genutzt worden. Statt ihre Armen zu verbrennen (was die bevorzugte Bestattungsart für die Reichen war), begruben die alten Römer sie in Massengräbern außerhalb der Stadtmauern. Diese Massengräber wurden mitnichten heiliggehalten und oftmals in Parks oder Gärten umgewandelt. Einige britische Armenhäuser sparten Mitte des neunzehnten Jahrhunderts Geld damit, daß sie Leichen Verstorbener für Massenbeerdigungen lagerten.

Tierfriedhöfe

Im alten Ägypten waren Katzenfriedhöfe weitverbreitet, da die Katze als ein heiliges Tier verehrt und nach dem Tod mumifiziert wurde. Mit dem Aufkommen des Christentums wurden tote Haustiere dann der Vergessenheit überlassen, zum einen, da bei Tieren davon ausgegangen wurde, daß sie keine Seele hatten, und zum anderen, weil sie in vielen heidnischen Traditionen eine zentrale Rolle gespielt hatten. In der modernen Welt haben Haustiere in den entwickelten Ländern wieder einen Ehrenplatz bekommen. Sie werden innig geliebt, haben jedoch eine kürzere Lebensspanne als ihre Besitzer, so daß die hinterbliebenen Haustierbesitzer vor die Entscheidung gestellt werden, was sie mit Fidos oder Fluffys Leiche machen sollen.

In den Vereinigten Staaten wendet sich eine wachsende Zahl von Betroffenen in dem Fall an Tierfriedhöfe. Diese Friedhöfe veranschaulichen die ungeheuere Liebe, welche die Menschen für ihre Tiere haben. Särge und Grabstätten werden sorgfältig ausgewählt. Auf Haustiergräbern stehen Grabsteine mit dem Namen des Tieres, seinem Geburts- und Todestag, dem Namen des Besitzers und einer oft in Reimform gehaltenen Inschrift. Mitunter ist auch ein Bild des Tieres angebracht. Die Öffentlichkeit war entsetzt, als Skandale um Tierfriedhöfe ruchbar wurden. Es kam heraus, daß die Kadaver von den Betreibern oft einfach weggeworfen, an wissenschaftliche Labors oder Tierverwertungsunternehmen verkauft werden, die die Tierkörper auf Talg reduzieren.

Die Männer in Schwarz: Leichenbestatter und ihr Handwerk

In der westlichen Zivilisation ist die Aufgabe, den Leichnam vom Totenbett zum Grab zu überführen, Spezialisten zugefallen, die als Leichenbestatter oder Bestattungsunternehmer bezeichnet werden. Die Aufgabe des Leichenbestatters hat sich im alten Rom entwickelt. Ein spezieller Tempel verkaufte Begräbnis- und Trauerartikel und hatte Sklaven, die den Leichnam behandelten. 1675 eröffnete William Boyce ein Bestattungsgeschäft in England, das eines der ersten war, das die Dienstleistungen erbrachte, die heute als Aufgabe des Bestattungsunternehmens angesehen und anerkannt werden. Mitte des achtzehnten Jahrhunderts nahmen viele englische Familien solche Privatunternehmer in Anspruch. Leichenbestatter gingen ihrer Aufgabe oft auf Teilzeitbasis nach, während Möbelhersteller die Särge anfertigten. Andere spezialisierten sich auf Dienstleistungen wie Gräberausheben und den Transport von Särgen. 1768 eröffnete Blanche White aus New York ein Geschäft, das sowohl Polsterarbeiten wie auch Bestattungsdienstleistungen anbot.

Nach dem Amerikanischen Bürgerkrieg erhielt mit der Entwicklung der arteriellen Einbalsamierung mit Formaldehyd der Beruf des Leichenbestatters eine neue Bedeutung. Geschäftsleute, die sich selbst auf das Einbalsamieren verstanden oder es sich leisten konnten, Balsamierer zu beschäftigen, konnten spezialisierte Fertigkeiten anbieten und auf Vollzeitbasis arbeiten. Anfang des zwanzigsten Jahrhunderts wurde der Begriff »Leichenbestatter« durch den des »Bestattungsunternehmers« ersetzt. Die Bezeichnung »Bestattungsunternehmer« tragen diejenigen, welche die Überführung der Leiche vom Totenbett bis zum Grab übernehmen.

Auch im Bestattungsgewerbe gibt es immer Veränderungen. Man paßt sich den wandelnden Einstellungen zur Leichenbestattung an und lernt, die Forderungen von Kunden zu befriedigen, die ihre Rechte kennen. Der Bestattungsunternehmer übernimmt die Aufbewahrung der Leiche, stellt den Totenschein und andere Dokumente aus, sorgt dafür, daß der Leichnam gewaschen und einbalsamiert wird und verkauft an die Hinterbliebenen den Sarg. Er hilft auch bei der Festlegung der Einzelheiten in Zusammenhang mit der Bestattung, verhandelt mit dem Friedhofseigentümer wegen der Grabstätte oder einer Nische in einem Kolumbarium. Er arrangiert auch die Trauerfeier, setzt eine Todesanzeige in die Zeitung, plant die Besichtigung des Leichnams und die Bestattungszeremonie, stellt den Leichenwagen bereit und kümmert sich um die Prozession zum Friedhof.

Kapitel 5
Das Große Jenseits

Sucher fragen: Was ist der Zweck des Lebens angesichts der Gewißheit des Todes?
DIE KATHA-UPANISHADEN

Sterben ist ein heiliger Akt, für den einzelnen wie auch für alle Völker der Erde. Alle großen Religionen ehren den Tod in besonderer Weise, um die Gläubigen an die Unbeständigkeit dieses Lebens zu erinnern und zu bekräftigen, daß das, was jenseits des Todes liegt, unendlich bedeutsamer ist. Der Zweck der irdischen Identität (und des unausweichlichen Scheidens) hat das menschliche Denken seit Anbeginn in Anspruch genommen. Für den Erhalt eines Stammes, einer Kultur, der menschlichen Spezies und in der Tat auch des Planeten ist der Sinn des Todes ein zentraler Punkt des Lebens.

Warum stirbt der Mensch? Wie wurde der Tod ursprünglich ein Teil des menschlichen Daseins? Angefangen von den Geschichten, die an Stammeslagerfeuern erzählt werden, bis zu den Predigten, die in Kathedralen gehalten werde, gibt es im Prinzip acht Kernvorstellungen über den Tod, wie der Religionswissenschaftler Th. P. Van Baaren meint. Diese Paradigmen lassen die Tatsache, daß das organische Leben endlich ist, daß Materie verfällt und verwest, völlig beiseite. Der Mensch braucht mehr als eine wissenschaftliche Erklärung.

1. Der Tod ist ein natürlicher Vorgang oder zumindest im Einklang mit dem Willen der Götter und muß daher akzeptiert werden.

2. Der Mensch ist dazu bestimmt zu sterben, als Ergebnis dessen, daß ein Gott als erster starb und so einen Präzedenzfall für die Sterblichen schuf.

3. Ein Streit unter den Göttern führte zum Tod, wobei der Mensch die Konsequenzen zu tragen hat.

4. Der Mensch wurde durch die Unachtsamkeit eines Gottes getäuscht oder betrogen, und das Ergebnis ist der Tod.

5. Menschliche Unzulänglichkeiten – angeborene Schwächen – sind für den Tod verantwortlich.

6. Der Tod ist das Ergebnis falscher Entscheidungen oder schlechter Urteile, die der Mensch trifft.

7. Irgendeine Form der Schuld, die in der Natur des Menschen liegt (Sünde oder eine Eigenschaft wie Ungehorsam oder Neugier), hat den Tod verursacht.

8. Da der Mensch den Tod selbst gewünscht hat, ist es sein Schicksal zu sterben.

Die unsterbliche Seele: Zeitlose Essenz

Sobald der »Grund« für den Tod gefunden wurde, ist die nächste Frage: »Was dann?« Der nahezu universale Glaube an die Unsterblichkeit der Seele ist ein Spiegel des menschlichen Wunsches zu wissen, was jenseits der menschlichen Erkenntis liegt. Er will die Sicherheit haben, daß das eigene Leben in irgendeiner Form auf immer und ewig weitergeht. Philosophische und religiöse Traditionen bieten ein weites Spektrum an Erklärungen an. Frommsein, Rituale, Gebete, Meditationen und tägliches Handeln nach einem rechtschaffenen Lebensplan zeigen den Weg zum ewigen Leben. Da das Leben nach dem Tod ein Mysterium bleibt, ist der Glaube ein wesentlicher Bestandteil des Lebens.

Seit frühesten Zeiten haben die Menschen archäologische Spuren von ihrem Interesse an der Seele hinterlassen. Megalithische Grabbilder aus der Bronzezeit weisen auf den Glauben hin, daß irgendein Element des Verstorbenen über das Grab hinaus fortbesteht. Mit spiralförmigen Petroglyphen wurde die Fortbewegung der Sterne am Nachthimmel oder dahinplätscherndes Wasser, das ins Unendliche fließt, dargestellt. Die Petroglyphen sind so angebracht, daß sie, insbesondere bei der Sonnenwende, von Sonnenstrahlen getroffen werden, die durch Spalten in der Wand hereinfallen. Die Spiralen, die dem Muster der am Abend ins Meer untergehenden Sonne und ihrem Aufgang am Morgen ähneln, stehen (so die Hypothesen) mit einer Vorstellung vom Tod und der Auferstehung in Verbindung.

Die Seele wird oft als das definiert, was dem Körper Leben einhaucht. Sie ist der innere, nichtkörperliche, wesentliche Teil eines Lebewesens. Die Seele wird oft mit »Hauch« in Verbindung gebracht. Platon erweiterte die früheren griechischen Philosophien und definierte *pneuma* (Wind) als den »Hauch« des Universums. Er identifizierte ihn auf der mikrokosmischen Ebene mit der Psyche des Menschen.

Bei den islamischen Schiiten ist *ruh* der reine Hauch jeder Materie, eine spirituelle und von Natur aus unsterbliche Substanz. In den hinduistischen Traditionen besteht der Glaube, daß jeder Mensch eine bestimmte Zahl von Atemzügen pro Leben hat. Wenn diese Zahl erreicht ist, tritt der Tod ein. Eine alte Geschichte erzählt von einem großen geistigen Lehrer, der seinen Gehilfen fragte, ob ein guter Tag käme, um zu sterben. Als der Lehrer hörte, daß in drei Tagen ein heiliger Tag käme, verlangsamte er sein Atmen, um seine Zeit zu verlängern. Am heiligen Tag starb er mit einem Lächeln auf den Lippen. Für die Chinesen hat *ch'i* (Atem, Energie) eine zeitlose Qualität. Wenn man lebt, konzentriert sich das ch'i. Wenn man stirbt, verflüchtigt und zerstreut sich das ch'i im Universum.

In der jüdischen Tradition ist das Kommen des Messias, die Auferstehung der Toten und die Unsterblichkeit der Seele die Grundlage der Lehren über die Seele. Wie bei allen großen Religionen gibt es auch innerhalb des Judentums verschiedene Richtungen mit deutlichen Unterscheidungen. Der Chassidismus und die kabbalistischen Formen des Judentums vertreten einen Glauben an die Reinkarnation. Wie der göttliche Wille sich genau manifestiert, ist eine Frage, welche die Gelehrten seit Jahrhunderten bewegt. Viele zeitgenössische Juden betrachten ihre Religion als völlig diesseitig, auf diese Welt gerichtet, und glauben, daß man durch seine Arbeit, sein Werk und die eigenen Nachkommen weiterlebt. Andere bekräftigen wiederum, daß ihre Religion sowohl auf das Diesseits wie auf das Jenseits gerichtet sei. Das Leben als solches sei gut, seinen Sinn erhält es dadurch, daß es als Vorbereitung auf das ewige Leben der Seele bei Gott dient.

Christen glauben nicht, daß die Unsterblichkeit eine natürliche Konsequenz der Vervollkommnung der menschlichen Natur ist. Sie halten sie vielmehr für ein Geschenk, das Gott denjenigen gewährt, die durch den Heiligen Geist und durch Jesus Christus gewandelt werden. Die Christen entwickelten eine besondere Form der Dichotomie zwischen Körper und Seele, wobei die Seele als unsterblich betrachtet und der Körper mit Sünde in Verbindung gebracht wird. Das christliche Bild vom Leben nach dem Tod hat sich allmählich herausgebildet. Es beruht auf der Vorstellung, daß die ewige Seele am Tag des Jüngsten Gerichts bei Gott mit einem transformierten Leib wiedervereinigt wird. Eine grundlegende Vorstellung des Christentums ist, daß durch den Tod und die Wiederauferstehung Jesu der Menschheit die Vergebung und die Freiheit vom Tod angeboten wurde: der Tod ist der Sünde Sold.

In jeder Religion gibt es grundlegende Konzepte, die ein breites Spektrum von Überzeugungen widerspiegeln. Die Vorstellungen von der persönlichen Auferstehung »einer Seele/eines Leibes« schließen im allgemeinen die Idee der Reinkarnation aus. Dennoch haben viele Christen, beeinflußt durch östliche Religionen und die Psychologie, diese Idee in ihren Glauben übernommen. Das von zwei Seelen ausgehende chinesische Konzept (das aus dem elften vorchristlichen Jahrhundert bis 256 v. Chr. datiert) wird teilweise immer noch in begrenzter Form praktiziert. Das Yin, die weibliche Seele, *p'o,* folgte dem Körper in die Unterwelt, zu den sogenannten Gelben Quellen. Ihre männliche Ergänzung bzw. ihr männliches Pendant, die Yang-Seele, *hun*, verließ den Körper und entrückte ins Universum und konnte als Ahn verehrt werden. Das p'o beschützte den Körper nach dem Tod. Dabei waren besondere Rituale zur Erhaltung des Körpers notwendig, um sicherzustellen, daß das p'o den Körper nicht verließ, daß negative Mächte nicht in ihn eindringen und sich seiner bemächtigen konnten und den Lebenden kein Unglück brachten. Opfer und Gebete gewährleisteten das Wohlergehen der p'o-Seele. In China glaubte man etwa ab dem Jahr 400 v. Chr. auch, daß einige Menschen unsterblich waren. Diese Unsterblichen (*hsien*) starben wie jedermann, verließen dann jedoch ihre Gräber. Sie wurden in vogelähnliche Wesen verwandelt, die frei auf der Erde umherwandern und Menschen Ratschläge erteilen. Sie konnten in Ewigkeit in einem vollkommenen Spektralkörper unter den Sternen umherfliegen.

Nach dem heiligen Buch der hinduistischen Kultur, den Katha-Upanischaden, besteht das Geheimnis des Todes in der Erkenntnis des Höchsten Selbst, das weit über die individuelle Seele hinausgeht. Das Höchste Selbst lebt im Herzen aller Wesen als das Wahre Selbst, das todlose Selbst. Bestimmte Yoga- und Meditationsübungen und die göttliche Gnade zeigen den Weg zu diesem todlosen Tod (sterben in das All-Eine).

Im Buddhismus, der sich aus der hinduistischen Religion entwickelte, ist das Ziel des Daseins die Nicht-Seele, das *anatta*. Erleuchtete haben sich über die persönliche Seele hinaus zu dem All-Einen entwickelt. Dieser Prozeß ist zu schwierig, um in einem Leben bewältigt zu werden. Deshalb muß eine Seele einen fast endlosen Kreislauf von Geburten, Toden und Wiedergeburten (*samara*) durchlaufen. Das *dharma* – die Weltgesetze, die natürlichen Gesetze von Ursache und Wirkung – bestimmt, wie die Seele sich in eine neue körperliche Identität reinkarniert, das heißt, die Art der Wiedergeburt. Die Weiterentwicklung durch das eigene *dharma* durch die in diesem Leben vollbrachten Taten (*Karma*) führt schließlich zur Erlösung aus dem Kreislauf und der Befreiung der Seele zu ihrem *Atman* (Wahren Selbst). Das Atman vereinigt sich mit dem Brahman, dem All-Einen, dem ultimativen Daseinsgrund, einer Art reinen Essenz jenseits jeder persönlichen Identität.

Das ägyptische Konzept von der Seele beschrieb verschiedene spirituelle Aspekte. Von jedem Menschen wurde angenommen, daß er etwa folgende hatte:

kaò, eine vitale Kraft, die den Körper beim Tod verläßt und auf Reisen geht, um ihrem himmlischen Ebenbild im Königreich Osiris zu begegnen, wobei sie auf ewig sowohl im Grab wie auch im Paradies wohnt.

baò, das Gewissen oder Herz, das dem Jüngsten Gericht gegenübersteht.

akh, der verklärte Geist.

ba, die Kraft des Lebens nach dem Tod.

Nahtod-Erfahrungen: Die Vorausschau

Die Nahtod-Erfahrung, wobei es sich um eine Reihe zusammenfallender Phänomene handelt, die nach dem klinischen Tod (siehe Kapitel 2) auftreten können, wurde als Beweis für ein Leben nach dem Tod und die Unsterblichkeit der Seele angeführt. Berichte über Nahtod-Erfahrungen wurden von Philosophen wie Platon und modernen Schriftstellern wie Melville und Tolstoi aufgezeichnet. Erstmals wissenschaftlich untersucht wurde die Nahtod-Erfahrung von der Ärztin Elizabeth Kübler-Ross in unserem zwanzigsten Jahrhundert. Sie erkannte den großen Bedarf, Sterbende auf den Tod vorzubereiten. Das Interesse an den Nahtod-Untersuchungen führte 1981 zur Gründung der *International Association for Near-Death Studies*. Ihre Untersuchungen wurden später von Dr. Raymond Moody, dem Autor des Buches *Leben nach dem Tod*, von Robert A. Monroe, der das Werk *Der Mann mit den zwei Leben. Reisen außerhalb des Körpers* schrieb, und anderen bestätigt und erhärtet. Um möglichst repräsentative, objektive Ergebnisse zu erzielen und etwaige Einseitigkeiten aufgrund kultureller, altersmäßiger und religiöser Hintergründe auszuschließen, untersuchte Kübler-Ross ein breites Spektrum von Menschen. Die jüngste Untersuchungsperson war zwei Jahre alt, die älteste siebenundneunzig. Sie kamen aus verschiedenen Ländern und deckten ein breites Spektrum an kulturellen und religiösen Hintergründen ab. Darunter waren Eskimos, Hawaiianer, australische Aborigines,

Hindus, Buddhisten, Protestanten, Katholiken, Juden, Agnostiker, Atheisten und andere ohne religiöse Einstellungen.

Den von Kübler-Ross dokumentierten Nahtod-Erfahrungen gingen jeweils verschiedene lebensbedrohliche Ereignisse wie Unfälle, Mordversuche, Selbstmordversuche oder ein schleichender Todeskampf voraus. Alle Erfahrungen traten ein, als es keine meßbaren Zeichen von Gehirnaktivitäten und keine wie auch immer gearteten Lebenszeichen mehr gab. Gemeinsamkeiten, die bei diesen Nahtod-Erfahrungen festgestellt wurden (wobei nicht alle Punkte bei allen zutrafen), waren zum Beispiel:

Trennung einer geistigen Essenz vom Körper bei völliger Abwesenheit von Schmerz.

Ein Gefühl von physischer Ganzheit in diesem außerkörperlichen Selbst, auch wenn der Körper, den man gerade »verlassen« hat, entstellt oder gelähmt war.

Der außerkörperliche Geist schwebt über der Todesszene und beobachtet sie aus der Distanz.

Ein bewußtes Erleben der ganzen Szene, einschließlich der Personen, die am Körper arbeiten: von ihren Gedanken, Gesprächen, ihrem Verhalten und ihrer Kleidung – ohne irgendwelche negativen Gefühle wegen der Situation.

Die Erfahrung körperlicher Vollkommenheit, was Kübler-Ross als den »vorübergehenden ätherischen Körper« bezeichnet. Amputierte berichten, daß sie Beine haben, Taubstumme geben genaue Berichte von den Reden und Geräuschen, die sie hören, die Blinden können genau detailliert beschreiben, was sie sehen.

Von liebevollen Geleitpersonen, Engeln oder geliebten verstorbenen Familienangehörigen oder Freunden umgeben zu sein.

Ein Gefühl von Zeitlosigkeit und absoluter Weite. In diesem Sein kann man überall, wo man möchte, in Gedankengeschwindigkeit sein.

Die Fortbewegung durch einen Gang, oft als Tunnel, manchmal als ein Fluß oder Tor beschrieben. (Kübler-Ross geht davon aus, daß dieser symbolische Übergang kulturell bestimmt ist.)

Das Zugehen auf eine unglaublich schöne, unvergeßliche Lichtquelle; ein kosmisches Bewußtsein.

Eine absolut bedingungslose Liebe in der Gegenwart dieses Lichtes, das von den meisten Personen in der westlichen Hemisphäre als Christus oder Gott, als absolutes Verstehen oder Mitgefühl bezeichnet wurde. In dieser Gegenwärtigkeit wird der Betreffende sich seines Potentials bewußt, was und wie er sein könnte.

Rückblick und Bewertung des ganzen eigenen Daseins, mit dem Gefühl, allwissend zu sein und alles zu verstehen.

Verlassen des ätherischen, vorgespiegelten Körpers und Annehmen der Form, die man vor der Geburt hatte, und die man haben wird, wenn man mit der Quelle, mit Gott verschmilzt, wenn das eigene Schicksal erfüllt ist.

Das Lichtwesen weist die sterbende Person an, zu ihrem Körper, ins Leben zurückzukehren. Widerwillig beschließt der Betreffende um der Lieben willen, die zurückbleiben würden, es zu tun.

Nach der Rückkehr in den physischen Körper führen die Betreffenden ein völlig anderes Leben. Sie fürchten den Tod nicht mehr und sind sich der Bedeutung der Liebe in einer vorher nie erfahrenen Weise bewußt.

Kritiker der spirituellen Natur der Nahtod-Erfahrung behaupten, daß unter anderem Medikationen oder Störungen der Hirnfunktionen für die Nahtod-Visionen veantwortlich sein können. Verfechter der außerkörperlichen These halten dem entgegen, daß bei den sterbenden Patienten im EEG (Elektroenzephalogramm) eine Null-Linie aufgezeichnet wurde, was bedeutet, daß jede Hirnaktivität aufgehört hat. Hinzu kommt, daß Nahtod-Erfahrungen auch bei Personen auftreten, die keine Halluzinationen auslösenden Medikationen oder überhaupt keine Medikationen bekommen haben, wie im Falle plötzlicher Verletzungen.

In Zusammenhang mit diesen außerkörperlichen Erfahrungen werden auch entsetzliche Erfahrungen berichtet, die aber nicht die Norm sind. Einem tibetischen geistigen Lehrer, Sogyal Rinpoche, zufolge, entsprechen Nahtod-Erfahrungen manchen Stufen des Todes, wie sie im Bardo Thödol beschrieben sind. Sogyal geht davon aus, daß die Menschen die negativen Erfahrungen bei ihrer Rückkehr in den Körper wahrscheinlich vergessen.

Blumen und Bäume und Tod

Viele Buddhisten glauben, daß die Seele eines Menschen auf einer Lotusblüte ins Jenseits befördert wird.
Azteken bezeichneten ihr jenseitiges Paradies als Xochitlicacan, der »Ort der Blumen.« Auch die Huichol-Indianer Mexikos glaubten an ein Paradies voller Blumen. Um dieses Paradies noch zu Lebzeiten zu erreichen, schlucken sie Meskalinknospen. Bei einer Nahtod-Erfahrung sprechen die Huichol davon, daß sie auf Reisen sind, um ihren Vorfahren zu begegnen.
Die Griechen und Römer glauben, daß Amarant, eine heilige Blume, Unsterblichkeit garantierte.
Die Christen assoziierten Weiden, Zedern und Immergrün mit Tod und ewigem Leben. Diese Bäume werden gerne auf Friedhöfen angepflanzt.
Bei den Hindus wird Sandelholz für die Herstellung von Weihrauch, zur Einbalsamierung und zum Bau von Scheiterhaufen für die Verbrennung verwendet.

Reise ohne Rückfahrschein: Der Übergang zwischen den Welten

Seit Urzeiten haben Kulturen und Religionen Kunstwerke und Geschichten hervorgebracht, mythische Landkarten vom Leben nach dem Tod, um die Seelen zu ihrem Ziel zu geleiten und der vitalen Lebenskraft bei ihrer Reise »nach Hause« zu helfen. Bei dieser Überfahrt muß sorgfältig navigiert werden, und strenge Verfahrensweisen müssen eingehalten werden. Die Symbole von Flucht, Bewegung und Übergang beschreiben den Weg von diesem Leben ins Jenseits. In Kulturen, die in der Nähe von Gewässern beheimatet sind, überwiegen Bilder von Booten und Gewässern. Ein gemeinsames Merkmal dieser Reisen oder Überfahrten ist ein göttliches Gericht.

Die Frage des göttlichen Gerichtes nach dem Tod hat insbesondere in christlichen Traditionen eine doppelte Bedeutung. Zum einen wird jedes Individuum nach dem Tod nach seinen Verdiensten im Leben beurteilt. Zum anderen wird die Menschheit am Tag des Jüngsten Gerichts auch kollektiv beurteilt, wenn Christus (bei seiner Wiederkunft) auf die Erde herabkommt und die Gerechten mit in den Himmel nimmt. Bei den Katholiken spendet ein Priester die Sterbesakramente, um die Seele des Sterbenden durch das Gebet Gott zu empfehlen.

In den Ägyptischen Totenbüchern fand das Gericht in der Unterwelt-Halle der Göttin Maat, der Wahrheit-Gerechtigkeit, statt. Wenn die Seele bekannt hatte, daß sie frei von Sünde war, wurde ihr IB oder Herz, der Sitz des Gewissens, gegen eine Feder aufgewogen. Horus, der Himmelsgott, überwachte das Wiegen, und Thoth, der Schreiber der Toten, war unparteiischer Zeuge. Ein krokodilfratziger Dämon, der Seelenverschlinger, wartete unter der Waage, um jedes schwer mit Sünden beladene Herz zu verschlingen. Diejenigen, deren Herzen vor dem Gericht durchkamen, wurden von Horus zu Osiris ins Paradies der Gefilde der Seligen geführt.

In der griechischen Mythologie überquert die Seele, nachdem sie den Körper verlassen hat, den Fluß Styx, um in den Hades zu gelangen. Charon, der Fährmann, wird als ein giftiger, streitsüchtiger, scharfsinniger und exzentrischer Mann dargestellt, der darüber entscheidet, welche Seelen hinüberfahren dürfen. Vergils *Aeneas* gibt eine Erklärung für Charons Entscheidungen, wenn Sibylle zu Aeneas sagt:

> *Durch die dumpf brausenden Fluten dürfen zum schrecklichen Strande lediglich Seelen von schon begrabenen Leichnamen fahren. Hundert Jahre lang flattern die anderen ziellos am Ufer; dann erst bekommen sie die ersehnten Gewässer vor Augen.*

Ein zentraler Bestandteil des Mythos ist, daß die Seelen eine Münze für Charon als Bezahlung für die Überfahrt mitbringen müssen. Woraus die Praxis erwachsen ist, daß dem Verstorbenen bei der Beerdigung zwei Münzen auf die Augen oder eine unter die Zunge gelegt werden.

Im Zoroastrismus, einer persischen Religion, spielt die Chinvat-Brücke, der Ort des letzten Gerichts, eine prominente Rolle. Auf der Brücke wird die Seele des Verstorbenen nach ihren Gedanken, Worten und Werken in dem gerade gelebten Leben beurteilt. Auf der Grundlage dieses Urteils wird die Seele entweder in den Himmel geleitet oder in die unter der Brücke liegende Hölle geworfen.

In einigen indianischen Geschichten muß die Seele über einen schmalen Holzbalken gehen, um Einlaß ins große Jenseits zu finden. Da die Seele, wie in manchen Traditionen geglaubt wird, nahe beim Körper zurückbleibt, muß eine heilige Person bald nach dem Tod bestimmte Rituale vollziehen und Gebete sprechen, um verlorenen Seelen bei ihrer Reise zu helfen.

In der tibetischen Tradition versetzt ein Schamane seinen Geist am Grab des Verstorbenen ins Jenseits, um dessen Seele von den Lebenden auf den richtigen Weg zur nächsten Welt zu führen. Hinduistische und buddhistische Religionen beschreiben mindestens sieben Himmel und ebenso viele Höllen, die Übergangszustände des Seins zwischen den Inkarnationen darstellen. Das *Bardo Thodöl* (was soviel heißt, wie »Befreiung durch Hören auf der Todesstufe« oder »Befreiung durch Nahtod-Erfahrungen auf der Bardo-Stufe«), besser bekannt als *Das Tibetische Totenbuch*, ist der alte buddhistische Text, der die Sterbenden zur Rettung geleitet. *Das tibetische Buch vom Leben und vom Sterben* gibt konkrete Anweisungen für diejenigen, die einen Sterbenden begleiten. Darin wird auch die Zwischenstufe (Bardo-Stufe) genau und lebendig beschrieben, wie auch die Dämonen und Götter, denen man auf einer Stufe begegnet. Die Seele muß diese himmlischen und höllischen Erfahrungen auf ihrer Reise als illusorisch betrachten und durch sie hindurchgehen. Sobald die Seele die Bardo-Stufe verläßt, reinkarniert sie sich in einem neuen Körper.

Das tibetische Buch vom Leben und vom Sterben zeigt auch den Weg der Heilssuche.

Ehe der Buddhismus aus Indien in China eingeführt wurde, lagen Himmel und Hölle für die Chinesen jenseits der Grenzen Chinas. Mit der Übernahme des Buddhismus wurde dann das majestätische Tai-Gebirge im Westen sowohl als der Ort betrachtet, an dem das Leben begann, wie auch als der, wohin die Toten kamen, um beurteilt zu werden.

Warum ist das bei Beerdigungen so?

Die Leichenbestatter, Trauernden und Sargträger tragen Schwarz, um ihre Trauer und ihren Schmerz zu zeigen, und als Verkleidung, um sich vor bösen Geistern zu schützen, die sich in der Nähe herumtreiben könnten.
Man trägt bei Beerdigungen keine neuen Kleider und insbesondere keine neuen Schuhe. Die Toten könnten neidisch sein. Darum gingen Trauernde früher traditionell in Sack und Asche und barfuß.
Warum hält der Verkehr bei einer Beerdigungsprozession an? Da jede Verzögerung beim Transport eine Seele in einen ruhelosen Geist verwandeln könnte, der die Absicht haben könnte, in dieser Welt zu verweilen, statt in die nächste überzugehen.
In England wurden die Toten immer mit den Füßen zuerst aus dem Haus getragen. Sonst hätten die Geister einen Blick ins Haus zurückwerfen und die Familienmitglieder locken können, sie zum Grab zu begleiten.
Kränze spiegeln heidnische Überzeugungen wider. Ihre Kreise sollen den Geist des Toten in Schranken halten.

Das Jenseits: Das Gute, das Böse und das Mittelmaß

Beim Übergang der Seele in die nächste Welt gelangt sie in den meisten Religionen an einen Ort der ewigen Belohnung oder ewigen Strafe. Die meisten Religionen gehen von einem dreigeteilten Universum von Himmel, Erde und Hölle aus. Der Himmel ist über der Erde, vielleicht weil davon ausgegangen wird, daß der Geist aufsteigt; und da Körper – oft der Sitz der Sünde – in der Regel in der Erde begraben werden, wird die Hölle als unter der Erde liegend dargestellt. Himmel sind weit, licht und luftig; Höllen sind dicht, finster und extrem heiß oder eisigkalt (oder auch eine qualvolle Mischung aus beidem). Die Existenz im Himmel und in der Hölle wird sehr lebendig und anschaulich beschrieben. In den Traditionen, die das Jenseits als eine Urteilsstätte betrachten, ist der Himmel ein Ort, wo das eigene Gutsein belohnt wird, und die Hölle der Ort des Leidens für Sünden. Der Hauptunterschied zwischen den Religionen ist, ob Himmel und Hölle jeweils Endstationen oder Zwischenstationen sind, die auf dem Weg zu einer anderen wesentlicheren Existenz durchlaufen werden müssen.

Das Paradies: Der ultimative Lohn

Religionen, die an eine endgültige Wohnstatt für gerechte Seelen glauben, beschreiben die Szenerie des Paradieses ausführlich. Das Paradies spiegelt wider, was in der jeweiligen Kultur oder Religion hier auf Erden am höchsten geschätzt wird. Die größte Belohnung jedes Paradieses ist jedoch die Erlangung der ewigen Glückseligkeit in der Gegenwart Gottes.

Für die Christen ist der Himmel das Reich des Lohnes für das irdische Leben. Der Glaube an Jesus Christus als Herrn und Erlöser ist die wichtigste Grundlage, um in den Himmel zu kommen, wo die Seele in ewigem Frieden bei Gott wohnt. Die christlichen Bilder reflektieren einen glückseligen Zustand, wo die guten Seelen inmitten von weißen Wolken, Blumen und Vögeln mit Gott und den Engeln beisammen sind. Die weiße Rose symbolisiert in der westlichen Tradition die vollkommene und reine Liebe. Engel mit Flügeln, goldene Pfade und die zwölf Himmelstüren verheißen himmlische Glückseligkeit. In seinem *Paradies* beschreibt der italienische Dichter Dante Alighieri neun an Gewichtigkeit und Herrlichkeit jeweils zunehmende Sphären des Himmels, die jene erwarten, die sich den Zutritt verdient haben. Jenseits der neun Sphären des Himmels ist das Reich Gottes und der Heiligen. Dort gibt es weder Zeit noch Raum, nur noch reines Licht.

Die alten ägyptischen Totenbücher schilderten ein Paradies, das sehr viel Ähnlichkeit mit den besten Seiten des irdischen Lebens hatte: fruchtbare Felder, große Ernten.

Zu den tibetischen Bildern vom Paradies gehört die Lotusblüte, die sich – unverfälscht und unverdorben, zart und vielblättrig – in der Sonne entfaltet.

Die Indianer stellten sich glückselige Jagdgründe mit reichen Wildbeständen und Nahrungsangeboten vor.

Die Hölle: Die Buße ganz unten

Die Landschaft der Hölle wurde von Dante in seinem Werk *Die göttliche Komödie* sehr detailliert beschrieben. Dante stellte sich dabei neun konzentrische Kreise vor, die parallel zu der zunehmenden Schwere der Sünden und Strafen immer kleiner und enger wurden und in einem konischen Punkt, einer Eisfläche endeten, wo das eisige Monster – Luzifer, der Satan, der Teufel – residierte.

Das hebräische *Gehinnom* (griechisch *Gehenna*), das in nachbiblischen jüdischen Werken und im Neuen Testament zu finden ist, ist die jüdische Bezeichnung für die Hölle. Der Name ist von dem Tal Ben Hinnom abgeleitet, wo Kinder zu Ehren Molochs geopfert und verbrannt wurden. Obwohl es schauerliche Beschreibungen von Folter und Qualen und von Feuer und Eis gibt, wird die Hölle dennoch in erster Linie als ein metaphorisches Konzept und nicht als ein Ort der Folter und Qualen im buchstäblichen Sinne betrachtet. Die Hölle wird im allgemeinen als die »Entferntheit der Seelen der Gottlosesten« gesehen.

Im Islam liefert der Koran lebendige Beschreibungen sowohl vom Himmel als auch von der Hölle als den endgültigen Bestimmungsorten für die Gerechten und Verdammten, die den einzelnen nach dem göttlichen Urteil über ihre Lebenstaten zugewiesen werden. Nach diesem Urteil geht jeder Mann und jede Frau über die Brücke von al-Aaraf. Ungläubige kommen in die Hölle; die Gläubigen fahren in den Himmel auf. Übervoll mit dem Schlimmsten und Besten, das Sterbliche sich vorstellen können, ist die Hölle ein Reich ewiger Qualen und der Himmel eine überreiche und sinnenfrohe Stätte immerwährender Glückseligkeit.

Das Fegefeuer: Eine ganz eigene Welt

Die griechische Vorstellung vom »Leben nach dem Tod« mit dem Hades als dem letzten Verweilort der Seelen unterscheidet sich deutlich vom christlichen Konzept. Der Hades war kein Ort der Qual und Strafe wie die christliche Hölle, sondern vielmehr ein Quasileben, dem jeder Sinn fehlte, wo die Seelen auf immer und ewig als Schatten ihres früheren Selbst ziellos umherwanderten.

Für die römisch-katholischen Gläubigen ist das Fegefeuer ein zwischen Himmel und Hölle liegendes Reich, in das die Seelen, die weder besonders gut noch schlecht sind, zur Läuterung kommen. Das katholische Fegefeuer scheint von der persischen zoroastrischen Tradition beeinflußt worden zu sein. Das wichtigste Element ist die Läuterung durch vorübergehende Strafe, so daß die Seele ohne Makel in den Himmel eingehen kann. Dante beschrieb das römisch-katholische Fegefeuer in seinem *Läuterungsberg* und schilderte die schwere, mühselige Buße, welche die Seelen tun müssen, um durch eine Wand von Flammen ins Reich der Geretteten zu gelangen.

Eng verwandt mit dem katholischen Fegefeuer ist das Konzept des *Limbus*, eines Übergangsreiches für die Seelen von Säuglingen, die ungetauft gestorben sind. Ihre Seelen kommen nach einem kurzen Zwischenaufenthalt im Limbus in den Himmel. Die Gebete der Lebenden helfen den Seelen bei ihrem Fortkommen in den Himmel.

Jenseits des großen Jenseits: Andere Schicksale für die Seele

Gottes Fleischwerdung in Jesus Christus, die sich in seiner Kreuzigung und Auferstehung erfüllt, bietet den christlichen Gläubigen ein Konzept, dem metaphorischen, spirituellenTod und dem physischen Tod zu entgehen. Die Auferstehung Jesu von den Toten veranschaulicht für die Christen das ewige Leben und bezieht sie in das Versprechen mit ein, daß ihnen gleiches offensteht. Christen glauben an das Konzept der persönlichen Auferstehung und die

Transformation des ganzen Selbst nach dem Tod. Die biblische Lehre verweist in zweierlei Hinsicht auf die Auferstehung der Gläubigen. Zum einen auf die Auferstehung des einzelnen, die auf den Tod und das persönliche göttliche Gericht folgt. Dabei steigen die Seelen der Rechtschaffenen in den Himmel auf und die der Verdammten in die Hölle hinab. Zum anderen auf eine kollektive Auferstehung, die für die Menschheit vorhergesagt wird. Nach der Wiederkunft Christi, die gleichbedeutend mit dem Ende aller Zeiten ist, werden die Gerechten mit in den Himmel genommen, um dort bis in alle Ewigkeit bei Gott zu wohnen.

Diese Konzepte werden seit Jahrhunderten von den Kirchengelehrten studiert und interpretiert. Eine Frage lautet: Was wird auferstehen? Konservative Christen glauben, daß der Körper in seiner vollendetsten Form (wie er vor dem Tod war oder gewesen wäre) auferstehen wird. Andere hängen dem Glauben an, daß der Geist des einzelnen bis in alle Ewigkeit existieren wird.

Die Eschatologie, »die Lehre von den Letzten Dingen«, sieht die Auferstehung als Bestandteil des Endes der bekannten Welt. Die Kosmologie jeder Religion schließt das Ende wie den Beginn der Schöpfung mit ein. Wobei die Glaubensvorstellungen über das Ende Visionen vom Königreich Gottes, von einem neuen Himmel und einer neuen Erde, der Wiederherstellung des Paradieses, wie es vor dem Sündenfall des Menschen war, mit einschließen. Nihilistische Überzeugungen stellen sich das Ende als Götterdämmerung, als das Ende der Welt, Auslöschung und Untergang vor.

Im Alten Testament bezieht sich die Auferstehung des erwählten Volkes auf die Nation Israel. Die orthodoxen Juden glauben, daß die Gläubigen bei der Ankunft des Messias von den Toten auferstehen werden. Wie bei den Christen gibt es auch bei den Juden mehrere Deutungen der Vorstellung, was auferstehen wird, der Körper oder seine spirituelle Manifestation. Zudem hat die Verbindung zwischen Körper und Seele Einfluß auf die Einstellungen zur Bestattung. Orthodoxe Juden (wie auch bestimmte christliche Konfessionen) lehnen die Praxis der Einäscherung aus der Überzeugung heraus ab, daß sie mit der Lehre von der körperlichen Auferstehung unvereinbar ist.

Für die Moslems ist die Auferstehung des Körpers ein wesentliches Element der islamischen Lehre. Am Tag *(yawm)* der Auferstehung *(ba'th)* werden sich die Toten für ihr letztes göttliches Gericht auf ihre Füße erheben. Dieses Gebet aus dem Koran wird am Freitag in den Moscheen rezitiert. Es bringt den moslemischen Glauben an die Unsterblichkeit und die Überzeugung zum Ausdruck, daß das wahre Leben am Tag des Gerichts beginnen wird.

Reinkarnation: Viele Körper, eine Essenz

Manche Religionen besiegen den Tod durch Reinkarnation, der Wiedergeburt der Seele des Verstorbenen in einer anderen physischen Hülle. Die Vorstellung von der Reinkarnation baut auf dem Glauben an die Seelenwanderung auf, der Vorstellung, daß ein spiritueller oder ätherischer Teil des Verstorbenen wandert und in einen anderen Körper (eines Menschen oder eines Tieres) schlüpft. Die Seelenwanderung spielt eine wesentliche Rolle in Traditionen, in denen die Ahnenverehrung gepflegt wird. Sie beruht auf dem Glauben, daß die Seele bzw. der Geist verstorbener Vorfahren durch den Körper neugeborener Nachfahren wieder in die Gemeinschaft zurückkehrt.

Im Hinduismus und Buddhismus hängt die Seelenwanderung mit dem ewigen Geburtenkreislauf, *Samsara* (hindurchgehen, wandern), zusammen, wonach die Seele gemäß dem *Dharma* – den objektiven Naturgesetzen von Ursache und Wirkung – und dem *Karma* – den jeweiligen Werken und Taten in einer Lebenszeit (wozu Yoga-Übungen und Meditationen gehören) durch eine Reihe von aufeinanderfolgenden Leben hindurchgeht. *Samsara* kann auch das alltägliche Leben in der Welt bedeuten. Es ist unmöglich, in einer Lebenszeit Vollkommenheit zu erreichen. Somit ist die Seele an das Rad des Lebens gebunden: an eine Abfolge von Geburten, Toden und Reinkarnationen. Wenn eine Seele sich bis zum Punkt der Befreiung oder Erlösung (*moksha*) entwickelt hat, wird sie zum *Atman,* dem Wahren Selbst, das im *Brahman* aufgeht, dem ultimativen Daseinsgrund, dem absoluten Selbst, das jenseits jeder persönlichen Identität liegt.

Bei den Hindus stützt sich die Reinkarnation auf eine hierarchische Kastenordnung, in der es innerhalb von einer Lebenszeit keinen Aufstieg in eine höhere Kaste gibt. Man bleibt an die Kaste gebunden, in die man in dem jeweiligen Leben hineingeboren wurde. Die frühen Buddhisten lehnten die Vorstellung von Kasten ab und glaubten statt dessen, daß jeder, der die Erleuchtung nicht erlangt, als Gott, als Mensch, als Tier oder als Geist *(preta)* wiedergeboren wird. Die Reinkarnation ist wie »eine Kerze, die durch die Flamme einer anderen angezündet wird«, wie ein buddhistischer Lehrer meinte.

Wir haben Kontakt ...

Viele Menschen glauben, daß die Lebenden und die Toten nicht für immer voneinander getrennt sind, nachdem die geliebten Verschiedenen ihren letzten Bestimmungsort erreicht haben. Solche Überzeugungen können sich in religiöser Form, aber auch als Aberglaube äußern, der religiöse, kulturelle und wissenschaftliche Elemente miteinander kombiniert.

Ahnenkult: Verehrung und Kontinuität

Viele Gesellschaften glauben, daß die Toten, die in der Unterwelt leben, auch weiterhin die irdischen Ereignisse beeinflussen. Stämme und Kulturen, die ihre Ahnen verehren, glauben, daß die Weisheit ihrer verstorbenen Alten und Führer erhalten wird, um die ganze Gemeinschaft zu führen und zu einigen. Der Begriff der »Verehrung« kann jedoch problematisch sein. Die Praktiken und Überzeugungen der Traditionen, die den Ahnenkult pflegen, ähneln oft denen kultureller und religiöser Gruppen, die ihre verstorbenen Verwandten lediglich ehren und ihrer gedenken. Die bantusprachigen Völker Afrikas unterscheiden beispielsweise zwischen Ahnen, die eine wirkliche Kraft in der Gemeinschaft sind, die sogenannten *vidye*, und den gewöhnlichen Toten, den *fu*, die zu Geistern oder Schatten werden. Während die *fu* an

Grabstätten und mit rituellen Aufmerksamkeitsbezeigungen an Familienschreinen geehrt werden, beeinflussen die *vidye* die Kultur insgesamt und werden viele Generationen lang angerufen und beschworen.

Fernöstliche Religionen (Shintoismus in Japan, Konfuzianismus in China und einige buddhistische Sekten) sind die herausragendsten Beispiele des klassischen Ahnenkults. Er wird zudem auch bei einigen afrikanischen Stämmen praktiziert. Die jeweiligen Formen, Rituale und Bedeutungen des Ahnenkults werden vom jeweiligen Konzept bestimmt, das die betreffende Gesellschaft vom Leben nach dem Tod hat. In manchen Kulturen werden die Ahnen in den Stand von Göttern erhoben. Die Boshongo, ein zentralafrikanischer Bantu-Stamm, betrachten die Schöpfung der Welt zum Beispiel als das Werk der Gottheit Bumba, der auch ein Stammesahn ist.

In anderen Glaubensgemeinschaften nimmt man sich einfach die Zeit, der Toten zu gedenken und sie zu ehren. Die Japaner errichten Altäre, an denen sie Gebete sprechen und Zeremonien vollziehen. Die Altäre werden mit besonderen Dingen und Gaben für die verstorbenen Vorfahren geschmückt. Die Opfergaben dienen dazu, den Vorfahren ihr Leben im Jenseits angenehmer zu machen. Die Chinesen bieten den Göttern der Unterwelt Geistgeld an, um das Leiden eines Vorfahren zu lindern. Sie glauben auch, daß verstorbene Verwandte die Macht haben, in die Angelegenheiten der Lebenden einzugreifen. Sie müssen mit Ehrfurcht behandelt werden, um das eigene Wohlergehen und Glück zu gewährleisten.

Selbstmord: Wessen Leben ist es?

Doch vor dem Einschlafen fand er Zeit ... einen alles umfassenden Appell der Liebe und Hoffnung zu vernehmen, der gewiß sein Grauen vor dem Tode auslöschte, ihm zugleich aber versicherte, daß er einen Grund zum Sterben in dem finden würde, was für ihn der Grund zu leben gewesen war.

ALBERT CAMUS, DER GLÜCKLICHE TOD

In der Religion wird das Schicksal, das der Seele nach dem Tod widerfährt, zumeist analog der Abläufe des irdischen Lebens beschieden. Die Todesart – insbesondere, wenn es um Selbstmord geht – hat dabei Folgen für das endgültige Los der Seele in der Ewigkeit. Selbstmord, der freiwillige Akt, das eigene Leben zu beenden, ist eine komplexe ethische und moralische Frage. Das Verüben von Selbstmord und die Einstellung zum Selbstmord hängt in weiten Teilen von den jeweiligen individuellen und gesellschaftlichen Ansichten zu Leben und Tod ab.

Der Dialog eines Menschenfeindes mit seiner eigenen Seele, ein ägyptischer Text, ist das erste bekannte Dokument, bei dem es offenbar um Selbstmord geht. In diesem Werk wird der Tod als attraktiv hingestellt, da er zu einer besseren Existenz führt. Die meisten Religionen verzeihen Selbstmord nicht, wenn der Betreffende als geistig gesund betrachtet wird. Das Judentum erklärt allgemein, sich das Leben zu nehmen sei eine Negierung der Tatsache, daß das Leben ein göttliches Geschenk ist, so daß Selbstmörder an der Kommenden Welt keinen Anteil haben werden. Das Christentum vertritt die Auffassung, daß das eigene Leben einem nicht selbst, sondern Gott gehört. Es ist die Entscheidung Gottes, wann das Leben endet. Im Mittelalter wurden Christen, die Selbstmord begangen hatten, posthum noch verfolgt und ihre Leichen von den Friedhöfen entfernt.

Bezeichnend ist hingegen, daß die Religionen Selbstmorde unterstützen, die durch Altruismus oder Märtyrertum bestimmt sind: jene, die den Tod als Gottes Willen verstehen und ihn im Dienste Gottes annehmen. Es gibt einige religiöse Traditionen, die eine Form des selbstgewollten Todes als einen spirituellen Akt integrieren. *Sallekhana* ist eine Form von Selbstmord, dic von den Jainisten, den Anhängern des Heiligen Mahavlra, geheiligt wird. Mit ihm kann man sich aus dem ewigen Kreislauf des Karma befreien. Sallekhana ist ein langsamer Hungertod, der von einem Mönch überwacht wird. Wenn jemand schwerkrank oder altersschwach ist, wird Sallekhana als das Höchste im Rahmen des spirituellen Strebens und der Meditation betrachtet.

Gleichwohl werfen auch religiös motivierte Selbstmorde komplexe Fragen auf, und sie werden keineswegs rundum befürwortet oder gutgeheißen. Die Reaktionen, die der Massenselbstmord in Jonestown, Guayana, 1978 auslöste, waren Schock und Entsetzen. Jim Jones, Gründer der Volkstempel-Sekte, führte über neunhundert seiner Anhänger in den freiwilligen Tod mit dem Versprechen, daß sie damit in eine neue und bes-

sere Welt eingehen würden, wo sie nicht verfolgt und den Lohn als Gottes Erwählte genießen würden.
Eine Form religiös motivierten, heute jedoch relativ selten verübten Selbstmords, die aus mittelalterlichen Zeiten stammt, ist der hinduistische Brauch der Witwenverbrennung, *Suttee* oder *Sati*, wonach von der Witwe eines Kriegers erwartet wurde, daß sie sich selbst auf den brennenden Scheiterhaufen ihres Mannes warf. Der Zweck dieser Selbstaufoperung war, daß die Frau damit Buße für ihre eigenen Sünden wie auch die ihres Mannes tat.
Humanisten vertreten den Standpunkt, daß das eigene Leben zu beenden, ein Grundrecht sei, das jedem einzelnen zustehe. Der römische Philosoph Seneca war ein Befürworter des individuellen Rechtes, den Tod selbst zu wählen.

Nekromantie – Totenbeschwörung

Anhänger der Totenbeschwörung glauben, daß die Lebenden direkten Kontakt mit den Toten aufnehmen können, um von ihrer Weisheit zu profitieren. Von den griechischen Worten *nekros* (Tote) und *manteia* (Wahrsagerei) abgeleitet, geht diese okkulte Praxis bis ins alte Persien, Ägypten und Rom zurück und wird in manchen Kulturen noch immer gepflegt. Die Wahrsagerei ist ein weltweit bekanntes Phänomen, trotzdem wird gerade die Totenbeschwörung oft mit Magie, Zauberei oder Hexerei assoziiert. Bei der Totenbeschwörung werden (anders als im Spiritualismus oder im Spiritismus) keine Medien benutzt, und es gibt auch keine Begegnungen mit Seelen durch schamanische Reisen. Ebensowenig gehört die Erscheinung von Geistern mit dazu.

Bei der Totenbeschwörung, werden die Toten, denen große prophetische Gaben nachgesagt werden, herbeigerufen, um Auskunft zu geben – für gewöhnlich über die Zukunft oder über ungeklärte Probleme. In der Regel wird der Geist des Toten zurückgerufen, manchmal aber auch sein Leib. Einer okkulten Theorie zufolge bleibt ein Teil der Körperenergie des Verstorbenen im Astralkörper, nachdem die Seele den Körper verlassen hat. Der Astralkörper kann durch magische Kräfte beschworen werden, zur physischen Ebene zurückzukehren.

Sofern der Verstorbene ermordet wurde, kann sein Geist herbeigerufen werden, um die Identität des Mörders preiszugeben.

Tote Geister sind, so der Glaube, ohne die Grenzen, die durch die Sterblichkeit gesetzt werden, allwissend und sehen alles. Nach einer westlichen okkulten Tradition soll die Totenbeschwörung am wirksamsten funktionieren, wenn sie innerhalb von zwölf Monaten nach dem Tod der betreffenden Person durchgeführt wird, da die Seele, wie es heißt, sich noch so lange nahe bei ihrem Grab befindet.

Obwohl es in der Bibel und im Talmud zahlreiche Berichte von Totenbeschwörungen gibt, wurde diese Praxis in der jüdisch-christlichen Tradition in der Regel als sündige, als Machenschaft des Teufels verurteilt. Eine der bekanntesten war die Totenbeschwörerin von En-Dor, die für König Saul den Geist des toten Propheten Samuel aus dem Totenreich heraufbeschwor. Im Spätmittelalter und der Frührenaissance war die Totenbeschwörung ein Verbrechen, das von der Inquisition verfolgt wurde.

Gleichwohl hatte einer der ersten Päpste mit Hilfe von Hexenmeistern Totenbeschwörungen durchgeführt. Ein Mönch namens Albert de Saint Jacques erläuterte in seinem 1675 erschienenen Buch *Light to the Living by the Experiences of the Dead*, wie Geistliche Kenntnis vom Jenseits gewinnen könnten, indem sie jene befragten, die dort wohnten.

Die Totenbeschwörung wird in Legenden, Mythen und der Literatur oft beschrieben. In der griechischen Mythologie besuchte Odysseus den Hades, um Tiresias zu befragen. Nordische Sagen erzählen über Odin, den Gott der Toten, und von der Auferweckung einer toten Prophetin.

Spiritualismus

Der Glaube an die Möglichkeit der Kommunikation mit Geistern ist ein in der menschlichen Zivilisation nahezu universales Phänomen. Philosophien, die dem Spiritualismus ähnlich sind, waren zu allen Zeiten und in allen Kulturen auf der ganzen Welt zu finden. Wie bei allen spirituellen Entwicklungen hat auch die Kommunikation mit den Toten eine lange Geschichte, die bis zum vorgeschichtlichen Schamanismus zurückreicht. Sie gehört zu den

Wundern der Weltreligionen. Der Spiritualismus wird von seinen Anhängern als eine eigenständige Religion definiert, zu deren Dogmen auch wissenschaftliche Beweise für ein Leben nach dem Tod gehören. Spiritualisten glauben, daß die Persönlichkeit nach dem Tod in einem spirituellen Körper – und nicht in einem neuen physischen Körper – weiterlebt. Nur die Spiritisten, eine Untergruppierung der Spiritualisten, glauben an die Reinkarnation in einem neuen physischen Körper.

Spiritualisten kennen kein Paradies, Himmel und Hölle, und auch kein letztes Gericht oder eine Auferstehung des physischen Körpers. Sie glauben, daß die Seele eine Zeitlang nahe der irdischen Ebene bleibt, ehe sie an Wissen und moralischen Qualitäten gewinnt, die es ihr erlauben, zu höheren Ebenen zu gelangen, bis sie schließlich zu reinem Geist wird. Bestimmte Seelen, die spirituelle Weisheit erlangt haben (Lehrmeister), bleiben in einem körperlosen Zustand, um durch Medien mit gewöhnlichen Menschen zu kommunizieren.

Ein Element spiritualistischer Überzeugungen und Praktiken sind physikalische Phänomene, die den Kontakt mit den Toten begleiten, wozu Klopfgeräusche, Telekinese, Levitation (freies Schweben) und automatisches Schreiben gehören. Das spirituelle Heilen, ein weiteres Schlüsselelement spiritualistischer Praktiken, schließt Handauflegen und Fernheilungen mit ein, wobei das Medium mit einem Geistheiler arbeitet, um jemanden, der nicht anwesend ist, zu heilen. Zu den mentalen Medienphänomenen gehört Wahrsagen durch den Blick in eine Kristallkugel, Hellsehen, Arbeiten mit Wünschelruten und Sprechen mit dem Jenseits.

Der moderne Spiritualismus kam 1848 in den Vereinigten Staaten mit den Geschwistern Fox, Maggie und Katie, auf, die durch Klopfen mit Geistern kommunizierten. Sie wurden als Medien sehr populär und führten im ganzen Land ausgetüftelte Séancen durch. Ihr Ruhm ermutigte dann andere Medien. Um 1850 hatte der Spiritualismus in Europa und in den USA bereits eine große Anhängerschaft gefunden.

Die Theosophische Gesellschaft, die aus der spiritualistischen Bewegung hervorging, wurde 1875 von der Russin Helena Petrowna Blavatsky und dem amerikanischen Spiritualisten Henry Steel Olcott gegründet. Blavatsky war für die übersinnlichen Phänomene bekannt, die sich oft in ihrer Gegenwart ereigneten. Die Theosophie konzentrierte sich auf die geheimen Naturgesetze und hatte das Ziel, die östliche Spiritualität mit dem westlichen Denken und der westlichen Wissenschaft zu vereinen.

New-Age-Medien sind Personen, die heute als »Channels«, also »Kanäle«, bezeichnet werden. Sie versetzen sich in einen Trancezustand, in dem ein Lehrgeist sich des Körpers bemächtigt. Channels kommunizieren zumeist mit hochentwickelten Seelen, die ihnen Botschaften über den Sinn des Lebens und des Todes überbringen. Die Medien im neunzehnten Jahrhundert hatten sich meistenteils auf Botschaften von verstorbenen Verwandten konzentriert, die als Beweis für das Leben nach dem Tod dienen sollten. Dieses Channeling ist in vieler Hinsicht eine Mischung aus Theosophie und Spiritualismus, wobei die Channels jedoch weder der einen noch der anderen Gruppe angehören. Edgar Cayce (bekannt als der Schlafende Prophet), Jane Roberts und Ruth Montgomery sind einige der Prominenten, die das Channeling bereits praktizierten, ehe die Bewegung populär wurde.

Sie lungern herum: Die Toten unter uns

Es gibt Kulturen und religiöse Überzeugungen, die davon ausgehen, daß manche Tote, für gewöhnlich jene, die im Leben sehr viel gelitten haben oder eines unnatürlichen Todes gestorben sind, in ätherischer oder physischer Form unter den Lebenden weilen. Diese unglücklichen oder verfluchten Seelen, die nicht auf die Erde gehören, sind in der Regel Objekte des Schreckens.

Geister

Mit dem Begriff »Geist« ist die Seele, eine geistige Essenz, der Atem, der unstoffliche Teil des Menschen, die moralische Natur, ein guter oder böser Geist gemeint. Unter Geistern werden im allgemeinen die Seelen von Verstorbenen verstanden, die als plötzliches Gesicht oder als Gespenst in Erscheinung treten. Frühe biblische Texte beschreiben den Tod zwar als »den Geist aufgeben«, aber die christliche Lehre bezieht keine Position zur Existenz von Geistern. Der Glaube an die Existenz von Geistern wird durch die christliche Lehre generell nicht unterstützt. Indes werden auf der ganzen Welt weiterhin, und zwar für gewöhnlich nachts oder in den frühen Stunden der Morgendämmerung, auf Friedhöfen oder in der Nähe von Totenstätten düstere, schemenhafte Erscheinungen gesehen, gefühlt oder gehört. Und damit diese verlorenen Seelen die Lebenden nicht verfolgen und jagen, müssen sie oft mit Gebeten, Opfern oder Ritualen beschwichtigt werden.

Die Ashanti in Ghana befestigten starke, mächtige Amulette an den Leichen von hingerichteten Verbrechern, um zu verhindern, daß ihre Geister zurückkehrten und den Scharfrichtern Schaden zufügen. Daß der Kopf des gestorbenen Verbrechers kahlrasiert und rot, weiß und schwarz angemalt wurde, war eine weitere Vorsichtsmaßnahme. So konnte man den Verbrecher erkennen, wenn er als Geist herumschleichen sollte.

In Indien glaubt man, daß Geister und Dämonen sich auf Friedhöfen herumtreiben oder in Bäumen leben. Und manchmal treten sie, auf der Suche nach Nahrung und Blut, entweder in einer schönen oder einer häßlichen Form in Erscheinung. Der Affengott Hanuman ist der hinduistische Wächter gegen Geister. Mit Opfergaben von Kokosnüssen und Öl, und indem sie rotes Blei über sein Bildnis gießen, schützen sich die Lebenden vor Geistern.

Das irische *fetch* und das schottische *wraith* bezeichnen tote Geister. Sie können aber auch den Geist einer lebenden Person meinen, der als Vorwarnung auf ihren Tod erscheint. Ein Phantom, von dem griechischen *phantasma* abgeleitet, kann ein Trug- oder Traumbild sein. Er kann aber auch der Geist eines Menschen sein, der über Mittel, die jenseits der normalen Sinne liegen, Einfluß auf den Geist eines anderen nimmt. Ghule (vom arabischen *ghul* abgeleitet) sind Dämonen, die sich auf Friedhöfen herumtreiben und Leichen fressen. Das französische *revenant* (der Rückkehrende) wird im Englischen als Bezeichnung für Besuche von Toten verwendet. In Irland sind die *banshees*, die Todesfeen, manchmal mit der Todeskutsche unterwegs, einem Phantomgefährt, das von einem kopflosen Kutscher gefahren und von schwarzen Pferden gezogen wird. Wo immer die Todeskutsche anhält, wird in dem betreffenden Haus am nächsten Tag jemand sterben.

In China ist ein Geist (*kuei*, der männliche, und *yao*, der weibliche) jemand, der eines ungewöhnlichen Todes, für gewöhnlich durch ein Verbrechen, gestorben ist. Von den Geistern von Banditen glaubte man, daß sie nahe an der Stelle ihrer Hinrichtung herumlungerten. Wenn eine schwangere Frau an dieser Stelle vorbeikam, würde der Geist bei der Geburt des Kindes später vielleicht versuchen, dessen Seele herauszureißen, um an seiner Stelle geboren zu werden. In Japan sind die gefährlichsten Geister die von Menschen, die eines gewaltsamen Todes, in Ungnade oder in Schande gestorben sind. Sie werden zu wütenden, rachesüchtigen Geistern (*onryo*). Onryo können eine Reihe schlimmer Katastrophen über das ganze Land bringen.

In Hollywood-Filmen wie *Der Exorzist, Ghostbusters – Die Geisterjäger* und *Poltergeist* werden die Begegnungen mit den Geistern von Toten als atemberaubende, Schrecken und Entsetzen verbreitende und actiongeladene Ereignisse dargestellt. Demgegenüber behaupten reale Geisterjäger, daß ihre Arbeit oft recht langweilig sei. Für achtundneunzig Prozent aller »Geistererscheinungen« gibt es, wie sich bei entsprechenden Untersuchungen herausstellte, sehr diesseitige Erklärungen. Es sind jedoch diese faszinierenden, unerklärlichen zwei Prozent, die diejenigen, die an die Welt der Geister glauben, in ihrem unerschütterlichen Glauben bestärken.

Die Geisterjäger John und Anne Spencer kategorisieren entsprechende Erscheinungen wie folgt:

Aufzeichnungen von vergangenen Erscheinungen enthüllen Geister als Stimmen oder als holographieähnliche Bilder. Aufzeichnungen, die am Ort des Todes, oft eines traumatischen oder gewaltsamen Todes, gemacht wurden, können den Hergang praktisch wie einen ätherischen Film nochmals ablaufen lassen. Lebende, die an dem Ort wohnen, nehmen die Echos aus dem Jenseits, von denen sie umgeben sind, im Zweifel nicht wahr. Wenn eine Person ihm im Weg steht, geht der Geist einfach durch sie hindurch oder völlig unbemerkt nahe an ihr vorbei.

Todestagsgeister kehren jährlich zum Zeitpunkt des Todes zurück, um den Ablauf nochmals zu wiederholen. Das Problem mit diesen Jahrestagen ist, genau zu wissen, wann der Geist auftaucht, da man einfach nicht wissen kann: Hält er sich an die Zeitumstellung von Sommer- und Winterzeit? Was ist mit den Schaltjahren? Todestagsgeister treten manchmal um das Datum ihres Todestages in Erscheinung, wobei Witterungsbedingungen (die denen zum Zeitpunkt des Todes nahekommen) ihr Erscheinen offenbar beschleunigen.

Interaktive Geister sind diejenigen, die am besten mit Medien und Channels, »Kanälen«, abgestimmt sind. Sie bringen Botschaften und Erkenntnisse aus dem Jenseits und scheinen Dinge über den Verstorbenen zu wissen, die sie nicht wissen könnten, wenn sie nicht »wirkliche« Geister wären. Man spürt ihre Gegenwart, statt sie zu hören oder direkt zu sehen. Betroffene Personen berichten, daß sie sich in einem bestimmten Raum, so als ob jemand dort wäre, beobachtet fühlen.

Poltergeister werden von ernsthaften Geisterjägern nicht als wirkliche Geister betrachtet, da Geister Erscheinungen an Spukorten sind und es sich bei Poltergeistern um gequälte und verfolgte Seelen handelt. Ein Poltergeist konzentriert sich auf eine bestimmte Person und kann von anderen Unbeteiligten nicht gesehen werden. Die Aktivitäten eines Poltergeistes – Verrücken von schweren Gegenständen, Dinge quer durch den Raum schleudern – bleiben auf wenige Monate beschränkt.

Bei den Geistern von Lebenden – Doubles, Doppelgänger, »Vardoger«, Bilokatoren – handelt es sich sämtlich um Beispiele von lebenden Personen, die an zwei Orten gleichzeitig zu sein scheinen. Doubles werden an zwei Orten gleichzeitig gesehen. Doppelgänger erscheinen unmittelbar, wie ein lebender Schatten, bei der wirklichen Person. »Vardoger« sind Vorläufer in der Zeit. Bei den Bilokatoren handelt es sich um eine besondere Art von Doubles, ein geteiltes Selbst, das zwei verschiedene Dinge gleichzeitig tut.

Krisenerscheinungen sind Geister, die den sterbenden Körper verlassen, um andere vor Gefahren zu warnen. Oder diese Geister können im Augenblick des Todes auch Verwandten oder Freunden erscheinen, um den Tod zu erklären.

Die dankbaren Nichttoten: Zombies

In Haiti behaupten Voodoo-Praktiker, sie könnten den seelenlosen Körper eines toten Menschen wieder zum Leben erwecken. Dem Ethnobiologen Wade Davis zufolge handelt es sich bei Zombies (von dem afrikanischen Wort *nzambi* abgeleitet, das »Geist des Toten« bedeutet) in Wirklichkeit jedoch um lebendige Personen, die so betäubt wurden, daß sie tot erscheinen. Den Opfern wurde ein starkes Gift verabreicht, das toxische tierische und pflanzliche Produkte enthält und einen todähnlichen Zustand herbeiführt. Die Zombies werden lebendig begraben. Der haitische Voodoo-Magier öffnet dann das Grab wieder und erweckt das Opfer mit anderen Substanzen – wie einem Zaubertrank, der »Zombies Gurke« genannt wird, – wieder zum Leben. Das Opfer, das einem extremen physischen und psychischen Mißbrauch ausgesetzt war, ist desorientiert und verängstigt. Zombies erhalten einen neuen Namen und werden buchstäblich zu Sklaven des Hexenmeisters. Sie brauchen nur ein Minimum an Nahrung und dürfen kein Salz zu essen bekommen, da sie sonst, wie es heißt, instinktiv den Wunsch hätten, wieder in ihre Gräber zurückzukehren.

Ein Hexenmeister kann auch die Seelen von Verstorbenen fangen. Wie der Zombie so lebt auch der Seelen-Zombie unter dem Bann des Magiers.

Vampire: Ein Fall von schlechtem Blut

In einer Romanreihe, *Chronik der Vampire*, ließ Anne Rice Vampire zu Wort kommen. Mit all ihren Ängsten und Sorgen erscheinen Rices Vampire fast menschlich. Möglicherweise gibt es aber noch ein Geheimnis, das im *Gespräch mit dem Vampir* nicht thematisiert wurde. Ealine Marieb und John Mallatt beschrieben in ihrem 1992 veröffentlichten Buch *Human Anatomy* einen außergewöhnlichen Zustand. Personen, die nachts keinen ordentlichen Schlaf finden oder keine echte Sonnenbräune bekommen können, leiden unter Umständen an einer schlimmen Hautkrankheit, Porphyrie (von dem griechischen *prophyra* abgeleitet, was »purpurfarben« bedeutet). Diese seltene erbliche Hautkrankheit wird durch Sonnenlicht verschlimmert:

> *Wenn die Haut des Porphyrie-Opfers dem Sonnenlicht ausgesetzt ist, wird sie geschädigt und verunstaltet. Die Finger, Zehen und Nase werden oft verstümmelt. Die Zähne vergrößern sich dadurch, daß das Zahnfleisch sich zurückbildet (die Grundlage großer Vampir-Reißzähne?). Wilder Haarwuchs führt dazu, daß das Gesicht des Kranken wolfsähnlich wird und die Hände wie Pfoten aussehen. Eine Behandlungsmöglichkeit bei Porphyrie ist die Injektion normaler Hämmoleküle, die aus gesunden roten Blutkörperchen gewonnen werden. Da man diese Häminjektionen im Mittelalter noch nicht kannte, wäre das Nächstbeste gewesen, Blut zu trinken, wie es Vampiren nachgesagt wird. Die Behauptung, daß Knoblauch Vampire abhält, mag auf den Umstand zurückzuführen sein, daß Knoblauch die Porphyrie-Symptome drastisch verschlimmert.*

Lange ehe die Wissenschaft feststellte, daß Blut Leben in sich trägt und Leben bedeutet, waren sich die Menschen seiner Kraft und Macht bewußt. In Strömen von Blut floß das Leben buchstäblich aus Menschen und Tieren heraus. Vielfach wurde Blut getrunken, um ebendiese Lebenskraft auf sich zu übertragen. Vampirgeschichten waren, lange ehe Graf Dracula seinen ersten Biß tat, Teil des volkstümlichen Sagenguts.

Aberglaube: Nichts davon ist wahr
(Aber klopfen Sie vorsichtshalber doch lieber auf Holz)

Du wirst nicht weit kommen, wenn du versessen darauf bist, jemandem den bösen Blick zu geben, du wirst aber vielleicht im siebten Himmel sein (wenn du nicht so viel Lärm machst, daß du die Toten damit weckst), wenn eine Eule oder ein Schmetterling dich mit ihrer oder seiner Anwesenheit beehrt. In allen Kulturen gibt es viel Abergläubisches in Zusammenhang mit dem Tod. Dabei geht es meistenteils um Lebewesen, Naturelemente und, klopfen Sie auf Holz, um gewöhnliche Akte des alltäglichen Lebens. Und alle sind sich darin einig, daß es ein schwieriges Geschäft ist, Leib und Seele zusammenzuhalten.
Spiegel. Im Altertum glaubte man, daß jedes Objekt, das den Geist eines Menschen widerspiegelte, göttlich war. Daraus entwickelte sich der Brauch, Spiegel abzudecken, wenn jemand in der Familie stirbt, um zu verhindern, daß die scheidende Seele im Spiegel gefangen wird und so nicht den Weg in den Himmel findet. Und Vorsicht ist natürlich bei jemandem geboten, dessen Bild im Spiegel nicht reflektiert wird: In dem Fall haben Sie einen Vampir vor sich. Wenn Sie einen Spiegel zerbrechen, fassen Sie sich ein Herz. Es gibt einen Weg, jene sieben Jahre Unglück abzuwenden. Sammeln Sie alle zerbrochenen Teile ein, und werfen Sie sie in einen Fluß.
Rotkehlchen, die Vorboten des Frühlings und neuen Lebens, können auch das Gegenteil ankündigen. Ein Rotkehlchen, das in eine Kirche fliegt oder gegen ein Hausfenster klopft, kündigt den Tod an.
Killerbienen gibt es seit langem. Aus Wales stammt der Glaube, daß jemand sterben wird, wenn sich ein Schwarm Bienen auf dem eigenen Grund und Boden niederläßt. Wenn sie sich in Ihrem Garten auf dem Zweig eines Baumes niederlassen, dürfen Sie raten, wer es sein wird.
Niesen veranlaßt völlig fremde Menschen automatisch zu Segenswünschen, zu einem spontanen »Gott schütze Sie« oder »Gesundheit«. Diese Tradition ist mehr als eine einfache Gepflogenheit. Dahinter steht der Glaube, daß durch Niesen böse Geister aus der Seele ausgestoßen werden. Dabei könnte versehentlich die Seele zusammen mit dem Dämon den Körper verlassen, so daß sicherheitshalber ein Segenswunsch ausgesprochen wird.
Schlangen. Die alten Ägypter verehrten Schlangen und betrachteten sie als unsterblich. Eine Schlange, die ihren Schwanz im Maul hat, ist das Symbol für Ewigkeit. Im Mittelalter wurde die kriechende Kreatur hingegen völlig anders gesehen: Man glaubte, daß eine Schlange ihren Schwanz ins Maul nehmen, sich um einen Menschen winden, ihn niederwerfen und töten könne.

Vlad V., Fürst der Walachei (1431–1476), der als der »Pfähler« und als Dracul oder Dracula bekannt war, ein Name, der ebenso Teufel wie Dracula bedeutet, soll als Vorlage für Graf Dracula, den Helden von Bram Stokers berühmten Roman, gedient haben. Fürst Vlad war kein Blutsauger, wohl aber aller Wahrscheinlichkeit nach ein Sadist. Seine denkwürdigste militärische Großtat im Juni 1462 war, zwanzigtausend türkische Soldaten an großen Pfählen aufzuspießen. Als die vorrückenden türkischen Streitkräfte an die Stätte des Grauens kamen, traten sie eilends wieder den Rückzug an.

Im späten siebzehnten Jahrhundert litten Ungarn, Polen und andere Regionen in dieser Gegend unter einer Pockenepidemie. Die zu Tausenden angehäuften Leichen trugen wahrscheinlich zu der plötzlich aufkommenden Welle von Vampirgeschichten bei. Ein besonderer Reiz der Vampirgeschichten ist die Herausforderung, die sie an die klare Unterscheidung zwischen »lebendig« und »tot« stellen. Und ein weiterer Reiz ist die faszinierende Verbindung zwischen zwei der größten Mysterien des Lebens: Sexualität und Tod.

Feiertage zu Ehren der Toten: Nahrung für die Seele

Die gemischten Gefühle aus Furcht und Faszination, die die Menschheit dem Tod entgegenbringt, Kräfte, die religiöse Überzeugungen und kulturelle Sitten und Gebräuche hervorgebracht haben, bilden die Grundlage für verschiedene Totengedenktage, die auf der ganzen Welt begangen werden. Diese Feiertage ermöglichen es den Menschen, dem Tod mit Ehrfurcht und Respekt oder mit Humor und Ehrfurchtslosigkeit zu begegnen.

Totentage

Vor dem Eintreffen der spanischen Eroberer zelebrierten die Azteken in Zentralmexiko Ende Oktober jeden Jahres zu Ehren

Mictlantecuhtli, dem Totengott, Erntedank- und Todesriten. Die Spanier führten dann den Allerheiligen- und Allerseelentag ein, die schließlich zusammen begangen wurden.

Jahreszeitlich bringt der Herbst in Mexiko Zeichen der Wiedergeburt hervor. Er ist die Zeit zwischen der feuchten und trockenen Periode, wenn das ganze Land mit blühenden Blumen übersät ist. In dieser Jahreszeit fliegen Tausende von Chrysippusfaltern in die Wälder Zentralmexikos. Seit vielen Jahrhunderten hält sich bei den Mexikanern der Glaube, daß die zurückkehrenden Schmetterlinge den Geist der Verstorbenen mit sich führen. Bildnisse von Schmetterlingen wurden in viele aztekische Monumente gemeißelt.

Zur Feier der Totentage streuen die Mexikaner Ringelblumen entlang den Wegen zu ihren Häusern, damit die Toten den Weg nach Hause finden können. Zudem werden Altäre gebaut, die mit besonderen Nahrungsmitteln, mit Erinnerungsstücken an die Toten, mit Blumen, Kerzen und Fotografien der lieben Verstorbenen geschmückt sind. Es werden Geschichten erzählt und Gebete gesprochen. Die Familien pilgern zu den Friedhöfen, säubern und reinigen die Gräber, schmücken sie mit Blumen und stellen Kerzen für die zurückkehrenden Seelen auf. Es ist die Zeit, der Toten zu gedenken und sie zu ehren und sich des Lebens zu freuen.

Wie Halloween in den Vereinigten Staaten, so sind auch die mexikanischen Totentage Festtage, an denen man sich über den Tod lustig macht. Hier laufen als Geister, Ghule und Mumien verkleidete Kinder durch die Straßen und rufen: *calaveras!* (Schädel!) für Geld und Süßigkeiten. Zudem werden spezielle Eßwaren und Marzipansärge und Skelette aus weißer Schokolade hergestellt. *Pan de muertos* (Totenbrot), dessen Kruste mit »Knochen« verziert ist, werden auf den Altar gelegt. Wenn ein Kind glaubt, den Geist eines toten Großelternteils gesehen zu haben, sagen die Eltern vielleicht: »Die Toten sterben nur, wenn sie in unseren Herzen sterben.«

Halloween

Nach dem Kalender der römisch-katholischen Kirche ist Halloween der Vorabend vor Allerheiligen. Dieser Feiertag hat seine Wurzeln jedoch in vorchristlichen Zeiten. Er wurde ursprünglich von den Kelten als der Vorabend von Samhain begangen. Samhain war bei den Kelten der Neujahrstag, der Zeitpunkt, an dem die Göttin, welche die Erde ein halbes Jahr regierte, sich schlafen legte und der Gott die Herrschaft übernahm. Samhain war auch ein Tag der Toten, an dem den Seelen derer, die während des Jahres gestorben waren, Zugang zum Land der Toten gewährt wurde. Am ersten November wurden die Tore geöffnet, welche die Welt der Lebenden und der Toten voneinander trennte. Die Barrieren zwischen dieser Welt und der Welt der Seelen fielen, und die Seelen konnten wandern. Die Gräber der toten Feen öffneten sich, und sie tanzten mit den Lebenden. Manchmal wurden an diesem Abend menschliche Musiker gefangen, damit die Feen Musik bei ihrem Ball hatten.

Es ist die Nacht, in der die große Puck, eine berühmte Fee, von den Bergen herabkommt und alle Brombeeren mit einem Fluch belegt. In Irland gilt, daß nach dem ersten November keine Brombeeren mehr zum Verzehr geeignet sind. Das bedeutet, daß dieser Festtag den Winteranfang, das heißt den ersten Wintertag bezeichnet, an dem die Ernten eingebracht und die Tiere von den entfernt liegenden Weiden nach Hause geholt sein sollten. Dieses Brauchtum war in Irland weit verbreitet, bis das Land 300–400 n. Chr. zum Christentum konvertierte. Die katholische Kirche definierte die traditionellen Sitten und Bräuche im christlichen Sinne und nach christlichen Vorstellungen neu.

Allerheiligen, der 1. November, ist der Tag, an dem alle die Heiligen, die sonst keinen ihnen eigens namentlich gewidmeten Feiertag haben, geehrt werden. Der 2. November wurde zum Allerseelentag. Damit wurde dem heidnischen Fest Rechnung getragen. Es ist der Tag, an dem der Seelen all der getreuen Verstorbenen gedacht wird, die im vorhergehenden Jahr gestorben sind. Die Feierlichkeiten für Allerheiligen beginnen am Abend vorher, wie in der heidnischen Tradition. Die Heiden glaubten, daß die Toten am

Vorabend von Samhain wanderten. Am letzten Oktobertag wurden Opfergaben in Form von Speise und Trank dargebracht, Masken und Kostüme getragen und Freudenfeuer entzündet. Nach dem Brauch des sogenannten »Seelenbackens« betteln die Armen um Rosinenbrötchen. Die Bräuche am Vorabend von Samhain wurden als Vorabend von Allerheiligen, als Halloween, in die christliche Lehre integriert. Die Kirche erklärte den keltischen Glauben neu. Die einst für wild und mächtig erachteten Geister von Samhain wurden zu Manifestationen des Teufels, der die Menschen dazu verleitete, falsche Idole anzubeten und zu verherrlichen.

Halloween, wie es in den Vereinigten Staaten begangen wird, feiert den Tod schelmisch, mit Fröhlichkeit, Kostümen, süßen Naschereien und Unsinntreiben. Mit Masken, Skeletten, Spuktouren im Haus, ghulenhafter, gespenstischer Musik, Kürbissen, die für Kerzen geschnitzt werden, Hexen, Teufeln, Engeln und Vampiren wird der Tod verspottet und verhöhnt und das Leben gefeiert.

Feiern des Lebens und Todes auf der ganzen Welt

Feste und Feiern zu Ehren des Todes und des Übernatürlichen sind eine weltweite Erscheinung; in allen Kulturen werden während des ganzen Jahres mit den jahreszeitlichen Rhythmen der Erde Leben und Tod gefeiert. Die natürlichen Zyklen des Beginns und Endes der Wachstumsperiode, der Bewegung der Erde zur Sonne, die Licht und Dunkelheit bringt, werden überall auf der Welt in gesellschaftlichen und kulturellen Ritualen gefeiert.

Ostern ist das Frühlingsfest der Auferstehung Jesu Christ. Es wird am ersten Sonntag nach dem Vollmond des Frühlingsäquinoktiums gefeiert. Das Fest geht ursprünglich auf einen germanischen Ritus zu Ehren der Frühlingsgöttin Ostara zurück: Der römische Kaiser Konstantin erklärte es 325 zu einem christlichen Feiertag. Ostern ist die Zeit der Wiedergeburt für die Pflanzen und Tiere, die den ganzen Winter über geschlafen haben. Eier, die neues Leben symbolisieren, sind deshalb ein wichtiger Bestandteil der Osterrituale.

In China dient das Frühlingsfest der Reinigung und Regenerierung. Ein wichtiger Bestandteil dieses Festes ist die Sorge und Ehre, die den Toten durch Gebete und Opfergaben erwiesen wird. Nach einem Brauch, dem sogenannten »Grabgruß«, werden roter Reis und gepellte Eier (als Symbole, daß das Alte dem Neuen weicht) auf die Gräber gelegt. Der November ist der Monat für Feiern zur Geisterbeschwörung. Als Opfergaben für tote Verwandte wird Papiergeld verbrannt. Das Winterkleidfest, das im Oktober und November stattfindet, ist für die Chinesen ein Anlaß, die Gräber ihrer Vorfahren aufzusuchen. Als Geschenke für die Toten verbrennen sie an den Gräbern aus Papier hergestellte Imitationen von Kleidungsstücken.

Jeden Februar findet in Panama City während des Karnevals, vor Aschermittwoch eine Pseudobeerdigung, die sogenannte »Sardinenbeerdigung«, statt. Im Rahmen einer großen Zeremonie wird dabei ein toter Fisch ins Meer geworfen. Im späten Sommer und frühen Herbst feiern die Nepalesen Gokarna Aunsi, ein Tag zu Ehren aller Väter, sowohl der lebenden wie der verstorbenen. Zu diesem Anlaß werden besondere Mahlzeiten und süße Genüsse hergerichtet.

Die Japaner feiern Mitte des Sommers drei Tage lang das Bönfest, das den Geistern ihrer Vorfahren gewidmet ist. Hierzu werden die Gräber gepflegt, Hausaltäre und besondere Gerichte hergerichtet. Es ist traditionell eine Zeit, in der man nach Hause fährt. Es wird die ganze Nacht hindurch gefeiert. In manchen Teilen Japans werden am dritten Tag formale Abschlußrituale zelebriert. Dabei werden im Morgengrauen Papierboote mit Laternen, Blumen und Früchten in Flüsse und Seen gelassen, die die Seelen der Toten forttragen sollen.

In der ganzen westlichen Welt bezeichnen die sechs Monate auseinanderliegenden Tage, der 1. Mai und der 1. November, den Anfang und das Ende der Wachstumsperiode. Sie werden auf verschiedenste Weise gefeiert.

Kapitel 6
Die Todeskultur

Von der Mythologie der alten Ägypter bis zu den Filmen des modernen Hollywood hat der Tod seit jeher die menschliche Phantasie beflügelt. Gesellschaftliche, wissenschaftliche und religiöse Überzeugungen entzündeten den schöpferischen Geist und brachten Geschichten und Bilder hervor. Sitten, Bräuche und Philosophien entstanden und werden weiter entwickelt. Die Gefühle des Menschen zum Tod finden ihren Ausdruck in traditionellen Kunstformen, in der klassischen und in der modernen Literatur und Kunst der westlichen Zivilisation. In den schöpferischen Leistungen der Völker soll der Tod erfaßt und seine Rolle und Bedeutung im menschlichen Leben definiert werden. Sie prägen die Überzeugungen und Wertungen der Menschen im Alltag, wenn der Tod zur Sprache kommt. Die Einstellungen zum Tod sind Schlüsselelemente und integraler Bestandteil jeder Kultur.

Was für ein Weg: Die Agenten und Opfer eines gewaltsamen Todes

Menschen töten einander, solange es sie auf der Erde gibt. Mit der Entwicklung der Zivilisation hat der gewaltsame Tod in den verschiedensten Formen einen dauerhaften Platz in der Kultur eingenommen. Die Einstellungen gegenüber jenen, die töten, und denjenigen, die getötet werden, hängen von den Gründen für ihre Taten oder ihrem Schicksal ab; manches Töten wird als gerechtfertigt oder sogar als gerecht gesehen, während es in anderen Fällen einfach nur abscheulich oder infam ist. Ähnlich werden diejenigen, die durch Menschenhand sterben, mit Ehren oder Schmähungen bedacht.

Mord: Das universale Tabu?

In fast allen Gesellschaften besteht irgendeine Form von Tabu gegenüber dem Töten, ein Tabu, das sowohl den Wert des Lebens bekräftigt, als auch das totale Chaos verhindert, das zweifellos ausbräche, wenn die Menschen einander umbrächten, wann immer ein Impuls sie dazu triebe. Interessant ist, daß die Ausnahme ebenso universal wie das Verbot ist.

In der jüdisch-christlichen Tradition verlangt das achte Gebot des Alten Testaments: »Du sollst nicht töten.« Dennoch gibt es in der Bibel andere Stellen, die das Töten unter bestimmten Umständen wie im Krieg und als Rache zu rechtfertigen scheinen. In der Praxis haben fromme Christen selbst noch in diesem Jahrhundert das Töten unter einer Fülle von Umständen abgesegnet: Der Vatikan hat Adolf Hitler beispielsweise nie wegen der Vernichtung von über zehn Millionen Menschen während des Zweiten Weltkrieges exkommuniziert.

Der Islam hat das Töten zum Tabu erhoben, läßt jedoch Ausnahmen zu. Im Koran steht: »... und tötet kein Leben, das Allah verwehrt hat, es sei denn mit gerechtem Grund.« In der hinduistischen, buddhistischen und jainistischen Tradition gibt es das Prinzip des *ahimsa* oder der Gewaltlosigkeit. Im Buddhismus wird das Töten akzeptiert, wenn es dabei um den Schutz des eigenen Glaubens geht. Buddha tötete sogar selbst einige Häretiker. Ebenso ist die Selbstverteidigung erlaubt. Das Jainismus nimmt das *ahimsa* im allgemeinen am ernsthaftesten. Das Töten von allem, was mehr als nur einen unserer Sinne hat, ist verboten. Obgleich es erlaubt ist, Pflanzen zu töten, können Jainisten nicht ernsthaft Landwirtschaft betreiben, da beim Arbeiten in der Erde Insekten getötet werden könnten. Dennoch können sogar Jainisten unter bestimmten Umständen Kriege austragen und kämpfen.

Die weltlichen Gesetze folgen den religiösen Einstellungen. In allen Gesellschaften wird Mord mit hohen Strafen, oft mit dem Tod oder mit lebenslänglicher Haft bestraft. In den meisten werden einige Tötungsdelikte jedoch weniger hart als andere bestraft – beim Totschlag wird zum Beispiel zwischen Mord und moralisch weniger verwerflichem Töten unterschieden. Totschlag bezieht sich im allgemeinen auf fahrlässige Körperverletzung mit Todesfolge oder auf Umstände, die nicht voll und ganz in der Kontrolle des Täters liegen. Interessanterweise werden Überlebende von Selbstmordkommandos nach dem Gesetz als Totschläger abgeurteilt.

Bei der Frage, was Mord ist und was nicht, gehen die Meinungen in den verschiedenen Kulturen auseinander. In den Vereinigten Staaten löst Kindsmord beispielsweise Entsetzen aus – der in der Regel als Mord geahndet wird, und eine Mutter, die ihr Baby umbringt, wird von Presse und Öffentlichkeit gleichermaßen geächtet. In Indien und vielen anderen Kulturen ist es hingegen üblich, neugeborene Mädchen bald nach der Geburt zu töten; diese alte Praxis besteht bis auf den heutigen Tag fort. In England gilt die Tötung von Säuglingen nicht als Mord, sondern wird nach dem Gesetz als Totschlag behandelt. Die Gesellschaft begegnet der Mutter, die ihr Baby umbringt, in der Regel eher mit Mitleid, als sie zu verurteilen.

Mitgifttod

Der Mitgifttod ist eine Form von Mord, der in Indien immer noch vorkommt, wo er seit Jahrhunderten praktiziert wird. Eine Braut, deren Mitgift für ihren Ehemann oder dessen Familie nicht zufriedenstellend ist, kann umgebracht werden. Die Zahlung von Mitgift wurde 1961 von der indischen Regierung gesetzlich verboten, aber viele Familien verlangen nach wie vor eine Mitgift und auch nach der Heirat weitere Zuwendungen. Den Mitgifttod gibt es in allen Kasten der indischen Gesellschaft. Die Familien der Frauen lassen sich auf die Erpressung ein, um für ihre Töchter eine »anständige Heirat« zu sichern. Oft ist es die Schwiegermutter, die darauf drängt, die Braut umzubringen, damit der Sohn wieder heiraten und eine weitere Mitgift kassieren kann.

1994 wurden 5582 Mitgifttode registriert gegenüber insgesamt 4836 im Jahr 1990. In diesem Zeitraum von vier Jahren wurden 20537 Frauen von ihren Männern oder Schwiegereltern umgebracht – oft, indem sie in Flammen gesetzt wurden. Manche Männer werden wegen des Mordes an ihren Frauen zwar vor Gericht gestellt. Viele kommen jedoch aufgrund ihrer guten Verbindungen mit den Behörden oder auch der Gleichgültigkeit gegenüber dem Mißbrauch von Frauen ungeschoren davon. Frauen haben Demonstrationen veranstaltet und Unterstützungsvereine gegründet, welche die Mitgifttodesfälle verfolgen und bemüht sind, die Frauen zu schützen. Aber das Vertrauen der Öffentlichkeit in diese Bemühungen ist nicht groß. Der Drang der Eltern, ihrer Tochter unbedingt eine »anständige Heirat« zu verschaffen, macht sie zu Opfern dieser Mitgiftforderungen. In Zeitungsanzeigen ist der Begriff der »anständigen Heirat« das Losungswort für diejenigen, die explizit eine Mitgiftehe suchen.

Rache und Ehre

Rache ist die Vergeltung für ein Unrecht, das oft in Form von Blut zurückgezahlt wird. Historisch ist der Begriff der Rache eng mit den Vorstellungen von Ehre, Integrität, Stolz und Würde verbunden und wird oft durch formale Kodizes hochgehalten, zu denen sich Nationen, Stämme, Familien wie auch einzelne bekennen. Es sind heute zwar nur wenige Gesellschaften, die explizit von Ehrenkodizes und Rachetraditionen geleitet werden, aber Spuren dieser Praktiken sind dennoch fast überall zu finden.

Im antiken Griechenland war die Rache ein Teil des Lebens. Sie konnte einen Mann zum Helden machen. Sie ist ein wesentlicher Bestandteil des griechischen Schöpfungsmythos. Sie bestimmt die Handlungen von Homers *Odyssee* und *Ilias* und von Euripides' *Orest* und die vielen anderen Werke der griechischen Literatur.

Im Islam sanktioniert der Koran die Blutrache mit vorsichtigen Worten: »Ist aber jemand ungerechterweise getötet, so geben wir seinem nächsten Anverwandten Gewalt. Doch sei er nicht maßlos im Töten (des Mörders).«

Das Alte Testament bietet, was nicht überrascht, verschiedene Botschaften zu diesem Thema an. Das Buch Levitikus befiehlt: »An den Kindern deines Volkes sollst du dich nicht rächen.« Aber in der Genesis verkündet Gott: »Wer Menschenblut vergießt, dessen Blut wird durch Menschen vergossen.« Und im Buch Exodus heißt es: »Ist weiterer Schaden entstanden, dann mußt du geben: Leben für Leben, Auge für Auge, Zahn für Zahn, Hand für Hand, Fuß für Fuß.«

Das Neue Testament spricht sich hingegen entschiedener gegen die Rache aus. Jesus verwirft das Buch Exodus direkt, indem er sagt: »Ihr habt gehört, daß gesagt worden ist: *Auge für Auge* und *Zahn für Zahn*. Ich aber sage euch: Leistet dem, der euch etwas Böses antut, keinen Widerstand, sondern wenn dich einer auf die rechte Wange schlägt, dann halt ihm auch die andere hin.« Der alttestamentarische Gott ist durch und durch rachsüchtig, und so haben Gläubige viele Racheakte mit der Behauptung gerechtfertigt, sie seien Werkzeuge Gottes, die seinen Willen ausführten.

Rache wurde und wird oft in Fehden ausgetragen – einem Zustand anhaltender Feindseligkeiten zwischen Familien, Stämmen oder anderen Gruppen. Dieses Phänomen ist so alt wie die historischen und archäologischen Zeugnisse. Im mittelalterlichen Europa gab es viele Fehden. Sie dienten oft als das am besten organisierte Justizsystem. Fehden werden meistens gesellschaftlich sanktioniert und durch Rituale gefördert. In Albanien, Korsika, Somalia und Südgriechenland drängen die bei Beerdigungen gesungenen Trauerlieder die männlichen Familienmitglieder einer ermordeten Person, den Tod zu rächen; Angehörige, die es versäumen, diesen Ermahnungen nachzukommen, werden vielfach von der Gemeinschaft geächtet und verstoßen. Fehden werden heute noch im Nahen Osten, in Teilen Italiens, im Süden der Vereinigten Staaten und, in den von Banden beherrschten Großstädten ausgetragen. Sie beruhen nicht minder auf Ehrenkodizes und kollektiven Rachewünschen als die im mittelalterlichen Europa.

Sardinien wird immer noch mehr von einem festverankerten und ausgeklügelten Kodex der individuellen Rache und der Gruppenrache als von einer staatlichen Macht regiert: Für die Mafia in Sizilien und in den Vereinigten Staaten gilt Ähnliches.

Heute ist die Rache immer noch in gewissem Maße gesellschaftlich akzeptiert, wie die Forscher Pietro Marongiu und Graeme Newman 1987 in einer Untersuchung verdeutlichten. Gesetz und Öffentlichkeit zeigen gelegentlich ihre Sympathie gegenüber Leuten, die aus Rache heraus gewalttätig reagieren. Unser Strafrechtssystem gründet immer noch im Rachebegriff. Die Strafe wird weitaus mehr durch Rache als durch den relativ modernen Begriff der Rehabilitation bestimmt. Was durch die jüngst zu verzeichnende Zunahme an Hinrichtungen in den Vereinigten Staaten – und an der entsprechenden politischen Unterstützung – deutlich wird.

Das Duell

Ein Duell ist ein Kampf um die Ehre und eine Darbietung, welche die Welt wissen läßt, daß man bereit ist zu sterben, um seinen Ruf und sein Ansehen zu retten. In der Geschichte wurden nur wenige Duelle tatsächlich auf Leben und Tod ausgetragen. Anders als bei literarischen, mythischen und Kinoduellen waren sie im wirklichen Leben für gewöhnlich nach einigen Pistolenschüssen oder Schwerthieben beendet. Die Sitte erwuchs aus einer französischen Tradition. Ein Angeklagter, dem etwas Beschämendes vorgeworfen wurde, konnte den Klageführer zum Beweis seiner Unschuld zum Zweikampf auffordern und unter richterlicher Aufsicht gegen seinen Widersacher kämpfen. Diese Praxis wurde Mitte des sechzehnten Jahrhunderts abgeschafft, aber fast sofort durch das Duell ersetzt, das sich später nach England und in andere europäische Länder ausbreitete.

Zum Duell kommt es im allgemeinen, wenn jemand die Ehre eines anderen angreift. Wenn die in ihrem Ehrgefühl verletzte Partei den Angreifer zum Kampf herausfordert, muß die herausgeforderte Person den Kampf annehmen oder sie verliert ihre Ehre. Die beiden verständigen sich auf die Einhaltung sehr spezifischer Verhaltensregeln, wobei für gewöhnlich mindestens ein außenstehender Beobachter bei dem Zweikampf dabei ist, um sicherzustellen, daß die Vereinbarungen auch eingehalten werden.

Trotz erbitterter Opposition der Kirche – Papst Stephan VI. verurteilte es bereits 887 – blieb das Duell ein fester Bestandteil gesellschaftlicher Gepflogenheiten. In den meisten Ländern ist es inzwischen gesetzlich verboten, aber von städtischen Banden oder Gangstern wird es in abgewandelter Form nach wie vor praktiziert.

Die Todesstrafe

Im Alten Testament findet die Todesstrafe reichlich Unterstützung. Das im Buch Exodus geschriebene Gebot, »Wer einen Menschen so schlägt, daß er stirbt, wird mit dem Tod bestraft«, ist nur eine der vielen Pro-Todesstrafe-Aussagen. Hinrichtungen werden auch oft vor dem Hintergrund von Rache und Vergeltung gerechtfertigt. Der Philosoph Immanuel Kant schrieb im achtzehnten Jahrhundert, selbst wenn sich die »bürgerliche Gesellschaft« einvernehmlich darauf verständigte, sich aufzulösen, »müßte der letzte im Gefängnis befindliche Mörder vorher hingerichtet werden, damit jedermann das widerfahre, was seine Taten wert sind«. Befürworter der Todesstrafe sagen auch, der Tod sei der einzige Weg sicherzustellen, daß hartgesottene Mörder nicht nochmals töten. Wenn sie nur eine lebenslängliche Haftstrafe bekämen, könnten sie durch eine bedingte Haftentlassung doch wieder auf freien Fuß kommen oder vielleicht sogar auch, während sie im Gefängnis sind, einen Gefängniswärter oder Mitinsassen umbringen. Zudem sind diese Befürworter der Todesstrafe der Meinung, daß sie der Abschreckung potentieller Verbrecher dient. Mit öffentlichen oder medienwirksamen Hinrichtungen wird ein Exempel statuiert, das zeigt, daß niemand davon ausgehen kann, mit einem Verbrechen ungeschoren davonzukommen.

Aber auch die Gegner der Todesstrafe verweisen auf die Bibel, insbesondere auf das achte Gebot (»Du sollst nicht töten«), auf das Eingreifen von Jesus bei der Steinigung einer Ehebrecherin und auf seine Aussagen über die Rache. Die Christen lehnen die Todesstrafe in der Regel ab. (Was in frühchristlicher Zeit natürlich weniger auf eine subtilere Auslegung der Schrift als vielmehr darauf zurückzuführen war, daß sie eine verfolgte Minderheit waren und somit höchstwahrscheinlich mit dem Tod bestraft worden wären.)

Gegner der Todesstrafe betonen zudem, daß es in einer rassistischen Gesellschaft nie gerechte Strafurteile geben wird: Statistiken zeigen, daß bei Schwarzen die Todesstrafe weitaus eher als bei Weißen verhängt wird. Andere wissenschaftliche Untersuchungen haben ergeben, daß es keine Beweise dafür gibt, daß die Todesstrafe tatsächlich abschreckt und der Prävention von Verbrechen dient. Kriminelle können vielfach resozialisiert werden, während die Todesstrafe eine verheerende Vergeudung menschlichen Potentials ist. Andere vertreten die Haltung, daß die moralische Autorität des Staates durch die Todesstrafe geschwächt wird. (Wie tabu ist Töten wirklich, wenn der Staat es selbst tut?) Viele weisen auch auf die Möglichkeit eines Fehlurteils hin, wonach nicht auszuschließen ist, daß Unschuldige hingerichtet werden.

Seit dem achtzehnten Jahrhundert, als Italiens Cesare Beccaria, Frankreichs Voltaire und andere dagegen antraten, ist die Zahl der Hinrichtungen international zurückgegangen. In den Vereinigten Staaten ist derzeit zwar ein Wiederaufleben der Todesstrafe zu verzeichnen, aber mehr als die Hälfte der Nationen der Erde haben sie gesetzlich abgeschafft und etwa einhundert weitere praktizieren sie nicht.

Delikte, die mit dem Tod bestraft werden

Die Todesstrafe wurde bereits in alten Zeiten eingeführt und ursprünglich genutzt, um beleidigte Götter zu besänftigen, wenn jemand ein besonders ungeheuerliches Sakrileg begangen hatte. Seither wird sie für Mord und ein erstaunliches Spektrum anderer Verbrechen verhängt. Beispielsweise für:

Ehebruch: in vielen Gesellschaften über Jahrtausende hinweg; heute in einer Handvoll von Ländern, darunter Iran, Pakistan und Afghanistan.

Sodomie/Homosexualität, Bigamie/Polygamie, Bestialität, Inzest und Vergewaltigung: seit dem Altertum.

Brandstiftung: bis ins späte neunzehnte Jahrhundert in Großbritannien und den Vereinigten Staaten; für Brandstiftung in britischen Staatswerften bis ins zwanzigste Jahrhundert.

Entführung: nach dem traditionellen jüdischen Gesetz.

Tätlicher Angriff auf die Eltern: im sechzehnten Jahrhundert in der

Schweiz und im siebzehnten Jahrhundert in Schweden. *Verfluchen der Eltern und ein »rebellischer Sohn« zu sein*, in der Massachusetts Bay-Kolonie Mitte des siebzehnten Jahrhunderts.

Majestätsbeleidigung (jedes Vergehen gegen den Herrscher eines Staates): in der ganzen Menschheitsgeschichte.

Schwerer Raub: in Großbritannien jahrhundertelang; heute in einer Reihe afrikanischer Länder, darunter Gambia und Nigeria.

Illegaler Drogenbesitz oder -handel: im heutigen Singapur.

Politisches Dissidententum: in vielen Ländern bis auf den heutigen Tag.

Hochverrat und militärische (Kriegs-)Verbrechen: in einigen zeitgenössischen Gesellschaften, wie in Südafrika, wo dies die einzigen Straftaten sind, die mit dem Tod bestraft werden.

Bagatelldelikte (Urkundenfälschung, Wildern, Randalieren, Taschendiebstahl, Diebstahl von Rüben, gesellschaftlicher Verkehr mit Zigeunern, Tragen von Waffen in einem Wildgehege, Diebstahl von Briefen (gilt nur für Postbeschäftigte), Beschädigung eines Fischteiches etc.): nach englischem Gesetz noch bis zur Wende des neunzehnten Jahrhunderts; im Jahr 1801 wurde ein dreizehnjähriger Junge dafür gehängt, daß er in ein Haus eingebrochen war und einen Löffel gestohlen hatte.

Religiöse Vergehen (Häresie und Blasphemie, Begriffe, die fast auf jede Form der Abweichung von den vorherrschenden religiösen Überzeugungen angewendet werden können); in vielen Kulturen seit Urzeiten. Viele Heilige wurden wegen dieser Vergehen hingerichtet, darunter höchstwahrscheinlich Jesus selbst. Religiöse Hinrichtungen finden bis auf den heutigen Tag statt. Im moslemischen Staat Iran werden Anhänger der Baha'i-Religion routinemäßig umgebracht. Hexerei, Zauberei und Teufelsanbetung wurden in Zeiten besonderer religiöser Ängste als Kapitalverbrechen betrachtet. Im frühen vierzehnten Jahrhundert wurden in ganz Europa Hunderttausende mutmaßlicher Hexen und Satansanbeter hingerichtet. Diese Hinrichtungswelle hielt bis Ende des achtzehnten Jahrhunderts an, war von 1400 bis 1500 jedoch besonders brutal. Götzenanbetung und Brechen des Sabbats wurden bisweilen mit Hinrichtung bestraft. Christen haben in der Geschichte Atheisten verfolgt und getötet, was die islamischen Staaten bis auf den heutigen Tag tun.

Die Kosten des Krieges

Die religiösen Überzeugungen und weltlichen Einstellungen zum Krieg werden durch die unterschiedlichen gesellschaftlichen Einstellungen zu Leben, Tod und Töten, durch die politischen Erfordernisse und die historischen Verhältnisse der Nationen geprägt.

Im Altertum war ein militärischer Tod ein guter Tod. Im Krieg zu sterben wurde bei den alten Nordgermanen als der edelste Tod betrachtet; Krieger, die in der Schlacht fielen, kamen in ein anderes und weitaus festlicheres Totenreich als andere Tote – beispielsweise in die Walhalla, einen riesigen Ehrensaal. Die griechischen Philosophen hatten sowohl vieles für als auch gegen den Krieg zu sagen. Fest steht, daß der militärische Tod ein Weg war, um Unsterblichkeit zu erlangen. Ein gefallener Krieger wurde ein Held, dem nach dem Tod gedacht wurde. Bemerkenswerterweise wird Ares, der Kriegsgott, im allgemeinen unangenehm dargestellt, die Kriegsgöttin Athene wird hingegen auch Göttin der Weisheit genannt.

Die östlichen Religionen meiden weitestgehend den Krieg. Konfuzianismus und Taoismus, die größten Religionen in China, haben den Ausbruch eines Krieges im allgemeinen bedauert und nur als letzten Ausweg gesehen, obgleich keine der beiden Religionen in einer pazifistischen Tradition steht. Konfuzius sagte, militärische Waffen seien wie Feuer, und wenn man das Feuer nicht beiseite ließe, würde man sich verbrennen. Aber er sagte auch: »Wenn es sich um Frieden handelt, muß man den Krieg vorbereiten.« Beide Traditionen lehnen es ab, Kriege anzufangen, sehen einen Verteidigungskrieg jedoch als unvermeidlich an. In Indien ist der Vorsatz, niemandem zu schaden, das *ahimsa*, ein wichtiges Element des Hinduismus. Mahatma Ghandi machte den Begriff des *ahimsa* als Gewaltlosigkeit populär und gewann Anhänger in Indien und auf der ganzen Welt. Einer der berühmtesten war Martin Luther King. Gleichwohl haben Hindus immer Kriege geführt. Nicht nur zur Verteidigung ihrer eigenen Territorien, sondern auch, um in andere vorzudringen. Seit Ghandi betrachten Nichthindus den Hinduismus gerne als friedliebender als er in Wirklichkeit ist. Jainisten halten sich wesentlich strenger als Hindus an das *ahimsa*. Sie fühlen sich dem Frieden seit Tausenden von Jahren verpflichtet; Ghandi war ebensosehr von ihren Lehren wie vom Hinduismus beeinflußt. Bei den Jainisten ist jeder Offensivkrieg kategorisch verboten. In der Frage der Verteidigungskämpfe gibt es unterschiedliche Positionen. Für manche Jainisten sind sie akzeptabel, für andere ist Töten in jeder Form inakzeptabel.

Die Buddhisten haben auch eine Tradition des *ahimsa*, der Krieg war jedoch ein wichtiger Bestandteil ihrer Geschichte. In Japan, Korea, Indien und Tibet haben Buddhisten gegen Regierungen und gegen andere Klöster erbittert gekämpft. In Japan waren die frommsten Zen-Oberen vom zehnten bis zum sechzehnten Jahrhundert oft die fürchterlichsten Krieger. Die Buddhismus, Konfuzianismus, das Christentum und die ursprüngliche japanische Religion, der Shintoismus, haben allesamt Japans extremen Militarismus genährt. Krieger wurden hochverehrt, und der Kaiser wurde wie ein Gott angesehen, wodurch der Verteidigung des Landes eine göttliche Intensität verliehen wurde. In den letzten dreißig Jahren hat sich in Japan ein Trend zum Pazifismus entwickelt. Er wurde dem Land zum Teil durch die Auflösung seines Militärs durch die Alliierten nach dem Zweiten Weltkrieg aufgezwungen, hängt aber auch mit den atomaren Tragödien zusammen, welche die Japaner im Krieg erlitten: Millionen Menschen starben, nachdem die USA ihre Atombomben auf Hiroschima und Nagasaki abgeworfen hatten.

Die lokal begrenzten Religionen clanorientierter Gesellschaften neigen zu einer pragmatischen Sicht des Krieges. Afrikanische Stämme und Staaten haben eine lange Geschichte von Kämpfen gegen europäische Kolonialisten und untereinander hinter sich. Die Einstellungen zu Krieg und Frieden sind auf dem ganzen

Kontinent sehr unterschiedlich. Die meisten Gesellschaften haben oder hatten Kriegsgötter und Friedensgötter. Manche Stämme glauben, daß Krieg von beleidigten Göttern als Strafe geschickt wird.

Die Indianer auf dem amerikanischen Kontinent haben seit jeher Kriege geführt, sowohl zwischen den einzelnen Stämmen als auch gegen weiße Siedler. Gleichwohl ist der Friede – in uns selbst, mit dem Universum, zwischen zwei Menschen, zwischen den Stämmen und Nationen – ein lang erstrebtes Ideal. Die indianischen Kulturen sind natürlich so verschieden wie die mehr als zweitausend Stämme, die es gibt. Einige wie die Plains-Indianer oder die Prärie-Indianer waren relativ aggressiv, während andere wie die Pueblo-Indianer und die Eskimos den Frieden gegenüber dem Krieg vorzogen.

Jede der drei großen monotheistischen Religionen der Welt umfaßt sich widersprechende Überzeugungen zum Krieg. In den ebenso reichen wie manchmal widersprüchlichen Lehren des Judentums existieren friedliebende und militaristische Passagen Seite an Seite. Jerusalem wurde lange als eine Stadt des Friedens idealisiert und ist gleichwohl eine erbittert umkämpfte Stadt. Heute unterstützen jedoch viele Juden weltweit ein Ende des jahrhundertealten Krieges zwischen Israel und Palästina. Sie arbeiten und beten für den Frieden. *Jihad* oder der Heilige Krieg zur Verteidigung des Glaubens ist ein zentraler Bestandteil der islamischen Tradition. Glaubenskriege werden bis auf den heutigen Tag geführt. Aber es gibt auch viele Moslems, die nicht alle Konflikte unterstützen, die im Namen des Islam ausgetragen werden. Sie weisen darauf hin, daß die Lehren des Korans den Frieden ebenso wie den Krieg befürworten.

Das Christentum hatte eine Fülle von biblischen Lehren gegen den Krieg und eine starke pazifistische Tradition vorzuweisen, die bis auf den heutigen Tag besteht (Pazifisten lehnen jede Form von Gewalt ab). Bei Sekten wie den Quäkern, Brüdern und Mennoniten ist die pazifistische Tradition besonders stark ausgeprägt. Christen haben jedoch auch lange die Idee vom »gerechten Krieg« unterstützt. Von Anfang an haben sie für die Ausbreitung ihres

Glaubens gegen die Angehörigen anderer Religionen in ganz Europa gekämpft und sie haben auch untereinander Glaubenskriege ausgetragen. Viele Beobachter haben festgestellt, daß das Christentum Krieg ablehnt, ihn zugleich aber besonders zu bevorzugen scheint. Während des Kalten Krieges, dem jahrzehntelangen atomaren Rüstungswettlauf zwischen den Vereinigten Staaten und der UdSSR, unterstützten viele Christen weltweite Interventionen gegen die Sowjetunion auf der Grundlage, daß der Kommunismus antireligiös sei. Manche glaubten sogar, keinen Grund zu haben, sich vor einem atomaren Holocaust zu fürchten, da das biblische Armageddon sowieso bereits greifbar nahe war.

In den Vereinigten Staaten sind heute sowohl die Pro-Kriegs-»Falken« als auch die Anti-Kriegs-»Tauben« von der jüdisch-christlichen Tradition beeinflußt. Die Amerikaner befürworteten mit überwältigender Mehrheit das Eingreifen im Ersten und Zweiten Weltkrieg, sind jedoch ambivalent in bezug auf Vietnam.

Persönliche Entscheidungen: Individuelle Kontrolle über die Sterblichkeit

Während der ganzen Geschichte haben die Kulturen dem einzelnen unterschiedliche Freiheiten über sein spirituelles, gesellschaftliches und physisches Schicksal im Leben eingeräumt. In der Frage des Beginnens und Beendens des Lebens – von Geburt und Tod – können die Werte ebenso stringent wie schwammig und verworren sein. Selbstmord und Abtreibung haben Philosophen, Kleriker, Herrscher und das gemeine Volk bei jeder Wende der menschlichen Geschichte herausgefordert.

Einstellungen zum Selbstmord

Der französische Schriftsteller Albert Camus schrieb: »Es gibt nur ein wirklich ernstes philosophisches Problem: den Selbstmord.« Es gibt gewiß wenige Themen, welche die menschlichen Gefühle zum Tod, Sterben und Leben als solche schärfer hervortreten lassen. Die verschiedenen Kulturen und religiösen Traditionen unterscheiden sich seit jeher drastisch in ihren Einstellungen zum Selbstmord.

Im traditionellen China und Japan wurde Selbstmord unter bestimmten Umständen gebilligt, während der Islam sich seit jeher vehement dagegen ausgesprochen hat. Im antiken Griechenland und Rom hing die Moralität der Selbsttötung von den jeweiligen Umständen ab. Wenn ein römischer Aristokrat das Gesicht verlor oder beim Kaiser in Ungnade fiel, war Selbstmord unter einigen Regierungen obligatorisch. Die Stoiker waren der Meinung, daß Selbstmord durch mangelnde Gesundheit, ökonomische Härten, Sklaverei, Wahnsinn oder zum Schutz der eigenen Familie und des Staates gerechtfertigt sein konnten. Platon urteilt demgegenüber, daß ein Mann, der sich selbst tötet, sich der Gemeinschaft entzieht, seinen Platz nicht kennt und sich wie ein flüchtiger Sklave davonstiehlt. Er war der Ansicht, »daß man nicht eher sich selbst töten dürfe, als bis Gott irgendeine Notwendigkeit dazu verfügt hat«. Der Mensch dürfe sich nicht selbst Gewalt antun, denn dies »sei nicht recht«.

Das Christentum bezog keinen festen Standpunkt zum Selbstmord. Erst der nordafrikanische Theologe, der heilige Augustinus schrieb, Selbstmord sei ein Akt der Feigheit, ein leichter Weg, um Leiden zu beenden. Augustinus machte sich Sorgen wegen der Begeisterung seiner Zeitgenossen für das Märtyrertum. Er war beunruhigt ob des Glaubens, daß die Beichte einen von allen vergangenen Sünden lossprechen konnte. Er wollte vermeiden, daß Menschen einfach beichteten, um sich dann selbst umzubringen und damit ihr irdisches Leiden abzuschütteln und direkt in den Himmel zu kommen.

Nach Augustinus bezog das Christentum entschieden Stellung gegen den Selbstmord. Im Mittelalter waren die Katholiken besonders intolerant, sie glaubten, daß der Selbstmord eine Untergrabung von Gottes Willen darstelle. Die Aufklärung des achtzehnten Jahrhunderts, welche die Rechte des einzelnen stark betonte, stand der Selbsttötung nachsichtiger gegenüber. Diese verschiedenen Haltungen beeinflussen bis auf den heutigen Tag die westliche Einstellung zum Selbstmord.

In den meisten Religionen ist Selbstmord, der aus Frömmigkeit begangen wird, erlaubt. Der Jainismus lehnt Selbstmord ebenso wie jedes andere Töten generell ab. Dennoch haben besonders heilige Jainisten – darunter der Religionsgründer – sich aus Frömmigkeit zu Tode gehungert, was voll und ganz akzeptiert wird.

In manchen Kulturen hängt die Ethik des Selbstmords auch von geschlechtlichen Unterscheidungen ab. So war es im alten Griechenland beispielsweise einer Frau erlaubt, sich aus Gram über den Tod ihres Sohnes oder ihres Geliebten selbst umzubringen. Ein Mann, der sich einer solchen Verzweiflung hingegeben hätte, wäre hingegen als schwach betrachtet worden.

Moderne Psychohygiene-Experten betrachten Selbstmord in der Regel nicht, wie Moralphilosophen und Theologen es tun, als gewählt, sondern als Folge einer psychischen oder geistigen Krankheit. Viele sehen einen Selbstmordversuch eher als Hilferuf denn als tatsächlichen Wunsch, das eigene Leben zu beenden. Für den Soziologen Émile Durkheim, der im neunzehnten Jahrhundert lebte, war er ein Ergebnis gesellschaftlicher Kräfte, die sich der Kontrolle des einzelnen entzogen. Das Tabu, über Selbstmord überhaupt zu diskutieren, schwindet langsam. Das Schweigen über den Tod ist eindringlich genug, und Selbstmord wurde lange als Schmach, wenn nicht als Sünde betrachtet. Einige zeitgenössische Denker sehen Selbstmord hingegen als idealen Tod, der einem die vollständige Kontrolle über die letzten Augenblicke gibt.

Vor dem Gesetz wurde der Selbstmord unterschiedlich behandelt. Das englische und französische Gesetz sah für Selbstmordversuche in der Regel schwere Strafen vor. Frankreich lockerte die Gesetzgebung nach der Revolution. England brauchte dazu bis 1961.

Euthanasie und ärztliche Freitodhilfe: Eine uralte Debatte

In den letzten zwanzig Jahren ist die Rolle des Arztes bei der Beendigung des Lebens eines Patienten ein Thema heftiger öffentlicher Debatten geworden. Euthanasie, aus dem Griechischen übersetzt, bedeutet »leichter Tod«. In den gegenwärtigen Debatten geht es dabei um die Frage der Sterbehilfe bei unheilbar Kranken. Diese Sterbehilfe kann viele Formen haben:

Aktive Euthanasie ist ein Akt, der zum Tod führt.

Die passive Euthanasie ermöglicht es einem Patienten, auf natürliche Weise, ohne medizinische Intervention zu sterben.

Die freiwillige Euthanasie setzt die Einwilligung des Patienten oder die seines designierten Bevollmächtigten voraus.

Die unfreiwillige Euthanasie wird ohne die Einwilligung eines Patienten oder dessen Bevollmächtigten durchgeführt.

Die ärztliche Freitodhilfe berührt im Grunde jeden der vorgenannten Punkte, wenn ein Arzt bei der Selbsterlösung eines Patienten beteiligt ist.

1976 wurde die Euthanasiefrage heiß diskutiert, als bei der zweiundzwanzigjährigen Karen Ann Quinlan nach zwei Atemstillständen der – nach einigen, aber nicht allen medizinischen Definitionen – nicht behebbare Hirntod eintrat. Sie wurde ohne jede Hoffnung auf eine Genesung in einem Krankenhaus künstlich am Leben erhalten. Daraufhin entspann sich eine langwierige gerichtliche Auseinandersetzung, bei der ihrem Vater letztendlich das Recht zugestanden wurde, einen Abbruch ihrer medizinischen Behandlung zu verlangen.

Die meisten Staaten haben Gesetze gegen ärztliche Freitodhilfe, die von verschiedenen Gerichten jedoch in Frage gestellt wurden. In allen Staaten gibt es derzeit irgendeine Form von Gesetz zum »Recht auf Sterben«. Es bevollmächtigt Patienten, Vorsorge zu treffen für Fälle, in denen sie nicht mehr in der Lage sind, selbst Entscheidungen zu treffen. Die ärztliche Sterbehilfe ist in mehreren Ländern legal – in der Schweiz und den Niederlanden zum Beispiel.

Eines der zugunsten der ärztlichen Freitodhilfe angeführten Argumente wird am besten durch den Titel eines populären Films über das Thema verdeutlicht: *Ist das nicht mein Leben?* Befürworter sind der Auffassung, daß Menschen das Recht haben, ihr eigenes Leben zu kontrollieren – und selbst darüber zu entscheiden, wann es beendet werden soll. Andere argumentieren aus der Sicht der »Lebensqualität«: Wenn das Leben eines Menschen nicht mehr lebenswert ist, sei es aufgrund extremer Schmerzen oder weil er die Dinge nicht mehr tun kann, die seinem Leben einen Sinn gaben, sei es nur human, wenn die Ärzte ihm erlauben zu sterben. Wieder andere glauben, dies sei nur statthaft, wenn ein Mensch hirntod ist und keine Möglichkeit auf Genesung zeigt. Die medizinischen Fortschritte haben die Möglichkeiten erweitert, und einige Staaten sind ihnen in der Definition des Todes entsprechend gefolgt.

Gegner des Rechtes auf Sterben argumentieren aus den unterschiedlichsten Positionen heraus. Manche sind der Auffassung, daß Töten immer unrecht ist; andere sagen unter Berufung auf den Hippokratischen Eid, daß Ärzte im besonderen in ihrem Beruf immer verpflichtet sind, sich auf die Seite des Lebens und nie auf die des Todes zu stellen. Manche sorgen sich auch wegen eines möglichen Mißbrauchs: Kann bei depressiven Personen mit unheilbaren Krankheiten überhaupt darauf vertraut werden, daß sie in ihrem besten Interesse handeln? Und was ist, wenn ihre Bevollmächtigten darauf warten, nach ihrem Tod stattliche Erbschaften einzustreichen? Und manche, die sich für die Älteren und Behinderten einsetzen, verwehren sich gegen die Art und Weise, wie die »Lebensqualität«-Argumente bemüht werden; sie meinen, statt sich so viele Gedanken über das Recht zu sterben zu machen, sollte die Gesellschaft lieber noch einmal die Einstellungen untersuchen, die Menschen das Gefühl geben, kein lohnenswertes Leben zu führen, wenn sie alt werden oder einige ihrer physischen Fähigkeiten verlieren.

Die Freitodhilfe mag für Juristen und die Gesetzgeber eine neue Frage sein, für Ärzte geht sie bis in die Antike zurück. Der Hippokratische Eid verbot Ärzten, Patienten tödliches Gift zu geben, selbst wenn sie es verlangten. Als Hadrian, ein römischer Kaiser, einen Arzt bat, ihm zu helfen, Selbstmord zu begehen, brachte der Arzt sich statt dessen in seiner Verzweiflung selbst um. Im ersten Jahrhundert lockerten sich die Vorschriften für Ärzte. Über mehrere hundert Jahre konnten sie Patienten helfen, ihr Leben zu beenden.

Der Tod in der volkstümlichen Kultur

Die herausragende Rolle des Todes im alltäglichen Leben hat ein breites Spektrum gesellschaftlicher Phänomene hervorgebracht. Von umgangssprachlichen Redewendungen bis zum Aberglauben hat der Tod in jeder Kultur und in jedem Augenblick der Geschichte einen derart großen Raum eingenommen, daß von den Lebenden ohne jede Übertreibung gesagt werden kann, sie seien vom Tod besessen. Diese Besessenheit hat einen reichen Schatz an farbiger Sprache, an Phantasien, Bildern, Sagen- und Märchengut hervorgebracht.

Wenn über den Tod gesprochen wird: Euphemismen und umgangssprachliche Redewendungen

Der Tod ist so erschreckend und furchterregend, daß der Mensch über die Jahrhunderte hinweg alles darangesetzt hat, es tunlichst zu vermeiden, direkt davon zu sprechen. Mitunter sucht er in seiner Sprachlosigkeit Zuflucht bei irgendwelchen Euphemismen – etwa den neutralen Begriffen wie »davongegangen« oder »verschieden«. Aus Furcht entsteht das Bedürfnis, über den Tod in lebhaften Metaphern und witzigen Bemerkungen zu sprechen.

Das Theater war schon immer eine reiche Quelle für Redewendungen über den Tod. Es hat Ausdrücke wie »der Vorhang«, »der letzte Vorhang«, »gerufen«, »der letzte Ruf«, »Lichter aus«, »letzte Vorstellung«, »Blackout« und »ausgeblendet« hervorgebracht. Von einem Sterbenden wird auch gesagt, daß »der Vorhang fällt«, daß er »sich verabschiedet« oder daß er »von der Lebensbühne abtritt«.

Die Bilder vom Spielen haben lange die Sprache vom Tod beherrscht. Wenn jemand stirbt, »ist er ›dran‹, oder »alle Wetten sind gelaufen«. Weitere spielorientierte Redewendungen sind beispielsweise: »er hat sein Rennen gemacht«, »er hat ausgespielt«, »er hat sich verdrückt«, »er hat die letzte Karte ausgespielt«, »er hat die Karten abgegeben«, »er hat alles hingeworfen«, »er hat die Löffel abgegeben«, »er hat das Rennen verloren«, »er wurde abkassiert«, »er hat die letzte Karte gelöst« oder »er hat den Stock abgegeben« (vom Billard). Und Selbstmord wurde als »Solitär« bezeichnet.

Das Meer und die Seefahrt hat so manche Todesmetapher hervorgebracht, da so viele ihr Leben dabei verloren. Wenn vom Ertrinken die Rede ist, wird etwa gesagt: »er hat zuviel geschluckt«, »er füttert die Fische«, »er ist ins Wasser gegangen« und »er hat seinen Schluck genommen«. Es werden auch Ausdrücke aus dieser Tradition verwendet, um andere Todesarten zu beschreiben. So wird von einem Toten mitunter gesagt, er wurde »hinweggespült« oder er hat »die Segel gestrichen«.

Selbstmord wird gerne mit Euphemismen bedacht, wenn etwa gesagt wird: »er hat sich um die Ecke gebracht«, »er hat sich das Licht ausgeblasen«, »er hat sich selbst verabschiedet«, »er hat selbst Schluß gemacht« und »er hat sich selbst den Garaus gemacht«. Selbstmord durch Erhängen ist als »die Strickkur« bekannt. Von jemandem, der sich umbringt, indem er sich auf Eisenbahnschienen legt und à la Anna Karenina auf einen Zug wartet, wird gemeinerweise gesagt, er hat »die Schienen geschmiert«.

Manche Redewendungen betonen auch die demokratische Natur des Todes: im Unterschied zum Nikolaus kommt der Tod zu jedem. Der Tod wurde als der Ausgleicher und der Große Gleichmacher bezeichnet; wenn Menschen sterben, schließen sie sich der großen Masse an.

Andere Ausdrücke konzentrieren sich auf das Jenseits: man »ist in die ewigen Jagdgründe eingegangen«, »seinen ewigen Lohn holen gegangen«, »zu seinem Schöpfer gegangen«, »über den Jordan gegangen«, »nach Hause gegangen«, »in den Himmel gekommen, »in den siebten Himmel gekommen«, »stattet Petrus einen Besuch ab« oder »ist auf dem Weg ins Jenseits«.

Humoristische Synonyme fürs Sterben sind etwa: Er »hat sich

aus dem Staub gemacht«, »hat sich für immer schlafen gelegt«, »ist jetzt Grundbesitzer geworden«, »hat sich jetzt ein Stück Land gekauft«, »hat seine Tage beschlossen«, »hat Schluß gemacht«, »hat eingepackt«, »hat Messer und Gabel abgegeben«, »zählt jetzt die Gänseblümchen von unten«, »hat sich heimlich davongestohlen«, »ist in die Kiste gesprungen«, »hat jetzt ausgepfiffen«, »hat ins Gras gebissen«, »hat dem Galgen ein Schnippchen geschlagen«, »hat den Anker gelichtet«, »hat alles hinter sich«, »hat den Löffel weggelegt«, »hat die Essensmarken abgegeben«, »hat die Rente hinter sich«, »hat einen kalten Arsch gekriegt«, »ißt den Löwenzahn jetzt von unten«, »ist abgetreten«, »ist an der letzten Station angekommen«, »ihm haben sie das Licht ausgemacht«, er »ist nicht mehr unter uns«, »hat die Kurve gekratzt«, ihn »hat man unter die Erde gebracht«, er »kann die Radieschen jetzt von unten ansehen«, ihm »ist der Motor ausgegangen«, er »ist getürmt«, »ist endgültig baden gegangen«, »ist über die Wupper gegangen«, »ist dem Sensenmann begegnet«, seine »letzte Stunde hat geschlagen« und sie »haben ihm sein Bett geschaufelt«.

Weitere Ausdrücke für den Tod sind auch: »Den Weg allen Fleisches gehen«, »Leichenblässe«, »letzter Ruf«, »in den Schoß der Erde zurückkehren« und »die Todesstrafe«.

Schauerlicher Humor

Er wird als »Schwarzer Humor« oder »Galgenhumor« bezeichnet. Witze sind für den Menschen ein wichtiger Weg, um mit der beunruhigenden, zerreißenden Natur des Todes umzugehen. Gleichwohl ist es irgendwie tabu, Scherze über den Tod zu machen – ein verbotenes Thema, das »ernst« genommen werden soll. Ein paar berühmte Witze über den Tod sind etwa:

> *Wir werden alle gleich eingeäschert.* – Jane Ace

> *Sie sagen, man soll nichts Schlechtes, sondern nur Gutes über die Toten sagen.*
> *Er ist tot. Gut.* – Moms Mabley

Kanonen sind nicht gesetzlich
Schlingen gehen oft daneben
Gas riecht einfach entsetzlich
Dann kannst' auch ebensogut leben. – Dorothy Parker

Ein klassisches Genre sind Witze über tote Babys:

Frage: Was wird braun und klopft gegen die Scheibe?
Antwort: Ein Baby in einer Mikrowelle.
Frage: Was ist einfacher zu entladen, ein Lkw voller Kugeln oder ein Lkw voller toter Babys?
Antwort: Letzteres – dabei kannst du eine Mistgabel benutzen.

Der Tod in volkstümlichen Überlieferungen und Legenden

Die volkstümlichen Überlieferungen bieten ein Fenster zu den ältesten und allgemein geteilten Werten einer Kultur. Viele der im Volkstum in Zusammenhang mit dem Tod aufgegriffenen Themen sind kulturübergreifender Natur. Sie spiegeln das allgemeine Ringen der Menschheit, ihrem Schicksal einen Sinn zu geben.

Viele Geschichten veranschaulichen die Unausweichlichkeit des Todes. In einer persischen Geschichte sieht ein junger Mann, der für den Sultan arbeitet, wie der »Tod« auf dem Anwesen des Sultans herumschleicht. Er flieht nach Teheran, um ihm zu entkommen, aber der »Tod« fragt den Sultan nach dem Namen des Jungen. Als der Sultan ihm seinen Namen verrät, sagt der »Tod«: »Ich dachte, daß er es war. Aber ich war erstaunt, ihn hier zu sehen, da ich später heute noch mit ihm in Teheran verabredet bin.« Ähnlich schufen zahlreiche andere Kulturen – wie etwa auch die alten Griechen – Geschichten über die Unausweichlichkeit der eigenen vorherbestimmten Todesstunde.

Eine andere Tradition bringt die Hoffnung zum Ausdruck, daß der Tod überlistet werden kann. In der puertoricanischen Geschichte über Tia Miseria (»Tante Misere«) gewährt ein Zauberer Tia einen Wunsch. Die Nachbarjungen klettern immer in ihren Birnbaum und quälen sie, und so wünscht sie sich, daß, wer auch immer auf den Baum klettert, auf ihren Befehl hin dort festsitzt und nur, wenn sie es will, wieder freikommen kann. Tia ist eine alte Frau, und es dauert nicht lange, bis der Tod zu ihr kommt; mit einer List bringt sie ihn dazu, auf den Baum zu klettern, um einige Birnen zu pflücken, und läßt ihn wochenlang dort oben. Sie läßt ihn erst wieder herunter, als ihre beste Freundin, die lebensmüde und krank ist und sterben möchte, sie inständig bittet, ihn freizulassen. Zuerst nimmt Tia dem Tod jedoch das Versprechen ab, daß er nie zu ihr zurückkommen wird. Er versprach es, und deshalb wird es immer »Misere« auf der Welt geben. Eine ähnliche Geschichte gibt es in Portugal. Und weitere Geschichten, in denen der Tod überlistet wird, sind ebenso in den Vereinigten Staaten, Italien und anderswo zu finden.

Andere Geschichten erklären, wie es zum Tod kam – der oft als Strafe für ein menschliches Versagen dargestellt wird. In einer polynesischen Fabel vergewaltigt der Held eine Göttin. Bei den Melanesen geraten fünf Brüder in einen Streit. Auch auf den Fidschi-Inseln, bei den Maori in Neuseeland und bei den Luba in Zaire sowie in den griechischen und sudanesischen Traditionen ist der Tod eine Vergeltung für menschlichen Ungehorsam gegenüber den Göttern. Eine verbreitete Todesgeschichte ist die von dem Liebhaber, der eine Reise ins Jenseits unternimmt, um seine Geliebte zu retten. Griechenland, Indien und andere Traditionen erzählen diese Geschichte.

Das Epos von Gilgamesch aus Mesopotamien bringt eine ungewöhnliche Botschaft: Unsterblichkeit ist für den Menschen unmöglich. Gilgamesch betrauert und beweint den Tod seines Freundes bitterlich und klagt: »Was ist das nun für ein Schlaf, der dich gepackt hat? Du wurdest umdüstert und hörst mich nicht mehr.« Mit dem Entsetzen seines eigenen Todes konfrontiert, geht Gilgamesch zu den Göttern, um herauszufinden, wie er ewig leben kann. Sie sagen ihm, daß es keine Hoffnung gibt. Schließlich geben sie nach und verraten ihm, wo er ein Gewächs finden kann, das seinem Besitzer ewiges Leben gewährt. Gilgamesch spürt es auf, aber ehe er es an sich nehmen kann, nimmt eine Schlange das Gewächs und entschwindet damit. Gilgamesch geht nach Hause und meißtelt diese Geschichte auf Steintafeln – der einzige Weg, wie er Unsterblichkeit erlangen kann.

Berühmte Tode

Berühmte Todesszenen, ob aus der Literatur oder dem realen Leben, spielen in den Mythologien eine wichtige Rolle. Sie helfen dem Menschen, sich vorzustellen, wie er seinem eigenen Tod gegenüberstehen wird, und darüber nachzudenken, wie er in seiner eigenen Todesstunde seinem Leben einen Sinn abringen kann. Berühmte Todesszenen eignen sich als Fenster, das den Blick auf das Verhältnis einer Kultur zum Tod freigibt.

Ein Beispiel ist der Tod von Sokrates. Der Philosoph und Unruhestifter war von einem Athener Gericht wegen Irreligiosität, Intrigierens gegen den Staat und, was noch außergewöhnlicher war, wegen seines »verderblichen Einflusses auf die Jugend« zum Tod verurteilt worden. Er trank im Gefängnis einen Becher mit Gift, nachdem er eine lange Rede über das Schicksal der Seele nach dem Tod gehalten hatte. Er war dabei, sehr zu seiner eigenen Irritation, von trauernden Freunden umgeben. Seiner Meinung nach, brauchte man den Tod nicht fürchten, denn »ein Mann, welcher wahrhaft philosophisch sein Leben verbracht, müsse getrost sein, wenn er im Begriff ist zu sterben«.

Der Tod von Jesus Christus ist der bekannteste in der westlichen Kunst. In manchen Darstellungen ist sein Körper am Kreuz von Schmerzen gequält, in anderen ist er ruhig und makellos schön. Die Trauer seiner Jünger, seiner Mutter Maria und Maria Magdalenas und sein eigener verzweifelter Ruf: »Mein Gott, mein Gott, warum hast du mich verlassen« veranschaulichen szenarisch die zutiefst problematische Beziehung der christlichen Tradition zum Tod.

Im Gegensatz dazu tadelt Buddha, genau wie Sokrates, bei seinem eigenen Tod einen Anhänger, daß er weint, und sagt: »Habe ich nicht schon vorher verkündet, daß alles Liebe und was Freude bereitet, sich wandelt, sich von uns trennt und anders wird?« Er ließ alle Dorfbewohner rufen, und als sie kamen, fragte er, ob sie noch Fragen zu seinen Lehren hätten. Sie hatten keine. Dann trat er ins *Nirvana* ein, die Abwesenheit des Selbst, die Befreiung von Wünschen und Gedanken. Da er in diesen Zustand aber schon zu Lebzeiten eingetreten war, hatte der Tod keine Macht über ihn. Seine Schüler erwiesen seinem Leichnam sechs Tage ihre Ehrerbietung. Am siebten Tag wurde er auf einen Scheiterhaufen gelegt. Gemäß der Tradition entzündete sich der Scheiterhaufen spontan, als der letzte Anhänger kam, um ihm seine Ehre zu erweisen, und brannte bis auf den Grund nieder.

Die Todesszenen von Heiligen sind oft denkwürdig. König Herodes ließ Johannes den Täufer enthaupten und dessen Kopf der Tochter seiner Frau, der Tänzerin Salome, auf einem Tablett servieren. Die Darstellung seiner Enthauptung und die Darbietung seines Kopfes waren bevorzugte künstlerische Motive. Noch beliebter ist der leibliche Aufstieg der Jungfrau Maria in den Himmel, der als Mariä Himmelfahrt bezeichnet wird. Christliche Märtyrer wurden oft wegen ihres grausamen Todes heiliggesprochen. Der Darstellung dieser Szenen kommt eine legendäre Macht zu. Der nackte Körper des heiligen Sebastian wurde von Pfeilen durchbohrt als tot liegengelassen. In Wirklichkeit lebte er jedoch noch. Statt zu fliehen, suchte er die Auseinandersetzung mit Diokletian, dem grausamen Herrscher, der seinen Tod befohlen hatte. Diokletian ließ ihn dann mit Knüppeln zu Tode schlagen.

Geistergeschichten

Geistergeschichten von zurückkehrenden Toten werden seit Tausenden von Jahren auf der ganzen Welt, von China bis nach Zimbabwe, erzählt. Sie existieren in mündlicher und in literarischer Form, wobei die mündlichen Überlieferungen, natürlich wesentlich älter sind. Viele dieser Erzählungen sind inzwischen niedergeschrieben worden, aber sie haben oft ihren lebhaften Charakter bewahrt. Sie waren beim Erzählen mimisch dargestellt worden und beinhalten dramatische Einlagen, wo der Erzähler auf die Zuhörer zuspringt, um sie zu erschrecken.

Ein Beispiel für die Vermischung von mündlich und schriftlich überlieferten Geistergeschichten ist Mark Twains Erzählung »Der goldene Arm«. In der Geschichte hat eine Frau einen goldenen Arm, und als sie stirbt, stiehlt ihr Mann ihn, bevor er sie in die Erde hinabläßt. Es ist eine stürmische Nacht, und er hört aus der Ferne eine Stimme rufen. »Wo ist mein goldener A-a-a-rm?« Ein Refrain, der sich immer wieder wiederholt und näher und näher kommt. Die Stimme folgt ihm durch die Tür, ins Haus und die Treppe hoch in sein Bett, und beantwortet schließlich ihre eigene Frage: »DU HAST IHN!«

An diesem Punkt sollte der Erzähler dann natürlich auf das Publikum zuspringen, daß es sich so erschreckt, daß ihm Hören und Sehen vergeht – was der ursprüngliche Sinn und Zweck der mündlich überlieferten Geistergeschichte war.

Die bekanntesten Geistergeschichten in der englischsprachigen Literatur sind die Novelle *Die Drehung der Schraube* von Henry James und *Das verräterische Herz* von Edgar Allen Poe.

Auch andere Kunstgattungen haben diese Tradition weitergeführt. Zwei Beispiele sind die Opern *Der fliegende Holländer* von Richard Wagner und Mozarts *Don Giovanni.*

Makabere Charaktere: Der personifizierte Tod

Die volkstümliche Kultur hat den Tod oft vermenschlicht, manchmal in komischer Form und manchmal mit regelrecht erschreckendem Effekt. Der Tod, der oft als Skelett oder Schädel mit einem bekleideten menschlichen Körper dargestellt ist, wird als »der Sensenmann«, »der Schnitter Tod«, »der Knochenmann«, »der Abrechner«, »der Grabmann«, »der große Auspeitscher«, »der grausame Herrscher«, »der alte Dahinraffer« und »der alte Grausame« bezeichnet. Meistens ist der Tod zwar männlich, manchmal jedoch auch weiblich. Er wird mit vorstehenden Zähnen, mager oder auch mit zahlreichen anderen körperlichen Attributen dargestellt.

Emily Dickinson hielt den Tod für einen freundlichen Genossen. »Da ich nicht halten konnte für den Tod, hielt freundlich er für mich.« Manche denken, er könnte sogar sexy sein: eine andere

Dichterin, Margaret Widdemer, stellte sich den Tod vor, wie er die Sterbende umarmt und sagt: »Ich bin der Dunkle Kavalier; Ich bin der Letzte Liebhaber. Meine Arme werden dich empfangen, wenn alle anderen Arme müde sind.«

Andere Darstellungen sind düsterer. Eine bekannte biblische Todesdarstellung ist der Tod als einer der vier Apokalyptischen Reiter (die anderen drei sind die Pest, der Krieg und die Hungersnot). Der Tod reitet auf einem Schimmel, und der griechische Gott des Todes, Hades, reitet nahe hinter ihm. Noch älter ist der Todesengel in der jüdischen Tradition, der auch als Samael bekannt ist. Er ist der Engel, der den größten Haß gegenüber dem Menschen hegt. In einer traditionellen Geschichte versteckt Gott Moses, so daß Samael seiner Seele nicht habhaft werden kann.

Oft ist der Tod auch clever und geschickt und spielt seine Spielchen mit den Menschen. In Ingmar Bergmanns schaurigem Film *Das siebente Siegel,* der einer der wenigen Filme ist, in denen der Tod persönlich in Erscheinung tritt, wird ein Schachspiel mit dem Tod gezeigt. Diese Szene wird fabelhaft in »De Duva«, einem Comic, parodiert, worin ein Badminton-Spiel mit dem Tod dargestellt wird, der sich trampelhaft und ungelenk anstellt.

Der Tod in der Literatur

Vielleicht nur noch von dem Thema Liebe übertroffen, das an erster Stelle steht, hat der Tod über die Jahrhunderte hinweg Autoren fasziniert. In einigen der größten Werke der Literaturgeschichte haben Dichter und Schriftsteller sich mit dem Sinn, der Gestalt, dem nachhaltigen Einfluß und den Auswirkungen des Todes auseinandergesetzt. Als Beispiele seien nur einige Glanzlichter aus dem Reigen dieser Werke genannt:

Eine der dramatischsten Todesszenen in der klassischen Literatur ist die von Dido in Vergils *Aeneas.* Nachdem Aeneas sie verläßt, befiehlt die untröstlich trauernde phönizische Königin ihrer ahnungslosen Schwester, einen Opferscheiterhaufen mit einigen persönlichen Dingen von ihm darauf zu errichten. Am nächsten

Tag klettert Dido auf den Scheiterhaufen und ersticht sich vor ihrem ganzen Hof, wobei sie Aeneas leidenschaftlich anprangert und die Götter anfleht, sie in die Unterwelt mitzunehmen.

Dante Alighieris *Göttliche Komödie*, Anfang des vierzehnten Jahrhunderts geschrieben, ist nach wie vor der kühnste literarische Versuch, sich das Leben nach dem Tod in allen Einzelheiten vorzustellen. Sie ist nach dem biblischen Buch der Offenbarung im Zweifel auch der vollendetste Ausdruck der christlichen Furcht vor dem Jüngsten Gericht.

Shakespeares *Romeo und Julia* versteht den Tod als einen entsetzlichen Verlust. Wie in seinen anderen Tragödien entwickelt er hier eine Vorstellung, die in seiner Zeit relativ neu war. Das Stück untersucht den eigentlich vermeidbaren Tod, der durch menschliche Mißverständnisse und Kleinkariertheit verursacht wird. Es veranschaulicht das klassische Thema von Liebe und Tod.

Einige der berühmtesten Todesszenen aus dem neunzehnten Jahrhundert sind ausgesprochen emotional, manchmal sogar höchst sentimental; die sterbende – oft weibliche – Person ist von einem unwahrscheinlichen Heiligenschein umgeben wie Elisa in Harriet Beecher-Stoves *Onkel Toms Hütte*, wie Beth in Louisa May Alcotts *Vier Schwestern* und wie Nell in Charles Dickens' *Der Tod des kleinen Nell.*

Leo Tolstois Roman *Der Tod des Iwan Iljitsch* enthält, obwohl er im neunzehnten Jahrhundert geschrieben wurde, eine frühe Beschreibung der heutigen Einstellung zum Tod – der geleugnet werden muß. Iljitsch wird über die Schwere seiner Krankheit und seinen bevorstehenden Tod im dunkeln gelassen. Jeder in seiner Umgebung tut so, als ob nichts wäre, was ihn zornig macht, und er möchte ausrufen: »›Hört doch auf zu lügen! Ihr wißt und ich weiß, daß ich sterbe.‹ ... Aber er hatte niemals den Mut, das zu sagen.«

Das Geheimnis um Marie Rogêt von Edgar Allan Poe beruht auf der authentischen Vorlage des berühmten und ungelösten Mordes an Mary Cecilia Rogers, die 1841 in New York stranguliert und meuchelmörderisch umgebracht wurde. Die Geschichte war Poes erster kommerzieller Erfolg. Der Autor stellte die Theorie auf, daß Rogers »von einem Liebhaber oder zumindest einem intimen und heimlichen Freunde« umgebracht wurde. Manche glauben, daß Poe, der das Opfer kannte, den Mord selbst begangen hatte.

Joseph Conrads *Herz der Finsternis* aus dem Jahr 1910 fängt grausam die »durchdringende und hoffnungslose Verzweiflung« angesichts des Todes ein. Die letzten Worte, die der Sterbende schrie, waren: »Das Grauen! Das Grauen!«

Um *Eine amerikanische Tragödie* zu schreiben, war Theodore Dreiser bei der ganzen zweiundzwanzigtägigen Gerichtsverhandlung von Chester Gillette dabei und machte sich Notizen. Chester Gillette wurde für schuldig befunden 1906 seine schwangere Freundin, Grace Brown, im Norden des Bundesstaats New York ertränkt zu haben. Gillette änderte seine Geschichte mehrmals; als er dann Berufung gegen sein Urteil einlegte, wurde er 1908 hingerichtet. Dreiser veröffentlichte seinen brillanten Roman von dieser traurigen Geschichte 1925.

Der Fremde, 1958 von dem existentialistischen Schriftsteller Albert Camus geschrieben, beginnt mit den Worten: »Heute ist Mama gestorben. Vielleicht auch gestern ...« Der Erzähler zeigt absolute Gleichgültigkeit gegenüber dem Tod seiner Mutter und auch gegenüber seinem eigenen Leben. Am Ende begeht er einen Mord und frohlockt am Vorabend seiner Hinrichtung über sein Leben, wohl wissend, daß er es bald verliert. Dies ist, genau wie James Agees Roman *Ein Todesfall in der Familie*, eine höchst moderne Sicht des Todes: Er wird allein, jenseits von Ritualen, sozialen Einheiten und philosophischen Strukturen erfahren, die den Menschen vormals halfen, ihm einen Sinn zu geben. Jetzt muß der einzelne selbst einen Sinn für den Tod – wie auch für das Leben – finden.

Bei James Agees Werk *Ein Todesfall in der Familie*, das 1957 geschrieben wurde, handelt es sich um eine fiktionalisierte Reflexion über den Tod seines eigenen Vaters. Das Werk beschreibt mit einer herzzerreißenden Genauigkeit die Unfähigkeit der Familienmitglieder, die Reaktionen der jeweils anderen auf den Tod zu verstehen.

In dem 1959 veröffentlichten Roman des nigerianischen Autors Chinua Achebe, *Okonkwo oder das Alte stürzt,* kommen weiße

Missionare in ein afrikanisches Dorf. Es entsteht ein nicht wiedergutzumachender Konflikt, bei dem es um das Thema des Todes geht. Die Weißen und die Dorfbewohner geraten über die Geister der Toten und den angemessenen Umgang mit Leichnamen aneinander. Die Dorfbewohner streiten sich untereinander darüber, ob die weißen Männer getötet werden sollen, ob ihr traditionelles Leben es wert ist, aus Rache zu sterben. In der letzten Szene bringt sich der Protagonist um, nachdem er einen der weißen Männer getötet hat. Die Leiche des Selbstmörders umgeben die Dorfbewohner mit allerlei abergläubischen Praktiken, die den weißen Kommissar völlig verwirren.

In Toni Morrisons Buch *Menschenkind* bringt eine Sklavin ihre drei Kinder um, um zu verhindern, daß sie ihr weggenommen werden. Das Werk untersucht die Frage der mütterlichen Liebe, des Tötens und der Beziehung der Lebenden zu Geistern.

Die Makabere Periode

Der Tod war natürlich immer ein Thema der schönen Künste, aber manchmal sind es auch Ereignisse außerhalb der Welt der Kunst, die Einfluß auf ihren Inhalt nehmen. In Europas makaberer Zeit, im vierzehnten und fünfzehnten Jahrhundert, wurde der Tod buchstäblich zur Besessenheit. In den Gemälden tauchen Schädel, Knochen, verwesende Leichen und Gesichter, die mit Schlangen oder Kröten bedeckt sind, auf. Was zum Teil (wenn auch nicht gänzlich) das Legat der schwarzen Pest war. Ähnlich ist der Tod heute wieder häufig ein Thema von Gemälden, Fotografien, Drucken, Multimediastücken und Skulpturen. Das hat seine Ursache sicher auch darin, daß so viele Künstler und ihre geliebten Partner, Angehörigen und Freunde an AIDS sterben.

Der Tod im Film

Die im zwanzigsten Jahrhundert unterdrückte kulturelle Faszination vom Tod hat eine Reihe von Filmgenres hervorgebracht. Kriminalfilme wie die von Alfred Hitchcock drehen sich fast immer um einen ungelösten Todesfall. Thriller und Actionfilme haben in der Regel eine komplizierte Handlung. Die Spannung wird häufig durch unsere Furcht vor dem Tod erzeugt. Wir erleben mit, wie die Hauptdarsteller dem Tod nahekommen und ihm dann für gewöhnlich entgehen. Horror- und Gruselfilme zeigen das gleiche Szenario, wobei es in der Regel um einen grausameren und übernatürlichen Tod geht, dem die Darsteller auch nicht immer entgehen. Eine jüngere Form ist das »Hood«-Genre, zu dem unter anderem die Filme von Spike Lee und John Singleton gehören. Diese Regisseure untersuchen das Leben vor dem Hintergrund urbaner Gewalt und ihrer tödlichen Auswirkungen auf junge Afro-Amerikaner. Wahre Mordfälle haben als Vorlage für zahlreiche Kassenschlager gedient.

In der anhaltenden Kontroverse über die Darstellungen von gewaltsamem Tod in der Unterhaltungsindustrie ist der sogenannte »Snuff«-Film eine Art von Metapher geworden. In diesen Pornofilmen wird der Tod von Frauen und Kindern, wie die Rechtsexpertin Catharine MacKinnon behauptet, nicht nur dargestellt, sondern sei vielmehr real. Die Filmemacher brächten die Darsteller während der Produktion des Films tatsächlich um. Es gibt jedoch wenige schlüssige Beweise, welche die Existenz des »Snuff«-Films als solchen überhaupt belegen. Die Idee spiegelt jedoch eine reale Furcht des zwanzigsten Jahrhunderts, daß nämlich die bildliche Darstellung vom Tod in Filmen, in der Pornographie oder im Fernsehen real den Tod herbeiführen könnte.

Die filmische Untersuchung des Todes war und ist jedoch nicht auf dieses Genre beschränkt. Einige der bekanntesten Hollywood-Filme über den Tod sind beispielsweise:

Death Takes a Holiday, Regie Mitchell Leisen. In dieser 1934 gedrehten Komödie mit Frederick March und Evelyn Vinable in den Hauptrollen beschließt Prinz Cirki – der in Wirklichkeit der Tod in Person ist –, daß er einen Urlaub braucht. Und während er sich erholt, stirbt niemand auf Erden.

M, Regie Fritz Lang. Dieser frühe deutsche Tonfilm mit Peter Lorre in der Hauptrolle machte das wahrlich krankhafte »Monster von Düsseldorf«, Peter Kurten, unsterblich. Mit sechzehn

Jahren begann der sadistisch veranlagte Sexualtäter seine lange Laufbahn, in der er Kinder und junge Frauen ermordete, die er vergewaltigte, ehe, während und/oder nachdem er sie erdrosselt, erstochen oder zu Tode geschlagen hatte. Die Stadt Düsseldorf wurde 1929 und 1930 vierzehn Monate lang von Kurten terrorisiert, als die Häufigkeit seiner Morde eskalierte. Er wurde mit siebenundvierzig Jahren mit Hilfe einer Frau geschnappt, die ihm bei einem Vergewaltigungsversuch entkommen war. Er wurde neunmal zum Tod verurteilt und 1931 enthauptet.

Zum Verbrecher verurteilt, Regie Busby Berkeley. Der frühere Boxweltmeister im Mittel- und Weltergewicht, Charles »Kid« McCoy (Norman Selby), lieferte die Geschichte zu diesem Filmerfolg im Jahr 1939. Offenbar hatte seine Freundin, Theresa Mors, mit der er zusammenwohnte, Bedenken, seine zehnte Frau zu werden; betrunken und wütend ermordete er sie. McCoy wurde des 1924 begangenen Mordes für schuldig befunden und zu einhundertzweiundzwanzig Jahren Gefängnis in San Quentin verurteilt, aber wieder freigelassen, nachdem er nur acht Jahre verbüßt hatte; 1940 nahm er eine tödliche Dosis Schlaftabletten. Der Schauspieler John Garfield wurde für seine schauspielerische Leistung bei der Darstellung des mörderischen Boxers ausgezeichnet.

Frau ohne Gewissen, Regie Billy Wilder. Dieser 1944 gedrehte *film noir*, ein Film aus der Schwarzen Serie, erzählt die schmutzige Geschichte von nackter Gier. Im Februar 1927 schloß Ruth Snyder auf ihren Mann Albert eine Lebensversicherung mit Verdoppelung der Versicherungssumme bei Unfalltod ab, um ihn dann mit Hilfe ihres Geliebten Henry Judd Gray umzubringen. Sie schlugen dem schlafenden Albert ein Gewicht auf den Kopf, betäubten ihn mit Chloroform und erdrosselten ihn mit einem Kabel. Um das Ganze nach einem Einbruch aussehen zu lassen, wurde Snyder anschließend von Gray auch noch gefesselt; aber am Ende wurden die beiden von der Polizei doch überlistet und legten ein Geständnis ab. Bei ihrer Hinrichtung auf dem elektrischen Stuhl in Sing Sing 1928 wurde

Snyder heimlich von einem Mann fotografiert, der versteckt am Knöchel eine Kamera trug. Dieses Bild wurde eines der berühmtesten Sensationsfotos aller Zeiten. Gray wurde Minuten später auf demselben Stuhl hingerichtet.

Monsieur Verdoux – Der Frauenmörder von Paris, Regie Charlie Chaplin. Chaplin schrieb das Stück und spielte selbst die Hauptrolle in dieser 1947 gedrehten Schwarzen Komödie. Sie entstand nach der wahren Geschichte des Serienmörders Henri Désiré Landru. Landru lockte zwischen 1915 und 1919 durch einschlägige Heiratsanzeigen in den Zeitungen eine unbekannte Zahl von Frauen in sein unmittelbar außerhalb von Paris gelegenes Haus. Er stahl seinen »Verlobten« Geld und Besitztümer, zerhackte ihre Leichen und verbrannte die Teile in seinem Ofen. Der »Blaubart« wurde gefangengenommen, als Nachbarn sich über den faul stinkenden Rauch beschwerten, der aus seinem Kamin kam; er wurde wegen elf Morden verurteilt und 1922 auf der Guillotine hingerichtet.

Bonnie und Clyde, Regie Arthur Penn. Dieser sehr erfolgreiche Film erntete Kritik, weil er die bösartige Verbrechenstour von Bonnie Parker und Clyde Barrows in den Jahren 1932–1934 romantisierte. Die gesetzlosen Ausreißer fuhren im Mittelwesten, in Texas und Oklahoma, herum, begingen kleinere Überfälle und zahlreiche sinnlose Morde. Schließlich wurden sie gestellt und 1934 bei einer Straßensperre in Louisiana getötet. Warren Beatty und Fay Dunaway spielten die Hauptrollen in dem 1967 gedrehten Film.

Auf der Suche nach Mr. Goodbar, nach dem Roman von Judith Rossner. Die Vergewaltigung und Erdrosselung einer achtundzwanzigjährigen Lehrerin, Roseann Quinn, im Jahr 1973 inspirierte Rossner, diesen Bestseller zu schreiben. Er wurde später mit Diane Keaton in der Hauptrolle verfilmt. Quinn hatte in einer Bar auf der anderen Straßenseite ihrer Wohnung in der West 72. Straße einen Mann, John Wayne Wilson, aufgegabelt. Die beiden bekamen Streit, und er brachte sie um. Mit Hilfe seines Kumpels konnte die Polizei Wilson schnell in Indianapolis schnappen und brachte ihn wieder nach New York zurück. Während er auf sein Gerichtsverfahren wartete, beging er Selbstmord, indem er sich mit einem Bettlaken erhängte.

Eine ganz normale Familie, mit Mary Tyler Moore und Timothy Hutton in den Hauptrollen. Der Film porträtiert eine Familie, die nach dem Tod eines Sohnes auseinanderfällt.

Zeit der Zärtlichkeit, mit Debra Winger, Shirley Maclaine und Jack Nicholson in den Hauptrollen, handelt von einer Frau mittleren Alters, die an Krebs stirbt.

Philadelphia, mit Tom Hanks und Denzel Washington in den Hauptrollen, ist der erste große Mainstream-Spielfilm über AIDS. Er ging auf ein schmerzliches allgemeines Bedürfnis ein, sich mit einer nur allzu verbreiteten zeitgenössischen Todesart auseinanderzusetzen. Obwohl der Film in vieler Hinsicht Neuland erschloß, bediente er sich der seit Jahrtausenden bestehenden Tradition, Liebe und Tod miteinander zu verbinden: Die Todesszene zwischen Tom Hanks und seinem Geliebten (von Antonio Banderas gespielt) ist die einzige erotische oder romantische Sequenz in diesem Film.

Pulp Fiction, mit John Travolta und Samuel Jackson in den Hauptrollen, ist eine ironische Abhandlung über die Gewalt in Filmen, die das grundlose Töten und Morden, das in Actionfilmen zu sehen ist, glänzend auf die Schippe nimmt.

Natural Born Killers, Regie Oliver Stone. Dieser Film stellt zwei Serienkiller in den Mittelpunkt, die, von den Medien verfolgt, populäre internationale Berühmtheiten werden. Stones Absicht war aufzuzeigen, wie die amerikanische Kultur vom gewaltsamen Tod besessen ist. Es wird ihm vorgeworfen, er hätte das Thema einfach ausgeschlachtet. Einer der plastischsten Gewaltfilme, die je gedreht wurden.

Der Tod im Fernsehen

Trotz des verblüffenden Ausmaßes von Gewalt, über die Eltern und Politiker sich die Köpfe heiß reden, ist der Tod im Fernsehen in Wirklichkeit sehr wenig zu sehen. Im Kinderprogramm kommt er fast gar nicht vor. Die Darstellung eines natürlichen Todes ist eine Seltenheit. Selbst in Seifenopern sterben die Menschen im allgemeinen durch Unfälle oder Gewalt und nur selten krankheits- oder altersbedingt. Das wird sich vielleicht mit dem Aufkommen von realistischeren Krankenhausdramen und der zunehmenden Präsenz von AIDS auf dem Bildschirm etwas ändern.

In den letzten zwanzig Jahren ist die Frage der Gewalt im Fernsehen immer wieder thematisiert worden. Es besteht die Sorge, daß eine Verbindung zwischen der im Fernsehen gezeigten Gewalt und den hohen Mordraten herrscht, die bei Jugendlichen zu verzeichnen sind. Manche meinen, daß Jugendliche das, was sie im Fernsehen sehen, einfach nachmachen. Andere fürchten, daß Kinder, die ständig Gewalt sehen, unempfindsam dagegen werden. Die Gewalt im Fernsehen könnte die Werte der Zuschauer prägen und sie dazu bringen, der Welt mit einer defensiveren, potentiell gewalttätigen Haltung zu begegnen. Bei einer sorgfältigen Untersuchung der wichtigsten Studien über dieses Thema stellte die Medienforscherin Nancy Signorielli fest, daß es noch keine schlüssigen Belege gibt, welche die ersten beiden Befürchtungen stützen, die dritte Sorge sei jedoch nicht von der Hand zu weisen.

Wer stirbt im Fernsehen? Die am ehesten im Fernsehen gewaltsam sterbenden Personen sind ältere Frauen, gefolgt von Männern der Unterschicht und älteren Männern.

Das Fernsehen hat begonnen, die Realität des AIDS-bedingten Todes zur Kenntnis zu nehmen und sich ihr zu stellen. Da die Krankheit in den ersten Jahren mit stigmatisierten Gruppen (Homosexuellen, Armen, Drogenkonsumenten) in Verbindung gebracht wurde, und tödliche Krankheiten jeder Couleur eine Seltenheit auf dem Bildschirm sind, zeichnen sich Fortschritte nur langsam ab. In den letzten Jahren wurden ... *und das Leben geht weiter* und verschiedene andere Filme über AIDS für das Fernsehen gedreht. Das Thema wurde auch in Seifenopern und in Shows zur Hauptsendezeit angesprochen. In den Fernsehnachrichten wurde AIDS zwar ebenso häufig wie in den Zeitungen behandelt, allerdings im allgemeinen nicht so informativ.

In Seifenopern ist Selbstmord eine häufige Todesursache. Der Selbstmord von Jugendlichen ist ein speziell in Fernsehfilmen und Talkshows oftmals aufgegriffenes Thema. Genau wie bei Zeitungsgeschichten besteht Anlaß zu der Sorge, daß die im Fernsehen gezeigten Selbstmorde zur Nachahmung animieren. Eine entsprechend einfühlsame Darstellung könnte gefährdete Personen jedoch auch dazu bewegen, Hilfe zu suchen. Manche Sender haben bei ihren Sendungen über Selbstmord eigens Telefonleitungen für Selbstmordgefährdete und Telefondienste, die hilfreiche Informationen geben können, eingerichtet.

Der Tod in der Musik

In der klassischen westlichen Musik ist das Requiem das Musikstück für Gedenkfeiern. Die berühmtesten Requiems wurden von Brahms, Berlioz, Fauré, Mozart und Verdi komponiert. Einige andere bekannte Kompositionen über den Tod sind Bachs Kantate 106 mit dem Titel *Gottes Zeit ist die allerbeste,* Schuberts *Erlkönig* und Strauss' *Vier letzte Lieder.*

Die Volksmusik ist seit Urzeiten von der Faszination vom Tod geprägt. Tragische Balladen, in denen ein Liebhaber seine Geliebte tötet oder umgekehrt, wie in »Banks of the Ohio« oder »Frankie und Johnny«, sind weit verbreitet.

Rockmusik wurde von Anfang an mit Gefahren, Tabus und Sex assoziiert, die sämtlich traditionell mit dem Tod eng verwandt sind. Das Thema des Todes wird in der Rockmusik zwar nicht unbedingt mehr als in anderen Medien aufgegriffen, gleichwohl sind viele Rockstars auf tragische Weise eines vorzeitigen Todes gestorben, der regelrechte Todeskulte entstehen ließ – beispielsweise Elvis Presley, Jimi Hendrix, Jim Morrison, Janis Joplin, John Lennon und Kurt Cobain. Morrisons Grab in Paris ist mit Graffiti bedeckt und bis auf den heutigen Tag von niedergeschlagenen jungen Trauernden belagert. Junge Menschen, die von der Kultur im allgemeinen dazu angehalten werden, es tunlichst zu vermeiden, überhaupt über den Tod nachzudenken, finden in solchen Größen der Popmusik sehr oft die Freiheit, sich mit ihrer eigenen Sterblichkeit zu beschäftigen. Der Tod von beliebten Stars wird als eine Art Bruch gesellschaftlicher Tabus gesehen.

Es ist wichtig festzuhalten, daß junge Menschen nicht die einzigen sind, die von toten Popmusikstars fasziniert sind. Die Sensationspresse bringt unbeirrt immer wieder Berichte, wonach ein von den Toten zurückgekehrter Elvis gesehen wurde. Zahlreiche, meist von Personen mittleren Alters oder Ruheständlern geschriebene Schrullen setzen sich mit der Vorstellung auseinander, daß sein Tod lediglich vorgetäuscht gewesen sei und er in Wirklichkeit noch lebte. Gleichwohl man vielen dieser Leute nicht glauben kann, sind ihre Vorstellungen nicht so marginal, wie man vielleicht meinen möchte. 1991 wurde bei einer Time/CNN-Umfrage bei einer Zufallserhebung von eintausend Erwachsenen festgestellt, daß sechzehn Prozent es für »möglich« hielten, daß »Elvis noch am Leben sein könnte«.

Hip-Hop und Gangsterrap sind im allgemeinen voll von Bezügen zu Mord und Pistolen. Elterninitiativen und Persönlichkeiten des öffentlichen Lebens haben erwirkt, daß diese Musik von Radio- und Videostationen zensiert und mit Warnetiketten verkauft wird. Genau wie die Kontroversen über die Gewalt im Fernsehen wirft diese Debatte die Frage auf: Bringen Worte und Bilder Menschen um? Die Musiker selbst argumentieren, daß ihre Musik lediglich die Realität des städtischen Lebens widerspiegelt. Ihre Unterdrückung würde nur bewirken, daß die allgemeine Öffentlichkeit auch weiterhin über die Gefahr und den Tod nicht informiert wird, mit denen die Jugendlichen in den Großstädten Tag für Tag konfrontiert werden.

Der Tod und die materielle Kultur

Die psychologischen und spirituellen Auswirkungen des Todes und die religiösen und gesellschaftlichen Praktiken um die Sterblichkeit haben den Anstoß zur Schöpfung eines reichen Sortiments nützlicher und dekorativer Gegenstände gegeben. Diese Artefakte spiegeln den Platz des Todes im Alltagsleben einer Gesellschaft und deren Einstellungen zum Ende des Lebens wider.

Die dekorativen Künste

Die alten Römer stellten Skelette auf Bronzegefäßen und in Mosaikböden dar. Der Tod taucht, insbesondere als Apokalyptischer Reiter, gelegentlich in Friesen von Kathedralen auf. Die bildliche Darstellung des Todes eroberte die westlichen dekorativen Künste im sechzehnten und siebzehnten Jahrhundert im Sturm. In dieser Periode liebten die Menschen es, ihr Heim mit Gegenständen zu schmücken, die sie an den Tod erinnerten – Skelette, Stundengläser, Sicheln, Totengräberschaufeln und Uhren waren häufig anzutreffende Motive. Bei Porträts wurden diese Dinge oft im Hintergrund oder auf dem Schoß des Dargestellten gezeigt. Vitrinen, Schreibtische, Kaminsimse oder Geschirr wurden mit Vergänglichkeitssymbolen verziert. Im achtzehnten Jahrhundert klang diese Ikonographie allmählich wieder ab.

Tragbare Memento mori, Mahnungen an den Tod

Memento mori sind Gegenstände, die einen an den Tod erinnern. An vielen Punkten in der Geschichte haben Menschen solche Dinge mit sich herumgetragen, um ihre Sterblichkeit nicht zu vergessen. Im alten Ägypten und in Rom wurden bei gesellschaftlichen Feiern Miniatursärge herumgereicht, um die Gäste daran zu erinnern, daß sie den Augenblick voll und ganz genießen sollten. Die Ägypter trugen kleine hölzerne Mumienfiguren bei sich. Im sechzehnten und siebzehnten Jahrhundert war es in unserem

Kulturkreis durchaus üblich, einen kleinen aus Knochen geschnitzten Totenkopf oder in einer seltsamen Fortführung des Brauches aus der Antike einen Sarg in Taschenformatgröße zu besitzen.

Leichentücher und -hemden

In der jüdischen Tradition wird ein Leichnam in einem weißen Leichenhemd beigesetzt. Dieser Brauch geht auf alte römische Zeiten zurück, als die Juden ihre Toten bewußt in Totenhemden beerdigten, um damit gegen die Extravaganz der römischen Begräbniskleidung zu protestieren. In der islamischen Tradition wird der Leichnam in ein weißes Baumwolltuch gehüllt. In Europa wurden die Verstorbenen im frühen Mittelalter im Zweifel in ein goldenes Tuch oder ein rot, blau und grün gefärbtes Tuch gehüllt. Später war das Totenhemd vielfach auch schwarz und mit Totensymbolen und mit den Initialen des Verstorbenen oder mit Wappen verziert. Nach dem dreizehnten Jahrhundert war es in weiten Teilen Westeuropas üblich, den Leichnam von Kopf bis Fuß mit einem Totenhemd aus Leinen zu bedecken.

Särge

Die alten Ägypter meißelten ihre Mythologie in die Wände von Särgen; diese Texte zählen zu den wichtigsten Informationsquellen über die ägyptische Kultur. Orthodoxe Juden beerdigen ihre Toten in einem schlichten Kiefernsarg; ebenso verwenden Moslems einen schlichten hölzernen Sarg. Die Christen in Europa fertigten ihre Särge vor dem dreizehnten Jahrhundert aus Stein, danach aus Holz, das auch heute noch verwendet wird.

Ghana hat eine farbenprächtigere Tradition, wonach Häuptlinge in kunstvoll geschnitzten und bemalten Särgen beigesetzt werden, auf denen die Höhepunkte aus dem Leben des Häuptlings dargestellt sind. Inzwischen hat sich der Brauch unter dem gewöhnlichen Volk verbreitet, daß Verstorbene in Särgen, die repräsentativ für ihren Beruf sind, beerdigt werden: ein Fischer in einer Riesenkrabbe, ein Bäcker in einem Laib Brot, ein Bauer in einer Kornähre. Die dabei entstehenden Särge können recht kompliziert ausfallen. Die Lkw-förmige Ausgabe für einen Lkw-Fahrer wird beispielsweise komplett mit einer batteriebetriebenen Hupe, Scheinwerfern, Radio und einem Kassettenrecorder ausgestattet.

Leichenwagen

Die frühen Leichenwagen waren entweder silberne oder schwarze Fahrzeuge; heute kann man sie nicht mehr von gewöhnlichen Limousinen unterscheiden.

Gräber und Grabmäler

Die alten römischen und christlichen Grabmäler trugen im allgemeinen Inschriften über das Leben des Verstorbenen und ein Bildnis von ihm. Es war kein genaues Porträt, sondern hatte die Aufgabe, die Persönlichkeit zu charakterisieren (ein Büchermensch oder Stubengelehrter wurde beispielsweise vielleicht lesend an einem Schreibtisch dargestellt). Um das fünfte Jahrhundert wurden diese Porträts und Inschriften durch Blumen- oder abstrakte Ornamente ersetzt.

Vom dreizehnten Jahrhundert an ist eine der Darstellungen, die am häufigsten auf westlichen, insbesondere französischen Grabmälern zu finden sind, die Trauerprozession – Sargträger in Mönchskutten mit Kapuzen, die einen Leichnam tragen. Eine andere ist eine betende Figur. Vom vierzehnten bis sechzehnten Jahrhundert ist in Westeuropa die Darstellung des verwesenden Leichnams oder *transi* weit verbreitet. Auf italienischen Grabmälern aus dieser Zeit sind Statuen des Verstorbenen aufgestellt. Vom frühen Mittelalter bis zum sechzehnten Jahrhundert fertigte man Liegefiguren. Im sechzehnten Jahrhundert ging man dann dazu über, kniende und liegende Figuren zu kombinieren. Eine weitere im sechzehnten Jahrhundert verbreitete Darstellung ist ein Porträt des Verstorbenen einen Schädel haltend. Wichtig ist auch, daß bereits im fünfzehnten Jahrhundert auf den Gräbern und Grabmälern die bis auf den heutigen Tag gebräuchlichen Kreuze angebracht wurden.

Im siebzehnten und achtzehnten Jahrhundert wurde eine zunehmende Zahl von Menschen nicht mehr innerhalb von Kirchen, sondern auf Friedhöfen beerdigt. Diese Tradition wurde auch in die Vereinigten Staaten von Amerika exportiert. In Neuengland waren die Grabsteine oft mit einem Totenkopf mit Flügeln oder mit einem Schädel und gekreuzten Knochen darunter verziert.

Im neunzehnten Jahrhundert wurden die Friedhöfe dann kunstvoller, wobei eine zunehmende Zahl von Gedenkstatuen und klassischen Ornamenten wie Kränzen und Säulen auftauchten.

Der Katafalk

Seit dem dreizehnten Jahrhundert bis in die heutige Zeit, wird in Westeuropa ein großes Gerüst, der sogenannte Katafalk, bei Beerdigungsfeiern verwendet, unter den der Sarg gestellt wird. Im vierzehnten Jahrhundert wurde er mit Brokatstoffen verhängt. Bis mindestens Ende des sechzehnten Jahrhunderts wurden Fakkeln und Kerzen darum herum aufgestellt, die im siebzehnten Jahrhundert durch weiteren Schmuck ergänzt wurden.

Dinge, die mit dem Toten beerdigt werden

Unlängst wurde die fünfhundert Jahre alte Leiche einer Inka-Frau gefunden, die zusammen mit Statuen, die einen Kopfschmuck aus Federn trugen, beerdigt worden war. In der Zeit der Großen Grabmäler in China wurden die Menschen mit Gemälden von den Booten beerdigt, die ihre Seelen ins Jenseits bringen sollten. Die alten Ägypter beerdigten ihre Toten mit Amuletten, die oft an Halsketten befestigt waren, mit zeremoniellen Dolchen und zahlreichen anderen Gegenständen.

Kultische Gegenstände bei Todesritualen

In chinesischen Haushalten sind eigens für die Verehrung verstorbener Vorfahren errichtete Hausaltäre zu finden. Jeder Altar hat eine Holztafel, auf der die Namen und Todesdaten der Familienmitglieder eingeschrieben sind. Die Familie stellt Weihrauch auf den Altar und legt an besonderen Tagen Opfergaben in Form von Speisen mit Eßstäbchen hin. Ein weiterer wichtiger Gegenstand ist der irdene Erbkrug, der bei den Chinesen in Beerdigungsprozessionen mitgetragen wird; die Kinder konkurrieren darum, wer das meiste Essen für den Verstorbenen hineinstopfen kann.

Im fünfzehnten und sechzehnten Jahrhundert war es bei Beerdigungen von europäischen Staatsoberhäuptern üblich, ein Holz- oder Wachsbildnis anstelle der tatsächlichen Leiche zu tragen.

Die Moden des Todes

Die Kleidung, seit jeher ein Banner des gesellschaftlichen Sittenkodexes, hat eine enge Beziehung zum Tod. Abhängig von den Einstellungen einer Kultur zum Tod kann eine spezielle Bekleidung für die Toten oder auch für die Trauernden verlangt werden. Ebenso kann auch die Alltagsmode mit ihren Stilen und Accessoires, die den Träger oder die Träger beschützen oder eine Aussage machen sollen, den durchdringenden Einfluß des Todes zeigen.

Bekleidung der Leichen. Die Bekleidung der Toten hat im Laufe der Geschichte sehr variiert. Der Lindow-Mann, ein Menschenopfer aus dem ersten Jahrhundert vor der christlichen Zeitrechnung, wurde nackt mit zwei Schaffellumhängen, die zu seinen Füßen zusammengerollt waren, beerdigt. (Für den Fall, daß ihm kalt wurde? Niemand weiß es.) Ein weiteres unlängst entdecktes Menschenopfer, die fünfhundert Jahre alte Leiche einer Inka-Frau, die in den peruanischen Anden gefunden wurde, war in Wolle gehüllt.

Die alten Griechen und Römer legten Wert auf teure und aufwendige Beerdigungskleidung. Das hinduistische Ritual verlangt schlicht neue oder saubere Kleidung. Im Westen ist es im zwanzigsten Jahrhundert üblich, die Toten in ihrem »besten Sonntagsstaat« oder ihrer Lieblingskleidung zu beerdigen.

Trauerkleidung. Nach chinesischem Brauchtum tragen die Trauernden ungebleichte und ungesäumte weiße Kleidung. In Westeuropa trugen die Trauernden bis Ende des vierzehnten Jahrhunderts Rot, Grün und Blau, außer in Spanien, wo mindestens seit dem zwölften Jahrhundert Schwarz getragen wurde. Philippe Ariès, ein Geisteswissenschaftler, der sich mit den westlichen Einstellungen zum Tod beschäftigte, schätzt, daß der Brauch, Schwarz zu tragen, im späten Mittelalter aufkam und sich im sechzehnten Jahrhundert weit verbreitete.

In der ersten Hälfte des zwanzigsten Jahrhunderts trugen die Frauen, die in Trauer waren, im Westen Crêpe de Chine und riesige Schleier, Kinder der Mittelschicht wurden oft in Violett gekleidet. Heute ist es allenthalben unüblich, auffällige Beerdigungskleidung zu tragen. Eine schwarze Armbinde am Tag der Beerdigung genügt; viele Menschen tragen bei Beerdigungen überhaupt kein Schwarz mehr und wählen statt dessen irgendeine »gute« Kleidung.

Trauerschmuck kommt in und aus der Mode. Im siebzehnten Jahrhundert wurden bei Beerdigungen in Neuengland Ringe, die mit einem Schädel und gekreuzten Knochen verziert waren, wie Partygeschenke verteilt. Im achtzehnten Jahrhundert gab es Gedenkschmuck, mit dem der Verstorbene lange über den Tod hinaus geehrt werden sollte – Anhänger, die wie Särge geformt und mit Haaren des Verstorbenen gefüllt waren, oder die wie winzige Grabmäler aussahen, in die weinende Frauen eingraviert (und auch mit Haaren verziert) waren. Im neunzehnten Jahrhundert wurden die Schmuckstücke schlichter und nicht mehr so ausdrücklich mit Todessymbolen verziert; die nun in Mode kommenden Medaillons enthielten ein Bild und eine Haarlocke des Verstorbenen.

Der Tod im Alltag

Zu gewissen Zeitpunkten in der Geschichte war es üblich, Accessoires mit Todessymbolen zu tragen, um sich die eigene Sterblichkeit vor Augen zu halten. Im sechzehnten und siebzehnten Jahrhundert war es in Frankreich und England beispielsweise üblich, Ringe, Hüte, Uhren und Särge mit Totenköpfen und Miniatursärgen zu verzieren. Und heute tragen viele junge Menschen Schmuck mit Schädelnachbildungen, da der Tod als subversiv betrachtet wird: Der Tod ist in unserer Kultur von einem solchen Schweigen umgeben, daß es ein Akt der Rebellion ist, solche Embleme zu tragen.

Kapitel 7

Die Lichter des Todes, die am hellsten leuchten

Das alte Klischee vom Tod und den Abgaben ist zumindest halbwegs richtig: Niemand entkommt dem Tod ... Zumindest niemand, den wir kennen. Manche von uns gehen jedoch mit mehr Lärm von dannen (oder verhelfen anderen dazu) und erreichen am Rand des Grabes eine Art von Unsterblichkeit. Die nachfolgenden Seiten enthalten eine Auswahl von einigen der unwahrscheinlichsten Todesfälle in der Geschichte sowie der abscheulichsten Morde und Serienmorde wie auch der beeindruckendsten letzten Worte und andere kleine Schauerlichkeiten.

Was sagt man? Berühmte letzte Worte

Heute sterben die meisten Menschen in Krankenhäusern, wo sie für gewöhnlich von Maschinen, Ärzten und Krankenschwestern umgeben sind. Früher starben die Menschen jedoch zumeist zu Hause, im Beisein von Freunden und ihrer Familie. Und es waren diese Lieben, die die Zeit und die Mühe auf sich nahmen, die letzten Worte des Sterbenden aufzuzeichnen. Hier ist eine Auswahl von interessanten, amüsanten, berühmten oder anderweitig bemerkenswerten letzten Worten.

Ethan Allen (gestorben 1789): Nachdem man ihm gesagt hatte, die Engel würden auf ihn warten, meinte er: »Warten sie? Gut, sollen sie warten!«

Marcus Antonius (gestorben 30 v. Chr.): Zu Kleopatra bei seinem Selbstmord: »Weine nicht über dies Ende. Denke doch an die glücklichen Tage, als ich der mächtigste Mann gewesen bin. Zum Schluß bin ich ehrenvoll als Römer von einem Römer überwunden worden.«

Baba Meher (gestorben 1969): Der Guru sprach seine letzten Worte 1925 und hüllte sich dann die nächsten vierundvierzig Jahre, die er noch lebte, in Schweigen: »Don't worry, be happy.« – »Sorg dich nicht, sei glücklich.«

Phineas T. Barnum (gestorben 1891): Ein Werbetexter an seinem Ende: »Wie wurde der Zirkus heute abend im Madison Square Garden aufgenommen?«

John Barrymore (gestorben 1942): Zu einem Interviewer, als er todkrank war: »Sterben? Ich würde sagen nein, mein Lieber. Kein Barrymore würde zulassen, daß ihm so etwas Konventionelles widerfährt.«

Ludwig van Beethoven (gestorben 1827): Der taube Komponist hatte wenigstens einen Grund zum Optimismus: Er werde im Himmel hören, meinte er – und schrieb in seinem Testament: »mit Freuden eile ich dem Tode entgegen – kömmt er früher, als ich Gelegenheit gehabt habe, noch alle meine Kunst-Fähigkeiten zu entfalten, so wird er mir troz meinem Harten Schicksal doch noch zu frühe kommen ... doch auch dann bin ich zufrieden, befrejt er mich nicht von einem endlosen Leidenden Zustande? – komm, wann du willst, ich gehe dir muthig entgegen.«

Elisa Bonaparte (gestorben 1820): Napoleons Schwester, nachdem man ihr gesagt hatte, nichts sei so sicher wie der Tod: »Außer den Steuern.«

Dominique Bouhours (gestorben 1702): Ein prominenter französischer Grammatiker, korrekt wie immer: »Ich bin dabei zu sterben – oder ich werde sterben. Die eine wie die andere Formulierung ist korrekt.«

Frédéric Chopin (gestorben 1849): In den Tagen vor der Einbalsamierung war die Angst, lebendig begraben zu werden, weitverbreitet; und so schrieb der Komponist seine letzte Bitte nieder: »Da diese Erde mich ersticken wird, beschwöre ich Euch, meinen Körper öffnen zu lassen, damit ich nicht lebendig begraben werde.«

Sir Winston Churchill (gestorben 1965): Seine letzten Worte waren: »Es ist alles so langweilig.«

Bing Crosby (gestorben 1977): Ein Witzbold bis zuletzt: »Das war ein großartiges Golfspiel, Jungs.«

John Philpot Curran (gestorben 1817): Als der Arzt des ebenso geistreichen wie witzigen Iren bemerkte: »Sie haben jetzt mehr Schwierigkeiten beim Husten«, entgegnete er: »Das ist erstaunlich, da ich die ganze Nacht geübt habe.«

Diogenes (gestorben im vierten Jahrhundert v. Chr.): Auf die Frage, warum er mit dem Gesicht nach unten liegend begraben werden möchte, gab er zur Antwort: »Weil in kurzer Zeit das Untere ohnehin zuoberst gekehrt werden wird.«

Benjamin Disraeli (gestorben 1881): Nachdem er gehört hatte, daß Königin Viktoria ihn zu sehen wünsche, fragte der britische Politiker: »Warum sollte ich sie sehen? Sie will mir doch nur eine Botschaft für Albert geben.«

Bernard de Fontenelle (gestorben 1757): Der hundert Jahre alte französische Gelehrte war ein Meister der Untertreibung: »Ich fühle nichts, außer einer gewissen Schwierigkeit, weiter zu existieren.«

Henry Fox (zunächst Baron Holland, gestorben 1774): Der Freund des Barons, Selwyn, war für sein Interesse an Leichen und Hinrichtungen bekannt. »Wenn Mr. Selwyn sich wieder meldet, führen Sie ihn herauf. Sofern ich noch lebe, werde ich erfreut sein, ihn zu sehen, und sofern ich tot bin, wird er mich gerne sehen.«

George Gipp (gestorben 1920): »Der Gipper«, ein Footballstar, hinterließ seine letzte Bitte auf einem Zettel an Knute Rockne, den

Trainer von Notre-Dame: »Wenn es eines Tages einmal schlecht läuft und ein großes Spiel ansteht, von dem viel abhängt, bitte die Mannschaft, eins für den Gipper zu gewinnen. Ich weiß zwar nicht, wo ich sein werde, Rock, aber ich werde es mitbekommen und glücklich sein.«

Nathan Hale (gestorben 1776): Ehe er als Spion von den Briten erschossen wurde: »Wie schade, daß wir nur einmal sterben können, um unserem Land zu dienen.«

Neville Heath (gestorben 1946): Ehe er gehängt wurde, bat der Mörder um einen letzten Drink: »Ah ... Sie könnten auch einen Doppelten machen.«

Georg Friedrich Wilhelm Hegel (gestorben 1831): Die letzten Worte dieses Philosophen stimmen vielleicht immer noch. Er meinte, nur ein Mensch hätte ihn je verstanden, und er hätte ihn nicht verstanden.

Thomas Jefferson (gestorben 1826): Auf seinem Totenbett versuchte Jefferson spät am Abend des 3. Juli noch bis zum Vierten durchzuhalten. Er fragte den Mann seiner Enkelin, N. P. Trist: »Ist jetzt schon der Vierte?« Trist nickte. Jefferson überlebte tatsächlich bis zum frühen Nachmittag des Vierten. Zur gleichen Zeit lag auch John Adams, sein enger Freund und politischer Rivale, im Sterben. Seine letzten Worte, die er entweder Minuten vor oder Minuten nach Jeffersons Tod sprach, waren: »Thomas Jefferson überlebt noch.«

Franz Kafka (gestorben 1924): Er schrieb an Max Brod: »Mein Leben lang bin ich gestorben und nun werde ich wirklich sterben. Mein Leben war süßer als das der andern, mein Tod wird um so schrecklicher sein ... Ich selbst aber kann nicht weiterleben, da ich ja nicht gelebt habe, ich bin Lehm geblieben, den Funken habe ich nicht zum Feuer gemacht, sondern nur zur Illuminierung meines Leichnams benützt. Es wird ein eigentümliches Begräbnis werden, der Schriftsteller, also etwas nicht Bestehendes, übergibt den alten Leichnam, den Leichnam seit jeher, dem Grab.«

Terry Kath (gestorben 1978): Der Rocker spielte Russisches Roulette: »Keine Sorge, sie ist nicht geladen.«

Frank Kierdorf (gestorben 1958): Während er mit hochgradigen Verbrennungen im Sterben lag, wurde dieser professionelle Brandstifter von einem Polizeibeamten verhört, der sein Ohr nahe an Kierdorfs Mund neigte und ihn bat, weil er etwas nicht verstanden hatte, doch zu versuchen, lauter zu sprechen: »Ich sagte ... verpiß dich.«

Hl. Lorenz (gestorben im dritten Jahrhundert): Während er auf dem Scheiterhaufen verbrannt wurde: »Diese Seite ist genug geröstet, oh, Tyrann, großer, probier, ob für dich das Fleisch geröstet oder roh besser ist.«

Niccolo Machiavelli (gestorben 1527): Der politische Philosoph war ein ziemlicher Zyniker und soll vor seinem Tod erklärt haben er wolle lieber in die Hölle fahren, wo er bestimmt gute Gesellschaft anträfe, als in den Himmel, wo er sich gewiß langweilen würde. Man sagte von ihm, er habe eine Vision gehabt, in der er eine Schar kläglicher und trübsinniger Gestalten erblickt habe, die sich dann als die Seelen des Paradieses erwiesen. Dann aber sah er eine Menge gebildeter Männer, die über alle »höheren« Dinge diskutierten, und erkannte unter ihnen die großen Philosophen Griechenlands und Roms. Dies waren die Seelen der Verdammten – und vor die Wahl gestellt, sagte er: »Ich möchte lieber in der Hölle sein und mich mit den großen Geistern unterhalten, als im Paradiese mit diesem stumpfsinnigen Gesindel zusammen leben.«

Mao Tse-tung (gestorben 1976): Von seinen letzten Worten existieren zwei widersprüchliche Versionen: »Handelt nach den festgelegten Prinzipien« oder: »Handelt nach vergangenen Prinzipien.«

Karl Marx (gestorben 1883): Als seine Haushälterin ihn fragte, ob es irgendwelche letzten Worte gäbe, die er sagen möchte, meinte er, sie solle zusehen, daß sie hinauskomme! Letzte Worte seien etwas für Verrückte, die nicht genug gesagt hätten.

W. Somerset Maugham (gestorben 1965): Ein paar Worte der Weisheit von dem Schriftsteller: »Sterben ist eine sehr trübselige, langweilige Geschichte. Und was ich Ihnen rate, ist, möglichst nichts damit zu tun zu haben.«

Wladimir Majakowski (gestorben 1930): Der russische Dichter hinterließ einen letzten kleinen Rat auf einem Zettel, ehe er Selbstmord beging: »Anderen empfehle ich es nicht.«

Wolfgang Amadeus Mozart (gestorben 1791): Kurz vor seinem Tod hatte er, krank im Bett liegend, die Blätter seines unvollendeten *Requiems* um sich herum verteilt und fragte seine Frau: »Hab ich es nicht vorgesagt, daß ich dieß Requiem für mich schreibe?«

Eugene O'Neill (gestorben 1953): Dem Bühnenschriftsteller wurde kurz vor seinem Tod im Bostoner Hotel Shelton bewußt, daß sich der Kreis geschlossen hatte: »Ich wußte es! Ich wußte es! Geboren in einem Hotelzimmer und, verdammt noch mal, gestorben in einem Hotelzimmer!«

George Orwell (gestorben 1949): Der letzte Eintrag in seinem Notizbuch lautet: »Mit fünfzig hat jeder das Gesicht, das er verdient.«

Thomas Paine (gestorben 1809): Antwortete seinem Arzt, der bemerkt hatte, »Ihr Bauch geht zurück«: »Und Ihrer nimmt zu«.

Franklin Delano Roosevelt (gestorben 1945): Seit Jahren bei schlechter Gesundheit, hat der Präsident in seinen letzten Worten wahrscheinlich nicht übertrieben: »Ich habe entsetzliche Kopfschmerzen.«

Robert Ross (gestorben 1918): Der Gefährte von Oscar Wilde parodierte Keats Epitaph (»Hier liegt einer, dessen Name in Wasser geschrieben war«): »Hier liegt einer, dessen Name in heißes Wasser geschrieben war.«

Arnold Rothstein (gestorben 1928): Gefragt,wer nach ihm schoß, antwortete der Gangster: »Mein Mörder hat das getan!«

Damon Runyon (gestorben 1946): Der Schriftsteller, der an Kehlkopfkrebs starb, schrieb für seine Freunde eine letzte Notiz nieder: »Ihr könnt die Dinge aus Bronze behalten, und gebt mir dafür einen Menschen, der sich meiner nur einmal im Jahr erinnert.«

General Sedgewick (gestorben 1864): Bei der Schlacht von Spotsylvania blickte der Bürgerkriegsgeneral über eine Brustwehr in die Richtung des Feindes und meinte: »Sie könnten nicht einmal einen Elefanten treffen auf diese Entfer ...«

George Bernard Shaw (gestorben 1950): Eine Stunde vor seinem Tod bemerkte er gegenüber einem Freund: »Nun, es wird jedenfalls eine neue Erfahrung sein.«

Gertrude Stein (gestorben 1945): Ihre letzte Konversation wurde auf Band aufgezeichnet: »Was ist die Antwort?« Als keine Antwort kam, lachte sie. »Dann«, sagte sie, »was ist die Frage?«

Lytton Strachey (gestorben 1932): Noch bei seinem letzten Atemzug ein Kritiker: »Wenn das das Sterben ist, halte ich nicht viel davon.«

Carl Switzer (Alfalfa, gestorben 1959): Der kleine Halunke »Alfalfa« war in einer Bar mit dem Mann, der ihn erschoß; beide waren betrunken: »Ich will die fünfzig Dollar, die du mir schuldest, und ich will sie jetzt!«

William Henry Vanderbilt (gestorben 1885): Es fällt schwer, Mitleid mit diesem sterbenden Millionär zu haben: »Die Sorge um zweihundert Millionen Dollar ist eine zu große Last für irgendein Gehirn oder irgendeinen Rücken, um sie zu tragen. Sie genügt, um einen Mann umzubringen. Es gibt keine Freude, die man als Ausgleich daraus beziehen könnte – überhaupt nichts Gutes. Ich habe in keiner Hinsicht irgendwie mehr Befriedigung und Freude als mein Nachbar im nächsten Häuserblock, der nur eine halbe Million wert ist.«

Königin Viktoria (gestorben 1901): Königin Viktoria freute sich darauf, ihrem geliebten Ehemann zu folgen, der ihr 1861 in den

Tod vorausgegangen war: »Oh, daß Frieden kommen möge, Bertie!« Die letzten Worte, die Prinz Albert für seine Frau und Königin hatte, waren demgegenüber etwas weniger romantisch: »Du hast nicht die wichtige Mitteilung an Nemours vergessen? Gutes Frauchen.«

Voltaire (gestorben 1778): Voltaire soll auf dem Totenbett gesagt haben: »Wenn ich kann, werde ich lachend sterben.« Und nach einer anderen Version: »Lassen Sie mich in Frieden sterben.«

Richard Wagner (gestorben 1883): Als Wagner am Nachmittag des 13. Februar einem Herzanfall erlag, befand sich auf seinem Schreibtisch ein unvollendetes Manuskript: *Über das Weibliche im Menschlichen.* Die letzten Sätze, die er schrieb, betrafen die Frauenemanzipation: »Gleichwohl geht der Prozeß der Emanzipation des Weibes nur unter ekstatischen Zuckungen vor sich. Liebe – Tragik.«

Oscar Wilde (gestorben 1900): Etwa einen Monat vor seinem Tod zeigte der kranke Schriftsteller, derweil er an einem Absinth nippend in einem Café saß, daß er noch immer seinen bekannten Sinn für Humor hatte: »Meine Tapete und ich tragen einen Zweikampf bis auf den Tod miteinander aus. Einer von uns muß gehen.«

Brigham Young (gestorben 1877): Der Mormonenführer faßte alles in einem Wort zusammen: »Amen.«

Einmal ist nicht genug: Die bekanntesten Serienmörder

Die bekanntesten Serienmörder, die gewiß entsetzlicher Verbrechen schuldig sind, sind nicht unbedingt auch die, die die meisten Morde begangen haben. David Berkowitz – »der Sohn von Sam« – war für vergleichsweise läppische sechs Todesfälle verantwortlich, und Jack the Ripper rühmt sich nur fünf nachgewiesener Morde, obwohl ihm weitaus mehr nachgesagt werden. Nachstehend folgt ein Verbrecheralbum der diabolischsten Mörder der Welt.

Daniel Barbosa: Vergewaltigte und ermordete 1985 in Kolumbien und Ecuador einundsiebzig Mädchen und Frauen.

Kenneth Bianchi und Angelo Buono, jr.: »Die Hillside-Mörder.« Erdrosselten zusammen zwischen dem 10. Oktober 1977 und Februar 1978 in Los Angeles zehn Frauen. Als Bianchi im Januar 1979 zwei weitere Frauen umbrachte, wurde er gefaßt. Er wurde für geistig unzurechnungsfähig erklärt, schuldig befunden und zu lebenslänglicher Haft verurteilt. Buono wurde ebenfalls verhaftet, vor Gericht gestellt und zu lebenslänglicher Haft ohne Hafturlaub oder bedingte Haftentlassung verurteilt.

Ted (Theodore Robert) Bundy: Ermordete zwischen 1974 und 1979 mindestens dreißig Frauen und Mädchen. Wurde im Februar 1979 in Florida verhaftet. Wegen zwei Morden, die er in Florida begangen hatte, vor Gericht gestellt und verurteilt. Am 24. Januar 1989 auf dem elektrischen Stuhl hingerichtet.

William Burke: Ein Leichenräuber, der im neunzehnten Jahrhundert sein Unwesen trieb, bis er entdeckte, daß es einfacher ist, Leute umzubringen, als sie auszugraben. Schätzungen zufolge hat er zweiunddreißig Personen, meistenteils Männer, in der Gegend von Edinburgh umgebracht. Am 28. Januar 1829 gehängt.

Andrej Romanowich Chikatilo: Siehe Seite 287

Dean Allen Corll: Zwei Komplizen, Elmer Wayne Henley und David Brooks, führten Corll für jeweils fünf bis zehn Dollar pro Fang Jungs und junge Männer zu. Corll machte seine Opfer bis zur Bewußtlosigkeit betrunken, um sie dann nackt, mit Handschellen und gespreizten Beinen, auf einem Brett festzubinden. Er folterte die Opfer, bis sie starben, manchmal mehr als vierundzwanzig Stunden lang. Siebenundzwanzig Opfer sind bekannt, die er zwischen 1970 und 1973 umbrachte. Corll wurde am 8. August 1973 von Henley erschossen. Brooks wurde zu einer lebenslänglichen Haftstrafe, Henley zu fünfhundertvierundneunzig Jahren verurteilt.

Juan V. Corona: Im Mai 1971 wurden in der Gegend von Yuba City in Kalifornien fünfundzwanzig Männerleichen ausgegraben, nachdem ein Farmer ein frisches Grab auf seinem Land entdeckt hatte. Die meisten waren homosexuell mißbraucht, erstochen und mit einer Machete zerstückelt worden. Corona wurde im Januar 1973 überführt und fünfundzwanzigmal zu lebenslänglicher Haft verurteilt.

Jeffrey Dahmer: Siehe Seite 287

Marie de Brinvilliers: Vergiftete und tötete Mitte des siebzehnten Jahrhunderts Dutzende von Patienten in einem Pariser Hospital. Vergiftete 1666 ihren Vater und sodann zwei Brüder. Brachte auch zahlreiche Fremde um. Wurde am 29. März 1676 verhaftet, enthauptet und anschließend verbrannt. Die Zahl der Opfer belief sich auf annähernd einhundert.

Delfina und Maria de Jesús Gonzalez: Versklavten in ihrem Bordell, Rancho El Angel im Westen Mexikos, Mädchen und Frauen. Sie brachten sie um, wenn sie schwanger, krank oder alt wurden oder nicht mehr kooperativ waren. Wurden 1964 verhaftet. Von fünfzig bis achtzig Leichen wurden sterbliche Überreste gefunden, darunter Neugeborene und elf Männer. Jede der beiden Schwestern wurde zu vierzig Jahren Haft verurteilt.

Albert Henry de Salvo: »Der Strangulierer von Boston«. Brachte zwischen 1962 und 1964 in der Gegend von Boston dreizehn Frauen um. Er überredete sie, ihn mit in ihre Wohnung zu nehmen, wo er sie vergewaltigte und erdrosselte. Er befestigte immer eine Klemme unter dem Kinn des Opfers. F. Lee Bailey übernahm seine Verteidigung und erreichte, daß er in eine Nervenklinik eingewiesen wurde. Er wurde nie wegen Mordes vor Gericht gestellt, gestand die Taten jedoch, während er in der Klinik war. Wurde 1967 wegen anderer sexueller Vergehen zu lebenslänglicher Haft verurteilt. Beging im November 1973 im Gefängnis Selbstmord.

Raymond Fernandez und Martha Beck: »Die Mörder der einsamen Herzen«. Des Mordes an zwei Frauen und einem Säugling überführt, wahrscheinlich siebzehn weitere Frauen umgebracht. Die

Opfer waren Mitglieder der Clubs der einsamen Herzen. Fernandez machte den Frauen den Hof, Beck gab sich als seine Schwester aus. Er brachte viele Frauen um ihr Geld und tötete diejenigen, die sich widersetzten und ihr Geld nicht herausrücken wollten. Beide wurden am 8. März 1951 im Gefängnis Sing Sing in New York auf dem elektrischen Stuhl hingerichtet.

John Wayne Gacy, jr.: Lockte in den späten siebziger Jahren junge Männer unter dem Vorwand zu sich nach Hause, ihnen einen Job zu geben. Mißbrauchte dreiunddreißig Opfer sexuell, folterte und tötete sie. Im Dezember 1978 verhaftet, vor Gericht gestellt und am 10. Mai 1992 per Todesspritze hingerichtet.

John Gilbert Graham: Eines Mordes – an seiner Mutter, Daisy King – überführt, brachte am 1. November 1955 dreiundvierzig Menschen um. Er versteckte im Fluggepäck seiner Mutter eine selbstgebastelte Bombe. Die Bombe explodierte, als das Flugzeug kurz nach dem Start in Denver halbwegs in der Luft war. Graham wurde gesehen, als er Lebensversicherungspolicen auf seine Mutter an Automaten am Flughafen kaufte. Am 11. Januar 1957 in der Gaskammer hingerichtet.

Georg Karl Grossman: Vergewaltigte und ermordete während des Ersten Weltkrieges in Deutschland etwa fünfzig Frauen. Wurde 1921 gefaßt. Beging im Gefängnis Selbstmord.

Joseph Albert Guay: »Die Liebesbombenmörder«. Brachte durch ein Bombenattentat dreiundzwanzig Menschen in einem Flugzeug um; die Bombe explodierte zwanzig Minuten nachdem das Flugzeug in Montreal gestartet war. Seine hochversicherte Frau war im Flugzeug. Im Februar 1950 gestellt. Guay und zwei Komplizen wurden gehängt.

Fritz Haarmann: »Das Ungeheuer von Hannover«. Vergewaltigte und tötete von 1918 bis 1924 obdachlose Jungen in Hannover. Er biß den Opfern die Kehle durch. Die Körperteile verkaufte er der ahnungslosen Öffentlichkeit als Fleisch. 1924 gefaßt, gab er dreißig bis vierzig Morde zu, indes er möglicherweise für bis zu fünfzig verantwortlich war. Er wurde in vierundzwanzig Fällen für schuldig befunden und im Januar 1925 enthauptet.

Donald Harvey: Brachte mindestens fünfzig Patienten durch Vergiften um, als er in Krankenhäusern in Kentucky und Ohio als Sanitäter arbeitete. 1987 in Cincinnati verhaftet und in siebenunddreißig Fällen des Mordes überführt. Zu zwanzigmal lebenslänglicher Haft verurteilt.

Johann Otto Hoch: Heiratete Ende des neunzehnten Jahrhunderts Frauen in Europa und den USA wegen ihres Geldes und vergiftete sie dann langsam. Wegen eines Mordes am 3. Februar 1906 in Chicago gehängt. Unterstellt wurde jedoch, daß er mehr als fünfzig Morde begangen hatte.

Frans Hooijaijers: Gab Ende der sechziger und Anfang der siebziger Jahre Patienten in einer holländischen Klinik Spritzen mit einer tödlichen Überdosis Insulin. In fünf Fällen des Mordes überführt, zu dreizehn Jahren Haft verurteilt. Geschätzt wurde, daß insgesamt bis zu zweihundertneunundfünfzig Morde auf sein Konto gingen.

Patrick Wayne Kearney: »Der Müllsackmörder«. Ermordete von 1975 bis 1977 im Süden Kaliforniens zweiunddreißig junge schwule Männer. Verstaute die nackten verstümmelten Leichen in Müllsäcken, die er neben Highways ablud. Stellte sich am 1. Juli 1977 in Redondo Beach, Kalifornien, selbst der Polizei. Bekannte sich in einundzwanzig Fällen des Mordes für schuldig und wurde zu lebenslänglicher Haft verurteilt.

Béla Kiss: Brachte 1912 in Budapest seine Frau und deren Geliebten um. Gab Heiratsanzeigen auf und tötete einundzwanzig Frauen, die darauf antworteten. Verschwand spurlos während des Ausbruchs des Ersten Weltkrieges, als seine Verbrechen entdeckt wurden.

Randy (Randolph) Kraft: »Der Freeway-Killer«. Verführte und ermordete in den Jahren 1982 und 1983 schätzungsweise dreiundsechzig Männer in den Vereinigten Staaten. Folterte und kastrierte die Opfer, unter denen mehrere Marineangehörige waren. Am 14. Mai 1983 im Süden Kaliforniens verhaftet. Vor Gericht gestellt und zum Tod in der Gaskammer in San Quentin verurteilt.

Peter Kurten: Siehe Seite 250–251

Henri Désiré Landru: Siehe Seite 252

Pedro Lopez: Brachte 1967 im Gefängnis drei Mitinsassen um. Vergewaltigte und erdrosselte nach seiner Freilassung in Peru zahlreiche Indianermädchen im Alter zwischen acht und zwölf Jahren. Wurde gefaßt und in sein Heimatland Kolumbien abgeschoben. Brachte dort weiterhin, bis zu seiner Verhaftung im April 1980, Mädchen um. Dreiundfünfzig Gräber wurden entdeckt, wobei Lopez jedoch selbst angab, in Ecuador etwa einhundertzehn, in Kolumbien einhundert und in Peru über einhundert Mädchen umgebracht zu haben.

Henry Lee Lucas: Erstach seine Mutter 1960. Trieb sich zwischen 1975 und 1983, manchmal mit seinem Geliebten Ottis Toole, im ganzen Land herum. Er vergewaltigte (vor und nach dem Tod seiner Mutter), folterte, verstümmelte und ermordete willkürlich Opfer. Er aß gelegentlich auch das Fleisch seiner Opfer. Am 11. Juni 1983 in Texas gefaßt. Im Juni 1985 mehrerer Morde überführt und zum Tode verurteilt. Die Hinrichtung wurde ausgesetzt und Lucas wegen weiterer Verfahren in ein Gefängnis nach Florida verlegt. Gestand insgesamt dreihundertsechzig Morde. Die tatsächliche Zahl ist unbekannt, wird jedoch auf einhundertsiebenundvierzig geschätzt.

Bruno Lüdke: Brachte zwischen 1928 und 1943 in Deutschland ungefähr fünfundachtzig Frauen um, die er anschließend vergewaltigte. Im Januar 1943 gefaßt und in einem Nazi-Krankenhaus in Wien untergebracht. Starb am 8. April 1944 infolge eines medizinischen »Experiments«.

Herman Webster Mudgett: Ermordete Anfang der 1890er Jahre in seinem Haus, dem »Mordschloß«, in Chicago etwa zweihundert junge Frauen. Tötete darüber hinaus auch noch an verschiedenen anderen Orten Frauen, Männer und Kinder. Wurde in Boston von einem Versicherungsermittlungsbeamten gefaßt und nach Philadelphia gebracht, wo ihm der Prozeß gemacht wurde. Am 7. Mai 1896 gehängt.

Earle Leonhard Nelson: »Der Gorilla-Mörder«. Ermordete – zumeist durch Erdrosseln – und vergewaltigte (vor und nach ihrem Tod) vom Februar 1926 bis Juni 1927 mindestens zwanzig Frauen und einen Säugling. Seine Opfer wurden in verschiedenen Teilen der USA und in Kanada gefunden. In Kanada, in der Nähe der Grenze zu den USA, gefaßt und nach Winnipeg zurückgebracht, wo ihm der Prozeß gemacht wurde. Eines Mordes überführt und am 12. Januar 1928 gehängt.

Arnfinn Nesset: Brachte als Leiter einer Klinik in Norwegen zwischen Mai 1977 und November 1980 zweiundzwanzig ältere Patienten mit Giftspritzen um. Die tatsächliche Zahl der Opfer beläuft sich möglicherweise sogar auf zweiundsechzig. Wurde am 9. März 1981 verhaftet, vor Gericht gestellt und überführt und zu einundzwanzig Jahren Haft sowie bis zu zehn Jahren »Vorbeugehaft« verurteilt.

Dennis Nilson: Gabelte zwischen 1978 und 1983 in London junge schwule oder obdachlose Männer auf, die er in seine Wohnung lockte. Trank stark, hatte sexuellen Verkehr mit ihnen, wenn sie schwul waren, und erstach oder erdrosselte seine Opfer dann. Nutzte handwerkliches Metzgergeschick, um die Leichen zu zerlegen, sobald sie anfingen zu verwesen. Kochte manche Stücke und spülte sie den Abfluß oder die Toilette hinunter, bewahrte größere Teile wie Köpfe in Plastiktüten auf. Ein Klempner wurde gerufen, um die verstopften Abflußleitungen im Haus wieder in Ordnung zu bringen. Nilson wurde entdeckt und am 19. Februar 1983 verhaftet. Er wurde für zurechnungsfähig erklärt und zu lebenslänglicher Haft verurteilt. Fünfzehn Opfer sind bekannt.

Carl Panzram: Gestand, zwanzig Männer und Jungen umgebracht (und oft vor und nach ihrem Tod mit ihnen Analverkehr gehabt) zu haben. Im September 1928 wegen Einbruchs und einem Mord zu lebenslänglicher Haft verurteilt. Erschlug 1929 den Aufseher der Gefängniswäscherei. Wurde am 5. September 1930 gehängt.

Dr. Marcel Petiot: Überführt, Anfang der vierziger Jahre in Paris siebenundzwanzig Menschen durch Giftspritzen umgebracht zu haben. Er sperrte die Opfer in einen kleinen Raum und beobachtete durch ein Guckloch, wie sie starben. Wurde 1944 verhaftet und gestand dreiundsechzig Morde. Am 26. Mai 1945 auf der Guillotine hingerichtet.

Jesse Pomeroy: Brachte in den 1870er Jahren in Boston mindestens siebenundzwanzig Kinder um. 1881 zum Tode verurteilt, wobei die Strafe später jedoch in eine lebenslängliche Haftstrafe umgewandelt wurde. Tötete bei einem Fluchtversuch drei andere Gefängnisinsassen. Starb 1932 auf einer Staatsfarm für kriminelle Geisteskranke.

Peter Sutcliffe: »Der Yorkshire-Ripper«. Der »Ripper« (ein Mörder, der seine Opfer aufschlitzt) wurde am 2. Januar 1981 in Sheffield, Yorkshire, überrumpelt, während er Geschlechtsverkehr mit einer Prostituierten in seinem Wagen hatte, und verhaftet. Wurde des Mordes an dreizehn Frauen (die erstochen und verstümmelt worden waren) und des versuchten Mordes an weiteren sieben Frauen überführt. Abgesehen von einem Opfer, handelte es sich bei allen anderen um Prostituierte. Zu lebenslänglicher Haft verurteilt. Nachdem er drei Jahre im Gefängnis verbüßt hatte, in eine psychiatrische Klinik verlegt.

Ludwig Tessov: Brachte zwischen 1898 und 1901 in allen Teilen Deutschlands schätzungsweise dreißig Kinder um. Erdrosselte und zerstückelte seine Opfer. Wurde vor Gericht gestellt und hingerichtet.

Wayne Williams: Ende der siebziger und Anfang der achtziger Jahre wurden im Großraum von Atlanta zahlreiche schwarze männliche Jugendliche für vermißt erklärt und/oder ermordet aufgefunden. Bis zum Frühjahr 1981 waren zwanzig Leichen gefunden worden, und sechs weitere junge Männer wurden noch ver-

Noblesse horrible

Die Geschichte ist gespickt mit Beispielen von blutrünstigen Aristokraten. Ihr besonderer, mitunter göttlicher Status schien im Laufe der Geschichte verschiedentlich auch gleichbedeutend mit einem Freibrief zum Morden gewesen zu sein. Der römische Kaiser Caligula genoß es zum Beispiel, während er dinierte, zuzusehen, wie seine Diener Menschen folterten und umbrachten. Die Historiker sind sich darin einig, daß er nach einer schweren Krankheit verrückt geworden war – wahrscheinlich einige Monate nachdem er die Herrschaft übernommen hatte. Caligula, der sich selbst zum Gott erklärte, verbannte oder ermordete die meisten seiner Verwandten und ernannte sein Lieblingspferd zum Konsul. Er wurde im Jahr 41 n. Chr. bei einem Attentat ermordet.

Gilles de Rais, ein französischer Baron und Marschall, der im fünfzehnten Jahrhundert lebte und mit Jeanne d'Arc kämpfte, war ein weitererAdeliger mit extrem sadistischen Neigungen. Er ermordete zwischen 1431 und 1440 über achthundert Menschen. Die meisten seiner Opfer waren Jungen. Auf einer Bühne wie in einer Theateraufführung ließ er sie zur Unterhaltung foltern und verstümmeln. Er organisierte Treibjagden, bei denen die gejagte Beute junge Schäfer waren. Einige der Opfer hat er möglicherweise auch für satanische Opferungen benutzt. De Rais wurde 1440 verhaftet und zusammen mit seinen Bediensteten gehängt.

Der berüchtigste Massenmörder der Geschichte ist Dracula, der als Vlad Tepes, Vlad der Pfähler oder Vlad Dracula (ca. 1431–1477) bekannt ist. Er war der Fürst von Wallachei, einer Region im Süden Transsylvaniens. Dafür berühmt, daß er Tausende von Feinden pfählen ließ, beging er auch noch andere Greueltaten, wie seinen Opfern die Gliedmaßen abzuschneiden und Organe herauszuschneiden. Er ließ sie enthaupten, verbrennen, rösten, rädern und brach ihnen dabei die Knochen. Er zwang seine Opfer zum Kannibalismus, ließ Menschen bei lebendigem Leibe häuten, begraben oder kochen. Auch wenn er nicht als Vampir herumgeflogen ist und Leute in den Nacken gebissen hat, soll er doch, wie ihm nachgesagt wurde, seinen Kopf in Blut getaucht haben. Dracula wurde wegen seines mörderischen Wütens nie zur Verantwortung gezogen, sondern in einem Wald bei Bukarest von Türken aus dem Hinterhalt überfallen und umgebracht.

Die ungarische »Blutgräfin«, Elisabeth Báthory (1560–1614), die schätzungsweise für sechshundertfünfzig Tote verantwortlich war, war möglicherweise eine Nachfahrin Draculas. 1600 begann sie, junge jungfräuliche Frauen umbringen zu lassen, denen sie die Kehle durchschneiden und deren Blut sie dann in Bottiche fließen ließ, um darin zu baden. Sie glaubte, diese buchstäblichen Blutbäder würden sie verjüngen und jünger aussehen lassen. Sie wurde 1611 festgenommen, vor Gericht gestellt und verurteilt. Während ihre Dienerschaft, die ihr die Opfer herbeigeschafft hatte, gehängt wurde, wurde Gräfin Báthory selbst am Leben gelassen und in ihrem Zimmer in ihrem Schloß eingemauert, zu dem nur noch eine kleine Öffnung belassen wurde, durch die ihr das Essen hereingereicht wurde. Dort starb sie 1614.

mißt. Williams wurde verhaftet, im März 1982 in zwei Fällen des Mordes für schuldig befunden und zu zweimal lebenslänglicher Haft verurteilt. Die Gesamtzahl seiner Opfer wird auf vierundzwanzig geschätzt.

Alle zusammen, jetzt: Kultmorde und Massenselbstmorde von Sekten

Kultmorde und Sektenselbstmorde sind oft besonders brutal und sinnlos und werden für gewöhnlich von Personen begangen, die in den Bann eines charismatischen (und mitunter geistig verrückten) »spirituellen« Führers geraten sind. Einige der furchtbarsten Massentode dieser Art waren beispielsweise folgende:

Los Angeles, Kalifornien, 27. Juli–26. August 1969: Verschiedene Mitglieder der Hippie-»Family« gingen auf Anweisung ihres Anführers Charles Manson viermal auf Mordtour, um brutal insgesamt neun Menschen umzubringen. Beim zweiten und schlimmsten dieser Blutbäder kamen fünf Menschen ums Leben, darunter die im achten Monat schwangere Schauspielerin Sharon Tate. (Tate war die Frau des Filmregisseurs Roman Polanski.) Die Gruppe erschoß ihre Opfer und schlitzte sie auf, erstach sie und zerstückelte sogar eines der Opfer. An die Wand des Hauses, in dem das siebte und achte Opfer lebten, waren in Blut die Worte »Healter Skelter« *(sic)* geschrieben. Manson wurde im September 1969 zusammen mit zwanzig Mitgliedern der »Family« wegen des Verdachts auf Autodiebstahl verhaftet; daß sie für weitaus schlimmere Verbrechen verantwortlich waren, dahinter kam die Polizei erst, als ein Mitglied einem Zellengenossen von ihrem Treiben erzählte. Manson und vier seiner Anhänger wurden schuldig gesprochen und zu lebenslänglicher Haft verurteilt. Die genaue Zahl der übrigen »Family«-Opfer ist zwar nicht bekannt, Manson erzählte den Beamten jedoch, er hätte eigenhändig allein fünfunddreißig Personen umgebracht. Lynette »Squeaky« Fromme, ein führendes Mitglied der Manson-Kommune und eine seiner engsten Anhängerinnen, wurde 1975 nach einem Attentatsversuch auf Präsident Gerald Ford gefaßt.

Jonestown, Guayana, 18. November 1978: Nach einem Inspektionsbesuch durch den kalifornischen Kongreßabgeordneten Leo J. Ryan zusammen mit einigen Journalisten befahl der Führer der »Volkstempel«-Sekte, Jim Jones, den Massenselbstmord seiner ganzen Anhängergruppe. Sie lebte als Kommune im südamerikanischen Dschungel. Einige Mitglieder wurden umgebracht, die meisten stellten sich jedoch geduldig an, um zyankaliversetzte Limonade aus bereitgestellten Fässern zu schöpfen und sich ergeben zum Sterben hinzulegen. Jones selbst benutzte eine Feuerwaffe, um sich und seine Frau umzubringen. Er wollte sich die durch das Gift hervorgerufenen Schmerzen und Krämpfe ersparen. Eine Handvoll Mitglieder der Kommune überlebte das Massaker, indem sie sich im dichten Unterholz versteckten. Guayanesische Truppen entdeckten in den darauffolgenden Tagen über neunhundert Opfer – darunter zweihundertsechsundsiebzig Kinder –, die mit dem Gesicht nach unten auf dem Boden lagen und bereits am Verwesen waren. Auch tot, vor dem Massaker von Jones' »Polizei« auf dem nahegelegenen Behelfsflugplatz erschossen, waren der Kongreßabgeordnete Ryan und vier Mitglieder seiner Gruppe.

Matamoros, Mexiko, 11. April 1989: Mexikanische und Beamte der Vereinigten Staaten fanden, als sie bei einer Drogenrazzia auf die Rancho Sante Elena kamen – einem Lager im Grenzland –, wesentlich mehr, als sie vermutet hatten. Neben den Resten von einer kürzlichen Marihuana-Lieferung stießen sie auf die Gerätschaften des Satankults *Palo Mayombe.* Sie fanden einen Altar, Kerzen, die Überreste von Ziegen und Hühnern, Teile von menschlichen Skalpen – und einen großen Kessel, in dem eine verkohlte Schildkröte, ein Ziegenfuß und Teile von menschlichem Gehirn schwammen. Draußen, in einem Pferch, fanden sie die Gräber von vierzehn Personen, die gefoltert, zerstückelt, verstümmelt und geopfert worden waren. Eine der Leichen wurde als Mark

Kilroy identifiziert, ein amerikanischer College-Student, dessen spurloses Verschwinden ebenso wie das mehrerer Mexikaner aus der Region, die Untersuchung in Gang gebracht hatte. Der Mann, der für diesen Kult des Drogenhandels und rituellen Gemetzels verantwortlich war, hieß »El Padrino«, Adolfo de Jesus Constanzo, ein Kubaner aus Miami. Er hatte sein Hauptquartier in Mexiko City aufgeschlagen, wo ihm die Polizei schließlich auf die Spur kam. Er befahl einem Handlanger, ihn und seine Geliebte zu erschießen – womit zwei weitere Menschenleben auf sein Konto gingen.

New Orleans, Louisiana, 7. November 1990: Jahwe Ben Jahwe (Hulon Mitchell jr.) wurde mit dreizehn seiner engsten Helfershelfer wegen des Vorwurfs von Mord, Verschwörung und Erpressung verhaftet. Jahwe war der Gründer der »Nation Jahwes«, einer großen, reichen und mächtigen Sekte in Miami, deren Mitglieder gemeinhin als »Jahwes« bezeichnet wurden. Anscheinend hatte sich die Gruppe die Interessenvertretung der Schwarzen auf die Fahnen geschrieben (seine Anhänger riefen einige gute Hilfsprogramme für arme schwarze Gemeinden im Süden Floridas ins Leben). In Wirklichkeit übte Jahwe jedoch seit der Gründung der Sekte 1979 seine eigene Terrorherrschaft aus. Er gab den Befehl zu willkürlichen Morden an Weißen und an Personen, mit denen er Meinungsverschiedenheiten hatte. Er wurde einiger der ihm zur Last gelegten Vergehen für schuldig befunden und zu achtzehn Jahren Gefängnis verurteilt. Die Zahl der Toten, die auf sein Konto gingen, ist nicht bekannt, es waren jedoch Dutzende.

Waco, Texas, 19. April 1993: Eine einundfünfzigtägige Belagerung der Sekte »Stamm Davids« – einem radikalen Ableger der »Adventisten vom Siebten Tag« –, die seit 1930 auf der »Ranch Apocalypse« lebte, endete durch das FBI in einem Blutbad. Die Auseinandersetzungen hatten am 28. Februar begonnen, als das FBI versuchte, das Anwesen zu stürmen und den Sektenführer, David Koresh (Vernon Wayne Howell) wegen Waffenbesitz zu verhaften. Bei dem sofort einsetzenden Schußwechsel wurden vier FBI-

Agenten und sechs Davidianer getötet. Die Erstürmung der Ranch scheiterte, da die Davidianer vorgewarnt wurden und den Bundesbeamten an Waffengewalt haushoch überlegen waren. Das FBI versuchte, die Belagerung des Anwesens mit dem Einsatz von CS-Tränengas zu beenden, aber die Bewohner, die Gasmasken hatten und bereit waren zu sterben, hielten stand und schossen zurück. Ein FBI-Überwachungsflugzeug sichtete auf der Ranch an verschiedenen Stellen kleine Feuer, deren Flammen bald auf den ganzen Komplex übergriffen. Die gelagerte Munition explodierte in gewaltigen Detonationen. Nachdem der Brand erloschen war, wurden sechsundsiebzig verkohlte Leichen, darunter fünfundzwanzig Kinder, geborgen. Aber nicht alle waren durch die Flammen umgekommen: Koresh und achtzehn andere waren an – zum Teil selbstzugefügten – Schußwunden gestorben, und ein zweijähriges Kind war erstochen worden.

Cheiry und Granges-sur-Salvan, Schweiz und Quebec, Kanada, 5. Oktober 1994: Die drei verschiedenen Niederlassungen des Sonnentempler-Ordens, einer quasireligiösen New-Age-Gruppe, gingen in einem riesigen Feuerball auf. Vierundfünfzig Menschen fanden dabei den Tod. Nicht alle waren den Flammen zum Opfer gefallen, viele waren vor dem Zünden der Brandsätze erschossen oder erstochen worden. Nach den vorliegenden Indizien handelte es sich bei den meisten der Toten um Beteiligte an einem geplanten Massenselbstmord. Die sterblichen Überreste des Sektenführers, Luc Jouret, wurden unter den Toten in Salvan gefunden.

Mahlzeit: Berüchtigte Kannibalen

Manche der Namen – Ed Gein, Alfred Packer, Jeffrey Dahmer – sind berüchtigt und bekannt. Andere wie Joachim Kroll oder John Johnson sind zwar nicht so bekannt, aber ihre Taten nicht minder erschreckend. Sie kommen aus unterschiedlichen Ländern und lebten in unterschiedlichen Jahrhunderten, haben aber alle eines gemeinsam: eine Vorliebe für den Verzehr von Menschenfleisch.

Hier nun eine Mahlzeit von mörderischem Kannibalismus, mit etwas Nekrophilie:

Sawney Bean: Er lebte im sechzehnten Jahrhundert zusammen mit seiner Frau und seinem Clan, sechsundvierzig Personen, in der Nähe von Galloway, in Schottland, in einer Höhle. Die Gruppe überfiel in einem Zeitraum von fünfundzwanzig Jahren schätzungsweise eintausendfünfhundert Vorbeikommende aus dem Hinterhalt, beraubte, tötete und verzehrte sie. Ihr Treiben wurde schließlich entdeckt und die ganze Familie ohne Gerichtsverfahren auf dem Scheiterhaufen verbrannt.

Die Donner-Party: Eine Gruppe von neunundachtzig Siedlern brach 1846 unter der Führung von George Donner nach Kalifornien auf. Irgendeinem schlechten Ratschlag folgend, wählten sie eine Route, die zwar eine Abkürzung war, auf der sie aber langsamer vorankamen und so die Sierra Nevada nicht mehr vor Einbruch des Winters erreichten. Die Witterungsbedingungen waren besonders hart. Die Siedler saßen vier Monate im Schnee fest. Lewis Keseberg, einer der neunundvierzig Überlebenden, wurde neben einem Kochtopf gefunden, in dem die Leber von Mrs. Donner war. Er behauptete, er und die anderen wären erst zum Kannibalismus übergegangen, nachdem Weggefährten eines natürlichen Todes gestorben seien, es gab jedoch Indizien für Mord. Keseberg wurde vor Gericht gestellt und wieder auf freien Fuß gesetzt; er führte später ein Steakhouse.

Alfred Packer: Dieser Goldsucher führte auf einer Expedition 1873 fünf Männer in die San Juan Mountains in der Nähe von Salt Lake City. Er kehrte allein zurück, aber mit dem Geld und der Ausrüstung der anderen und behauptete, die Männer hätten ihn im Stich gelassen. Die fünf wurden später gefunden, ermordet und ihres Fleisches beraubt. Packer wurde zu vierzig Jahren Zwangsarbeit verurteilt (wovon er siebzehn verbüßte). Bei der Urteilsverkündung stieß Richter Melville Gerry heraus: »Es gab nur sieben Demokraten in Hinsdale County, und Sie haben fünf davon gegessen, Sie entarteter republikanischer Hurensohn!«

John Johnson, »Der Leberesser«. Als Trapper in Montana schlachtete er in den 1880er Jahren Crow-Indianer ab und aß ihre Leber. Johnson wurde trotz (oder vielleicht aufgrund) seines Treibens Sheriff von Coulson, Montana.

Albert Fish: In der Zeit von etwa 1910–1934 folterte, vergewaltigte, tötete und aß dieser Sadomasochist in New York mindestens fünfzehn Menschen, die meisten davon Kinder. Er saß in Gefängnissen und Psychiatrischen Kliniken ein, wurde jedoch als »harmlos« eingestuft. Als er schließlich auf den elektrischen Stuhl kam, meinte Fish: »Das wird der höchste Nervenkitzel sein – der einzige, den ich noch nicht ausprobiert habe.« Er mußte 1936 in Sing Sing zweimal auf den elektrischen Stuhl gesetzt werden, beim ersten Versuch hatte es einen Kurzschluß gegeben.

Edward Gein: Dieser Farmer in Wisconsin wurde von seinen Nachbarn als »exzentrisch« angesehen. Gein raubte nach dem Tod seiner Mutter 1945 Gräber aus, verzehrte manche Leichenteile und verwendete andere – insbesondere weibliche Genitalien, Haut, Skalpe, Gesichter, Köpfe und Schädel – für Nippes- oder Kleidungszwecke. Von 1954 bis 1957 brachte er mindestens fünfzehn Menschen um und führte seine bizarre Innendekoration fort. Er stellte Leichen wie ausgestopftes Wild auf. Die Polizei fand Körperteile im Gefrierschrank, Möbel, die mit Haut überzogen waren, und vier Schädel, die seine Bettpfosten schmückten. Er verblieb bis zu seinem Tod 1984 in einer staatlichen Irrenanstalt.

»Onkel« Joachim Kroll: Der nette »Onkel« in der Nachbarschaft tötete und verstümmelte zwischen 1955 und 1976 in Deutschland mindestens vierzehn Mädchen und Frauen, die er dann vergewaltigte und oft verzehrte. Er wurde gefaßt, als ein Mitbewohner feststellte, daß die Gemeinschaftstoilette im Haus durch menschliches Gewebe und Organe verstopft war. Kroll erklärte, er habe einige Opfer verspeist, weil Fleisch so teuer sei. Er wurde vor Gericht gestellt und zu lebenslänglicher Haft verurteilt.

Edmund Emil Kemper III., »Der zweigleisige Killer«. Dieser Sadist aus Santa Cruz in Kalifornien begann seine Karriere als Jugendlicher. Er verstümmelte zunächst Katzen. Als Fünfzehnjähriger brachte er seine Großeltern um, wurde mit einundzwanzig jedoch wieder aus der Haft entlassen. Zwischen Mai 1971 und April 1972 ermordete Kemper mehrere junge Frauen, die er erschoß oder erstach; er schnitt seinen Opfern Hände und Köpfe ab und hatte Sexualverkehr mit den Leichen. Die Köpfe bewahrte er in Plastikfolie eingewickelt auf und benutzte sie für sexuelle Zwecke; das Beinfleisch von mindestens zwei Opfern wurde in einer Kasserolle gebraten. Seinen letzten Mord verübte er an seiner Mutter. Danach stellte er sich selbst der Polizei. Kemper wurde wegen acht Mordfällen vor Gericht gestellt und verbüßt eine lebenslängliche Haftstrafe. Er erklärte, er habe die Leichen seiner Opfer verspeist, weil er »wollte, daß sie ein Teil von ihm« seien.

Andrej Romanowich Chikatilo, »Der Mörder von Rostow«. Der impotente russische Lehrer und Angestellte erstach zwischen 1978 bis 1990 auf abstoßende Weise über fünfzig Personen in Rußland, der Ukraine und Usbekistan. Er benutzte Kinder, Vagabunden und Prostituierte, um sexuelle Befriedigung zu finden. In manche Leichen schnitt er Schlitze, um mit ihnen Geschlechtsverkehr zu haben. Er biß oder schnitt oft Körperteile ab, die er verzehrte – Zungen, Lippen, Nasen, Brüste, Genitalien –, manchmal, während das Opfer noch am Leben war. Chikatilo kochte auch Fleisch oder briet es über einem Lagerfeuer. Er wurde nach intensiven polizeilichen Recherchen in Rostow verhaftet, für geistig zurechnungsfähig erklärt, vor Gericht gestellt und 1994 von einem Hinrichtungskommando exekutiert.

Jeffrey Dahmer: Dieser einsame homosexuelle Leichenschänder gestand, zwischen 1978 und 1991 siebzehn Jungen und Männer umgebracht zu haben, damit sie ihn nicht verlassen würden. In der Regel griff er sein Opfer in einer Bar auf, lud es zu sich nach Hause zu einem Drink ein, setzte es unter Drogen und erdrosselte oder erstach es dann. Anschließend hatte er Geschlechtsverkehr mit der Leiche, zerstückelte sie und machte Polaroidaufnahmen von ihr. Manchmal legte er Teile, insbesondere Herzen und Genitalien, in Formaldehyd oder in den Gefrierschrank, um sie aufzubewahren. Dahmer kochte auch einige Köpfe und hob die Schädel auf. Bei seinen kannibalistischen Mahlzeiten experimentierte er, wie es hieß, mit verschiedenen Gewürzen, darunter eine spezielle Steaksauce. Er versuchte auch, bei einigen ruhiggestellten Opfern die Nervenbahnen zwischen Stirnhirn und anderen Hirnteilen zu durchtrennen, indem er Säure in Löcher goß, die er in ihren Schädel gebohrt hatte. Dahmer wurde in seinem Appartement in Milwaukee verhaftet, nachdem es einem Opfer, Tracy Edwards, gelungen war zu fliehen und die Polizei zu verständigen. Dahmer wurde für geistig unzurechnungsfähig erklärt, von einem Geschworenengericht für schuldig befunden und zu sechzehnmal lebenslänglicher Haft verurteilt. 1994 wurde er von einem Mitinsassen erschlagen.

Ein grausames Schicksal: Drei abscheuliche Morde

Manchmal zieht ein schockierender, absolut sinnloser Mord – ob es dabei um eine berühmte Persönlichkeit geht oder nicht – die Aufmerksamkeit der Medien auf sich und löst weltweit einen Schrei des Entsetzens aus. Nachfolgend seien drei solcher Fälle genannt:

Am 13. März 1964 kehrte Catherine »Kitty« Genovese, siebenundzwanzig, gegen 3.20 Uhr morgens nach Hause, in eine wohlhabende Gegend in Queens, New York, zurück, nachdem sie die Bar, die sie führte, geschlossen hatte. Als sie ihren Wagen parkte, fiel ihr ein im Dunkeln lauernder Mann auf. Alarmiert, ging sie nicht auf das Haus zu, in dem sich ihr Appartement befand, sondern steuerte auf eine gut erleuchtete nahegelegene Straße zu. Der Mann folgte ihr und griff sie mit einem Messer an. Genovese schrie laut, sie werde erstochen, worauf sich verschiedene Fenster öffneten; jemand schrie etwas zurück, aber niemand kam ihr zu Hilfe oder rief die Polizei. Der Täter ging seiner Wege, die Fenster wurden wieder geschlossen, und Genovese kämpfte sich bis zu ihrem Haus. Der Mann kam jedoch zurück und stach ein zweites Mal auf sie ein; wieder schrie sie laut um Hilfe, und wieder wurden Fenster geöffnet und wieder geschlossen. Genovese schaffte es, bis in die

Eingangshalle des Hauses zu kriechen, wo der Angreifer sie wiederum fand und noch ein drittes Mal auf sie einstach. Um 3.50 Uhr, etwa eine halbe Stunde, nachdem Genovese zum erstenmal um Hilfe geschrien hatte, rief schließlich ein Mann die Polizei an. Es war jedoch zu spät: Kitty Genovese war tot, ermordet unter den Augen von achtunddreißig Anwohnern, die dabei zusahen. Die Beamten befragten ihre Nachbarn und erhielten eine Vielzahl von Entschuldigungen für ihr Nichthandeln: »Ich dachte, es sei ein Pärchen, das sich stritt.« Oder: »Ich war müde.« Der Mörder, Winston Mosely, wurde am 19. März verhaftet und wegen zwei Morden zum Tode verurteilt – wobei die Strafe später in lebenslängliche Haft umgewandelt wurde. Der Name von Kitty Genovese wurde zum Symbol für die Gefahr der allgemeinen Apathie in der modernen Gesellschaft.

John Lennon scherzte einmal, die Beatles seien »populärer als Jesus«. Das ärgerte Mark David Chapman, ein »pathologischer Narziß mit einem ›grandiosen Selbstüberheblichkeitsanspruch‹«, der verschiedentlich in psychiatrischen Einrichtungen gewesen war. Für ihn war Lennon dadurch zum Antichrist geworden. Am 5. Dezember 1980 verließ Chapman seine Wohnung und seine Frau in Hawaii und reiste, bewaffnet mit einem 38-Kaliber mit kurzem Lauf, nach New York. Etwa um fünf Uhr nachmittags, am 8. Dezember, verließ John Lennon, kurz nachdem er sich von der Fotografin Annie Leibovitz für das berühmte *Rolling Stone*-Cover hatte ablichten lassen, seine Wohnung in dem Dakota-Gebäude auf der West 72nd Street, gab Chapman ein Autogramm und machte sich auf den Weg ins Aufnahmestudio. Als er kurz vor dreiundzwanzig Uhr zurückkehrte, war Chapman immer noch da und schoß fünfmal auf den Ex-Beatle. Lennon verblutete, ehe er das Krankenhaus erreichte. Die Welt trauerte und Tausende seiner Fans hielten vor seinem Haus und später im Central Park in New York und in Liverpool in England, Lennons Heimatstadt, Trauerwachen ab. Mark David Chapman wurde zu zwanzig Jahren Haft verurteilt, eine Strafe, die er derzeit verbüßt. Lennons Mörder wurde weltweit zum Sinnbild für die wachsenden Ängste der Prominenten vor obsessiven Fans.

Am 21. Mai 1924 begingen zwei wohlhabende junge Studenten, Nathan Leopold und Richard Loeb, in New York, wie sie glaubten, das perfekte Verbrechen. Es inspirierte 1949 Alfred Hitchcock zu seinem Klassiker *Cocktail für eine Leiche*. Der grausame Mord schien ihnen schlicht eine intellektuelle Übung zu sein. Nach einer wochenlangen sorgfältigen Planung entführten sie den vierzehnjährigen Bobbie Franks, einen entfernten Verwandten Loebs. In ihrem Mietwagen stach Loeb, während Leopold fuhr, dem Jungen mehrmals mit einem Meißel in den Kopf; Franks verblutete. Die beiden warteten auf den Einbruch der Nacht und gingen, um die Zeit totzuschlagen, in zwei Restaurants zum Essen; dann zogen sie die Leiche aus, übergossen sie mit Säure und versteckten sie in einem Abflußkanal. Nachdem sie ihre Lösegeldforderung auf einen Zettel getippt hatten, entledigten sich die Mörder akribisch aller belastenden Indizien, begruben die Kleidung ihres Opfers in Indiana und warfen die Teile ihrer auseinandergenommenen Schreibmaschine in zwei verschiedene Lagunen. Bobbie Franks' Leiche wurde bald gefunden, zusammen mit Leopolds Brille, und damit begann der »fehlerlose« Ablauf sich zu lösen. Leopold und Loeb brachen unter dem polizeilichen Verhör zusammen und gestanden. Sie bekannten sich für schuldig, wurden von Clarence Darrow verteidigt und erhielten lebenslängliche Haftstrafen wegen Mordes und jeweils neunundneunzig Jahren wegen Entführung. Nathan Leopold verbüßte dreiunddreißig Jahre. Nach seiner Freilassung 1958 zog er nach Puerto Rico, wo er 1971 an einem Herzanfall starb. Richard Loeb wurde 1936 im Gefängnis umgebracht. Die Namen der beiden, Leopold und Loeb, sind noch immer ein Symbol für blindwütiges, sinnloses Morden.

Medienzirkus um Grausiges: Die Sensationen der Sensationspresse

Die meisten wissen mehr über den 1994 an Nicole Brown Simpson und Ronald Lyle Goldman verübten Mord, als sie je wissen wollten. Inmitten des dicksten Medienrummels, den es bis dato gab, wurde der Schauspieler und Football-Star Orenthal James »O.J.« Simpson vor Gericht gestellt. Die Anklage beschuldigte ihn, seine Exfrau und ihren Freund niedergeschlagen und erstochen zu haben. Monatelang erlebte die Welt rund um die Uhr »O.J.«: Die Ereignisse, die zum Prozeß geführt hatten, und der Prozeß selbst konnten bei allen möglichen Fernsehsendern zu jeder Tages- oder Nachtzeit mitverfolgt werden. Täglich wurde in der internationalen Presse über die Geschichte berichtet. Simpson wurde schließlich freigesprochen. Dies mag zwar das extremste Beispiel für Sensationsberichterstattung über einen tragischen Tod und des Aufbauschens zu Sensationen durch die Medien sein, es ist jedoch mit Sicherheit nicht das erste.

Der Sensationsjournalismus ist keine Erfindung des zwanzigsten Jahrhunderts. Wenn Lizzie Borden heute noch lebte, könnte sie uns erzählen, wie es ist, von der Presse verurteilt zu werden. Am 4. August 1892 wurden Bordens Vater Andrew und ihre Stiefmutter Abby brutal mit einem Beil zerhackt in ihrem Haus in Fall River, Massachusetts, aufgefunden. Lizzy wurde wegen Mordes verhaftet, aber noch vor ihrem Prozeß veröffentlichte eine Zeitung die damals berühmten Zeilen: »Lizzie Borden griff eine Axt,/Und schlug damit vierzigmal auf ihre Mutter ein;/Und als sie sah, was sie getan hatte,/Schlug sie gleich einundvierzigmal auf ihren Vater ein.« (In Wirklichkeit hatte Andrew Borden zehn Wunden und seine Frau neunzehn.) Die Beweise gegen Lizzy waren dürftig, und sie wurde freigesprochen. Im Laufe des letzten Jahrhunderts ist viel darüber spekuliert worden, wer der wirkliche Mörder war. Einige glauben zwar immer noch, daß sie die Schuldige war, andere tippen auf das Hausmädchen der Familie, Bridget Sullivan. Aber es war Lizzie Borden, die dieses Stigma bis zu ihrem Tod 1927 nicht mehr loswurde (und wird).

Der Stummfilmstar Roscoe »Fatty« Arbuckle löste einen der größten Hollywood-Skandale aus, nachdem er vermeintlich am 5. September 1921 die Schauspielerin Virginia Rappe ermordet hatte. Während in seiner Hotelsuite eine wilde, ausgelassene Party im Gange war, nahm Arbuckle Virginia Rappe mit in sein Schlafzimmer; bald darauf waren Schreie zu hören. Sie wurde blutend und mit heruntergerissenen Kleidern gefunden und sagte: »Ich sterbe. Roscoe war's.« Sie starb drei Tage später. Arbuckles Studio tat sein Bestes, um die Einzelheiten zu vertuschen – zum Teil mit Erfolg. Es gab verschiedene Theorien, unter anderem die, daß Rappe einen Blasenbruch erlitten habe, als der fettleibige Arbuckle sie vergewaltigte. Eine andere besagte, daß er ihr ein scharfkantiges Eisstück oder eine Champagnerflasche in die Vagina eingeführt habe – aber keine wurde je bewiesen. Der Star wurde dreimal vor Gericht gestellt; zwei Verfahren endeten damit, daß die Geschworenen sich nicht über die Schuldfrage einigen konnten, und im dritten Prozeß wurde er schließlich freigesprochen. Die Geschworenen des dritten Verfahrens gaben in der Urteilsverkündung sogar eine förmliche Erklärung ab, worin die Vorwürfe als »eine große Ungerechtigkeit« bezeichnet wurden. Da Fatty Arbuckle jedoch auch in den Medien der Prozeß gemacht worden war, mußte er seine Karriere aufgeben. Er starb 1933 infolge eines Herzanfalls.

Unter mysteriösen Umständen wurde Isadore Fink hinter verschlossenen Türen mit drei Schüssen am 9. März 1929 in seiner kleinen, aus einem Raum bestehenden Handwäscherei in New York ermordet. Die Tür war von innen verriegelt und das Fenster vergittert – die einzige Fluchtmöglichkeit, die sich bot, war ein winziges Oberlicht. Es wurde nie eine Pistole gefunden, so daß Selbstmord ausgeschlossen wurde. Der für die Untersuchung der Todesursache zuständige Beamte, stellte fest, daß Fink auf der Stelle tot war, so daß er nicht von draußen in den Raum hineingekommen sein und die Tür selbst verschlossen haben konnte. Die Geschichte war Futter für die Phantasie von Alfred Hitchcock (der erwog, daraus einen Film zu machen, aber keine Lösung fand). Sie beschäftigte Dutzende von Sensationsblättern. Das Wie und Warum des Mordes an Fink ist bis auf den heutigen Tag nicht bekannt.

Elizabeth Ann Short, eine schöne und ambitionierte Schauspielerin, wurde am 15. Januar 1947 auf einem unbebauten, freien Grundstück in Los Angeles, grausam ermordet, aufgefunden. Ihr nackter Körper war in Taillenhöhe mit chirurgischer Präzision zweigeteilt worden. An den Handgelenken und Knöcheln waren Abdrücke von einem Seil zu sehen, und ihr blutleerer Körper, der mit einer Bürste sauber geschrubbt worden war, war mit Hiebwunden und Zigarettenbrandwunden bedeckt. In ihren Oberschenkel waren die Buchstaben »B. D.« geritzt. Bei der Untersuchung des Mordes kam ein Reporter des *Herald-Express* in Los Angeles darauf, daß Short die Angewohnheit hatte, sich ganz in Schwarz zu kleiden. Sie war deshalb in dem Drugstore, in den sie immer ging, die »Black Dahlia« getauft worden. Als die Geschichte von dem mysteriösen Spitznamen veröffentlicht wurde, verbreitete sie sich durch die Radiostationen und Zeitungen im ganzen Land. Der Name »Black Dahlia« wurde sofort zum Synonym für einen »schaurigen Sexualmord«. Der Fall wurde nie gelöst.

Issei Sagawa muß der seltsamste Medienliebling aller Zeiten sein. Der japanische Maler beschloß 1981 in Paris, seine kühnste Phantasie auszuleben: er aß eine schöne weiße Frau. Zuerst tötete er sein holländisches Opfer, Renée Hartevelt, mit einem Schuß ins Genick. Als Vorspiel, ehe er ihr Fleisch verspeiste (ihre rohen Oberschenkel verglich er später mit Thunfisch-Sushi), hatte er Geschlechtsverkehr mit ihrer Leiche. Sagawa wurde aufgrund seiner eigenen Fehler gefaßt und zu einer unbegrenzten Unterbringung in einer Nervenklinik verurteilt, wo er als »unheilbar psychotisch« diagnostiziert wurde. An diesem Punkt nimmt die Geschichte eine erstaunliche Wende. Während seines Aufenthaltes in der französischen Klinik begann er einen Briefwechsel mit dem japanischen Bühnenautor Juro Kara. Auf der Grundlage dieser Briefe entstand ein fiktiver Roman, der zum Bestseller avancierte *(Sagawa-kun kana no Tegami – Briefe von Sagawa).* Dann kamen die Rolling Stones mit ihrem Song »Too Much Blood« auf *Under Cover* auf den Markt, und Sagawa schrieb ein höchst erfolgreiches Buch über seinen kannibalistischen Fetisch, *Kri no Naka (Im Nebel).* Schon im ersten Jahr seiner Einweisung in die Klinik gelang es Sagawas reichem, einflußreichem Vater, seinen Sohn in eine Einrichtung in Tokio zu verlegen. Dort verblieb er noch ganze fünfzehn Monate. Nach seiner Freilassung 1985 wurde der

Mörder mit Interviewanfragen überschüttet. Er ist in Japan und Europa eine ausgesprochene Berühmtheit. Er wurde selbst in einer Zeitschrift über Essen und Trinken abgebildet, wie er Barbecue in einem Restaurant ißt. Sagawa lebt heute weiterhin in Tokio, wo er noch immer malt und schreibt und eine prominente Medienfigur ist.

Abstruser als Fiktion: Unheimliche, grausame und unwahrscheinliche Todesfälle

Die Faszination, die der Tod, insbesondere jeder außergewöhnliche Tod auf den Menschen ausübt, scheint insgeheim oder offen von allen geteilt zu werden. Eine Kategorie von besonderem Reiz schließt das Bizarre, Zufällige und wahrhaft Ironische mit ein. Wer einen morbiden Sinn für Humor hat, findet manche dieser Fälle vielleicht sogar recht amüsant.

In einem überfüllten Bus in Barcelona wußte ein Fahrgast dem Gedränge zu entgehen, indem er auf das Dach des Busses kletterte, wo er einen leeren Sarg fand. Es fing an zu regnen, so legte er sich in den Sarg und schloß den Deckel. Unterdessen hatten zwei weitere Fahrgäste den Weg aufs Dach gefunden. Als der Mann im Sarg die anderen beiden fragte, ob es aufgehört hätte zu regnen, waren diese so verblüfft und erschraken so, daß sie vom Bus heruntersprangen, wobei einer ums Leben kam.

In Miami kam der Bauarbeiter José Rodrigues ums Leben, als eine auf Rollen stehende Toilette vom Sturm vom vierten Stock eines im Bau befindlichen Gebäudes heruntergeweht wurde und auf ihn fiel.

1977 brachen in Norwegen drei Einbrecher in eine Fabrik ein, legten eine Sprengladung, um den Safe zu öffnen, traten ein paar Schritte zurück und zündeten den Sprengstoff. Ein Teil der Fabrik wurde zerstört, und alle drei Männer kamen dabei ums Leben; der Safe hatte Dynamit enthalten.

Ulm erlebte im April 1978 den ersten registrierten Mordfall durch Krebs. Im Jahr zuvor hatte der Chemielehrer Siegfried

Ruopp ein leberzerstörendes Karzinogen in die Marmelade seiner Frau gemischt. Als sie mit Schmerzen im Krankenhaus lag, konnte er der Versuchung nicht widerstehen und brachte ihr noch ein weiteres Glas von der vergifteten Marmelade mit. Die Tat flog auf, und Ruopp wurde festgenommen. Seine Frau Ingeborg starb.

Aus Verzweiflung sprang eine Frau in Warschau aus ihrer Wohnung im zehnten Stock eines Hochhauses, als ihr Mann ihr eröffnete, er werde mit einer anderen Frau zusammenziehen. Dabei landete sie auf ihrem abspenstigen Ehemann, als dieser gerade das Gebäude verließ. Der Mann kam zu Tode, die Frau überlebte.

Folgende Geschichte veranschaulicht die Gefahren populärer Modeerscheinungen. In Sydney, Australien, brachte ein Mann seine zweiundsechzigjährige Freundin, Gwen Owen, mit dem Talismanstein um, den sie ihm geschenkt hatte.

Manche Lebensmittel scheinen gesundheitsgefährdender zu sein, als man meinen möchte. In einer Fabrik in Baltimore fiel John Ramsey in einen Kohlsalatmixer und wurde zu Tode gemixt. In einer Plätzchenfabrik in Pennsylvania kam Robert Hershey in einem Bottich mit flüssiger Schokolade zu Tode. Nazar Zia ereilte in Michigan ein ähnliches Schicksal, als er in einem Bottich mit Bratensauce ertrank. Der Besitzer der Wilson Candy Company, Charles W. Doak, wurde umgebracht, indem man ihn mit einer neun Pfund schweren Zuckerstange erschlug. Am Nationalen Gesundheitsinstitut in Bethesda wurde die Angestellte Shirley Foster durch Stromschlag durch eine eingefrorene Joghurtmaschine umgebracht. In Napier, Neuseeland, wurde 1984 eine Frau von ihrem Mann erstochen: die Waffe war eine gefrorene Wurst.

Tödliche Hämorrhoiden? Im Oktober 1982 versuchte Norik Hakpisan, vierundzwanzig, sich in London selbst zu helfen, indem er Benzin als Schmerzmittel auftrug. (Paraffin galt als ein altes Hausmittel, aus irgendwelchen unerklärlichen Gründen verwendete er statt dessen jedoch Benzin.) Die Dämpfe entzündeten sich durch eine nahe heiße Herdplatte, so daß es eine Stichflamme gab, durch die der junge Mann den Tod fand.

Der australische Snooker-Experte Ray Priestley starb bei einem schwierigen Spielversuch. Mit dem Kopf nach unten an einem Sparren über dem Snookertisch hängend, rutschte er ab und schlug auf dem Betonboden so mit dem Kopf auf, daß sein Schädel zertrümmert war.

In New Jersey versuchten drei Arbeiter, ein Stinktier aus einem langen Bewässerungsrohr einer Berieselungsanlage zu befreien, indem sie das Rohr so weit nach unten bogen, daß das Ende fast den Boden berührte. Als sie es wieder hochschnappen ließen, schlug es gegen eine Oberleitung, wobei zwei der Männer durch Stromschlag ums Leben kamen. (Was aus dem Stinktier wurde, ist nicht bekannt.)

In Montreal gähnte Antoine Blisonnette eines Tages bei ihrer Arbeit in einer Fabrik und mußte feststellen, daß sie danach den Mund nicht mehr schließen konnte. Sie starb bei dem chirurgischen Eingriff, mit dem die Mundsperre wieder behoben werden sollte, und wurde so möglicherweise der einzige Mensch, der je buchstäblich an Langeweile starb.

In Belgien kamen 1966 elf Schüler im Verkehrssicherheitsunterricht ums Leben, als ein Lkw in die Gruppe hineinfuhr.

Der Iraner Ali-Asghar Ahani starb im April 1990 durch einen Kopfschuß, den eine Schlange, die er zu fangen versuchte, auslöste. Der Schlangenfänger drückte den Kopf der Schlange mit dem Kolben seiner Schrotflinte auf den Boden, wobei die clevere Schlange sich jedoch um die Flinte herum hochwand und den Auslöser herunterzog.

Mit einer Tat, die einem James-Bond-Film entstammen könnte, wurde Georgi Markov, ein bulgarischer Überläufer und Rundfunksprecher des BBC, am 7. September 1978 in London von einem Unbekannten ermordet. Markov spazierte über die Waterloo Bridge, als er mit einemmal hinten in seinem Bein einen scharfen Nadelstich spürte. Als er sich umdrehte, sah er nur einen Mann, der einen Regenschirm aufhob. Gerichtsmediziner stellten später fest, daß Markov mit einer winzigen, in die Schirmspitze eingebauten Pistole angeschossen worden war. Die Kugel, ein Schrotkorn von der Größe eines Stecknadelkopfes, enthielt eine Dosis Rizin, ein besonders tödliches Gift.

Robert Stevens kam bei einem Arbeitsunfall in einer Kosmetikafabrik in Deer Park, New York, ums Leben, als sich versehentlich ein Kübel mit heißem flüssigen Lippenstift über ihn ergoß.

Ein Geldproblem wurde Hrand Arakelian, vierundddreißig, in Kalifornien zum tödlichen Verhängnis, als er bei seiner Arbeit mit einem gepanzerten Geldtransporter unterwegs war. Er bewachte die Fracht – fünfzigtausend Dollar in Vierteldollarmünzen. Als der Transporter auf einer abschüssigen Strecke auf dem San Diego Freeway ins Schlingern geriet und ausbrach, erdrückten ihn die Kisten mit den Münzen, als sie ins Rutschen gerieten.

In England starb Dr. Alice Chase, Autorin eines Ernährungsratgebers, infolge ihrer Fehlernährung.

Im Juni 1983 fing Marie Cista von ihrem Boot aus vor der Küste Spaniens einen kleinen Fisch. Nachdem sie ihren wild zappelnden Fang vom Haken befreit hatte, sprang er ihr aus der Hand und geradewegs in die Luft. Cista sah zu, wie der Fisch im Bogen über ihren Kopf flog und wieder herunterkam; er landete geradewegs in ihrem offenen Mund – und erstickte sie.

In Deutschland kamen im Juni 1995 in der Nähe von Frankfurt zwei Pfadfinderjungen ums Leben, als bei einem Tauziehen das Seil riß.

In Michigan kam im März 1995 ein Mann durch Dummheit ums Leben, als er versuchte, einen Lkw zu reparieren. Um die Quelle eines störenden Geräusches zu finden, hängte sich James Burns unter den Lkw, während ein Freund damit einen Highway hinunterfuhr. Burns kam zu Tode, als seine Kleidung sich in irgend etwas verhedderte und er in die Antriebswelle geriet.

Bobby Leach, ein Teufelskerl des frühen zwanzigsten Jahrhunderts, überlebte Fahrten über die Niagara-Fälle, die er in einem Faß unternahm. Er wurde in Christchurch, Neuseeland, 1926 von einer Orangenschale bezwungen, auf der er ausrutschte und sich dabei so schlimm das Bein brach, daß es amputiert werden mußte. Leach starb an Komplikationen, die nach der Operation auftraten.

In Birmingham, England, starb ein Schweißer infolge schwerer Verbrennungen, nachdem er von einer Eisenbahnbrücke aus auf eine unter fünfundzwanzigtausend Volt stehende Stromleitung uriniert hatte.

Folgende Geschichte beweist, daß das Pendel auch zurückschlagen kann: Henri Villette kam in Alencon, Frankreich, ums Leben, als er versuchte, eine Katze zu töten. Der Katzenmörder steckte die Katze in einen Sack, den er in einen Fluß warf. Er rutschte aus und fiel gleich hinterher. Er ertrank, während die Katze sich aus dem Sack befreien, an Land schwimmen und in Sicherheit bringen konnte.

Welchen Weg gingen sie? Bemerkenswerte Tode bemerkenswerter Personen

Es sind nicht nur gewöhnliche Leute, die manchmal eines seltsamen Todes sterben; gelegentlich finden auch berühmte Leute ein recht ungewöhnliches Ende.

Aischylos, einer der größten griechischen Tragiker und Autor von klassischen Tragödien wie *Die Orestie* und *Prometheus gefesselt*, ist dafür bekannt, ein höchst eigenartiges Ende gefunden zu haben. Eine frühe Biographie schildert, wie um das Jahr 456 v. Chr. in Gela auf Sizilien ein Adler Aischylos' Glatzkopf mit einem Felsen verwechselte. Aus der Luft ließ der Raubvogel eine Schildkröte auf ihn fallen, in der Hoffnung, dabei würde der Panzer des unseligen Reptils zerschellen, damit er genüßlich das Innere verspeisen könnte. Leider war der Schädel des Tragikers jedoch nicht so robust wie ein Fels, und er kam dabei ums Leben.

Mindestens zwei englische Könige wurden von ihren Leibärzten ins Verderben geschickt. Am Morgen des 2. Februar 1685 erlitt Charles II. einen Anfall. Wie man inzwischen vermutet, hatte er die Bright-Krankheit, eine tödliche Krankheit. Seine Ärzte nutzten die modernsten medizinischen Verfahren, ließen ihn zur Ader, verabreichten ihm Brechmittel, machten Einläufe und legten Zugpflaster auf seinen rasierten Kopf. Am nächsten Morgen entnahmen sie ihm nochmals einen halben Liter Blut. Er starb um die Mittagszeit.

Der Tod von Georg V. wurde durch Euthanasie herbeigeführt, ein Detail, das erst fünfzig Jahre nach seinem Ableben in einem

Zeitschriftenartikel enthüllt wurde. Der König lag am 20. Januar 1936 im letzten Stadium einer Lungenkrankheit im Sterben. Prinz Edward (später König Edward VIII.) hatte dem Arzt seines Vaters, Lord Dawson, gesagt, er und seine Mutter, die Königin, wollten nicht, daß das Leben des Königs künstlich verlängert würde. Spät am Abend des 20. war absehbar, daß der König wohl noch über Stunden dahinsiechen würde, was »kaum mit der Würde und Durchlauchtheit verträglich war, die er so reich verdiente, und ein rasches Ende verlangte«, wie Dawson schrieb. Zudem fand der Arzt es auch besser, wenn die Nachricht vom Tod des Königs in den Morgenblättern statt in den »weniger schicklichen« Abendzeitungen erschien. Angesichts dieser Voraussetzungen und der Gefühle des Prinzen nahm Dawson die Sache selbst in die Hand. Er injizierte dem König in die Jugularvene dreiviertel Gramm Morphium und ein Gramm Kokain. Der König starb wenige Minuten vor Mitternacht, und die Nachricht konnte bereits in den Morgenblättern erscheinen.

An einem Nachmittag im August 1876 setzte Wild Bill Hickock sich in einem Saloon in Deadwood, Süd-Dakota, zum Pokerspiel hin. Er saß dabei nicht, wie es ansonsten seine Gewohnheit war, mit dem Rücken zur Wand. Als er sich etwas Geld borgen wollte, sprang ein Betrunkener namens Jack McCall hinter ihn und schoß ihm mit der Bemerkung: »Nimm das!« in den Kopf. Wild Bill war auf der Stelle tot. Die Karten, die er in der Hand hatte, lagen verstreut um ihn herum; es waren Asse und Achten – die Pik- und Kreuzasse und die Pik- und Kreuzachten und der Karobube (oder die Karokönigin). Diese Hand wird inzwischen die »Hand des toten Mannes« genannt.

Aus unbekannten Gründen sind eine Reihe prominenter Architekten eines recht ungewöhnlichen Todes gestorben; Stanford White war da keine Ausnahme. White, der verheiratet war, galt als der größte amerikanische Architekt seiner Zeit. Er entwarf neben anderen Gebäuden auch den Madison Square Garden. Er hatte eine sehr öffentliche Affäre mit der wesentliche jüngeren Evelyn Nesbit, einem schönen Model. Evelyn heiratete jedoch den Millionär »Mad Harry« Thaw, der nach allem, was man hörte, tatsächlich völlig verrückt war. Nach der Heirat sah Evelyn ihren Geliebten White auch weiterhin von Zeit zu Zeit, worüber Thaw wütend war. Am Abend des 25. Juni 1906 waren White, Evelyn und Harry bei der Premiere eines Musicals in einem über dem Madison Square Garden gelegenen Theater. Während des Finales, als der Chor »I challenge you to a duel« sang, ging Mad Harry auf White zu und schoß ihm erst ein Mal, dann noch zwei Mal ins Gesicht. Er brachte den Architekten über seinem eigenen Meisterwerk um.

Weitere prominente Architekten, die ein ähnlich absonderliches Schicksal erlitten, waren unter anderem: Plinius der Ältere (24–79), der bei einem Ausbruch des Vesuv in Pompeji unter Lava begraben wurde; Andrew Jackson Downing (1815–1852), der bei einer Explosion auf einem Dampfer umkam; Pierre Jeanneret (1896–1937), Le Corbusiers Cousin und Mitarbeiter, der bei einem Unfall beim Fallschirmspringen in Algerien ums Leben kam; und Louis Kahn (1901–1974), der in einer Herrentoilette in Penn Station in New York zusammenbrach und starb. Die Brieftasche wurde ihm von einem Tippelbruder geklaut. Er selbst wurde für einen Tippelbruder gehalten und blieb tagelang unidentifiziert im Leichenschauhaus liegen.

Der Mönch, Grigorij Jefimowitsch Rasputin, war der wohl am schwierigsten zu ermordende Mann in der Geschichte. Er starb einen langen und besonders grausamen Tod. Manche Einzelheiten des Mordes sind bis auf den heutigen Tag fraglich. Ein Teil der Fakten, die von Prinz Felix Jusupow (dem Haupttäter) und der Schwägerin eines Dieners des Prinzen geschildert wurden, sind jedoch weithin akzeptiert. Die russische Monarchie befand sich 1916 im Chaos. Es gab eine Fülle von Gerüchten, daß Rasputin mit irgendwelchen bösen, charismatischen Kräften einen übermächtigen Einfluß auf den Zar und die Zarin ausübte und diese kontrollierte. Vor diesem Hintergrund entstand das Mordkomplott. (Rasputins Tochter, Maria Grigoriewna, behauptete, Jusupows Motiv sei Wut über die Zurückweisung seiner sexuellen Avancen gegenüber Rasputin gewesen.) Jusupow und sein Mitverschwörer, Wladimir M. Purischkjewitsch, ein politischer Aktivist, sicherten sich die Hilfe von drei weiteren Männern: des Offiziers Ivan

Suchotin, des Großfürsten Dmitrij Pawlowitsch und des Arztes Dr. Stanislas Lasowert. Am späten Abend des 16. Dezember 1916 ging Rasputin, einer Einladung des Prinzen folgend, in Jusupows Palast. Sein Gastgeber führte ihn in einen Raum im Keller, wo Rasputin zyankaliversetzten Madeira trank (das Gift hatte Dr. Lasowert geliefert) und möglicherweise auch noch zyankaliversetzte Kuchen und Süßigkeiten aß. Als das Gift bei dem Mönch keine Wirkung zeigte, ging Jusupow nach oben, um sich mit den anderen zu beraten. Sie beschlossen, Rasputin zu erschießen. Jusupow ging mit seinem Revolver bewaffnet in den Keller zurück. Nach Jusupows Schilderung hat er den Mönch in den Rücken geschossen. Die Geschichte, welche die Schwägerin des Dieners erzählte, war jedoch eine völlig andere. Nach ihrer Version gingen alle vier Mörder zusammen mit Jusupow in den Keller. Dort vergewaltigten sie Rasputin nacheinander, schossen ihn in den Kopf, traten ihn, schlugen auf ihn ein und kastrierten ihn dann. Jedenfalls betrat irgendwann Dr. Lasowert die Szene und erklärte Rasputin für tot. Als Jusupow etwa eine Stunde später nochmals in den Keller ging, glaubte er wahrzunehmen, wie ein Lid des Mönchs sich bewegte. Er schüttelte den Körper, um sich zu vergewissern, daß er auch tot war. Daraufhin sprang Rasputin auf und packte den Prinzen, der daraufhin entsetzt und in Panik nach oben floh. Der Mönch schleppte sich die Treppe hoch, in den Hof hinaus und durch den Schnee auf die Palasttore zu. Jusupow und Purischkjewitsch, die Rasputin entweder verfolgten oder von ihm verfolgt wurden, schossen ihm in den Kopf und in die Schulter und traten und schlugen auf ihn ein. Als die anderen hinzukamen, schlugen sie weiter wie wild auf ihn ein (stachen möglicherweise auch auf ihn ein) und überwältigten schließlich den seltsamen Mönch. Die vier verschnürten Rasputin und brachten ihn an die Mojka, einen nahegelegenen Kanal, wo sie ihn in einem Eisloch versenkten. Die Leiche wurde zwei Tage später gefunden; die Autopsie erbrachte, daß der Tod nicht durch Vergiften, Schußwunden, Schläge oder Stichwunden, sondern durch Ertrinken herbeigeführt worden war.

In Stein gemeißelt: Interessante Grabinschriften

In vergangenen Jahren war es allgemein üblich, poetische, erläuternde oder amüsante Inschriften auf Grabsteine zu meißeln, eine Gepflogenheit, die inzwischen jedoch aus der Mode gekommen ist. Nachstehend seien nur einige Meisterstücke aus einer vergangenen Ära genannt.

Die meisten Grabinschriften sind natürlich in ihrer Art ergreifend, wie etwa diese von Nathaniel Hawthorne entdeckte Inschrift:

Arm gelebt,
Und arm gestorben,
Arm begraben,
Und niemand hat geweint.
– Lillington, Massachusetts

•

Viele Inschriften hatten jedoch, ob mit Absicht oder nicht, einen heiteren Ton. Reimen war dereinst ein Muß, und viele gaben sich alle Mühe, einen Vers für die Gedenksteine ihrer Lieben zu dichten:

Underneath this pile of stones
Lies all that's left of Sally Jones.
Her name was Briggs, it was not Jones,
But Jones was used to rhyme with stones.
(Unter diesem Haufen von Steinen,
Liegt alles, was von Sally Jones geblieben ist.
Ihr Name war Briggs, nicht Jones,
Er wurde jedoch benutzt, da er sich auf »stones« reimt.)
Skaneateles, New York

•

Der Tod eines Babys ist keine lustige Angelegenheit, und dennoch scheinen einige Grabsteine da eine Ausnahme zu machen. Aber vielleicht ging es diesen trauernden Eltern auch nur darum, auf Biegen und Brechen einen Reim zu finden:

Beneath this stone our baby lays,
He neither cries nor hollers,
He lived just one and twenty days,
And cost us forty dollars.
(Unter diesem Stein liegt unser Kind,
Das weder weint noch brüllt,
Das nur einundzwanzig Tage lebte,
Und uns vierzig Dollar kostete.)

Burlington, Vermont

•

Since I was so very soon done for,
I wonder what I was begun for.
(Da es mit mir so schnell vorbei war,
Frage ich mich, weshalb man mich anfangen ließ.)

New Haven, Connecticut

•

Errichtet zur Erinnerung an
John Philips
versehentlich erschossen als ein Zeichen
der Zuneigung von seinem Bruder.

Saratoga, New York

•

Dem Gedenken von drei Zwillingen geweiht.

Stowe, Vermont

•

Hier liege ich des Atems beraubt
Weil ein Husten mich dahinraffte;
Dann ein Sarg, in dem man mich hinwegschaffte.

Granary Burying-Ground, Boston

•

Fürchte Gott,
Halte die Gebote,
Und
Versuche nicht, auf einen Baum zu klettern,
Da genau das meinen Tod herbeigeführt hat.

Eastwell, Kent, England

Hier liege ich, und kein Wunder, daß ich tot bin,
Denn das Rad eines Wagens fuhr über meinen Kopf.

Pembrokeshire, England

•

Auf Grabsteinen von Männern wurde oft die Erlösung von einer zänkischen Ehefrau ausgesprochen:

Dem Andenken von Anthony Drake geweiht,
Der um des Friedens und der Ruhe willen starb;
Seine Frau schimpfte und geiferte immerzu,
So daß er sich in einem Zwölf-Dollar-Sarg legte zur Ruh.

Burlington, Massachusetts

•

Hier liegt meine Frau, eine elende Schlampe
und ein zänkisches Weib,
Wenn ich sagen würde, es täte mir leid um sie,
würde ich auch lügen!

Selby, Yorkshire, England

•

Manchmal brachten auch die Frauen diese Klage zum Ausdruck:

Hier liegt
Mary – die Frau von John Ford
Wir hoffen, ihre Seele ist beim Herrn
Aber wenn sie dies Leben gegen die Hölle eingetauscht hat,
Wäre das für sie immer noch besser, als John Fords Frau zu sein.
1790

Potterne, Wiltshire, England

•

Sie lebte fünfzig Jahre mit ihrem Mann
Und starb in der vertrauensvollen Hoffnung auf ein besseres
Leben.

Burlington, Vermont

•

Gewisse Inschriften auf den Grabsteinen des »Wilden Westens« pflegen den Filmmythos vom gesetzlosen Revolverhelden, dem der Finger lose am Abzug saß:

Hier liegt
Lester Moore
Vier Kugeln
aus 'ner 44.
keine weniger
keine mehr.
Grabstein, Arizona

•

Er nannte Bill Smith einen Lügner.
Crippelcreek, Colorado

•

Spielte fünf Asse aus,
Spielt jetzt die Harfe.
Boot Hill Cemetery, Dodge City, Kansas

•

Manche benutzten die Grabsteine auch als Anzeigetafeln:

Dem Andenken von
Jared Bates
geweiht, der am 6. August 1800 starb.
Seine Witwe, 24 Jahre alt, wohnhaft in der 7 Elm
Street, hat jede Qualifikation für eine
gute Frau und sehnt sich danach, getröstet zu werden.
Lincoln, Maine

•

Hier liegt Jane Smith, Frau von Thomas Smith, Marmorschleifer.
Dieser Gedenkstein wurde von ihrem Ehemann als Tribut zu ihrem
Andenken und als Muster seiner Arbeit errichtet.
Gedenksteine der gleichen Art 350 Dollars.
Springdale, Ohio

•

Die eigene Grabinschrift zu verfassen, war und ist ein beliebter Zeitvertreib berühmter und literarisch begabter Menschen. Diese haben ihren Weg auf Grabsteine gefunden:

Du guter Freund, tu's Jesus zu Gefallen
Und wühle nicht im Staub, der hier verschlossen.
Gesegnet sei der Mann, der schonet diese Steine.
Und jeder sei verflucht, der stört meine Gebeine.

William Shakespeare,
Holy Trinity Church, Stratford-on-Avon, England

•

Das Leben ist ein Scherz, und alle Dinge zeigen es;
Einst dachte ich es nur, und jetzt weiß ich es.

John Gay (Dichter und Dramaturg),
Westminster Abbey, London

•

Hier liegt Einer
Dessen Name in Wasser geschrieben war.

John Keats, Protestantischer Friedhof, Rom

•

Andere ebenso beeindruckende Äußerungen wurden nie in Stein gemeißelt:

Entschuldigt meinen Staub.

Dorothy Parker

•

Ich wäre lieber in Philadelphia.

W.C. Fields

•

Diese Inschrift bedarf schlicht keiner weiteren Erklärung:

Hier liegt der Leichnam von John Eldred,
Zumindest wird er hier sein, wenn er tot ist;
Aber zu diesem Zeitpunkt ist er noch am Leben,
Der 14. August Fünfundsechzig.

Oxfordshire, England

Kapitel 8
Das System überleben

Der Tod ist nicht der größte Verlust im Leben. Der größte Verlust ist, was in uns stirbt, während wir leben.
NORMAN COUSINS

Menschen, die als Patient oder Angehörige mit dem Prozeß des Sterbens konfrontiert werden, sehen sich zugleich zahlreichen Herausforderungen gegenüber. Sterben und Tod und alles, was damit zusammenhängt, sind in psychischer, physischer, rechtlicher und finanzieller Hinsicht in unserer modernen Gesellschaft schwierige Probleme. Ob der Tod schleichend oder plötzlich, erwartet oder unerwartet eintritt, er ist selten willkommen oder leicht zu bewältigen. Die Anonymität des medizinischen Betriebes, der Kampf mit dem Bürokratismus des Gesundheitswesens und die rechtliche und finanzielle Abwicklung fallen in eine extrem belastete Zeit. Um so mehr gilt, daß man sich Tod und Sterben eines Menschen durch entsprechende Vorkehrungen soweit wie möglich erleichtern muß. Man sollte sich beizeiten über diesen Themenkomplex informieren, um zu wissen, was im Ernstfall im einzelnen, nicht zuletzt auch an Entscheidungen, auf einen zukommt.

Patientenrechte

In der Bundesrepublik sind die Patientenrechte gesetzlich geregelt und verbrieft. Das Gesetz garantiert jedem eine angemessene medizinische Versorgung, die für Versicherte einen Rechtsanspruch auf stationäre Behandlung miteinschließt, sofern bei akuten Krankheiten die Erfordernisse einer stationären Behandlung durch einen Arzt festgestellt wurden. Wer ins Krankenhaus kommt, unterzeichnet bei der Aufnahme (oder in Notfällen ein Vertreter) einen »Behandlungsvertrag«. Dieser Behandlungsvertrag stützt sich auf die Allgemeinen Vertragsbedingungen und die geltenden Pflegekostentarife, die dem Patienten in manchen Krankenhäusern bei der Aufnahme ausgehändigt und in anderen gegebenenfalls auf Wunsch zur Einsichtnahme vorgelegt werden. In den Allgemeinen Vertragsbedingungen ist der Umfang der entsprechenden Leistungen und Verpflichtungen spezifiziert. Explizit oder implizit – da durch das Sozialgesetzbuch oder anderweitig gesetzlich geregelt – darin enthalten sind unter anderem folgende Patientenrechte:

1. Der Patient hat ein Anrecht auf Krankenhausleistungen, die im Rahmen des Versorgungsauftrags des Krankenhauses und unter Berücksichtigung der Leistungsfähigkeit des Krankenhauses im Einzelfall nach Art und Schwere der Erkrankung für die medizinisch zweckmäßige und ausreichende Versorgung notwendig sind.

2. Der Patient hat das Recht, umfassend über seinen Krankheitszustand informiert zu werden. Der Arzt ist grundsätzlich verpflichtet, den Patienten über die Folgen seiner Arbeit aufzuklären. Das betrifft: die Diagnose, die Risiken der vorgesehenen Behandlung, etwaige Alternativen und Konsequenzen der Nichtbehandlung. Der Patient soll dadurch in die Lage versetzt werden, die Risiken selbst abzuwägen. Nur in Notfallsituationen ist der Arzt von der Aufklärungspflicht befreit – und bedingt auch bei labilen Patienten, bei denen er das Recht hat, zu ihrer Schonung bestimmte Fakten zu verschweigen, allerdings nur, wenn vorausgesetzt ist, daß diese Aufklärung zu einer ernsten und nichtbehebbaren Gesundheitsschädigung des Patienten führen würde.

3. Vor einem Eingriff, zu dem er seine Einwilligung geben muß, muß der Patient über die Art, Bedeutung, Folgen und Risiken des Eingriffs, einschließlich mögliche bleibende Schmerzen, Mißerfolgs- und Sterblichkeitsraten etc. aufgeklärt werden. Ebenso muß

er über die Risiken einer Narkose informiert werden. Eine Ausnahmeregelung gilt jedoch zum Beispiel in Notfallsituationen, wo der Patient etwa außerstande ist, seine Einwilligung zu erklären, und nach der Überzeugung des Arztes, ein Eingriff zur Abwendung einer drohenden Lebensgefahr oder einer unmittelbar drohenden schwerwiegenden Beeinträchtigung des Gesundheitszustandes unverzüglich erforderlich ist.

4. Der Patient hat das Recht, in einem gesetzlich zulässigen Rahmen seine Einwilligung zu einer Behandlung oder einem Eingriff zu versagen und über die medizinischen Folgen seiner Entscheidung aufgeklärt zu werden.

5. Der Arzt ist durch die ärztliche Berufsordnung wie auch das Strafgesetzbuch zu absolutem Stillschweigen gegenüber Dritten verpflichtet. Ohne die persönliche Einwilligung des Patienten darf der behandelnde Arzt also auch Angehörigen keine Auskünfte geben. Ausnahmen sind gesetzlich geregelte ausdrückliche Entbindungen von der Schweigepflicht (so müssen Ärzte zum Beispiel ansteckende Krankheiten nach dem Bundesseuchengesetz sowie Geschlechtskrankheiten melden) sowie Fälle, in denen die mutmaßliche Einverständniserklärung vorausgesetzt wird, wenn Umstände vorliegen, welche die Zustimmung des Patienten wahrscheinlich erscheinen lassen.

6. Auch alle ärztlichen Aufzeichnungen unterliegen der Schweigepflicht und somit einem besonderen Datenschutz. Der Patient hat das Recht auf Einsichtnahme in seine Krankenakte. Für alle Daten, die im Zuge der Datenverarbeitung weiter übermittelt werden, muß er seine schriftliche Einverständniserklärung geben.

7. Der Patient hat einen Anspruch auf allgemeine, durch die Bundespflegesatzverordnung geregelten Krankenhausleistungen bzw. nach gesonderter Abrechnung auch auf Wahlleistungen (Chefarztbehandlung, Unterbringung in einem Ein- oder Zweibettzimmer etc.). Das Krankenhaus sichert dem Patienten eine nach Art und

Schwere seiner Erkrankung medizinisch zweckmäßige und ausreichende Versorgung zu. Dazu gehören auch durchgeführte Maßnahmen zur Früherkennung von Krankheiten, vom Krankenhaus veranlaßte Leistungen Dritter, eine aus medizinischen Gründen notwendige Mitaufnahme einer Begleitperson des Patienten sowie besondere Leistungen von Tumorzentren und onkologischen Schwerpunkten für die stationäre Versorgung von krebskranken Patienten. Das Krankenhaus erbringt alle Leistungen, für die es nach seiner medizinischen Zielsetzung personell und fachlich ausgestattet ist. Der Patient hat das Recht, so behandelt zu werden, daß er möglichst schnell wieder gesund wird. Sofern dies medizinisch notwendig ist, kann der Patient in eine andere Abteilung oder in ein anderes Krankenhaus verlegt werden. Letzteres muß vorher mit ihm abgestimmt werden.

8. Jede Person, an der neue Heilmethoden erprobt werden sollen, muß vor dem Experiment ihre Einwilligung geben; Gesunde müssen eine schriftliche Einverständniserklärung abgeben, bei Kranken ist die Erklärung auch wirksam, wenn sie in Gegenwart von Zeugen abgegeben wurde. Ein Patient darf nicht als Versuchskaninchen mißbraucht werden. Jede Testperson hat ein Recht darauf, vom zuständigen Arzt vorher ausführlich über die Natur, Bedeutung und Tragweite des klinischen Tests informiert zu werden. Jeder hat das Recht, seine Einwilligung zur Teilnahme an einem Forschungsexperiment zu verweigern.

9. Der Patient hat, sofern medizinisch erforderlich, nach der Entlassung aus dem Krankenhaus ein Anrecht auf eine angemessene nachstationäre Behandlung, die gegebenenfalls Rehabilitationsmaßnahmen, im Bedarfsfall im Rahmen einer Kur, miteinschließen kann. Im letzteren Fall sind die finanziellen Modalitäten im voraus mit den zuständigen Krankenkassen zu klären.

10. Der Patient hat ein Recht, eine Ausfertigung des geltenden Pflegekostentarifs zu erhalten. Kassen- und anderweitig versicherte Patienten legen bei der Aufnahme im Krankenhaus eine Kosten-

übernahmeerklärung ihrer Kostenträger vor; hierbei rechnen Krankenhaus und Ärzte dann direkt mit dem Kostenträger ab. Im Falle von Selbstzahlern wird mit dem Patienten direkt abgerechnet, der ein Recht auf eine genaue Aufschlüsselung und gegebenenfalls Erläuterung der Rechnungen hat.

11. Der Patient hat das Recht, über die bestehenden Krankenhausregeln und -regularien informiert zu werden, die für ihn als Patienten gelten bzw. von seiner Führung und seinem Verhalten her von ihm erwartet werden.

In Art. 1 Grundgesetz heißt es: »Die Würde des Menschen ist unantastbar.« Und weiter: »Sie zu achten und zu schützen, ist Verpflichtung aller staatlichen Gewalt.« Das daraus abgeleitete »Sozialstaatsprinzip« garantiert jedem eine angemessene medizinische Versorgung. Wer seine Rechte nicht gewahrt sieht, kann sich zwecks Hilfe und Beistand an eine der Patientenschutzorganisationen wenden, die es mittlerweile in der Bundesrepublik gibt (siehe Anhang). Und wer glaubt, ein Opfer von »Kunstfehlern« bzw. »ärztlichem Pfusch« geworden zu sein, kann sein Recht auf Schadenersatz gerichtlich einklagen. Um einen Schadenersatzanspruch geltend zu machen, müssen folgende Kriterien erfüllt sein:

Der Arzt muß gegen die ärztliche Sorgfaltspflicht verstoßen oder anerkannte Regeln der ärztlichen Wissenschaft außer acht gelassen haben.

Der Behandlungsfehler muß ursächlich für den vom Patienten reklamierten Schaden sein.

Das Verschulden des Behandlungsfehlers muß beim Arzt liegen, so daß geprüft wird, ob der Arzt fahrlässig gehandelt hat.

Dem Patienten muß ein Schaden entstanden sein.

Die Geschichte der diesbezüglichen gerichtlichen Auseinandersetzungen zeigt, daß es nicht immer leicht ist, solche Schadenersatzansprüche tatsächlich auch durchzusetzen. Auch hier sind Patientenschutzorganisationen und sonstige Stellen und Gruppen eine große Hilfe (siehe Anhang).

Vorausplanen: Praktische Überlegungen

In einem Zeitalter, in dem die Gesundheitspflege respektive medizinische Versorgung zu einem Labyrinth technologischer, rechtlicher, ethischer und ökonomischer Grauzonen geworden ist, ist es wichtig, auf die vielen Probleme vorbereitet zu sein, mit denen der Tod in unserer modernen Zeit verbunden ist, ob es dabei um unseren eigenen oder den eines geliebten, uns nahestehenden Menschen geht. Auch für junge und gesunde Menschen ist es ratsam, sich mit diesen Themen vertraut zu machen und beizeiten eine Patientenverfügung und ähnliches aufzusetzen und einen persönlichen Vertreter oder einen »Patientenanwalt« zur Wahrnehmung der eigenen Interessen für den Fall einzusetzen, daß man selbst dazu nicht mehr in der Lage ist. Diese Vorkehrungen können Sie wie auch Ihre Angehörigen im Falle eines Unfalls, einer langen schweren Krankheit oder eines plötzlichen Todes vor Maßnahmen und Dingen bewahren, die nicht nach Ihrem Willen und in Ihrem Interesse sind.

Die anhaltenden Fortschritte in der Apparatemedizin haben, sei es zum Besseren oder Schlechteren, die Grenzen des menschlichen Lebens ausgedehnt. Ärzte können inzwischen mehr Leben retten, sie sind jedoch auch mit neuen Fragen konfrontiert, wenn es darum geht, wann man ein Leben künstlich verlängern und wann man der Natur ihren Lauf lassen sollte. Ihre Bindung an den Hippokratischen Eid, der von ihnen verlangt, wann immer möglich Leben zu retten und niemandem »zu schaden«, stellt sie vor Probleme, die es vor wenigen Jahren noch nicht gab. Die beruflichen Verpflichtungen von Ärzten und Krankenhäusern kollidieren jedoch mitunter mit den Bedürfnissen und Wünschen von Patienten und deren Familien, so daß rechtliche und gesetzliche Grundlagen in der Medizin heute eine weitaus größere Rollen als je zuvor spielen.

Jeder Patient, der bei seiner eigenen Pflege und medizinischen Versorgung ein Wort mitreden möchte, muß seine diesbezüglichen Wünsche seinen Angehörigen, Ärzten und Krankenhäusern im einzelnen zur Kenntnis bringen und entsprechend schriftlich festlegen. Ein zeitiges, sorgfältiges Nachdenken über die eigenen Überzeugungen, Werte und Wünsche (vielleicht mit Rat und Hilfe eines Geistlichen oder einer anderen Person, die hier mit ihrem Rat Beistand leisten kann) und Abwägen der zahlreichen Optionen, die man hat (mit Hilfe eines Anwaltes oder Rechtsbeistandes) befreit Patienten und deren Angehörige von dem Zwang, in extrem belastenden Situationen schwerwiegende Entscheidungen treffen zu müssen. Um sicherzustellen, daß dem Willen und den Wünschen eines Patienten im Ernstfall auch Rechnung getragen wird, sollten diese Wünsche schriftlich, in einer möglichst rechtswirksamen Form festgehalten werden. Mit diesen Dokumenten haben sowohl die Angehörigen als auch die Mediziner eine Grundlage, an die sie sich in schwierigen Situationen halten können. Wichtig ist, den eigenen Hausarzt und die nächsten Angehörigen darüber zu informieren, daß man solche Dokumente zusammengestellt hat, und auch kurz deren Inhalt und wo sie zu finden sind zu erläutern.

Ob ein Patient um jeden Preis am Leben erhalten werden möchte oder im Ernstfall lieber mit einem Minimum an medizinischen Interventionen das Recht haben möchte zu sterben, das sind Fragen, die er beizeiten klären und nach seinen Wünschen dokumentieren sollte. Es ist ratsam, diese Unterlagen möglichst vollständig zu haben, damit sich die Chance erhöht, daß den eigenen Wünschen auch tatsächlich Rechnung getragen wird. Dazu gehören:

1. Die Patientenverfügung
2. Ernennung eines Patientenanwalts
3. Ernennung eines Vertreters
4. Erklärung zu Wiederbelebungsversuchen

5. Erklärung zur Organspende und/oder anatomischen Spende für Transplantations-, Lehr- und Forschungszwecke
6. Patiententestament – Verfügung zur medizinischen Versorgung
7. Ein Informationsdokument
8. Letzte Verfügungen im Todesfall

Die Patientenverfügung

Dieses Dokument beinhaltet direkte Anweisungen an Ärzte, Krankenhäuser oder sonstige medizinischen Einrichtungen, die in die Behandlung eines Verfügers einbezogen sind. Es kann im einzelnen auf die Umstände eingehen (z.B. Koma, Terminalzustand), unter denen eine Behandlung abgebrochen werden sollte, spezifizieren, welche Behandlungen oder Medikationen aus- bzw. abgesetzt werden sollten (z.B. invasive chirurgische Eingriffe, künstliche Ernährung oder Flüssigkeitszufuhr, Maßnahmen, die keinem, außer dem Zweck dienen, den unausweichlichen Tod hinauszuzögern), welche durchgeführt und aufrechterhalten werden sollten (z.B. schmerzstillende Mittel, Nierendialyse), und welche Maßnahmen (z.B. Notoperation, Herz- und Lungenmaschine) durchgeführt werden sollten und welche nicht. In einer Patientenverfügung können darüber hinaus auch andere Wünsche betreffs Organspende, Obduktion und alternative Behandlungsmethoden spezifiziert und auch ein Vertreter benannt werden, der die Interessen des Patienten wahrnehmen und für die Erfüllung seiner Wünsche sorgen soll, wenn dieser dazu nicht mehr selbst in der Lage ist.

Die Begriffe »Patientenverfügung« und »Patiententestament« werden zum Teil synonym gebraucht, wobei hier jedoch die Unterscheidung gelten soll, daß das »Patiententestament« umfassender und spezifischer als die »Patientenverfügung« sein kann.

Muster: »Patientenverfügung«

(nach R. Harri Wettstein)

Sollte ich, ... (Name), wohnhaft in ... (Adresse) durch Unfall oder Erkrankung außerstande sein, meinen Willen zu äußern, so verfüge ich im Vollbesitz meiner Urteilsfähigkeit im voraus:

STUFE 1: PALLIATIVE STERBEHILFE

1. (a) Ist durch zwei Ärzte diagnostiziert, daß mein Zustand hoffnungslos ist, so sind mir, falls ich noch zu Schmerzäußerungen fähig bin, schmerzstillende Mittel nach dem neuesten Stand der Palliativpflege zu verabreichen, auch wenn ich dadurch vor meinem Tod möglicherweise das Bewußtsein verliere.

oder (b) Ist durch zwei Ärzte diagnostiziert, daß mein Zustand hoffnungslos ist, so möchte ich neben einer optimalen bzw. einer dem fachlichen Wissensstand entsprechenden Schmerzstillung mein Bewußtsein möglichst lange noch erhalten, um z.B. für die spirituelle Begleitung aufnahmefähig zu bleiben und/oder um mein Sterben möglichst lange erleben und mitbestimmen zu können.

(Die nicht gewünschte Variante ist zu streichen.)

2. Ebenso unter Gewähr einer von zwei Ärzten bestätigten Prognose sind alle lebenserhaltenden Maßnahmen zu unterlassen bzw. abzubrechen,

- sobald der Sterbeprozeß eingetreten ist oder unmittelbar bevorsteht;
- wenn nur eine geringe Aussicht besteht, daß ich mein Bewußtsein wiedererlange;
- wenn mein Gehirn mit hoher Wahrscheinlichkeit schwer geschädigt bliebe;
- wenn ich mit hoher Wahrscheinlichkeit körperlich völlig hilflos bliebe.

3. Erleide ich im Falle einer Krankheit, die laut doppelter ärztlicher Prognose mit aller Wahrscheinlichkeit zum Tode führt, einen Kreislaufkollaps, so verbiete ich jede Form von Reanimation.

4. Ich lehne ein Leben mit der Maschine oder mit einem künstlichen bzw. transplantierten Herz oder einer transplantierten Niere ab. Auch wünsche ich keine Amputationen von

mehr als einem Arm bzw. Bein (z.B. Hemikorporalektomie, künstliche Ausscheideorgane u.ä.).

5. Bin ich derart senil geworden, daß also das Personenhafte bereits größtenteils irreversibel in mir abgestorben ist, ich z.B. meine eigenen Angehörigen nicht mehr erkenne, so verlange ich, daß man mir keine Nahrung mehr verabreicht, selbst wenn ich noch Lebenswillen (z.B. Eßlust) zeigen sollte, und daß man mich unter Wahrnehmung einer bestmöglichen Schmerzlinderung sterben läßt.

6. Ich verzichte durch meine Unterschrift ausdrücklich auf eine bis in alle medizinischen Einzelheiten führende ärztliche Aufklärung über meinen Zustand und die Herbeiführung einer besonderen Einwilligung. Die ärztliche Aufklärungspflicht soll sich an den Punkten 1.–5. orientieren und bestrebt sein, festzustellen, ob die vorstehend niedergelegte Erklärung aufgrund einer ganzheitlichen ärztlichen Aufklärung, die auch den emotiven und subjektiven Komponenten voll Rechnung trägt, widerrufen oder abgeändert würde.

Falls ich in meinem Terminalstadium unter dem in 1. (b) beschriebenen Fall noch urteilsfähig bin, möchte ich gegebenenfalls die Freitodhilfemöglichkeit wahrnehmen können:

STUFE II: FREITODHILFE
Sollte ich durch Unfall oder Krankheit meinem Lebensende nahe sein und noch über meine Fähigkeit der Willensäußerung verfügen, so möchte ich im Rahmen der Palliativbehandlung über folgende Situation bestimmen können:

7. Verbleiben trotz der auf Schmerzlinderung ausgerichteten Medikamentierung unerträgliche Schmerzen und Leiden (u.a. auch im Fall 1. (b)), so kann ich an einer kompetenten Stelle Anspruch auf Freitodhilfe erheben.

STUFE III: AKTIVE STERBEHILFE
8. Bin ich in dem unter Punkt 7. geschilderten Falle körperlich nicht mehr in der Lage, die Freitodhilfe selber umzusetzen, so erhebe ich, wenngleich ich geistig vielleicht nicht mehr zu dieser Willensäußerung fähig bin (und ich mich z.B. in einem chronisch vegetativen Zustand befinde), Anspruch auf medizinisch kompetent durchgeführte aktive Sterbehilfe.

TESTAMENTARISCHE UND ANDERE ZUSÄTZE:
9. In Hinsicht auf die Organtransplantation verfüge ich: Im

Falle meines Gehirntods und vorausgesetzt, die in 1.–8. beschriebenen Maßnahmen seien gebührend berücksichtigt worden, ermächtige ich hiermit die Entnahme sämtlicher Organe, unter der Bedingung, daß dadurch eine Transplantation an Menschen durchgeführt wird.

(Oder alternativ:)

10. Ich bin bereit, meinen Körper nach meinem Tode für die medizinische Forschung (Autopsie, Obduktion) zur Verfügung zu stellen.

11. Ich bestimme, daß ... (Name), wohnhaft in ... (Adresse) mein Patientenanwalt ist und mich im Sinne der obigen Patientenverfügung gegenüber der Ärzteschaft vertritt, sofern ich nicht mehr entscheidungsfähig bin. Mein Patientenanwalt ist im Besitze dieser Verfügung. In Abwesenheit des Patientenanwalts übernimmt das mir nächste Familienmitglied dessen Funktion. Gegenüber meinen Patientenanwälten befreie ich meine Ärzte vom Berufsgeheimnis.

12. Ich verlange eine Erdbestattung. / Ich verlange eine Kremation. (Nichtzutreffendes streichen.)

13. Eigene Zusätze und persönliche Kommentare. Wahl zwischen 1. (a) und 1. (b). Allfällige Zweifelsklausel – zum Beispiel: »Ich anerkenne grundsätzlich Sinn und Zweck von Patientenverfügungen, möchte aber im diagnostizierten Zweifelsfalle die Entscheidungskompetenz an den Arzt abgeben.«

14. Ich als Unterzeichner dieser Willenserklärung bin mir bewußt, daß die Medizin täglich Fortschritte macht und daß diese Formvorgabe nicht endgültig ist. Dennoch ist für mich die von mir unterzeichnete Form mein für alle verbindlicher Willensausdruck, es sei denn, ich hätte diese Verbindlichkeit durch die Zweifelsklausel (in Punkt 13) relativiert.

Datum............................. Unterschrift:.......................

Ernennung eines Patientenanwalts

Ein weiteres Dokument betrifft die Ernennung eines Patientenanwalts, bei dem es sich um eine nahestehende Person handeln kann. Darin verfügt der Patient, wer die medizinischen Entscheidungen für ihn treffen soll, wenn er nicht mehr im Vollbesitz seiner geistigen Kräfte oder außerstande ist, seinen Willen zu äußern. Genau wie die Patientenverfügung kann auch dieses Dokument Anweisungen zur medizinischen Versorgung enthalten, die abgelehnt oder verlangt werden soll, oder auch verschiedene Einschränkungen zu Behandlungen spezifizieren. In diesem Dokument werden die konkreten Verantwortlichkeiten und Vollmachten des Patientenanwalts und etwaige Einschränkungen seiner Befugnisse festgelegt. Der Verfüger sollte seinen Vertreter sorgfältig auswählen und jemanden wählen, bei dem er darauf vertrauen kann, daß er seine Wünsche auch angesichts einer Druckausübung seitens Verwandter oder medizinischer Fachkräfte durchzusetzen weiß. Ratsam ist auch, einen oder mehrere Ersatzvertreter für den Fall zu benennen, daß der eigentlich Bevollmächtigte seinen Verpflichtungen nicht nachkommen kann. Nachstehend finden Sie eine Mustererklärung für die Ernennung eines Patientenanwalts, der mit der Vollmacht zur Regelung der medizinischen Versorgung ausgestattet wird.

Muster: Ernennung eines »Patientenanwalts«
[nach A. Langenfeld]

1. ERNENNUNG DES PATIENTENANWALTS: Ich, ... (Name), wohnhaft in ... (Adresse), ernenne hiermit folgende Person:

Name: ....
Adresse: ....
Telefon-Nr.: ....
Beziehungsverhältnis, ggfs. .... (z. B. Ehemann)

zu meinem Vertreter bei medizinischen Fragen und persönlichen Entscheidungen für den Fall, daß ich selbst nicht mehr in der Lage bin, solche Entscheidungen selbst zu treffen, soweit ich sie nicht selbst in diesem Dokument bereits anderweitig festgelegt habe.

[Anmerkung: Folgende Personen sollten Sie generell nicht zu Ihrem Vertreter ernennen:

1. Ihren behandelnden Arzt oder Ihren Pfleger;

2. eine/n Angestellte/n Ihres Arztes oder Ihrer Pflegeeinrichtung, es sei denn, daß es sich bei der Person um eine/n Verwandte/n handelt;
3. jemanden von Ihrem ambulanten Pflegedienst; oder
4. eine/n Angestellte/n Ihres ambulanten Pflegedienstes, es sei denn, daß es sich dabei um eine/n Verwandte/n handelt.]

2. INKRAFTTRETEN DER VOLLMACHT MEINES PATIENTENANWALTES: Mit diesem Dokument möchte ich einen Patientenanwalt für mich bestellen. Diese Vollmacht wird wirksam, sobald ich nicht mehr im Vollbesitz meiner geistigen Kräfte oder außerstande bin, meinen Willen zu äußern, und soll für die Dauer eines solchen Zustandes wirksam bleiben.

3. ALLGEMEINE ERKLÄRUNG ZUR VOLLMACHT: Vorbehaltlich irgendwelcher, in diesem Dokument festgehaltenen Einschränkungen statte ich hiermit meinen Vertreter mit der uneingeschränkten Vollmacht aus, für mich Entscheidungen bezüglich einer medizinischen Versorgung zu treffen, wie ich sie, wenn ich dazu imstande wäre, selbst treffen könnte. Mein Vertreter wird bei jeder Entscheidung versuchen, die anstehende Entscheidung mit mir zu besprechen, um nach meinen Wünschen zu entscheiden, sofern ich in der Lage bin, mich in irgendeiner Form mitzuteilen.

Bei der Wahrnehmung dieser Vollmacht wird mein Vertreter medizinische Entscheidungen treffen, die, wie in diesem Dokument festgelegt oder meinem Vertreter anderweitig zur Kenntnis gebracht, in Einklang mit meinen Wünschen sind. Sofern meinem Vertreter meine Wünsche hinsichtlich einer bestimmten medizinischen Entscheidung nicht bekannt sind, wird mein Vertreter auf der Grundlage für mich die Entscheidung treffen, was nach seiner Überzeugung in meinem besten Interesse ist.

4. ERKLÄRUNG ZU WÜNSCHEN HINSICHTLICH LEBENSVERLÄNGERNDER MASSNAHMEN, BEHANDLUNGEN, DIENSTLEISTUNGEN UND VERFAHREN: Ich weise meinen Vertreter konkret an, sich diesbezüglich an meine Ausführungen in meiner »Patientenverfügung« zu halten.

5. AUSKUNFT ÜBER UND EINSICHTNAHME IN UNTERLAGEN ÜBER MEINE KÖRPERLICHE ODER GEISTIGE GESUNDHEIT: Vorbehaltlich etwaiger, in diesem Dokument festgehal-

tenen Einschränkungen hat mein Vertreter die Vollmacht und das Recht:
(a) jede Auskunft, sei es mündlich oder schriftlich, über meine körperliche oder geistige Gesundheit zu verlangen und zu erhalten, wozu auch die Einsichtnahme in meine Kranken- und Krankenhausakte gehört, aber nicht darauf beschränkt ist;
(b) zuzustimmen, daß diese Informationen an andere weitergegeben werden.

6. UNTERZEICHNUNG VON DOKUMENTEN, VERZICHTS- UND HAFTUNGSBEFREIUNGSERKLÄRUNGEN: Wo es zur Durchführung der medizinischen Entscheidungen notwendig ist, die der hiermit bevollmächtigte Vertreter trifft, hat dieser die Vollmacht und das Recht, an meiner Statt folgendes zu unterzeichnen:
(a) Dokumente zu meiner Aufnahme oder Entlassung (auch gegen den medizinischen Rat behandelnder Ärzte) in ein bzw. aus einem Krankenhaus, Pflegeheim, oder einer betreuten Wohn- oder sonstigen Einrichtung;
(b) Dokumente, bei denen es um eine »Einwilligungserklärung zur Behandlung« oder die »Verweigerung der Einwilligung zur Behandlung« geht; oder
(c) irgendwelche erforderlichen Verzichts- oder Befreiungserklärungen von Verpflichtungen und Verbindlichkeiten eines Krankenhauses oder Arztes.

7. OBDUKTION, ANATOMISCHE SPENDE, VERFÜGUNG ÜBER MEINE STERBLICHEN ÜBERRESTE: Ich bevollmächtige meinen Vertreter, im gesetzlich zulässigen Rahmen zur anatomischen Spende von Teilen meines Leichnams oder meines ganzen Leichnams für medizinische Lehr- und Forschungszwecke, einer Obduktion zuzustimmen und über die Bestattung meiner sterblichen Überreste zu verfügen.

8. ERNENNUNG EINES ERSATZVERTRETERS: Sofern die von mir als meinen Vertreter ernannte Person nicht zur Verfügung steht oder außerstande ist, meine Interessen wahrzunehmen, ernenne ich hiermit nachfolgende Personen in der genannten Reihenfolge zu meinem Vertreter, um medizinische Entscheidungen gemäß diesem Dokument für mich zu treffen:

ERSTER ERSATZVERTRETER:
Name: ....
Adresse: ....
Telefon-Nr.: ....

9. ERNENNUNG EINES VORMUNDS: Sofern für mich ein Vormund ernannt werden muß, ernenne ich hiermit meinen Vertreter (oder Ersatzvertreter) zu meinem Vormund.

10. GÜLTIGKEIT: Diese Vollmacht hat ab dem Datum, an dem ich sie unterzeichne, auf unbegrenzte Zeit Gültigkeit, sofern nicht ein kürzerer Zeitraum festgelegt wurde oder ich die Vollmacht widerrufe. Im Falle, daß ich selbst nicht in der Lage bin, medizinische Entscheidungen für mich zu einem Zeitpunkt zu treffen, an dem diese Vollmacht erlischt, ist die Vollmacht, die ich meinem Vertreter erteilt habe, weiterhin gültig bis zu einem Zeitpunkt, an dem ich wieder selbst imstande bin, medizinische Entscheidungen für mich zu treffen.

11. WIDERRUF ETWAIGER VORHERIGER ERNENNUNGEN: Ich widerrufe hiermit irgendwelche früheren Ernennungen zu meinem Patientenanwalt.

12. HAFTUNGSBEFREIUNG: Alle Personen oder Körperschaften, die sich in gutem Glauben bemühen, die in diesem Dokument verfügten Bedingungen und Vorkehrungen zu erfüllen, sind weder mir noch meinem Vermögen, noch meinen Erben oder Rechtsnachfolgern gegenüber für irgendwelche Schäden oder Ansprüche haftbar, die aufgrund ihres Handelns oder Nichthandelns aufgrund dieses Dokumentes entstehen, und mein Vermögen wird sie gegenüber solchen Ansprüchen schadlos halten.

13. RECHTSWIRKSAMKEIT: Sollte irgendein Punkt dieses Dokumentes für ungültig erklärt werden, so soll diese Ungültigkeit keinen der anderen Punkte betreffen, die ohne den ungültigen Punkt rechtswirksam sein können, so daß die Weisungen in diesem Dokument in dieser Hinsicht gesondert zu betrachten sind.

14. ABSICHTSERKLÄRUNG: Es liegt in meiner Absicht, daß dieses Dokument rechtsverbindlich und rechtswirksam sein soll. Sofern dieses Dokument vom Gesetz nicht als rechtsverbindlich und rechtswirksam anerkannt wird, so liegt es in meiner Absicht, daß es als formale Erklärung meiner Wünsche zu medizinischen Entscheidungen genommen wird, die

zu irgendeinem Zeitpunkt für mich zu treffen sind, an dem ich selbst nicht in der Lage bin, solche Entscheidungen zu treffen.

(Sie müssen diese Vollmacht datieren und unterzeichnen!)

Ich habe den Inhalt dieses Dokumentes und die darin verfügten Vollmachten an meinen Vertreter gelesen und verstanden. Diese Erklärung habe ich im Vollbesitz meiner geistigen und psychischen Kräfte abgegeben.

Datum:................................ Unterschrift: ....
Name: ....
Adresse: ....

DIESES DOKUMENT MUSS, UM RECHTSWIRKSAM ZU SEIN, VON ZWEI ZEUGEN UND EINEM NOTAR BEGLAUBIGT WERDEN:

Beglaubigungserklärung

Ich erkläre hiermit, daß die Person, die dieses Dokument unterzeichnet oder anerkannt hat (der »Verfüger«), sich mir gegenüber ausgewiesen hat, dieser Verfüger das Dokument in meiner Gegenwart unterzeichnet oder anerkannt hat, der Verfüger im Vollbesitz seiner geistigen Kräfte und in keiner Hinsicht irgendwelchem Druck, Schwindel oder ungebührenden Einfluß ausgesetzt zu sein scheint. Ich bin nicht die kraft dieses Dokumentes zum Vertreter oder Ersatzvertreter ernannte Person, noch arbeite ich für eine medizinische oder in der Kranken- oder Heimpflege tätige Betreuungseinrichtung.

Weiter erkläre ich, daß ich mit dem Verfüger nicht blutsverwandt, verheiratet oder von ihm adoptiert bin und nach bestem Wissen kein Gläubiger des Verfügers bin oder aufgrund eines jetzt existierenden Testamentes oder per Gesetz anderweitig Anspruch auf irgendeinen Teil des Vermögens des Verfügers habe.

Unterschrift des Zeugen: ....
Name des Zeugen: ....
Adresse des Zeugen: ....
....

Datum: ....

Unterschrift des Zeugen: ....

Name des Zeugen: ....
Adresse des Zeugen: ....
Datum: ....

Heute, am .... (Datum), ist ....(Name), der/die mir persönlich bekannt ist (oder sich mit Ausweis) als die Person (ausgewiesen hat), die in diesem Dokument der Verfüger ist, persönlich vor mir, dem Notar, erschienen und hat erklärt, daß sie dieses Dokument aus freien Stücken unterzeichnet hat.
Datum:....................... Unterschrift des Notars: ....

Zweites Muster für die Ernennung eines »Patientenanwalts«

[nach A. Langenfeld]

Ich, ... (Name), geboren am ..., wohnhaft in ... (Adresse) bestimme und ernenne hiermit ... (Name), geboren am ..., wohnhaft in ... (Adresse) zu meinem Vertreter in Gesundheitsangelegenheiten.
Für den Fall, daß ich aufgrund einer Krankheit oder sonstiger Umstände nicht mehr in der Lage bin, eine informierte Einwilligung in ärztliche Maßnahmen zu geben, erteile ich hiermit oben genannter Person die Vollmacht, für mich Entscheidungen in Gesundheitsangelegenheiten zu treffen. Mein Vertreter darf in jede Form von Pflege, Behandlung, Leistung oder Verfahren zur Aufrechterhaltung, Diagnose oder Behandlung eines körperlichen oder geistigen Zustandes einwilligen, die Einwilligung hierzu verweigern oder zurücknehmen, Krankenunterlagen einsehen und in ihre Bekanntgabe einwilligen. Zu diesem Zweck entbinde ich die mich behandelnden Ärzte gegenüber meinem Vertreter von der Schweigepflicht.
Die Vertretungsmacht besteht jedoch nur dann und solange, wie ich zu einer eigenständigen informierten Entscheidung nicht fähig bin. Die Vollmacht ist jederzeit frei und ohne besondere Voraussetzungen hinsichtlich ihrer Form – also auch mündlich oder durch Gesten – widerruflich.

Einschränkungen

Bei der Entscheidung über lebensgefährliche Behandlungen, über die Auswahl der Behandlungen im Falle der Lebensgefahr sowie bei der Entscheidung über die Anwendung lebenserhaltender Maßnahmen kann mein Vertreter nicht alleine entscheiden, sondern nur, wenn ... (Name), geboren am ..., wohnhaft in ... (Adresse) dieselben Maßnahmen für mich wünscht oder ablehnt.

Mein Vertreter ist nicht befugt

- in eine Bluttransfusion einzuwilligen, (und/oder)
- lebensverlängernde Maßnahmen abzulehnen, (und/oder)
- in Elektroschocktherapie oder psychochirurgische Behandlungen einzuwilligen.

Innenverhältnis

Dritten gegenüber, insbesonder gegenüber dem Arzt, soll die Vertretungsmacht mit obigen Einschränkungen unbeschränkt sein. Mir gegenüber ist mein Vertreter jedoch verpflichtet, sich an folgende Richtlinien zu halten:

Ich möchte, daß lebenserhaltende Maßnahmen ergriffen werden. Haben zwei meiner Ärzte jedoch unabhängig voneinander festgestellt, daß ich mich in einem irreversiblen Koma oder in einem unaufhaltsamen Sterbeprozeß befinde und jede Lebensverlängerung nur eine Leidensverlängerung wäre, so lehne ich eine lebenserhaltende Behandlung ab.

Oder:

Es sollen auf jeden Fall alle lebenserhaltenden Maßnahmen vorgenommen werden.

Und/oder:

Ich wünsche für den Fall eines unaufhaltsamen Sterbeprozesses die Verabreichung von Schmerzmitteln und Narkotika sowie erleichternde operative Eingriffe, auch wenn sie lebensverkürzend wirken oder zu einer Bewußtseinsausschaltung führen.

Eventuell außerdem:

Mein Vertreter hat die Befugnis, diese Situationen selbständig und bindend zu bewerten. Der behandelnde Arzt kann sich auf die Einschätzung meines Vertreters verlassen. Dies gilt lediglich dann nicht, wenn ein Verstoß gegen obige Richtlinien offensichtlich ist.

Datum:........................ Unterschrift:...............................

Ernennung eines Vertreters (Vorsorgevollmacht oder Betreuungsverfügung)
Diese Erklärung ist kein rein medizinisch relevantes Dokument. Hiermit wird einem bleibenden Rechtsvertreter die Vollmacht für ein breites Spektrum von rechtlichen Entscheidungen erteilt. Die meisten Verfüger übertragen einem Anwalt oder dem Ehepartner bzw. der Ehepartnerin diese Vollmachten; wichtig ist, daß der Bevollmächtigte in jedem Fall in der Lage ist, auch angesichts von Familienstreitigkeiten, religiösen Einschränkungen oder finanziellem Druck einen klaren Kopf dafür zu behalten, was im besten Interesse des Verfügers ist. Das Dokument wird rechtswirksam, wenn der Verfüger durch Bewußtlosigkeit, oder weil er nicht mehr im Vollbesitz seiner geistigen Kräfte ist, seine Fähigkeit, selbst Entscheidungen zu treffen, verliert. In dieser Verfügung zu einem bleibenden Rechtsvertreter können Einschränkungen hinsichtlich der Rechte und Verantwortlichkeiten des Bevollmächtigten festgelegt und auch konkrete Anweisungen zu den medizinischen und sonstigen Wünschen des Verfügers formuliert werden. Wichtig ist, daß das Dokument, um rechtswirksam zu sein, vom Verfüger eigenhändig unterschrieben und nach Möglichkeit auch notariell beglaubigt wird.

Muster: Betreuungsverfügung
[nach A. Langenfeld]

Name: ....
Adresse: ....

1. *An das Vormundschaftsgericht und meinen zukünftigen Betreuer:*

Für den Fall, daß ich im Sinne von § 1896 Abs. 1 Satz 1 BGB betreuungsbedürftig werden sollte, schlage ich dem Vormundschaftsgericht vor,

Herrn/Frau ....
Adresse:...
zum Betreuer zu bestellen. Hilfsweise, also für den Fall, daß Erstgenannte(r) nicht bestellt werden sollte, möchte ich

Herrn/Frau ....
Adresse:..

vorschlagen.
(Oder:)
Ich schlage vor, eine Doppelbetreuung anzuordnen und

Herrn/Frau ....
Adresse:..
sowie
Herrn/Frau ....
Adresse:..

zu meinen Betreuern zu bestellen.

Aufgrund meiner Vermögensverhältnisse läge es nahe, die Sorge für die alltägliche Pflege von der Vermögenssorge zu trennen und Herrn/Frau ... die Vermögenssorge, Herrn/Frau ... die tägliche Pflege anzuvertrauen.

Bezüglich der Ausgestaltung des Betreuungsverhältnisses möchte ich an meinen Betreuer folgende, nach Maßgabe des § 1901 Abs. 2 BGB verbindliche Wünsche äußern:

– Der Betreuer soll nach Möglichkeit von Verfügungen über folgende Gegenstände absehen ....

– Der Betreuer soll ... DM pro Monat für meinen Lebensunterhalt verwenden. Hierfür darf/darf nicht der Kapitalstamm meines Vermögens angegriffen werden. Der Unterhalt soll wie folgt verwendet werden:

(... DM für ... usw.)

– Sollte eine Pflege durch Dritte nötig werden, so möchte ich vom Pflegedienst ... betreut werden.

– Der Betreuer soll soweit irgendwie möglich häusliche Pflege organisieren, die einen Verbleib in meiner Wohnung ermöglicht.

– Sollte eine Einweisung in ein Altersheim unumgänglich werden, so soll das Altersheim ..., hilfsweise das Altersheim ... gewählt werden. Auf keinen Fall möchte ich im Altersheim ... untergebracht werden.

– Der Betreuer soll
– meinem Sohn/meiner Tocher ... DM ...
– dem Verein ... DM ... auszahlen.

Die zu Beschenkenden bzw. Auszustattenden erwerben hierdurch keinen Anspruch. Der Betreuer erhält zusätzlich zur gesetzlich vorgesehenen Vergütung aus meinem Vermögen ein monatliches Entgelt in Höhe von ... DM. Hierzu darf/darf nicht der Stamm meines Vermögens angegriffen werden.

Für Spaziergänge, Ausfahrten und ... erhält mein Betreuer zusätzlich ... DM.

2. An meinen Betreuer für den Bereich der Gesundheitsfürsorge
Ich wünsche, daß auf jeden Fall alle lebensverlängernden Maßnahmen vorgenommen werden.
(Oder:)
Ich möchte, daß lebenserhaltende Maßnahmen ergriffen werden. Haben zwei meiner Ärzte jedoch unabhängig voneinander festgestellt, daß ich mich in einem irreversiblen Koma oder in einem unaufhaltsamen Sterbeprozeß befinde, wo jede Lebensverlängerung nur eine sinnlose Leidensverlängerung wäre, so soll mein Betreuer nicht in lebenserhaltende Maßnahmen einwilligen.
(Oder:)
Ich wünsche für den Fall eines unaufhaltsamen Sterbeprozesses die Verabreichung von Schmerzmitteln, Narkotika und erleichternde operative Eingriffe, auch wenn sie lebensverkürzend wirken oder zu einer Bewußtseinsausschaltung führen.
(Oder:)
Mein Betreuer soll nicht in Bluttransfusionen oder Elektroschocktherapie oder psychochirurgische Behandlungen einwilligen.

3. Vorlage
Wer in den Besitz dieses Schriftstücks kommt, soll es bitte gemäß der gesetzlichen Verpflichtung (§ 1901 a BGB) beim Vormundschaftsgericht abliefern, sobald er davon erfährt, daß ein Verfahren zur Bestellung eines Betreuers für mich eingeleitet worden ist.

Datum:.......................... Unterschrift:.........................

Muster: Vorsorgevollmacht

[nach W. Uhlenbruck]

Für den Fall, daß irgendwelche rechtlichen Bedenken hinsichtlich der Verbindlichkeit des Patienten-Testamentes bestehen, ordne ich folgendes an: Sollte ich aufgrund einer psychischen Krankheit oder einer körperlichen, geistigen oder seelischen Behinderung meine Angelegenheiten ganz oder teilweise nicht mehr selbst besorgen können (fehlende Geschäftsfähigkeit) oder in meinen natürlichen Einsichts- und Steuerungsfähigkeiten derart beeinträchtigt sein, daß ich nicht mehr imstande bin, die Tragweite ärztlicher Maßnahmen, Diagnose, Dringlichkeit, Heilungschancen und Risiken einzuschätzen und Selbstbestimmungsrecht in Gesundheits- und Vermögensangelegenheiten wirksam auszuüben, bevollmächtige ich

Herrn/Frau .... Geb. Datum ....
wohnhaft............................. Telefon..............................

mich in allen Vermögens- und persönlichen Angelegenheiten zu vertreten und Entscheidungen über die Durchführung oder Ablehnung ärztlicher Behandlungen und Eingriffe für mich und an meiner Stelle zu treffen. Durch diese Vollmacht soll die Anordnung einer Betreuung durch das Vormundschaftsgericht vermieden werden.

Sollte die von mir vorstehend bezeichnete Person an der Ausübung der Vollmacht verhindert sein oder eine derartige Verantwortung nicht übernehmen können, so bestimme ich an deren Stelle zum Ersatzbevollmächtigten

Herrn/Frau .... Geb. Datum ....
wohnhaft............................. Telefon..............................

Die Vollmacht wird mit der Unterzeichnung durch mich wirksam. Der Bevollmächtigte ist aber nur zu meiner Vertretung berechtigt, wenn ich geschäftsunfähig geworden bzw. außerstande bin, mein Selbstbestimmungsrecht in Gesundheitsangelegenheiten auszuüben. Gegenüber Ärzten und dem Pflegepersonal genügt es, wenn diese meine Entscheidungsunfähigkeit bejahen. Für die Vertretung in Vermögensangelegenheiten muß die Geschäftsunfähigkeit von einem Arzt schriftlich bestätigt werden.

Der Bevollmächtigte unterliegt nicht den gesetzlichen Beschränkungen eines vom Gericht eingesetzten Betreuers. Eventuelle gerichtliche Genehmigungsvorbehalte sollen für ihn nicht gelten. Sind einzelne Rechtsgeschäfte oder Rechtshandlungen bzw. Erklärungen von dieser Vollmacht nicht erfaßt, bleibt die Vollmacht im übrigen bestehen, selbst wenn für die nicht durch Vollmacht gedeckten Handlungen oder Erklärungen ein Betreuer bestellt wird.

Diese Vollmacht umfaßt insbesondere folgende Maßnahmen:

1. Bereich der gesundheitlichen Fürsorge und des Selbstbestimmungsrechts (soweit einzelne Maßnahmen nicht gewünscht werden, bitte streichen!)

– Die Aufenthaltsbestimmung, vor allem die Entscheidung über die Unterbringung in einem Pflegeheim oder Hospiz, in einer geschlossenen Anstalt, die Aufnahme in ein Krankenhaus oder eine ähnliche Einrichtung;

– die Entscheidung über freiheitsentziehende oder unterbringungsähnliche Maßnahmen, wie z.B. das Anbringen von Bettgittern, das Fixieren mit einem Gurt oder anderen mechanischen Vorrichtungen sowie die Verabreichung sedierender oder betäubender Medikamente;

– die Entscheidung über die Verabreichung von Medikamenten, wie z.B. Zytostatika, die erhebliche unerwünschte Nebenwirkungen und Folgen haben oder haben können;

– die Zustimmung oder Ablehnung von ärztlichen Untersuchungen, Behandlungen oder Eingriffen, gleichgültig, ob es sich um lebensverlängernde Maßnahmen handelt oder nicht. Dies gilt auch für Maßnahmen der Intensivtherapie;

– die Entscheidung darüber, ob bei einem voraussichtlich länger andauernden Zustand der Bewußtlosigkeit (»Wach-Koma«) eine künstliche Ernährung oder Flüssigkeitszufuhr eingeleitet oder abgebrochen wird;

– die Entscheidung über einen Behandlungsabbruch oder die Einstellung lebenserhaltender oder lebensverlängernder Maßnahmen, wenn das Grundleiden mit infauster Prognose einen irreversiblen Verlauf genommen hat oder ich mich in einem Zustand befinde, in dem ein bewußtes und umweltbezogenes Leben mit eigener Persönlichkeitsgestaltung nicht mehr möglich ist. Zu den lebenserhaltenden Maßnahmen gehören insbesondere künstliche Wasser- und Nahrungszufuhr, Sauerstoffzufuhr, künstliche Beatmung, Medikation, Bluttransfusion und Dialyse;

– die Entscheidung darüber, ob nach meinem Tode zu Transplantationszwecken Organe entnommen werden dürfen;

– die Kontrolle darüber, ob die Klinik, die Ärzte und das Pflegepersonal mir trotz meiner Bewußtlosigkeit oder Entscheidungsunfähigkeit eine angemessene ärztliche und pflegerische Betreuung zukommen lassen, die zugleich auch eine menschenwürdige Unterbringung umfaßt. Die Kontrolle bezieht sich auch auf die Sterbebegleitung und die Leidhilfe, die Ärzte und Pflegepersonal verpflichtet, Schmerz, Atemnot, unstillbarem Brechreiz, Erstickungsangst oder vergleichbaren schweren Angstzuständen entgegenzuwirken, seibst wenn mit diesen palliativen Maßnahmen das Risiko einer Lebensverkürzung nicht ausgeschlossen werden kann.

2. Maßnahmen in Vermögensangelegenheiten (soweit einzelne Maßnahmen nicht gewünscht werden, bitte streichen!)

– Das Recht, über mir gehörende Vermögensgegenstände zu verfügen;

– die Befugnis, von den auf meinen Namen lautenden Konten bei Banken und Sparkassen Geldbeträge abzuheben, um einen Krankenhausaufenthalt oder Aufenthalt in einem Pflegeheim einschließlich der Arztkosten zu bezahlen. Ich weise meine Bank/Sparkasse an, nicht auf einer beglaubigten Vollmacht zu bestehen;

– die Befugnis, Verträge oder sonstige Vereinbarungen mit Kliniken, Alten- oder Pflegeheimen abzuschließen;

– Zahlungen für mich entgegenzunehmen, zu quittieren oder Zahlungen vorzunehmen;

– in meinem Namen Verbindlichkeiten einzugehen;

– die Befugnis, für den Fall einer dauernden Unterbringung meine Wohnung aufzulösen, das Mietverhältnis zu kündigen und die Wohnungseinrichtung zu veräußern. Soweit testamentarisch bestimmte Gegenstände meinen Erben vermacht worden sind, sind diese Gegenstände zurückzubehalten, zu verwahren und nach meinem Tode den Erben auszuhändigen;

– mich gegenüber Behörden, Gerichten, Privatkassen und Krankenkassen sowie sonstigen öffentlichen Einrichtungen und gegenüber Privatpersonen außergerichtlich und gerichtlich zu vertreten sowie alle Prozeßhandlungen für mich vorzunehmen.

Der Bevollmächtigte ist berechtigt, in Vermögensangelegenheiten Untervollmacht zu erteilen. Von den Beschränkungen des § 181 BGB ist er befreit. Diese Vollmacht bleibt auch über den Tod hinaus wirksam, bis sie von den Erben widerrufen wird.

3. Rechte des Bevollmächtigten

Diese Vollmacht berechtigt und verpflichtet die behandelnden Ärzte, meinen Vertreter (Bevollmächtigten) über die Art meiner Erkrankung, meinen Zustand und die Prognose aufzuklären, um die Entscheidung über die Behandlung, einen Eingriff oder einen Behandlungsabbruch zu ermöglichen. Ich entbinde hiermit durch meine Unterschrift die zuständigen Ärzte ausdrücklich von ihrer ärztlichen Schweigepflicht. Die Vollmacht berechtigt den Bevollmächtigten, meine Krankenunterlagen einzusehen.

4. Unübertragbarkeit der Vollmacht

Die Vollmacht hinsichtlich der gesundheitlichen Fürsorge und des Selbstbestimmungsrechts ist nicht auf Dritte übertragbar. Auch kann eine Untervollmacht nicht erteilt werden.

Ort.............. Datum........... Unterschrift........................

Diese Erklärung wurde zur Bekräftigung erneut bestätigt;

Ort.............. Datum........... Unterschrift........................

Ort.............. Datum........... Unterschrift........................

Erklärung zu Wiederbelebungsversuchen

In der Bundesrepublik haben Patienten die Möglichkeit, im Rahmen der Patientenverfügung oder des Patiententestamentes festzulegen, unter welchen Umständen sie in keinem Fall wiederbelebt werden möchten. Wobei die Rechtswirksamkeit solcher Erklärungen nach wie vor strittig ist.

Erklärung zur Organspende und/oder anatomischen Spende für Transplantations-, Lehr- oder Forschungszwecke

1997 wurde in der Bundesrepublik Deutschland nach langem Tauziehen ein »Gesetz über die Spende, Entnahme und Übertragung von Organen«, das Transplantationsgesetz, verabschiedet. Danach kann jeder in eine Organentnahme einwilligen, ihr widersprechen oder die Entscheidung einer namentlich benannten Person seines Vertrauens übertragen. Die Einwilligung oder der Widerspruch kann auf die Entnahme bestimmter Organe beschränkt werden. Die Einwilligung kann vom vollendeten sechzehnten, der Widerspruch vom vollendeten vierzehnten Lebensjahr an erklärt werden.

Der üblichste und einfachste Weg, seine Bereitschaft zur Organspende zu erklären, ist über einen Organspendeausweis, den man bei sich führt. Zur »Organentnahme bei toten Organspendern« regelt das Gesetz, daß die Entnahme nur zulässig ist, »wenn

1. der Organspender in die Entnahme eingewilligt hatte;
2. der Tod des Organspenders nach Regeln, die dem Stand der Erkenntnisse der medizinischen Wissenschaft entsprechen, festgestellt ist; und
3. der Eingriff durch einen Arzt vorgenommen wird.

Die Entnahme von Organen ist unzulässig, wenn

1. die Person, deren Tod festgestellt ist, der Organentnahme widersprochen hatte;
2. nicht vor der Entnahme bei dem Organspender der endgültige, nicht behebbare Ausfall der Gesamtfunktion des Großhirns, des Kleinhirns und des Hirnstamms nach Verfahrensregeln, die dem Stand der medizinischen Wissenschaft entsprechen, festgestellt ist.

Der Arzt hat den nächsten Angehörigen des Organspenders über die beabsichtigte Organentnahme zu unterrichten. Er hat Ablauf und Umfang der Organentnahme aufzuzeichnen. Der nächste Angehörige hat das Recht auf Einsichtnahme. Er kann eine Person seines Vertrauens hinzuziehen.

Liegt dem Arzt, der die Organentnahme vornehmen soll, weder eine schriftliche Einwilligung noch ein schriftlicher Widerspruch des möglichen Organspenders vor, ist dessen nächster Angehöriger zu befragen, ob ihm von diesem eine Erklärung zur Organspende bekannt ist. Ist auch dem Angehörigen eine solche Erklärung nicht bekannt, so ist die Entnahme ... nur zulässig, wenn ein Arzt den Angehörigen über eine in Frage kommende Organentnahme unterrichtet und dieser ihr zugestimmt hat. Der Angehörige hat bei seiner Entscheidung einen mutmaßlichen Willen des möglichen Organspenders zu beachten. Der Arzt hat den Angehörigen hierauf hinzuweisen. Will der Angehörige sich eine Bedenkzeit für seine endgültige Zustimmung vorbehalten, kann er mit dem Arzt vereinbaren, daß die Zustimmung erteilt ist, wenn er innerhalb einer bestimmten, vereinbarten Frist sich nicht erneut erklärt hat.

Nächste Angehörige im Sinne dieses Gesetzes sind in der Rangfolge ihrer Aufzählung

1. Ehegatte,
2. volljährige Kinder,
3. Eltern oder, sofern der mögliche Organspender zur Todeszeit minderjährig war und die Sorge für seine Person zu dieser Zeit nur einem Elternteil, einem Vormund oder einem Pfleger zustand, dieser Sorgeinhaber,
4. volljährige Geschwister,
5. Großeltern.

Der nächste Angehörige ist nur dann zu einer Entscheidung befugt, wenn er in den letzten zwei Jahren vor dem Tod des möglichen Organspenders zu diesem persönlichen Kontakt hatte. Der Arzt hat dies durch Befragung des Angehörigen festzustellen. Bei mehreren gleichrangigen Angehörigen genügt es, wenn einer von ihnen beteiligt wird und eine Entscheidung trifft; es ist jedoch der Widerspruch eines jeden von ihnen zu beachten. Ist ein vorrangiger Angehöriger innerhalb angemessener Zeit nicht erreichbar, genügt die Beteiligung und Entscheidung des nächsterreichbaren nachrangigen Angehörigen. Dem nächsten Angehörigen steht eine volljährige Person gleich, die dem möglichen Organspender bis zu seinem Tode in besonderer persönlicher Verbundenheit offenkundig nahegestanden hat; sie tritt neben den nächsten Angehörigen.

Hatte der mögliche Organspender die Entscheidung über eine Organentnahme einer bestimmten Person übertragen, tritt diese an die Stelle des nächsten Angehörigen.«

Durch Organspenden können viele Leben gerettet und Krankheiten geheilt oder gelindert werden. Organ- und Gewebeübertragungen gehören seit etwa fünfundzwanzig Jahren in den meisten Ländern mit hochentwickeltem Gesundheitswesen zum Standard der medizinischen Versorgung.

Weltweit wurden bis Ende 1994 zum Beispiel rund 348700 Nieren, 35300 Herzen, 40500 Lebern, 7200 Bauchspeicheldrüsen sowie 4200 Lungen übertragen. In Deutschland wurden bis Ende 1995 30635 Nieren (seit 1963), 4135 Herzen (seit 1969), 4002 Lebern (seit 1969), 473 Bauchspeicheldrüsen (seit 1979) und 435 Lungen (seit 1983) transplantiert, davon 438mal eine Bauchspeicheldrüse zusammen mit einer Niere und 133mal ein Herz zusammen mit einer Lunge. Jährlich werden weltweit rund einhunderttausend Übertragungen der Augenhornhaut vorgenommen, in Deutschland in den letzten Jahren etwa 4700 (1993), 3200 (1994) und 4000 (1995). Ferner werden in Deutschland jährlich etwa zweitausend Gehörknöchelchen-Transplantationen durchgeführt.

Unter den jährlich rund neunhunderttausend Todesfällen in Deutschland sind nach vorsichtiger Schätzung etwa fünftausend (ca. 0,6 Prozent), die als potentielle Spender der lebenswichtigen Organe Niere, Herz, Leber, Lunge, Bauchspeicheldrüse und Darm in Betracht kommen. 1995 wurden nach Angabe der Deutschen Stiftung Organtransplantation nur 2038 potentielle Organspender mit endgültigem, nicht behebbarem Ausfall der gesamten Hirnfunktion den Transplantationszentren mitgeteilt. Davon waren 1706 medizinisch als Organspender geeignet. Von diesen schieden

541 (31,7 Prozent) wegen verweigerter Zustimmung der Angehörigen, 96 (5,6 Prozent) wegen Kreislaufversagens und 8 (0,4 Prozent) aus sonstigen Gründen aus. Lediglich bei 1062 Organspendern mit endgültigem, nicht behebbarem Ausfall der gesamten Hirnfunktion konnten solche Organe entnommen werden. Benötigt werden aber nach Schätzung der DSO zur Zeit jährlich rund zweitausend Organspender.

Die Organvermittlung wird über entsprechende Wartelisten zwischen einer Koordinierungsstelle, Vermittlungsstelle und den Transplantationszentren und den anderen Krankenhäusern organisiert.

Neben der Organspende besteht auch die Möglichkeit, testamentarisch zu verfügen, daß Teile des Körpers oder der ganze Körper nach Feststellung des Todes anatomisch für Lehr- und Forschungszwecke gespendet wird.

Patiententestament – Verfügung zur medizinischen Versorgung

Auch wenn sie rechtlich nicht bindend ist, kann eine separate Verfügung, in der die Überzeugungen und Wünsche eines Patienten respektive Verfügers zu seiner medizinischen Versorgung dargelegt sind, eine wichtige Orientierungshilfe für die Angehörigen und Ärzte sowie für das Pflegepersonal sein, wenn sie im Ernstfall über die Versorgung des Patienten zu entscheiden haben. Dieses Patiententestament enthält eine allgemeine Erklärung zu lebensverlängernden Maßnahmen und den Voraussetzungen für die Versorgung sowie eine Erklärung, wie diese Werte im einzelnen zu behandeln sind. Dieses Patiententestament kann im Vergleich zur Patientenverfügung detaillierter auf spezifische medizinische Voraussetzungen und Behandlungsmethoden eingehen. Nachfolgend finden Sie ein Muster eines solchen Patiententestaments, das im übrigen auch alle möglichen anderen Punkte, die dem Verfüger relevant erscheinen, enthalten kann.

Muster: Patiententestament – Verfügung zur medizinischen Versorgung

Sofern ich, ... (Name), wohnhaft in ... (Anschrift), außerstande sein sollte, im Vollbesitz meiner geistigen Urteilsfähigkeit eine Entscheidung hinsichtlich meiner medizinischen Versorgung zu treffen, verfüge ich hiermit, daß man sich dabei an die von mir in diesem Dokument dargelegten Anweisungen und Wünsche hält.

1. ERNENNUNG EINES VERTRETERS: In Anerkennung des Umstandes, daß, wenn ich selbst außerstande sein sollte, im Vollbesitz meiner geistigen Urteilsfähigkeit eine Entscheidung hinsichtlich meiner medizinischen Versorgung zu treffen, es notwendig sein kann, daß eine andere Person, diese Entscheidung für mich treffen muß, ernenne ich hiermit:

Name des Vertreters: ....
Anschrift des Vertreters: ....
....
Telefon-Nr.: ....
Beziehungsverhältnis, ggfs. ....(z.B. Ehemann)

zu meinem Vertreter, der bevollmächtigt ist, im vorher beschriebenen Falle Entscheidungen zu meiner medizinischen Versorgung für mich zu treffen, soweit diese nicht anderweitig bereits in diesem Dokument spezifiziert sind.

Für den Fall, daß ich diese Vollmacht meines Vertreters widerrufen werde oder mein Vertreter nicht willens, fähig oder aus irgendwelchen Gründen nicht erreichbar ist, um entsprechende Entscheidungen für mich zu treffen, ernenne ich hiermit die nachfolgende Person zu meinem Ersatzvertreter:

Name des Vertreters: ....
Anschrift des Vertreters: ....
....
Telefon-Nr.: ....
Beziehungsverhältnis, ggfs. ....(z. B. Ehemann)

Sollte die von mir zu meinem Vertreter oder Ersatzvertreter ernannte Person mein/e Ehepartner/in sein oder jemals mein/e Ehepartner/in werden, erlischt diese Vollmacht in dem Falle, daß es zu einer Trennung oder Scheidung oder Annullierung der Ehe kommt.

Der Begriff »medizinische Entscheidung« bezieht sich auf

jede aufgeklärte Entscheidung zur Annahme, Aufrechterhaltung, zum Abbruch oder zur Verweigerung irgendeiner medizinischen Versorgung, Behandlung, Intervention, Dienstleistung oder Prozedur zur Aufrechterhaltung, Diagnose oder Behandlung meines körperlichen oder geistigen Zustandes, vorbehaltlich meiner hier festgehaltenen diesbezüglichen Wünsche oder etwaiger hier festgehaltener Einschränkungen.

Der Begriff »medizinische Versorgung« bezieht sich auf jede medizinische Behandlung, die Erbringung, Zurückhaltung oder den Abbruch irgendeiner medizinischen Versorgung oder eines medizinischen Verfahrens oder einer Leistung zur Aufrechterhaltung, Diagnose, Behandlung oder Versorgung der körperlichen oder geistigen Gesundheit eines Patienten oder dessen persönliche Pflege, sofern die entsprechende Vollmacht nicht anderweitig durch dieses Dokument eingeschränkt wird.

Der Begriff »Vertreter« bezieht sich auf die von mir ernannte und eigens mit der Vollmacht, an meiner Statt medizinische Entscheidungen zu treffen, sofern ich selbst dazu nicht mehr in der Lage und nicht mehr im Vollbesitz meiner geistigen Urteilsfähigkeit bin, ausgestattete Person.

2. VOLLMACHT DES VERTRETERS: Mein Vertreter ist bevollmächtigt, an meiner Statt alle von ihm als angemessen erscheinenden medizinischen Entscheidungen zu treffen, vorbehaltlich meiner in diesem Dokument dargelegten Wünsche und der hierin diesbezüglich dargelegten Einschränkungen. Mein Vertreter hat das Recht, Auskünfte bezüglich meiner medizinischen Diagnose, der Prognose, des Nutzens und der Risiken der vorgesehenen medizinischen Versorgung zu erbitten und zu bewerten und sich Alternativen zu dieser Versorgung aufzeigen zu lassen. Mein Vertreter wird bei der Abwägung die Entscheidung berücksichtigen, die ich getroffen hätte, wenn ich dazu imstande wäre. Sofern mein Vertreter meine Wünsche zu einer spezifischen medizinischen Entscheidung nicht kennt, wird er eine mutmaßlich mit meinen Wünschen übereinstimmende Entscheidung treffen, die aus seiner Sicht in meinem besten Interesse ist. Bei der Entscheidung über mein bestes Interesse wird mein Vertreter meine persönlichen Überzeugungen und Grundwerte, soweit sie ihm bekannt sind, berücksichtigen.

Mein Vertreter muß versuchen, alle medizinischen Entscheidungen mit mir zu besprechen. Sofern ich jedoch außerstande bin, meinen Willen zu äußern, wird mein Vertreter solche Entscheidungen für mich treffen. Soweit es meinem Vertreter angemessen erscheint, hat er das Recht medizinische Entscheidungen mit meiner Familie und anderen, soweit sie verfügbar sind, zu besprechen.

Ich bevollmächtige meinen Vertreter:

(a) jede Auskunft, sei es mündlich oder schriftlich, über meine körperliche und geistige Gesundheit zu verlangen, zu erhalten und zu prüfen, wozu auch die Einsichtnahme in meine Krankenakte gehört, und seine Einwilligung zur Weitergabe dieser Informationen an andere zu geben;
(b) in meinem Namen Verzichts- oder Haftungsbefreiungserklärungen oder sonstige Dokumente zu unterzeichnen, die erforderlich sind, um irgendwelche Auskünfte, sei es schriftlich oder mündlich, über meine körperliche und geistige Gesundheit zu erhalten;
(c) alle notwendigen Vorkehrungen und Vereinbarungen für gesundheitliche Pflegedienstleistungen in meinem Namen zu treffen, wozu auch das Recht gehört, Pflegeeinrichtungen auszuwählen, mit meiner Versorgung zu beauftragen und diese Versorgung zu kündigen;
(d) Entscheidungen hinsichtlich der Aufnahme in oder der, auch entgegen medizinischem Rat, Entlassung aus einem Krankenhaus, Pflegeheim oder einer sonstigen Pflegeeinrichtung zu treffen;
(e) alle Dokumente zu unterzeichnen, bei denen es um eine »Einwilligungserklärung zur Behandlung« oder die »Verweigerung der Einwilligung zur Behandlung« geht, sowie notwendige Verzichts- oder Haftungsbefreiungserklärungen zu Verpflichtungen oder Verbindlichkeiten eines Krankenhauses, Arztes oder sonstigen Pflegedienstes.

3. WIRKSAMKEIT: Dieses Dokument wird wirksam, sobald ärztlicherseits festgestellt ist, daß ich nicht mehr in der Lage bin, im Vollbesitz meiner geistigen Urteilsfähigkeit Entscheidungen hinsichtlich meiner gesundheitlichen Versorgung zu treffen oder diesbezüglich meinen Willen zu äußern. Die mit dieser Verfügung erteilte Vollmacht soll nicht durch meine nachfolgenden Behinderungen oder Beeinträchtigungen be-

rührt werden. Ich erwarte, umfassend über medizinische Entscheidungen für meine Person informiert und, soweit ich dazu in der Lage bin, an der Entscheidungsfindung beteiligt zu werden.

Ich werde als außerstande betrachtet, gesundheitliche Entscheidungen zu treffen oder meinen diesbezüglichen Willen zu äußern, wenn zwei Ärzte mich persönlich untersucht und eine schriftliche Erklärung unterzeichnet haben, daß ich in einer Verfassung bin, in der ich außerstande bin, Informationen bezüglich meiner medizinischen Diagnose, der Prognose, des Nutzens und der Risiken der vorgesehenen medizinischen Versorgung aufzunehmen und zu beurteilen, was desgleichen für Alternativen zu der vorgesehenen medizinischen Versorgung gilt, oder daß ich außerstande bin, diesbezügliche Entscheidungen mitzuteilen, oder ich nicht mehr im Vollbesitz meiner geistigen Kräfte bin. Diese Vollmacht gilt nur, wenn ich nach dem Urteil solcher Ärzte außerstande bin, medizinische Entscheidungen selbst für mich zu treffen.

Eine Kopie dieser ärztlichen Erklärung ist diesem Dokument beizufügen. Des weiteren ist eine Kopie dieser schriftlichen Feststellung in meine Krankenakte aufzunehmen und mindestens einmal jährlich auf ihre weitere Gültigkeit hin zu überprüfen.

Alle meinem Vertreter übertragenen Vollmachten werden aufgehoben, wenn ich wieder selbst fähig und imstande bin, meine medizinischen Entscheidungen zu treffen und zu äußern. Die meinem Vertreter übertragenen Vollmachten werden wiederum wirksam, wenn zu einem späteren Zeitpunkt neuerlich festgestellt wird, daß ich in der zuvor beschriebenen Weise außerstande bin, an medizinischen Entscheidungen selbst beteiligt zu werden.

4. TERMINALZUSTAND: Für den Fall, daß ich mich in einem »Terminalzustand« befinde, verfüge ich, daß mein Vertreter Entscheidungen zur Zurückhaltung oder zum Abbruch einer medizinischen Versorgung trifft. Sofern dies meinen zuvor beschriebenen Wünschen, der Diagnose und Prognose entspricht und mein Vertreter davon überzeugt ist, daß eine bestimmte medizinische Versorgung nicht nutzbringend ist oder wäre oder eine solche medizinische Versorgung übermäßig belastend und quälend ist oder wäre, dann soll mein Vertreter an meiner Statt meinen Willen erklären, daß eine

solche medizinische Versorgung vorenthalten oder abgebrochen wird, selbst wenn dies zu meinem Tod führen kann.

Wenn mein behandelnder Arzt der Überzeugung ist, daß irgendeine lebenserhaltende Maßnahme zu einer nennenswerten Genesung führen kann, verfüge ich, daß mein Arzt diese Behandlung über einen angemessenen Zeitraum hin durchführt. Wenn sich dadurch mein Zustand jedoch nicht verbessert, verfüge ich, daß die Behandlung abgebrochen wird, auch wenn sich dadurch mein Leben verkürzt. Ebenso verfüge ich, daß ich zur Schmerzlinderung und Verbesserung meines allgemeinen Wohlbefindens medizinisch behandelt werden möchte, auch wenn eine solche Behandlung mein Leben vielleicht verkürzt, meinen Appetit oder meine Atmung hemmt oder suchterzeugend ist.

Mit dem Begriff »Terminalzustand« meine ich, daß mein Tod aufgrund eines unheilbaren oder nicht behebbaren Zustandes bevorsteht, und daß selbst, wenn Maßnahmen zu einer künstlichen Lebenserhaltung ergriffen werden, keine begründete Hoffnung auf Genesung besteht.

5. KOMA: Für den Fall, daß ich in einem »Dauerkoma« liege, verfüge ich, daß mein Leben nicht mit lebenserhaltenden Maßnahmen künstlich aufrechterhalten und verlängert wird; solche Maßnahmen sind entweder zurückzuhalten oder abzubrechen.

Sofern mein behandelnder Arzt der Überzeugung ist, daß irgendeine künstliche lebenserhaltende Maßnahme zu einer nennenswerten Genesung führen kann, verfüge ich, daß mein Arzt diese Behandlung über einen angemessenen Zeitraum hin durchführt. Sofern sich mein Zustand jedoch nicht verbessert, verfüge ich, daß die Behandlung abgebrochen wird, auch wenn sich dadurch mein Leben verkürzt. Ebenso verfüge ich, daß ich zur Schmerzlinderung und zur Verbesserung meines allgemeinen Wohlbefindens medizinisch behandelt werden möchte, auch wenn eine solche Behandlung mein Leben verkürzt, meinen Appetit und meine Atmung hemmt oder suchterzeugend ist.

Mit dem Begriff »Dauerkoma« meine ich, daß ich nicht bei Bewußtsein bin und meine Umwelt nicht wahrnehme, keine verhaltensmäßigen Reaktionen auf diese Umwelt zeige, nicht in der Lage bin, auf andere zu reagieren und mit ihnen zu kommunizieren, und daß es innerhalb eines medizinisch angemessenen Zeitraums keine begründete Hoffnung auf Genesung gibt.

6. KÜNSTLICHE LEBENSERHALTENDE MASSNAHMEN: Mit dem Begriff »künstliche lebenserhaltende Maßnahmen« meine ich alle Verfahren, Behandlungen, Interventionen oder sonstigen Maßnahmen, die in erster Linie den Effekt haben, mein Leben zu verlängern, und nicht unbedingt für mein allgemeines Wohlbefinden oder zur Befreiung von Schmerzen erforderlich sind.

7. KÜNSTLICHE ERNÄHRUNG/FLÜSSIGKEITSZUFUHR: Ich bevollmächtige meinen Vertreter zu entscheiden, ob eine künstliche Ernährung oder Flüssigkeitszufuhr zurückgehalten oder abgebrochen werden sollte.

Mit dem Begriff »künstliche Ernährung oder Flüssigkeitszufuhr« meine ich Nahrung und Flüssigkeiten, die mir mittels einem Schlauch nasal, oral, in den Magen, in die Därme oder Venen zugeführt werden.

8. SPEZIFISCHE MEDIZINISCHE VERFAHREN: Ungeachtet irgendwelcher anderen Verfügungen in diesem Dokument, ist es mein allgemeiner Wunsch, (1) daß ich die nachfolgenden entsprechend angekreuzten Versorgungen oder Behandlungen ERHALTE, sofern diese von meinem behandelnden Arzt und meinem Vertreter, den ich ernannt habe, medizinische Entscheidungen für mich zu treffen, als angemessen erachtet werden, und (2) daß ich die nachfolgenden entsprechend angekreuzten Versorgungen und Behandlungen NICHT ERHALTEN möchte, auch wenn diese von meinem behandelnden Arzt als angemessen erachtet werden:

	Erhalten:	Nicht erhalten:
Künstliche od. mechanische Beatmung		X
Kardiopulmonale Reanimation		X
Blut- oder Blutprodukte	X	
Jede Form von Operation oder in-		X
vasiven diagnostischen Verfahren		X
Nierendialyse		X
Antibiotika	X	
Chemotherapie		X
Bestrahlungen		X

Bei den Behandlungen, bei denen ich angekreuzt habe, daß ich sie »erhalten« möchte, möchte ich sie jedoch in dem Fall nicht erhalten, daß ich mich im Terminalzustand oder einem Dauerkoma befinde, außer soweit dies zur Verbesserung meines allgemeinen Wohlbefindens und Befreiung von Schmerzen notwendig ist.

9. SCHWANGERSCHAFT: Wenn bei mir eine Schwangerschaft festgestellt wurde und diese Diagnose meinem Arzt bekannt ist, so ist dieses Dokument für den Zeitraum meiner Schwangerschaft unwirksam, was die Zurückhaltung oder den Abbruch künstlicher lebensverlängernder Maßnahmen und/oder die Zurückhaltung oder den Abbruch künstlicher Ernährung oder Flüssigkeitszufuhr anbelangt. Sollte jedoch zu irgendeinem Zeitpunkt festgestellt werden, daß der Fötus sich auch mit der fortgesetzten Anwendung künstlicher lebenserhaltender Maßnahmen nicht bis zum Punkt der Lebendgeburt entwickeln kann, ist es mein Wunsch, daß dieses Dokument an diesem Punkt wieder in Kraft tritt und wirksam ist. Sofern künstliche lebenserhaltende Maßnahmen körperlich schädlich oder unangemessen schmerzhaft für mich sind und diese Schmerzen auch nicht medikamentös zu lindern sind, bitte ich, meinen Wunsch auf ein allgemeines persönliches körperliches Wohlbefinden bei der Entscheidung zu berücksichtigen, ob diese Verfügung auch zu irgendeinem Zeitpunkt, während ich schwanger bin, wirksam sein soll.

10. ORGANSPENDE: Ungeachtet anderer Verfügungen in diesem Dokument, verfüge ich, daß, sofern bei mir nach den geltenden gesetzlichen Grundlagen der Tod festgestellt wurde, mein behandelnder Arzt meine Organe nur solange künstlich am Leben erhalten soll, wie es zur Aufrechterhaltung ihrer Lebensfähigkeit erforderlich ist, und die Organe und/oder Gewebe zu entnehmen, die gespendet werden sollen. Ich verfüge hiermit diese anatomische Spende, die, sofern sie medizinisch annehmbar ist, bei der Feststellung meines Todes erfolgen soll. Ich bin bereit, alle Organe, Gewebe oder Teile meines Körpers für jeden gesetzlich erlaubten Zweck zu spenden.

11. OBDUKTION: Mein Vertreter kann die Einwilligung zu einer Obduktion abgeben oder diese Einwilligung verweigern.

12. ERNENNUNG EINES VORMUNDS ODER PFLEGERS: So-

fern es gerichtlich notwendig wird, für mich einen Vormund oder Pfleger zu ernennen, möchte ich hiermit verfügen, daß mein Vertreter (oder Ersatzvertreter) zu meinem Vormund oder Betreuer ernannt wird.

Meinem Vormund oder Betreuer sind in juristischer Hinsicht keine Schranken zu setzen. Alle Entscheidungen, die mein Vormund oder Betreuer für mich bezüglich meiner medizinischen Versorgung trifft, sind entsprechend den in diesem Dokument verfügten Weisungen zu treffen.

Unter dem Begriff »Vormund« oder »Betreuer« ist eine gerichtlich ernannte Person oder Körperschaft zu verstehen, der meine Pflege und Versorgung und mein körperliches Wohlergehen obliegt. Der Begriff schließt NICHT die Ernennung einer Person oder Körperschaft mit ein, die für die Regelung meiner finanziellen Angelegenheiten zuständig ist.

13. HAFTUNGSBEFREIUNG: Alle Personen oder Körperschaften, die sich in gutem Glauben bemühen, die in diesem Dokument verfügten Bedingungen und Vorkehrungen zu erfüllen, sind weder mir noch meinem Vermögen, noch meinen Erben oder Rechtsnachfolgern gegenüber für irgendwelche Schäden oder Ansprüche haftbar, die aufgrund ihres Handelns oder Nichtshandelns aufgrund dieses Dokumentes entstehen, und mein Vermögen wird sie gegenüber solchen Ansprüchen schadlos halten, es sei denn, daß eine bewußte Verfehlung oder grobe Fahrlässigkeit begangen wurde oder vorliegt.

14. RECHTSWIRKSAMKEIT: Sollte irgendein Punkt dieses Dokumentes für ungültig erklärt werden, so soll diese Ungültigkeit keinen der anderen Punkte betreffen, die ohne den ungültigen Punkt rechtswirksam sein können, so daß die Weisungen in diesem Dokument in dieser Hinsicht gesondert zu betrachten sind.

Was die Rechtswirksamkeit dieses Dokumentes angeht, bitte ich, auf der Grundlage der derzeit geltenden Gesetze und etwaiger künftiger Gesetzesänderungen meine hierin dargelegten Wünsche in einem möglichst weiten Sinne zu interpretieren.

Sofern irgendein Punkt gesetzlich nicht durchsetzbar sein sollte, bitte ich, dieses Dokument als formale Erklärung meiner Wünsche zu medizinischen Entscheidungen und als

Grundlage für die medizinischen Entscheidungen zu nehmen, die für mich zu irgendeinem Zeitpunkt zu treffen sind, an dem ich selbst außerstande bin, solche Entscheidungen zu treffen.

Ich hoffe, daß alle diejenigen, die mich medizinisch versorgen werden, und andere Personen, die für meine Pflege und Versorgung verantwortlich sind, sich moralisch an diese Verfügungen gebunden fühlen.

Ich habe den Inhalt dieses Dokumentes gelesen und verstanden. Ich habe diese Erklärung im Vollbesitz meiner geistigen und psychischen Kräfte abgegeben. Es liegt in meiner Absicht, daß dieses Dokument von meiner Familie und allen medizinischen Stellen als letzter Ausdruck meines mir gesetzlich zustehenden Rechtes zur Verweigerung von medizinischen oder operativen Behandlungen und Inkaufnahme der Folgen einer solchen Verweigerung respektiert wird. Es liegt nicht in meiner Absicht, daß mir das Leben in irgendeiner Form direkt genommen wird, sondern nur, daß mein Sterben nicht unnötig verlängert wird. Es liegt nicht in meiner Absicht, meine Zustimmung zu bewußten oder eindeutigen Maßnahmen oder zum Verzicht auf Maßnahmen zu geben, die einzig mein Leben verkürzen, sondern nur, einen natürlichen Sterbeprozeß zuzulassen.

Datum:.................. Unterschrift:..................................
Name: ....
Adresse: ....

BEGLAUBIGUNGSERKLÄRUNG

Ich erkläre hiermit an Eides Statt, daß der Verfüger und jeder Zeuge dieses Dokument im Beisein aller unterzeichnet hat. Nach bestem Wissen scheint der Verfüger im Vollbesitz seiner geistigen Urteilsfähigkeit und sich der Tragweite dieses Dokumentes bewußt zu sein. Der Verfüger ist mir persönlich bekannt oder hat sich mir gegenüber entsprechend als die Person ausgewiesen, die dieses Dokument aus freien Stücken unterzeichnet hat und dabei nicht den Eindruck erweckt, daß sie irgendwelchem Druck, Schwindel, irgendwelchen Zwängen oder einem ungebührenden Einfluß ausgesetzt ist. Ich erkläre hiermit, daß ich nach bestem Wissen

(1) nicht blutsverwandt, verheiratet oder von ihm adoptiert bin;
(2) nach diesem Dokument nicht als Vertreter oder Ersatzvertreter ernannt bin;
(3) nicht aufgrund der gesetzlichen Erbfolgeregelung oder irgendeinem Testament des Verfügers oder einem Testamentsnachtrag anspruchberechtigt auf einen Teil des Vermögens des Verfügers bin;
(4) nicht der behandelnde Arzt des Verfügers bin oder bei dem behandelnden Arzt beschäftigt bin oder Besitzer, Träger, Leiter, Angestellter oder sonst in irgendeiner Form in einem Krankenhaus oder einer Pflegeeinrichtung oder sonstigen Betreuungseinrichtung bin, in dem oder der der Verfüger Patient oder anderweitig untergebracht ist;
(5) nicht bei der Lebens- oder Krankenversicherungsgesellschaft des Verfügers beschäftigt bin;
(6) nicht direkt finanziell verantwortlich für die medizinische Versorgung und Pflege des Verfügers bin;
(7) nicht aufgrund eines bestehenden Anspruches anspruchsberechtigt auf irgendeinen Teil des Vermögens des Verfügers bin;
(8) keinen Anspruch auf irgendeinen finanziellen Nutzen aufgrund des Todes des Verfügers habe.

Ich erkläre hiermit, daß ich das achtzehnte Lebensjahr mindestens vollendet und dieses Dokument nicht für den Verfüger unterzeichnet habe.

Unterschrift des Zeugen: ....
Name des Zeugen: ....
Adresse des Zeugen: ....

Datum: ....

Unterschrift des Zeugen: ....
Name des Zeugen: ....
Adresse des Zeugen: ....

Datum: ....

Zweites Muster eines Patiententestaments
[nach A. Langenfeld]

Name: ....
Geburtsdatum: ....
Adresse: ....
Telefon: ....
Zu benachrichtigen ist: ....

An den behandelnden Arzt, an das Altersheim, in dem ich zum entscheidenden Zeitpunkt wohnen sollte, sowie an jeden, der sonst Entscheidungen über meine Person zu treffen hat:

Für den Fall, daß ich mich nicht äußern kann und zwei Ärzte unabhängig voneinander festgestellt haben, daß ich mich in einem unabwendbaren Sterbeprozeß befinde und jede künstliche Lebensverlängerung nur eine Verlängerung des Sterbens oder Leidens ohne Aussicht auf Besserung wäre,

(oder:)

Für den Fall, daß ich ohne Aussicht auf Wiedererlangung des Bewußtseins in einem Koma liege, bitte ich, von Reanimation und lebensverlängernden Maßnahmen, wie beispielsweise von einer Intensivtherapie, oder, wenn bereits begonnen, von ihrer Fortsetzung, von Transplantationen und künstlicher Beatmung abzusehen, es sei denn diese Maßnahmen dienen der Schmerzlinderung oder Erleichterung.

Für diesen Fall bitte ich außerdem um Schmerzmittel, Narkotika und erleichternde operative Eingriffe, auch wenn sie lebensverkürzend wirken oder zu einer Bewußtseinsausschaltung führen.

Wenn für mich ein Betreuer bestellt wird, soll diese Erklärung als Betreuungsverfügung gelten, d.h. die hier festgelegten Verfügungen sollen sich dann an den Betreuer richten.

Datum: .... Unterschrift: ....

Drittes Muster: Patienten-Testament

[nach W. Uhlenbruck]

I. Personalien
Vor- und Zuname............................ Geb.-Datum...........
Straße/Hausnr................................ Telefon.................
PLZ/Wohnort ....
Wichtige Vorerkrankungen: ....
....

II. Vorinformation
Nachfolgende Erklärungen gebe ich nicht nur im Vollbesitz meiner geistigen Kräfte und bei voller Entscheidungsfähigkeit ab, sondern nach sorgfältiger Information zugleich in voller Kenntnis von Inhalt und Tragweite meines hier geäußerten Willens:

Das Leben ist für mich von hohem Wert. Es gibt aber Situationen, in denen das Leben nur noch ein Martyrium bzw. eine Folter darstellt und der Tod die ersehnte Erlösung von einem für mich unerträglichen Leiden bedeuten würde. In einem solchen Fall möchte ich selbst entscheiden dürfen, ob mein Leben mit den Mitteln der modernen Apparatemedizin künstlich aufrechterhalten und mein Leiden verlängert wird oder ob dem Krankheits- bzw. Sterbevorgang sein natürlicher Verlauf gelassen wird.

Über Lebenmüssen und Sterbendürfen entscheiden meine eigenen Wertvorstellungen, nicht dagegen die der Ärzte, Angehörigen oder sonstiger Personen. Auch ein etwa von mir Bevollmächtigter hat sich bei seinen Entscheidungen, die er für mich in Gesundheitsangelegenheiten trifft, an meinen Wertvorstellungen zu orientieren und nicht daran, was medizinisch und technisch machbar ist.

Ärzte, Pflegepersonal und Angehörige sowie sonstige mir nahestehende Personen sollen sich nicht danach richten, was sie selbst oder andere Menschen in einer solchen Situation wünschen würden, sondern sich ausschließlich an meinen in diesem Patienten-Testament niedergelegten Willen halten, gleichgültig, ob sie diesen vernünftig und medizinisch vertretbar finden oder nicht.

Ich bitte, natürlichen Vorgängen eines Sterbeprozesses und unheilbaren, zum Tode führenden Erkrankungen absoluten

Vorrang einzuräumen gegenüber den technischen Möglichkeiten einer zeitlich begrenzten Lebensverlängerung. Ich schätze die Lebensqualität in jedem Fall höher ein als die Lebensquantität, zumal wenn letztere mit Schmerzen, Qualen oder dauernder Bewußtlosigkeit verbunden ist. Ich möchte nach Möglichkeit meine letzten Wochen, Tage oder Stunden in einer mir vertrauten Umgebung verbringen.

Von lebensverlängernden und lebenserhaltenden Maßnahmen bitte ich nicht nur im Endstadium einer tödlich verlaufenden Erkrankung Abstand zu nehmen, sondern auch dann, wenn ich geistig so verwirrt sein sollte, daß ich meine Umgebung nicht mehr erkenne, wenn ich längere Zeit ohne Bewußtsein bin oder an unerträglichen Schmerzen leiden sollte, die auch mit den Mitteln moderner Schmerztherapie nicht beseitigt werden können.

Ich bin mir bewußt, daß ich bei Einstellung der künstlichen Ernährung oder der Flüssigkeitszufuhr verhungere oder verdurste. Diese Folge nehme ich für den Fall längerer Bewußtlosigkeit bzw. »Wach-Koma« ausdrücklich in Kauf.

III. Anweisung an meine Ärzte

1. Ich weiß, daß ich weder meinen Ärzten noch dem Pflegepersonal eine strafbare aktive Tötung zumuten kann, wenn mein Zustand nach allgemeiner Erfahrung die Wiederkehr der zwischenmenschlichen Kommunikation und das Wiedererstarken des Lebenswillens nicht erwarten läßt.
Hat mein Leiden oder haben meine Verletzungen mit infauster (hoffnungsloser) Prognose aber einen irreversiblen Verlauf genommen oder ist mein Zustand derart, daß ich kein bewußtes und umweltbezogenes Leben mit eigener Persönlichkeitsgestaltung mehr führen kann, wie z.B. bei schweren Hirnschäden oder bei länger andauerndem Wach-Koma, so verlange ich den Verzicht auf weitere ärztliche Behandlung, Eingriffe und lebenserhaltende Maßnahmen. Sollten solche Maßnahmen bereits eingeleitet worden sein, bestehe ich auf dem Abbruch dieser Maßnahmen. Mit einer Intensivtherapie bin ich nur einverstanden, wenn diese der Leidensminderung dient. Maßnahmen der Wiederbelebung verweigere ich auch dann, wenn im Endstadium einer tödlich verlaufenden Krankheit, bei dauernder Verwirrung oder Desorientiertheit sowie bei voraussichtlich dauerhafter Schädigung des Gehirns mit der Folge einer Hilflosigkeit und Kommunikations-

unfähigkeit bei mir ein Herzstillstand oder Bewußtseinsverlust eintritt.

2. Meine behandelnden Ärzte und das Pflegepersonal bitte ich, ihre Bemühungen auf die Hilfe beim Sterben, also auf eine Linderung von Beschwerden bei gleichzeitigem Verzicht auf lebensverlängernde Maßnahmen zu beschränken. Hierunter verstehe ich nicht nur eine meinen menschlichen Grundbedürfnissen entsprechende ärztliche Betreuung, Unterbringung und Pflege, sondern auch die optimale Behandlung von Schmerz, Atemnot, Depression, Übelkeit und Erbrechen, Angst und Unruhe.
Ich bin mir dabei bewußt, daß bei manchen zum Tode führenden Erkrankungen die notwendige Leidensminderung so stark im Vordergrund stehen kann, daß zugleich die Möglichkeit einer Lebensverkürzung als ungewollte Nebenwirkung eintritt. Auch diese rechtlich wie theologisch zulässige »indirekte Sterbehilfe« wird von mir in Kauf genommen und soll für Ärzte und Pflegepersonal keine rechtlichen Folgen haben.

3. Ich bin mir darüber im klaren, daß auch bei einer Bewußtlosigkeit (»Wach-Koma«), die länger als 6 Monate andauert, die Möglichkeit nicht ausgeschlossen ist, daß ich irgendwann – mit oder ohne zerebrale Dauerschäden – aufwache. Ich möchte aber – nicht zuletzt auch angesichts meines Alters – trotzdem nicht künstlich am Leben gehalten werden, wie z.B. durch eine Magenfistel, Nasensonde oder parenterale Ernährung über die Vene. Ich erwarte, daß meine Ärzte in einem solchen Fall auf die Anwendung lebenserhaltender Maßnahmen verzichten, wie z.B. auf die Anwendung von Antibiotika. Dabei bin ich mir bewußt, daß zu den lebenserhaltenden Maßnahmen insbesondere die künstliche Nahrungszufuhr, Sauerstoffzufuhr, künstliche Beatmung, Medikation, Bluttransfusion und Dialyse gehören. Diese Maßnahmen sollen nur zulässig sein, wenn es zur Leidensminderung, vor allem Schmerzlinderung, unbedingt notwendig ist.

4. Die Prognose, ob mein Zustand oder meine Krankheit zum Tode führen und mir nach aller Voraussicht große Schmerzen oder Qualen bereiten wird, sollte von zwei Ärzten getroffen werden.

5. Zur eigenen Absicherung sei meinen Ärzten empfohlen, dieses Patiententestament zu den Krankenunterlagen zu neh-

men und im Krankenblatt zu vermerken, daß eine Intensivtherapie, ein Eingriff, eine Behandlung oder Reanimation angesichts des Befundes nur noch einer sinnlosen Sterbensverlängerung gedient hätte.
Ärzte, die vorstehenden Anordnungen Folge leisten, handeln im Sinne des geltenden Rechts.

6. Für den Fall des Hirntodes bin ich mit der Entnahme von Organen – nicht – einverstanden.

Ort:........... Datum:........... Unterschrift: ....

Diese Willenserklärung wurde zur Bekräftigung erneut bestätigt:

Ort:........... Datum:........... Unterschrift: ....

Ort:........... Datum:........... Unterschrift: ....

Informationsdokument

Dieses an einem oder mehreren leicht zugänglichen Orten zu hinterlegende Dokument enthält Informationen über die anderweitigen Verfügungen eines Patienten. Zusammen mit einer Liste über die verschiedenen Dokumente zur medizinischen Versorgung und der Angabe, wo diese zu finden sind, ist diese Aufstellung über andere wichtige Papiere – Testament, Versicherungspolicen usw. – im Ernstfall eine wichtige Hilfe für die Angehörigen oder Hinterbliebenen. Kopien dieses Informationsblattes können bei Ihrem Anwalt, Ehepartner, Arzt oder einer anderen für den Patienten relevanten Person hinterlegt werden.

Letzte Verfügungen im Todesfall

Jeder, der, ob gesund oder krank, sich Gedanken über seine letzten Lebenstage und darüber macht, was mit ihm nach seinem Tod geschieht, sollte mit den nächsten Angehörigen über diese Fragen sprechen und eine schriftliche Erklärung über seine Wünsche bezüglich einer etwaigen Organspende, Einäscherung oder Beerdigung, der Gestaltung der Trauerfeier und ähnliches abgeben. Mancher hat vielleicht bestimmte Wünsche hinsichtlich der Leichenhalle, in der er einmal liegen soll, und dem Sarg, den er sich wünscht, oder welche Musik oder Blumen er bei seiner Trauerfeier haben möchte. Alles, was relevant ist, kann in einer informellen letzten Verfügung festgehalten werden, um sicherzustellen, daß den Wünschen des Sterbenden Rechnung getragen und damit den Hinterbliebenen zugleich eine Last an Entscheidungen von den Schultern genommen wird. Nachstehend finden Sie ein Muster einer solchen letzten Verfügung im Todesfall:

Letzte Verfügungen im Todesfall
von ... (Name)

Ich möchte nachfolgend meine Wünsche für den Fall meines Todes darlegen, um die dann anstehenden Entscheidungen zu erleichtern. Damit werden meine Familie und Freunde unter Umständen am besten gerüstet und in der Lage sein, das Richtige zu tun. Um ihnen bei allen anstehenden Entscheidungen zu helfen, möchte ich hiermit folgendes erklären:

1. BENACHRICHTIGUNG: Ich möchte, daß mein Pfarrer... (Name) der ... (Name) Kirche in ... (Ort) sofort benachrichtigt wird, um meinen Hinterbliebenen Beistand zu leisten und Trost zu spenden.

2. BESTATTUNGSUNTERNEHMER: Ich möchte, daß folgendes Bestattungsunternehmen ... (Name) in ... (Ort und Adresse) damit beauftragt wird, die in diesem Dokument verlangten Vorkehrungen zu arrangieren und diese gegebenenfalls, sofern es angemessen ist, zu modifizieren.

3. ORGAN-/ANATOMISCHE SPENDEN: Ich möchte, daß meine Organe, soweit sie anderen nützlich sein können, wenn möglich, anatomisch gespendet werden. Ich habe eine entsprechende Erklärung über diese Spenden abgegeben.

Sofern eine Organspende nicht möglich ist, möchte ich, daß mein Leichnam der ... (Name) Klinik in ... (Ort und Adresse) für medizinische Forschungszwecke gespendet wird.

Sofern es aus irgendeinem Grund nicht möglich ist, meinen

Leichnam für medizinische Forschungszwecke zu spenden oder dieser abgelehnt wird, möchte ich, daß über meinen Leichnam wie folgt verfügt wird:

4. BEHANDLUNG DES LEICHNAMS: Ich möchte, daß mein Leichnam auf dem ... (Name) Friedhof in ... (Ort und Adresse) begraben wird.

5. OBDUKTION: Ich erkläre hiermit meine Einwilligung zu einer Obduktion. Ich möchte, daß meine Familie oder eine andere dazu berechtigte Person verlangt, daß keine Obduktion durchgeführt wird, damit mein Leichnam für medizinische Forschungszwecke gespendet werden kann. Ich bin mir jedoch des Umstandes bewußt, daß unter bestimmten Umständen eine Autopsie gesetzlich verlangt wird.

6. TRAUERFEIER: Ich möchte, daß die Trauerfeier wie folgt gestaltet wird:

(a) Daß eine Totenmesse in der Kirche/Kapelle ... (Name und Ort) gehalten wird, bei der jeder dabei sein kann, der es möchte. Mein Leichnam soll dabei im Sarg aufgebahrt sein.
(b) Daß eine Totenwache in der Kirche/Kapelle ... (Name und Ort) gehalten wird, bei der jeder dabei sein kann, der es möchte. Mein Leichnam soll dabei im Sarg aufgebahrt sein.

7. MUSIK: Ich möchte, daß folgende Musikstücke bei meiner Trauerfeier gespielt werden:

(a) ein klassisches Instrumentalstück

8. LESUNGEN: Ich möchte, daß ... (Name) gebeten wird, bei meiner Trauerfeier zu lesen. Ich möchte, daß folgendes gelesen wird:
(a) ein Gedicht

9. ANSPRACHEN: Ich möchte, daß folgende Person/en bei meiner Trauerfeier eine Ansprache halten, sofern es ihnen genehm wäre:
... (Name)

10. BLUMEN: Ich möchte, daß anstelle von Blumenspenden das entsprechende Geld an die nachstehend genannten Organisationen gespendet wird:
... (Name)

Ich möchte, daß in meinem Gedenken ein Spendenfond eingerichtet wird, der folgenden Organisationen zugute kommen soll:
... (Name)

11. SARG: Ich möchte, daß meine Familie oder eine andere entsprechende Person, die sich um meine Beisetzung kümmert, einen Sarg auswählt, der meinem Geschmack entspricht. Ich möchte, daß mein Sarg aus Mahagoni ist.

12. SARGTRÄGER: Ich möchte, daß folgende Personen meinen Sarg tragen:
– Familienmitglieder(Namen)

Sofern die genannten Personen dies aus irgendwelchen Gründen nicht übernehmen können, möchte ich, daß in dem Fall folgende Personen meine Sargträger sind:
– Freunde (Namen)

13. WEITERE WÜNSCHE: Ich möchte auch, daß Zeiten vereinbart werden, zu denen die Leichenhalle geöffnet ist, so daß man mich besuchen kann. Ich möchte einen Grabstein haben, auf dem folgendes geschrieben steht:
– Inschrift (Text)
Ich möchte, daß eine Todesanzeige veröffentlicht wird in der
– Lokalzeitung
Der entsprechende Text, der veröffentlicht werden soll, ist dieser Erklärung beigefügt.

Die hierin geäußerten Wünsche und Weisungen sind wohldurchdacht und überlegt. Ich weiß, daß diese Erklärung nicht rechtsverbindlich ist und die letzte Entscheidung bei meiner Familie oder einer anderen betroffenen Person bzw. Personen liegen wird, je nach dem, wie die Umstände zum Zeitpunkt meines Todes sein werden. Ich hoffe jedoch, daß meine Wünsche soweit wie möglich erfüllt werden.

Ich habe über diese Erklärung mit meiner Familie und allen betroffenen Personen gesprochen.

Datum:................. Unterschrift:.................................
Name:.......................................
Adresse:...................................

Zu Hause, Hospiz oder Krankenhaus? Wo möchte ich sterben?

Noch bis vor wenigen Jahren, also fast während der gesamten Menschheitsgeschichte, starben die meisten Menschen zu Hause im Beisein ihrer Angehörigen. Krankheiten und Verletzungen brachten einen schnellen Tod, ungehindert von wirksamen medizinischen Interventionen. Bei Geburten, die zu Hause stattfanden, kamen viele Frauen und Kinder ums Leben. Was Ärzte, die Medizin und Krankenhäuser anzubieten hatten, war bestenfalls primitiv und vielfach sogar ausgesprochen gefährlich. Die medizinische Versorgung – sofern es eine gab – fand ebenfalls zumeist zu Hause statt. Tod und Sterben waren ein integraler Bestandteil des täglichen Lebens, allenthalten sichtbar und weitaus weniger mysteriös als heutzutage.

Mit der Entwicklung der modernen Medizin wurde der Tod ins Krankenhaus verlegt, womit er aus dem Bewußtsein im Alltag zunehmend schwand und abstrakter wurde. Mit der Industrialisierung veränderten sich auch die Todesursachen. Wo Infektionskrankheiten wie Diphterie, Grippe und Lungenentzündung einst die meisten Menschenleben forderten, haben Krebs und Herzkrankheiten ihnen inzwischen den Rang abgelaufen. Diese schmerzhaften und langwierigen Krankheiten verlangen eine komplizierte Pflege, die nicht mehr zu Hause erbracht werden kann. Abgesondert in einer Krankenhausumgebung und dem Blick ihrer Liebsten und Angehörigen entzogen, bleiben heute die sterbenden Patienten länger denn je zuvor am Leben – und je länger sie ringen, eine um so intensivere medizinische Versorgung brauchen sie. Im Krankenhaus ist der Tod zu einer Frage der Technologie geworden.

In den letzten Jahren hat die Zahl derer zugenommen, die mit dem unpersönlichen Krankenhaussystem nicht zurechtkommen und dies auch äußern. Aus dieser Unzufriedenheit heraus und wegen der hohen Kosten der Krankenhauspflege ist die Hospizbewegung entstanden. Hospize versuchen, die Kluft zwischen Zuhause und Krankenhaus damit zu überbrücken, daß sie dem Sterbenden eine qualitativ andere, persönliche Pflege zukommen lassen, ohne sein Leben künstlich zu verlängern. Mit ihren Krankenschwestern und -pflegern, Psychologen und Sozialarbeitern bieten diese Einrichtungen eine physisch und psychisch unterstützende Umgebung, in der die Patienten sich auf den Tod vorbereiten können. Sie bringen den Angehörigen eine Erleichterung, die das hohe erforderliche Maß an Pflege nicht aufbringen können, jedoch sichergestellt wissen möchten, daß dem Bedürfnis des Patienten nach menschlicher Wärme und Trost Rechnung getragen wird. Hospize akzeptieren den Tod als einen natürlichen Teil des Lebens und arbeiten mit dem Patienten darauf hin, daß dieser einen würdevollen, schmerzfreienTod finden kann.

Neben Hospizen gibt es in der Bundesrepublik inzwischen in vielen Städten auch Hospiz-Vereine, die ambulant arbeiten und Todkranke und Sterbende im Krankenhaus, Pflegeheim oder auch zu Hause begleiten (siehe Anhang).

Herz und Seele: Soziale und psychologische Momente

Die Phasen des Todes

Der nahende Tod ist für die Sterbenden wie für deren Angehörige mit einem chaotischen Auf und Ab an Gefühlswirren verbunden. Anfang der siebziger Jahre führte Dr. Elisabeth Kübler-Ross eine bahnbrechende Untersuchung über die Psychologie des Todes durch und gelangte dabei zu der Erkenntnis, daß es fünf mentale Todesphasen gibt:

1. Leugnen und Isolation
2. Wut
3. Feilschen und Verhandeln
4. Depression
5. Annahme

Dieses Modell wird von Experten weitgehend akzeptiert. Ihrer Meinung nach steht es über kulturellen, rassischen, sozioökonomischen und geschlechterspezifischen Unterschieden. Wie lange jede der einzelnen Phasen dauert, kann von Person zu Person verschieden sein, aber jeder, der dem Tod nahe ist, durchlebt sie in der von Kübler-Ross aufgezeigten Reihenfolge. Die letztendliche Annahme des Todes ermöglicht es dem Patienten, in Frieden zu sterben, und den Hinterbliebenen, mit ihrem Leben weiterzumachen.

Die Rolle der Religion

Es gibt eine Reihe von religiösen Ritualen, die denjenigen, die wissen, daß ihr Tod unmittelbar bevorsteht, wie auch ihren Familien und Freunden Trost bieten und das beruhigende Gefühl von einem Sinn des Todes vermitteln. Besuche von Geistlichen, die kommen, um mit den Betroffenen zu beten oder ihren Beistand zu leisten, ermöglichen es Gläubigen, ihre Seelen vorzubereiten, auf ihre Ängste einzugehen und unerledigte persönliche Dinge zu klären. Manche Religionen bereiten den Sterbenden zeremonioll auf den Tod vor. In der römisch-katholischen und der östlichen orthodoxen Kirche werden die Sterbesakramente oder die Letzte Ölung vollzogen, um die Seele so vorzubereiten, daß sie in den Himmel kommen kann.

Wie verhalte ich mich am Totenbett?

Offenheit und die Bereitschaft zuzuhören, sind das Wichtigste, wenn man mit einem Sterbenden spricht. Der Punkt ist nicht, wie Dr. Elisabeth Kübler-Ross meinte, ob man jemandem sagt, daß er todkrank ist, sondern wie man die Erfahrung mit ihm teilt. Wenn dem Kranken bewußt wird, daß der Tod naht, und er damit ringt, ihn anzunehmen, können Freunde und die Familie ihm Kraft geben und Verständnis entgegenbringen. Es ist für Sterbende wichtig, daß offen mit ihnen über ihren Zustand gesprochen wird. Wo Ärzte es oft vorziehen, einen todkranken Patienten zu schonen und ihm die Wahrheit ihrer Prognose verschweigen, da sie glauben, daß er die Hoffnung nicht verliert, solange er nicht um seinen wahren Zustand weiß, führt solche Geheimniskrämerei in Wirklichkeit dazu, daß der Patient sich isoliert und abgeschnitten fühlt, gerade auch von denjenigen, in deren Obhut er sich befindet.

Wenn der Patient eine gewisse partnerschaftliche Beziehung zu seinem Arzt pflegen kann, und weiß, daß er über die Entwicklungen auf dem Laufenden gehalten wird, bekommt er ein Gefühl von Würde, das sehr wichtig für ihn ist. Ärzte wie auch die Angehörigen können ihm wohl realistische Hoffnungen in Verbindung mit neuen Heilverfahren, alternativen Behandlungsmethoden oder auch der Kraft von Gebeten machen. Wichtig ist jedoch der Punkt der Ehrlichkeit, die es dem Sterbenden ermöglicht, an medizinischen Entscheidungen teilzuhaben, seine Meinung und Wünsche zur Schmerzbehandlung und einer optimalen Versorgung zu äußern, mitzuentscheiden, ob er künstlich mit Apparaten am Leben erhalten werden soll, und sich schließlich auch auf die Eventualität des Todes vorzubereiten.

Kübler-Ross ist der Ansicht, daß Patienten nicht darüber aufgeklärt werden sollten, wieviel Lebenszeit ihnen vermutlich noch verbleibt. Mit einem Zeitplan vor Augen, konzentrieren sie sich eventuell darauf, bis zu einem bestimmten Zeitpunkt zu überleben, um die Hoffnung dann aufzugeben, mit dem Ergebnis, daß sie auch bald sterben. Hoffnung verlängert nicht nur das Leben, sondern hält auch den Geist zusammen, so daß der Kranke Frieden und Optimismus finden kann.

Auch diejenigen, die am Totenbett eines geliebten Menschen versammelt sind, können von einer behutsamen Ehrlichkeit profitieren. Besucher können trauernden Freunden und Angehörigen keinen größeren Gefallen erweisen, als zuzuhören. Es gibt wenig, was man sagen kann, um das Leid von jemandem zu lindern, der dabei ist, Vater, Mutter, den Ehepartner, ein Kind oder einen engen Freund zu verlieren, so daß es am besten ist, gar nicht erst zu versuchen, dem Betreffenden falsche Hoffnungen machen zu wollen oder ihm irgendwelche Allgemeinplätze, medizinische Anekdoten oder sonstige Banalitäten aufzudrängen, um ihn damit abzulenken und aus seinem Trauerprozeß zu reißen. Stellen Sie sich statt dessen der Realität des Augenblicks, und bieten Sie der trauernden Familie und den trauernden Freunden Ihre Unterstützung und Ihr Mitgefühl an. Wenn sie eine Schulter brauchen, an der sie weinen möchten, eine Tasse Kaffee oder auch einfach nur ein mitfühlendes Schweigen, erfüllen Sie den Betroffenen diesen Wunsch.

Psychologen haben festgestellt, wie wichtig es für die Angehörigen ist, sich dem Sterbenden eng verbunden zu fühlen. Diesbezüglich kann es hilfreich sein, sich an Ereignisse zu erinnern, die Sie mit dem Sterbenden zusammen erlebt haben – ein Prozeß, den Psychologen als »nochmaliges Durchspielen der Vergangenheit« bezeichnen. Im Austausch von Erinnerungen an Gewohnheiten des Sterbenden, seine Lebensgeschichte und die Rolle, die er in der Familie spielte, kann der persönliche Schmerz in eine größere Erfahrung der Liebe umgewandelt werden. Indem man sich der besonderen Charaktereigenschaften und Eigenarten des Sterbenden erinnert, erhält sein Andenken eine Form von Unsterblichkeit.

Das Recht zu sterben: Optionen für Todkranke und chronisch Schwerkranke

Seit einigen Jahren ist das »Recht zu sterben«, das Recht von Tod- und Schwerkranken auf den eigenen Tod, ein öffentlich heiß- und vieldiskutiertes Thema. Religiöse Überzeugungen oder andere moralische Wertsysteme bestimmen dabei die Einstellung, ob sie für oder gegen das Recht auf Sterben sind. Konfessionen wie der Katholizismus stellen den sakralen Charakter und die Unverletzlichkeit des Lebens über alle anderen Fragen. Sie verwerfen die Vorstellung, daß der Tod unter Umständen dem Leben vorzuziehen sein kann. Für diejenigen, die an ein höheres Wesen glauben, hat kein Mensch das Recht, »Gott zu spielen« und darüber zu entscheiden, wer leben oder sterben darf.

Andere humanistische Ansätze definieren das menschliche Leben eher nach qualitativen als quantitativen Maßgaben und gehen davon aus, daß der Mensch das Recht hat zu sterben, wenn seine Lebensqualität unter ein bestimmtes Mindestmaß gefallen ist. Dieser Standpunkt erhöht durch die Freiheit, den Zeitpunkt, Ort und die Art und Weise des eigenen Todes zu wählen, den Wert des Lebens. Die Maßgabe, »in Würde zu sterben«, erlaubt es dem einzelnen, sein Leben zu beenden, ehe die Folgen einer unheilbaren Krankheit oder irreparablen Verletzung entwürdigend werden. Wenn der Kranke nicht mehr in der Lage ist, seine Wünsche zu äußern, kann die Vollmacht, einen weiteren physischen oder psychischen Verfall zu verhindern, auch auf nahestehende Verwandte übergehen, die eng mit seinen diesbezüglichen Wünschen vertraut sind. Wer immer die Entscheidung trifft, es gibt verschiedene Wege und Möglichkeiten, sie umzusetzen: durch Verweigerung oder Abbruch bestimmter Formen der medizinischen Versorgung, durch Selbstmord oder Euthanasie, den sogenannten »Gnadentod«. Der Begriff Euthanasie war eigentlich wertfrei. Er gelangte jedoch durch die Nationalsozialisten in Mißkredit.

Eine breite Akzeptanz der Euthanasie ist natürlich mit Risiken verbunden. Interessenvertreter von körperlich und geistig Behinderten argumentieren, der Gnadentod könnte auch allzu leicht zur Eliminierung »unproduktiver« oder »unerwünschter« Mitglieder der Gesellschaft mißbraucht werden, wie das im Dritten Reich geschehen ist, wobei von deren Zustimmung dann keine Rede sein kann. Es ist nicht auszuschließen, daß Angehörige, welche die Last der Pflege eines dahinsiechenden Verwandten zu tragen haben, aus eigennützigen Beweggründen zu dem Entschluß gelangen, das »Leiden« dieses Menschen zu beenden. Eine lebhafte Diskussion haben die Aktivitäten von Dr. Jack Kevorkian und Professor Julius Hackethal ausgelöst. Als erklärter Verfechter des Rechtes auf den eigenen Tod hat Dr. Kevorkian verschiedenen Kranken geholfen, sich selbst zu töten. Manche Beobachter stellen jedoch in Frage, ob diese Patienten tatsächlich alle dem Tod nahe waren oder ungebührend gelitten haben. Klar ist, daß die Parameter des Rechtes zu sterben, alles andere als klar definiert sind.

Freitod

Es ist noch nicht lange her, da war Selbsttötung (bzw. »Selbstmord«) in den meisten Ländern noch ein Tabuthema. Religiöse Verbote hatten früher größeren Einfluß auf die öffentliche Meinung und Einstellung als heute, und die allgemeinen Moralvorstellungen ließen auch weniger Spielraum für verhaltensspezifische Grauzonen. Inzwischen hat jedoch ein allgemeiner Wandel in der Einstellung zur Selbsttötung Schwerkranker eingesetzt. Eine wachsende Zahl von Menschen ist inzwischen der Überzeugung, daß die Lebensqualität ebenso wichtig ist wie die Lebensquantität, und daß unerträgliche Schmerzen, der Verlust der geistigen Kräfte oder schwere, irreversible Behinderungen das Leben nicht mehr lebenswert machen können. Die meisten Anti-Selbsttötungsgesetze haben zwar immer noch Gültigkeit, jedoch anscheinend sind die Behörden zunehmend bereit wegzuschauen, wenn es sich um Schwerkranke oder Schwerverletzte handelt. Diejenigen, die unter unerträglichen Schmerzen leiden, grundlegend in ihren körperlichen Funktionen behindert sind oder ihre geistige Urteilsfähigkeit verlieren, haben eine Reihe von Optionen, wenn sie den Weg des Freitodes beschreiten möchten.

Die Entscheidung, das eigene Leben zu beenden, sollte nicht fahrlässig getroffen werden. Die Überlegungen, die letztlich in eine Entscheidung zum Freitod münden, können durch Verwirrung und Verzweiflung, Ängste, Glaubensfragen und äußere Einflüsse getrübt sein. Finanzieller Druck angesichts horrender Pflegekosten wie auch die Gefühle der Angehörigen können ausschlaggebend bei der Entscheidungsfindung werden. Maßgebend sollten jedoch einzig und allein die Bedürfnisse, Wünsche und Ansichten des Patienten sein.

Ärzte können eine wichtige Hilfestellung leisten. Sie können am besten ermessen, wie es dem Patienten augenblicklich geht, und ihm sagen, ob ein Freitod eine verfrühte oder absolut falsche Entscheidung wäre. Ein Arzt wird sicherstellen, daß der Patient umfassend über seine medizinische Situation und alle denkbaren Behandlungen informiert ist. Ein Arzt kann auch beurteilen, ob der Patient überhaupt in der Lage ist, eine echte Entscheidung zu treffen, weil er vielleicht an einer Depression oder anderweitigen psychischen Belastungen leidet oder sein Urteilsvermögen durch Medikamente oder krankheitsbedingt getrübt ist. Darüber hinaus gibt es auch eine Reihe von Publikationen, die in Bibliotheken und Buchhandlungen zu finden oder bei Freitod-Organisationen erhältlich sind (siehe Anhang), die eine Hilfe bei der Entscheidung sein können. Ebenso können Unterstützungsvereine dem sterbenden Patienten bei der Entscheidung helfen.

Manche Veröffentlichungen (siehe Bibliographie) enthalten explizite Anweisungen, wie man sich mit einem Minimum an Schmerzen und einem Maximum an Erfolgsaussichten das Leben nehmen kann.

Ärztliche Freitodhilfe

Für Terminal- oder chronisch Schwerkranke, die physisch wie auch psychisch unerträglichen Schmerzen ausgesetzt sind, ist die ärztliche Freitodhilfe möglicherweise die beste Aussicht auf Hilfe in ihrem Leid. Die ärztliche Freitodhilfe ist eine Form der Euthanasie, ein Begriff, der die griechische Vorsilbe *eu-* (gut) und die Wurzel *thanatos* (Tod) beinhaltet. Ein gewählter Tod kann zurecht als Euthanasie bezeichnet werden, wenn er einen körperlich Schwerkranken, der alle medizinischen Optionen erfolglos erschöpft hat, von großem Leiden befreit. Wenn feststeht, daß der Tod nur eine Frage von Wochen oder Monaten ist, wenn ein schlimmer chronischer Zustand sich nur noch verschlimmern kann, wenn ein längeres Leben nur noch größere Schmerzen, Verfall und den Verlust von Würde bedeutet, kann der Freitod, bei dem ein Arzt behilflich ist, tatsächlich ein guter Tod sein.

Die Euthanasie ist in allen Ländern, außer den Niederlanden, gesetzlich verboten, wo sie 1973 legalisiert wurde, allerdings nicht für Ausländer. Trotzdem ist der Prozentsatz der Ärzte nicht gering, die von der ärztlichen Freitodhilfe überzeugt sind und sie vielfach insgeheim auch anwenden. Wobei diejenigen, die Sterbenden diesen Dienst erweisen, sich aus gesetzlichen Gründen jedoch schützen und eine Reihe von Vorsichtsmaßnahmen ergreifen müssen.

Für einen Todkranken gibt es verschiedene Formen ärztlicher Sterbehilfe. Bei denjenigen, die bereits mit Apparaten künstlich am Leben erhalten werden, kann ein Arzt passive Euthanasie leisten, indem der Apparat »abgeschaltet« wird oder auf andere lebenserhaltende Maßnahmen verzichtet wird. Das Abschalten einer Herz-Lungen-Maschine oder die Respektierung der Anweisung, im Falle eines Herzstillstandes nicht wiederzubeleben, ist im allgemeinen mit geringen juristischen Problemen verbunden, sofern der Patient ein entsprechendes Testament, eine Patientenverfügung und die Ernennung eines Patientenanwaltes vorbereitet hat. Die meisten Ärzte und Krankenhäuser respektieren diese Dokumente, obwohl ihre rechtliche Zulässigkeit oder Rechtswirksamkeit vielerorts noch diskutiert wird.

Die aktive Euthanasie ist demgegenüber eine direkte oder indirekte (siehe oben) Form von Freitodhilfe. Patienten, denen physisch oder psychisch die Möglichkeiten oder Kräfte fehlen, sich selbst das Leben zu nehmen, bleibt im Zweifel der Weg der direkten Euthanasie. In dem Fall verabreicht ein Arzt eine letale Dosis an Medikamenten und überwacht den Sterbeprozeß, was für den Arzt mit größeren rechtlichen Risiken verbunden ist, andererseits jedoch erheblich das sehr konkrete Risiko reduziert, daß der Versuch aus medizinischen Gründen scheitert.

Wenn ein Patient beschlossen hat, sein Leiden mittels ärztlicher Freitodhilfe zu beenden, ist eine der wichtigsten Entscheidungen, die er zu treffen hat, die, den richtigen Arzt zu finden, der sich bereit erklärt, ihm zu helfen. Wichtig ist es, einen Arzt zu finden, mit dem der Patient sich gut versteht und gut verständigen kann, der ähnliche ethische Ansichten teilt, und bei dem gewährleistet ist, daß man sich gegenseitig respektiert. Und wichtig ist auch, daß der Arzt über einfühlsame, sympathische Pflegekräfte verfügt und mit einem guten Krankenhaus zusammenarbeitet, das sich als tolerant gegenüber ärztlicher Freitodhilfe erwiesen hat.

In einem offenen Gespräch sollte der Patient alle seine Sorgen, Bedenken und Wünsche äußern und sich davon überzeugen, daß der Arzt sie berücksichtigen und respektieren wird. Arzt und Patient sollten auch alle Möglichkeiten durchspielen, wie der Tod beschleunigt werden kann, und sich auf den humansten und angemessensten Ansatz verständigen. Kein Patient sollte sich mit seinem letzten selbstbestimmten Akt einem Arzt anvertrauen, der moralisch und ethisch Anstoß an der Euthanasie nimmt, der für ihn ein relativ Fremder ist, oder der nicht in jeder Hinsicht mit dem medizinischen Zustand oder der Krankengeschichte des Patienten vertraut ist. Der Patient muß das Gefühl haben, darauf vertrauen zu können, daß der Arzt auch jederzeit einen Sinneswandel akzeptieren und sich unmittelbar vor der Verabreichung der tödlichen Dosis nochmals den Wunsch des Patienten bestätigen lassen wird.

Für diejenigen, die keine engen Freunde oder keine Familie haben, oder deren Angehörige aus emotionalen, religiösen oder anderen Gründen ihnen hier nicht helfen können, ist ein Arzt möglicherweise der einzige, der ihnen bei diesem Prozeß beistehen kann. Manche Patienten haben auch Angst, wenn sie es alleine versuchen, der Versuch könnte fehlschlagen. Ein Arzt hat den Vorteil, entsprechend fachlich ausgebildet und geschickt zu sein. Ein Arzt kann die notwendigen medizinischen Vorkehrungen treffen und gegebenenfalls nachhelfen, um den Prozeß zu erleichtern. Er hat legal Zugang zu tödlichen Medikamenten und weiß, welche am besten wirken und wie sie zu verabreichen sind.

Bei ihrer Entscheidung, ob sie jemandem helfen, sein Leiden zu beenden, oder nicht, sind Ärzte mit einer Reihe ethischer Abwägungen konfrontiert. Ein Arzt kann der Bitte nicht folgen, wenn der Patient nicht wirklich entsetzlich leidet und wiederholt und nachdrücklich seinen Wunsch zu sterben geäußert hat (am besten schriftlich, mit der Unterschrift eines Zeugen). Der Arzt sollte in dieser Situation die Meinung von mindestens einem weiteren Arzt einholen, um sich bestätigen zu lassen, daß der Patient wahrscheinlich innerhalb weniger Monate stirbt, oder daß sein chronischer Zustand sich nur noch weiter verschlimmern kann. Es obliegt auch der Verantwortung des Arztes sicherzustellen, daß die nächsten Angehörigen Gelegenheit hatten, ihre Meinung zu äußern, obwohl die Entscheidung letztendlich bei dem Patienten liegt. Bei der Bewertung der medizinischen Rechtfertigungen für eine beschleunigte Herbeiführung des Todes sollten Ärzte alle Indikatoren des Leidens und der Qualen des Patienten berücksichtigen. Zu den hier relevanten physischen Symptomen können beispielsweise, falls sie nicht behoben werden können, gehören:

- Schlaflosigkeit, Müdigkeit und Erschöpfung
- Atemnot
- Übelkeit und Erbrechen
- Verstopfung oder Stuhlinkontinenz
- Hunger oder Durst
- Gewichtsverlust
- wundgelegene Druckstellen
- Schwitzen und Juckreiz
- chronischer Schluckauf oder Husten
- Pilzinfektionen im Mund
- sonstige Infektionen
- Katheterisierung oder Intubation
- fehlende körperliche Kontrolle

Zu den relevanten Symptomen psychischer Qualen gehören unter anderem auch:

- Verwirrung, Desorientierung oder Vergeßlichkeit
- Trauer, Gram oder Ängste
- vierundzwanzigstündige Abhängigkeit von einer krankenpflegerischen Versorgung oder der Pflege durch andere
- umfassendes Gefühl der Erniedrigung und Würdelosigkeit.

Krankenschwestern und -pfleger können mithelfen, daß die Qualen und Wünsche des Patienten Gehör finden. Sie haben oft eine besondere Verbindung zu den Patienten und sind vielfach die ersten, die von ihren Problemen und Wünschen erfahren. Sie sollten Ärzten mitteilen, wenn sie irgend etwas Relevantes über ein Verlangen eines Patienten nach ärztlicher Sterbehilfe wissen, insbesondere wenn der Verdacht besteht, daß Euthanasie im Zweifel nicht die richtige Wahl sein könnte. Als Fürsprecher des Patienten können sie dem Arzt Informationen über die Familie und soziale Situation des Patienten zukommen lassen und ihn informieren, wenn der Patient gerne eine andere Behandlung ausprobieren möchte. Und umgekehrt können sie einem Arzt auch helfen, die Ängste und Qualen eines Patienten zu verstehen und Ärzte in Frage stellen, deren Urteile sie anzweifeln. Krankenschwestern und -pfleger sollten in jede Phase des Euthanasieprozesses miteinbezogen werden.

Wenn der Tod kommt

Feststellung des Todes

Zur Feststellung des Todes ist allgemein eine ärztliche Leichenschau vorgeschrieben. Zur Vornahme ist jeder niedergelassene Arzt, in Anstalten jeder dort tätige Arzt verpflichtet; in besonderen Fällen wird ein Amtsarzt mit der Vornahme der Leichenschau beauftragt – wenn kein anderer Arzt die Leichenschau vornimmt, oder wenn das Gericht, die Staatsanwaltschaft oder Polizei hierzu auffordert. Eine amtsärztliche Leichenschau ist zusätzlich erforderlich, wenn eine Feuerbestattung erfolgen soll sowie möglicherweise bei Überführungen zwecks Ausstellung eines Leichenpasses. Der zur Leichenschau zugezogene Arzt hat die Leichenschau unverzüglich vorzunehmen. Sie darf nur an Ort und Stelle durchgeführt werden, da dies zur Aufdeckung etwaiger nicht natürlicher Todesursachen unerläßlich ist. Sofern die Todesursache nicht eindeutig feststellbar ist, muß eine Autopsie – Leichenöffnung – beantragt werden.

Die vom Arzt ausgestellte Todesbescheinigung ist ein amtliches Dokument; darauf vermerkt ist der Name des Verstorbenen, die Todesursache und Todesart sowie der Todeszeitpunkt; es können auch weitere persönliche Daten wie Geburtsdatum, Geburtsort, Familienstand, Name der Eltern sowie Versicherungsdaten darauf vermerkt werden.

Die Angehörigen sollten die Angaben auf der Todesbescheinigung sorgfältig überprüfen, um sicherzugehen, daß sie absolut korrekt sind. Bei falschen Angaben kann es möglicherweise zu Komplikationen oder Verzögerungen bei den Abwicklungen mit Versicherungen, zum Beispiel Renten- oder Lebensversicherung, kommen. Beglaubigte Kopien der Todesbescheinigung sind bei einer Reihe von amtlichen und finanziellen Abwicklungen erforderlich, so daß man gleich mehrere Kopien anfordern sollte. Kopien sind dann später auch noch bei den entsprechenden städtischen oder kommunalen Behörden erhältlich. Sofern Sie ein Bestattungsunternehmen in Anspruch nehmen, wird dieses oft die Todesbescheinigung besorgen und Ihnen auch entsprechende Kopien geben.

Die Autopsie

Bei Todesfällen, bei denen die Todesursache nicht einwandfrei festzustellen ist, oder der Verdacht besteht, daß der Tod durch eine strafbare Handlung, zum Beispiel Mord, verursacht wurde, muß eine Leichenöffnung erfolgen. In allen anderen Fällen müssen die Angehörigen ihre Zustimmung zu einer Autopsie erteilen. Manche Religionen wie das Judentum verbieten Autopsien oder sonstige Verunstaltungen des Körpers vor der Beerdigung, wobei jedoch aus diagnostischen oder gesetzlichen Gründen Ausnahmen gemacht werden können. Bei einer Autopsie, die zur Feststeilung der Todesursache durchgeführt wird, verzögert sich die Ausstellung der Totenbescheinigung, wobei in manchen Fällen eine vorläufige Bescheinigung ausgestellt wird.

Die meisten Autopsien werden aufgrund des Verdachtes durchgeführt, daß der Tod durch Mord, Selbstmord oder andere unnatürliche Ursachen herbeigeführt wurde. Die richterlich beantragte Leichenschau wird unter Zuziehung eines Arztes und die Leichenöffnung im Beisein des Richters von zwei Ärzten vorgenommen, unter denen einer Gerichtsmediziner sein muß.

In der Leichenhalle

Vor der Bestattung wird die Leiche in einer Leichenhalle aufgebahrt. In der Bundesrepublik besteht für öffentliche Leichenhallen grundsätzlich Benutzungszwang, nach Maßgabe der jeweiligen landesrechtlichen Bestimmungen. Ausgenommen sind die Fälle, in denen eine Aufbahrung in anderen entsprechenden Räumen erfolgt. Für Feuerbestattungsanlagen besteht genereller Leichenhallenzwang.

Benachrichtigungen

Sobald der Tod einer Person festgestellt wurde, müssen etliche Parteien darüber informiert werden. Da in den Industrieländern die meisten Todesfälle im Krankenhaus eintreten, obliegt es oft den Ärzten, die nächsten Angehörigen zu verständigen. Von der Familie und den Freunden wird die Nachricht vom Tod eines geliebten Menschen mündlich, telefonisch, brieflich oder auch telegraphisch weitergegeben. Sie müssen auch die Anwälte, Geschäftspartner, Arbeitgeber und Versicherungen des Verstorbenen sowie andere benachrichtigen, mit denen geschäftliche oder amtliche Beziehungen gepflegt wurden. Auf breiterer Ebene wird der Tod üblicherweise durch entsprechende Anzeigen in Lokal- oder auch überregionalen Zeitungen bekanntgegeben.

In westlichen Kulturen ist die Überbringung einer Todesnachricht im allgemeinen ein düsterer, von Traurigkeit begleiteter Vorgang. In bestimmten östlichen Kulturen ist die Erwähnung des Todes demgegenüber mit Ängsten, Scham- oder Ekelgefühlen verbunden, da der Tod als Tabu, ein verfluchtes und unreines Thema betrachtet wird. In der gesamten Menschheitsgeschichte gab es im Osten wie im Westen eine Vielzahl von Ritualen, derer man sich bediente, um die Gemeinschaft über den Tod eines Menschen zu informieren. So ist es in Kirchen oder Synagogen vielfach üblich, daß Geistliche die Nachricht offiziell bekanntgeben. Mitunter werden Gebete für den Toten und die Hinterbliebenen gesprochen und den Angehörigen das Beileid der Gemeinde ausgesprochen. In talmudischen Zeiten ließen die alten Hebräer das *shofar* ertönen, ein rituelles Widderhorn, um die Nachricht vom Tod eines Juden zu verbreiten. (Siehe auch Kapitel 10 hinsichtlich weiterer Informationen über die Überbringung der Todesnachricht.)

Kapitel 9

Vorkehrungen für die Bestattung – Die Totensorge

Beisetzungen dienen sowohl einem rituellen als auch praktischen Zweck. Ihr ritueller Zweck ist, das Leben des Verstorbenen zu ehren, seiner zu gedenken und den Hinterbliebenen zu helfen, den Tod anzunehmen. Der praktische Zweck ist einfach: Irgendetwas muß mit dem Leichnam geschehen. Was genau, ist eine Frage, die im Ermessen des Verstorbenen liegt, sofern er seine Wünsche geäußert oder festgelegt hat. Im übrigen müssen die Hinterbliebenen die Entscheidung treffen, wie über das weitere Schicksal des Leichnams zu verfügen ist.

Beisetzungen sind mit Kosten verbunden, die je nach Art der gewählten Beisetzung und der äußeren Form der begleitenden Trauerfeierlichkeiten sehr unterschiedlich sein können. Wer sich beizeiten mit diesen Fragen vertraut macht und weiß, welche Entscheidungen in welchem Rahmen und mit welchen Optionen auf ihn zukommen, wird im Ernstfall besser gerüstet sein und sich dem eigentlichen, wichtigeren Prozeß der Trauer stellen können.

Angesichts der Gefühlslage, in der man sich befindet, wenn ein geliebter Mensch stirbt, kann es extrem schwierig sein, alle die praktischen Dinge, die nach dem Eintritt des Todes zu erledigen sind, zu bewältigen, Aufgaben, die erheblich erleichtert werden, wenn sie schon vorher einmal besprochen wurden. Ein ehrliches und offenes Gespräch über den Tod und alles was zu erledigen ist, wenn er eintritt, muß keineswegs grauenvoll und beängstigend sein; der Tod ist schließlich ein Teil des Lebens. Mit einer Trauerfeier oder Beisetzung, die zum Leben des Verstorbenen paßt, kann man auf liebevolle Weise zeigen, welchen Platz dieser Mensch im Leben und in der Erinnerung der Lebenden hat. Und so muß die Planung der Trauerfeier, ob im Vorfeld darüber gesprochen wurde oder nicht, keine traumatische Erfahrung sein. Worauf man sich verständigt, kann im Ergebnis eine für den Verstorbenen wie für die Hinterbliebenen angemessene Feier sein.

Und nun?

Die Todesumstände entscheiden, welche Schritte als erstes sofort nach Eintritt des Todes unternommen werden. Bei einem Unfall, der sich zu Hause oder andernorts ereignete, wird als erstes wahrscheinlich ein Notarzt gerufen, da das Opfer manchmal wiederbelebt werden kann. Wird der Tod bereits vor Ort zweifelsfrei festgestellt, kann die Einlieferung in ein Krankenhaus unterbleiben und die Todesbescheinigung nach der ärztlichen Leichenschau an Ort und Stelle ausgestellt werden. Sofern die Todesursache jedoch fraglich ist, muß eine Obduktion der Leiche angeordnet werden (siehe Kapitel 8).

Wenn der Tod infolge einer Krankheit absehbar war und zu Hause eingetreten ist, stellt der behandelnde Arzt hier den Tod fest und die Todesbescheinigung aus. Ebenso stellt ein Arzt in einem Krankenhaus oder Hospiz die Todesursache fest und die Todesbescheinigung aus.

War der Verstorbene religiös, sollten die Angehörigen auch sofort einen oder den zuständigen Geistlichen verständigen. Jenseits davon, daß er ihnen Trost spenden und Beistand leisten kann, kann er ihnen auch bei den Vorkehrungen für die Trauerfeier und Beisetzung behilflich sein.

Besorgung und Aufbahrung der Leiche

Die Besorgung der Leiche (Waschen, Ankleiden, Aufbahrung und Einsargung) ist in der Bundesrepublik gesetzlich nicht geregelt. Dies kann durch die Angehörigen geschehen, wird in der Regel jedoch durch besondere Leichenbesorger oder -besorgerinnen oder auch durch Bestattungsunternehmen ausgeführt. Welcher Sarg für die Aufbahrung und Einsargung gewählt werden kann, hängt zum Teil von der Art der gewählten Bestattung – Erdbestattung oder Feuerbestattung – ab.

In Gemeinden, in denen öffentliche Leichenhallen zur Verfügung stehen, ist jede menschliche Leiche spätestens sechsunddreißig Stunden nach dem Tode, jedoch nicht vor Ausstellung der Todesbescheinigung, dorthin zu überführen, sofern sie nicht innerhalb dieser Frist in einer anderen Leichenhalle oder einem Leichenraum aufgebahrt wird. Als Leichenhallen gelten auch die als geeignet genehmigten Räume von Bestattungsunternehmen. Auf Antrag des Bestattungspflichtigen kann die Aufbahrung der Leiche jedoch auch im Sterbehaus oder an anderer Stelle bewilligt werden, wenn durch ärztliches Zeugnis bescheinigt wird, daß hiergegen keine Bedenken vorliegen. Die Leiche muß jedoch in einem separaten Raum, der in der fraglichen Zeit nicht anderweitig genutzt wird, aufgebahrt werden.

Das Ausstellen der Leiche im offenen Sarg vor dem Trauerhaus, in der Kirche oder auf dem Friedhof sowie das Öffnen oder Offenlassen des Sarges während der Bestattungsfeierlichkeiten ist in der Bundesrepublik verboten und wird nur in Ausnahmefällen gestattet. Bedingt erlaubt werden kann unter Umständen ein Ausstellen der Leiche innerhalb des Trauerhauses. Grundsätzlich verboten ist ein Öffnen des Sarges bei den Bestattungsfeierlichkeiten, wobei der Sarg jedoch vor der Trauerfeier geöffnet werden kann, damit die nächsten Angehörigen den Verstorbenen noch einmal sehen können.

Fristen für die Bestattung

Abgesehen von religiösen Vorschriften, die eine Bestattung innerhalb bestimmter Fristen vorschreiben können, sind die Fristen für Bestattungen in der Bundesrepublik wie folgt gesetzlich geregelt:

Menschliche Leichen dürfen grundsätzlich erst nach Eintritt der Todesmerkmale und frühestens nach Ablauf von achtundvierzig Stunden nach Eintritt des Todes bestattet werden. In Ausnahmefällen kann auf Antrag des Bestattungspflichtigen auch eine frühere Bestattung genehmigt werden, wenn (a) eine Leichenöffnung stattgefunden hat; (b) offenkundig jede Möglichkeit des Scheintodes ausgeschlossen ist oder durch besonderes ärztliches Zeugnis bescheinigt wird, daß der Tod zweifelsfrei festgestellt wurde; oder (c) gesundheitliche Gefahren zu befürchten sind.

Zudem kann eine vorzeitige Bestattung auch von der Ordnungsbehörde im Einvernehmen mit dem Gesundheitsamt angeordnet werden, wenn (a) der Verstorbene nach dem Bundes-Seuchengesetz an einer anzeigepflichtigen Krankheit litt oder der Verdacht auf eine solche Krankheit vorliegt; (b) der Todesfall im Verbreitungsgebiet einer epidemisch auftretenden anzeigepflichtigen Krankheit eingetreten ist; oder (c) die Verwesung der Leiche bereits soweit fortgeschritten ist, daß eine Bestattung aus gesundheitlichen Erfordernissen heraus nicht länger aufgeschoben werden kann.

Jede menschliche Leiche muß jedoch vor Ablauf von sechsundneunzig Stunden nach Eintritt des Todes entweder bestattet oder in eine öffentliche Leichenhalle überführt oder, wenn sie an einen anderen Ort überführt werden soll, auf den Weg gebracht werden. Eine Verlängerung dieser Frist kann in Ausnahmefällen auf Antrag gestattet werden, sofern medizinisch bescheinigt wird, daß hierzu keine ärztlichen Bedenken bestehen, oder wenn die Leiche zu wissenschaftlichen Zwecken in ein medizinisches Institut gebracht werden soll.

Eine Bestattung darf in jedem Fall jedoch erst erfolgen, nachdem eine Leichenschau vorgenommen wurde, die Todesbescheinigung vorliegt und der Sterbefall den Behörden angezeigt und ins Sterberegister eingetragen wurde.

Bestattungsarten

In der Bundesrepublik besteht Bestattungszwang, der jeweils in den Bundesländern durch Gesetze und Verordnungen geregelt ist. Diesem Bestattungszwang entspricht der Beisetzungszwang für Aschenreste. Die Bestattung ist die mit religiösen oder weltanschaulichen Bräuchen verbundene Übergabe des menschlichen Leichnams an die Elemente. Es gibt zwei Formen der Bestattung, die inzwischen gleichberechtigt nebeneinanderstehen: die Erdbestattung, das Begräbnis, und die Feuerbestattung, die Einäscherung.

Die Erdbestattung

Für alle Erdbestattungen besteht in der Bundesrepublik grundsätzlich Friedhofszwang, wobei in Ausnahmefällen auch die Anlegung und Unterhaltung privater Bestattungsplätze genehmigt werden kann. Friedhofszwang heißt, daß alle menschlichen Leichen auf einem öffentlichen, kommunalen oder kirchlichen Friedhof beigesetzt werden müssen. Jeder Einwohner hat ungeachtet seiner religiösen Bekenntnisse einen Rechtsanspruch, auf einem öffentlichen Friedhof beerdigt zu werden. Dieser Anspruch umfaßt das Recht auf Gewährung einer Grabstelle unter für alle gleichen Voraussetzungen und Bedingungen sowie die Benutzung aller üblicherweise für eine Bestattung benötigten Einrichtungen und das Recht der Angehörigen, die Grabstelle zu schmücken und zu pflegen.

Zu unterscheiden ist zwischen Reihen-(Einzel-)gräbern und Wahl-(Sonder-)gräbern, wobei erstere anläßlich eines Todesfalles erworben werden können und die normale Nutzungsform darstellen. Wahlgräber sind mit Sondernutzungsrechten verbunden. Die Größe der einzelnen Grabstellen wird je nach den örtlichen Gegebenheiten festgelegt. Grüfte und Grabgebäude (Mausoleen) sind nur noch in besonderen Fällen zugelassen.

Die Erdbestattung ist beendet, wenn der Leichnam in die Erde versenkt ist.

Die Feuerbestattung

Bei der Feuerbestattung ist zwischen der Einäscherung der Leiche und der Übergabe der in einer Urne verschlossenen Aschenreste in die Erde oder der Beisetzung an einem anderen Ort zu unterscheiden. Für Erdbestattungen und Aschenbeisetzungen gilt, daß sie grundsätzlich nur auf öffentlichen Bestattungsplätzen, auf einem kommunalen oder kirchlichen Friedhof oder auch auf einem privaten Bestattungsplatz, soweit dieser behördlicherseits genehmigt ist, erfolgen dürfen.

Die Feuerbestattung ist der Erdbestattung zwar gleichgestellt, muß im Einzelfall jedoch, ausgenommen in den neuen Bundesländern, vorher von der örtlichen Polizeibehörde genehmigt werden. Diese Genehmigung muß spätestens vierundzwanzig Stunden vor dem Zeitpunkt der Einäscherung beantragt werden und darf nur erteilt werden, wenn (a) die Todesbescheinigung oder Sterbeurkunde vorgelegt wird; (b) eine nach der Leichenschau ausgestellte amtliche (amts- oder gerichtsärztliche) Bescheinigung vorliegt, daß keine Anhaltspunkte für einen nichtnatürlichen Tod festgestellt worden sind; (c) eine Bescheinigung der Polizeibehörde des Sterbeortes vorliegt, daß ihr keine Umstände bekannt sind, die auf eine Verursachung des Todes durch eine strafbare Handlung schließen lassen; und (d) in Fällen, in denen eine Person, die nicht zu den Angehörigen des Verstorbenen gehört, die Feuerbestattung beantragt, der Nachweis, daß diese dem Willen des Verstorbenen entspricht. In den neuen Bundesländern gilt überdies, daß eine Einäscherung erst erfolgen darf, wenn der vom Standesamt ausgestellte Bestattungsschein durch den Krematoriumsarzt bestätigt wurde, der eine Leichennachschau vornehmen muß. Eine Feuerbestattung darf nur in behördlich genehmigten Feuerbestattungsanlagen, Krematorien, erfolgen. Die Aschenreste jeder Leiche sind in einem amtlich zu verschließenden Behältnis aufzunehmen. Der Deckel des Behältnisses muß mit einem dauerhaften Schild versehen sein, auf dem die Bestattungsanlage, die Einäscherungsnummer sowie die Personalangaben – Name, Vorname, Geburts- und Sterbedatum – des Verstorbenen eingraviert sind.

Für die Aschenreste besteht grundsätzlich Beisetzungs- und

Friedhofszwang, und sie sind in einem Urnengrab oder in einem Erdgrab oder an anderen dafür vorgesehenen Plätzen – in einer Urnenhalle, einem Urnenhain, einem Kolumbarium – beizusetzen. Im Einzelfall, was einer gesonderten Prüfung und Genehmigung bedarf, kann die Asche, sofern dies dem schriftlich festgelegten Wunsch des Verstorbenen entspricht, auch im Meer beigesetzt werden. Die Ausnahmegenehmigung für eine Seebestattung setzt allerdings voraus, daß die verwendete Urne nur aus bestimmten, leicht löslichen Materialien beschaffen sein darf und mit Kies oder Sand beschwert sein muß, damit sie nicht auftreiben kann.

Seit den sechziger Jahren findet auch die sogenannte »anonyme Bestattung« immer mehr Zustimmung, das heißt die Beisetzung von Aschenresten in Gemeinschaftsgrabstätten ohne Kennzeichnung der genauen Lage, namenlos unter der grünen Rasenfläche. In einer Reihe größerer Städte gibt es bereits solche Gemeinschaftsgrabfelder, die auf unterschiedliche Weise verwaltet werden: Es gibt Grabfelder ohne jede Kennzeichnung, andere haben ein gemeinsames Grabmal ohne Namen, auf noch anderen sind die Namen der Verstorbenen auf einem gemeinsamen Grabmal oder in einem Gedenkbuch vermerkt. Auf einigen Friedhöfen ist auch das namenlose Ausstreuen von Aschen (Einbringen der Aschenreste unter der Rasendecke) erlaubt. Wegen der Besonderheit dieser Beisetzungsform, die von Bestattungspflichtigen auch zunehmend als die kostengünstigere Alternative gewählt wird, wird zum Schutze des Verstorbenen die Erlaubnis hierzu mitunter jedoch nur erteilt, wenn er schriftlich festgelegt hat, daß es sein Wunsch ist, so bestattet zu werden.

Die Herstellung und das Material der Urnen ist nirgends gesetzlich geregelt. Wenn sie über der Erde, zum Beispiel in einem Kolumbarium beigesetzt werden, müssen sie nur aus einem dauerhaften Material und wasserdicht beschaffen sein.

Die Urnen werden von der Feuerbestattungsanlage direkt an den Beisetzungsort übersandt. Eine Aushändigung an die Angehörigen oder von ihnen beauftragte Person ist grundsätzlich nicht zulässig, in manchen Bundesländern können sie unter bestimmten Voraussetzungen jedoch auf Wunsch der Angehörigen auch einem von diesen beauftragten Bestattungsunternehmen zur Beförderung zum Beisetzungsort übergeben werden. In Berlin und in Rheinland-Pfalz ist zudem eine Aushändigung der Urne an die Angehörigen möglich, wenn eine Genehmigung zur Bestattung auf einem privaten Bestattungsplatz erteilt wurde.

Die Zahl der Einäscherungen hat in den letzten Jahren deutlich zugenommen, was sowohl auf einen ethischen Wandel als auch auf hygienische und ökonomische Überlegungen zurückzuführen ist. Zu den hygienischen Beweggründen gehört, das dem langwierigen Verwesungsprozeß unter der Erde zunehmend die unter hygienischen und ästhetischen Aspekten sauberere Form der Feuerbestattung vorgezogen wird. Hinzu kommen auch ökonomische Motive, nämlich die Tatsache, daß die Kosten einer Feuerbestattung niedriger als die einer traditionellen Erdbestattung – mit dem Erwerb der erforderlichen Grabstätte, der Grabpflege etc. – sind. In der Bundesrepublik wurden 1950 in den alten Bundesländern zum Vergleich 39616 Einäscherungen durchgeführt, was 7,5 Prozent der Verstorbenen entsprach; 1960 waren es 66961 Einäscherungen, was 10,4 Prozent der Verstorbenen entsprach; 1970 lag die Zahl der Einäscherungen bei 102369, was 13,9 Prozent der Verstorbenen entsprach; 1980 war die Zahl auf 131333 Einäscherungen gestiegen, was 18,4 Prozent der Verstorbenen entsprach; 1985 lag sie bei 144494 Einäscherungen, was 20,5 Prozent der Verstorbenen entsprach; und 1990 wurden 169319 Einäscherungen vorgenommen, was 23,9 Prozent der Verstorbenen entsprach.

Die Wahl des Sarges

Die Wahl des Sarges ist nicht nur eine Kostenfrage, obwohl es natürlich je nach Holzart und Beschaffenheit des Sarges gewaltige Preisunterschiede gibt. In den geltenden gesetzlichen Bestimmungen wird die Verwendung von Särgen für die Bestattung teils vorausgesetzt, teils ausdrücklich vorgeschrieben. Von ihrer Beschaffenheit her sollten Särge die Verwesung im Erdgrab erleichtern, und sie müssen insbesondere bei Überführungen, den

Austritt von Verwesungsprodukten und Krankheitskeimen verhindern.

Bei **Erdbestattungen** wird ein fester, gut abgedichteter Holzsarg verlangt, der jedes Durchsickern von Feuchtigkeit und den Austritt von Gerüchen verhindert. Sofern zu befürchten ist, daß die Verwendung von Hart- oder Preßholz, Kunststoff oder ähnlichen Materialien für Särge und Sargausstattungen den Verwesungsprozeß hemmen, kann in der Friedhofsordnung vorgeschrieben werden, daß nur Särge aus leicht verweslichem Holz zu verwenden sind.

Bei **Feuerbestattungen** müssen die Särge, um eine restlose Vernichtung zu gewährleisten, aus dünnem Holz oder Zinkblech und frei von Metallbeschlägen sein.

Bestattungsunternehmer

Es ist heutzutage üblich, bei einem Todesfall die Dienste eines Bestattungsunternehmens in Anspruch zu nehmen. Die Dienstleistungen können sich von der reinen Überführung der Leiche vom Sterbeort zur Leichenhalle bis zur Gesamtabwicklung (einschließlich Todesanzeige, Drucken der Totenzettel, Bestellung von Blumen- und Kranzgebinden etc.) und Organisation der Trauerfeier erstrecken.

Bestattungsunternehmen verfügen häufig über eigene Einrichtungen zur Aufbewahrung von Toten (Leichenhallen oder -kammern) wie auch über Räumlichkeiten für Trauerfeiern, die gegebenenfalls alternativ zu den öffentlichen oder kirchlichen Einrichtungen in Anspruch genommen werden können.

Für Bestattungsunternehmen gilt, daß sie bei der Ausübung ihrer gewerblichen Tätigkeit Zurückhaltung üben und auf die Gefühle der Hinterbliebenen Rücksicht nehmen müssen. Was sich insbesondere auf das Werbeverhalten bezieht. So stellen unaufgeforderte Hausbesuche bei Sterbefällen einen Verstoß gegen die guten Sitten des Wettbewerbs dar: »Vor der Heiligkeit des Todes haben alle Wettbewerbshandlungen, mag gegen sie auch sonst im geschäftlichen Verkehr nichts einzuwenden sein, halt zu machen.

Die Volksanschauung betrachtet es als unnatürlich und verwerflich, das für die Hinterbliebenen schmerzliche Ereignis des Todesfalles zu Wettbewerbszwecken, zur Kundenwerbung auszunutzen und sich zu diesem Zweck alsbald nach Eintritt des Sterbefalls in den Kreis der nächsten Leidtragenden einzudrängen.«

In Frage kommende, örtliche Bestattungsunternehmen findet man in den Gelben Seiten des Telefonbuches. Ratsam ist es jedoch, sich bei Freunden und Bekannten oder auch der Verbraucherzentrale nach empfehlenswerten Unternehmen zu erkundigen.

Wichtig ist es, sich im Vorfeld darüber im klaren zu sein (a) in welchem Umfang man die Dienste eines Bestattungsunternehmens in Anspruch nehmen möchte, und (b) mit welchen Fragen respektive Entscheidungen man dort konfrontiert sein wird. Es kann hilfreich sein, sich bei der Regelung mit dem Unternehmen von einer neutralen, vom Todesfall nicht direkt betroffenen Person begleiten zu lassen. Neben der Todesbescheinigung, die dem Bestatter vorzulegen ist (sofern er sie nicht selbst besorgt hat), werden zum Beispiel gegebenenfalls folgende Punkte zu klären sein:

- Wie soll der Verstorbene bei der Einsargung gekleidet werden?
- Welcher Sarg wird gewählt?
- Sollen Todesanzeigen veröffentlicht werden? Wenn ja, mit welchem Text und wo?
- Sollen Todesanzeigen gedruckt und verschickt werden? Wenn ja, an wen?
- Sollen Totenzettel oder Programme für die Trauerfeier gedruckt werden? Wenn ja, mit welchem Motiv und welchem Text?
- Wo soll der Leichnam aufgebahrt werden?
- Sollen Totenwachen gehalten werden? Wenn ja, wo, zu welchen Zeiten und in welchem Rahmen?
- Welcher Blumenschmuck soll während der Aufbahrung gestellt werden?

- Welche Bestattungsart soll gewählt werden?
- Auf welchem Friedhof soll der Verstorbene beerdigt bzw. wo soll die Urne mit seinen Aschenresten beigesetzt werden?
- Wo und in welchem Rahmen soll die Trauerfeier stattfinden? In einer Kirche, Kapelle, Leichenhalle etc?
- Sofern eine religiöse Trauerfeier statffinden soll, inwiefern besteht der Wunsch, die Liturgie soweit wie möglich mitzugestalten?
- Welche Musik soll gespielt werden?
- Wer soll Ansprachen halten?
- Welche Blumen- und Kranzgebinde sollen bei der Trauerfeier und Beisetzung beigestellt werden?
- Soll ein Kreuz oder ähnliches, und wenn ja, mit welcher Inschrift, auf die Grabstelle gestellt werden?
- Soll nach der Trauerfeier und/oder Beisetzung ein Essen stattfinden? Wenn ja, wo und in welchem Rahmen?
- Wieviele Trauergäste werden zu erwarten sein?

Sofern der Bestattungsunternehmer die Bestattung ganz organisieren soll, verhandelt er mit Dritten im Namen und Auftrag der Angehörigen bzw. Bestattungspflichtigen.

Um Hilfe bitten

Es gibt eine Reihe von Dingen, die unmittelbar nach einem Todesfall recht schnell erledigt werden müssen. Die nächsten Angehörigen müssen die meisten Dinge zwar selbst erledigen, es kann jedoch hilfreich und nützlich sein, andere in dieser Situation um Hilfe zu bitten. So wird derjenige, bei dem im wesentlichen die Entscheidungen liegen – und der zugleich auch der vom Todesfall Hauptbetroffene ist –, etwas entlastet, und andere erhalten die Möglichkeit, Dinge mitzuerledigen und Entscheidungen mitzutreffen.

1. Die Hinterbliebenen sollten jemanden, dem sie vertrauen – und der von dem Todesfall nicht direkt betroffen ist –, bitten, den Termin bei dem Bestattungsunternehmer mit wahrzunehmen. Diese Person wird bei den anstehenden Entscheidungen objektiver sein und Fragen stellen können, welche die Angehörigen in der Situation vielleicht vergessen.

2. Nachdem der Hinterbliebene die wichtigsten Anrufe bei den nächsten Angehörigen erledigt hat, kann jemand helfen, eine Liste über die Anrufe zu erstellen, die noch gemacht werden müssen, und Freunde und Verwandte bitten, mitzuhelfen und ihrerseits andere über den Todesfall zu informieren. Die Hinterbliebenen sollten auch daran denken, die Geschäftskollegen und -partner, Arbeitgeber und Arbeitskollegen des Verstorbenen zu benachrichtigen.

3. Mehrere Personen, die dem Verstorbenen nahestanden, sollten in die Planung der Trauerfeier mit einbezogen werden. So kann das Ereignis für alle an Bedeutung und Tiefe gewinnen und der Trauerprozeß erleichtert werden.

4. Jemand sollte für das Telefon zuständig sein und die Anrufe entgegennehmen und sorgfältig notieren, wer angerufen hat oder vorbeigekommen ist, um zu kondolieren. Ebenso sollte eine Liste über die eingehenden Geschenke und Spenden geführt werden, damit man sich später dafür bedanken kann.

5. Es sollte jemand ernannt werden, der an den ersten Tagen für die Zubereitung der Mahlzeiten zuständig ist.

6. Trauergäste, die von weit her anreisen, brauchen ein Hotel oder eine andere Unterkunftsmöglichkeit. Ein Freund kann helfen, eine Liste über die örtlichen Hotels zu erstellen oder sich darum kümmern, daß sie bei anderen Verwandten oder Freunden unterkommen.

7. Um die Alltagsbelastungen zu erleichtern, können die Hinterbliebenen besondere Regelungen für die Versorgung der Haustiere oder des Haushalts, zum Beispiel für das Reinemachen, treffen. Falls das Haus des Verstorbenen eine Zeitlang leersteht, sollte ein Nachbar nach dem Rechten sehen, damit nicht eingebrochen wird.

Kapitel 10
Letztes Abschiednehmen

Sich von einem geliebten Menschen endgültig zu verabschieden, ist eine der schmerzlichsten Situationen, mit denen wir im Leben konfrontiert werden. Eine Scheidung, ein Umzug, ein Stellen- oder Berufswechsel, eine Krankheit, die wir erleiden, oder sonstige Veränderungen, die sich in unserem Leben ergeben, all das ist auch mit Verlusten verbunden, aber kein Verlust ist so allumfassend wie der Tod. Der Tod eines geliebten Menschen steht ganz oben auf der Liste aller denkbaren streßintensiven Ereignisse. Das emotionale Trauma, die ganzen finanziellen Entscheidungen und die Erfordernisse der Etikette können kräftezehrend sein und einen an den Rand der Erschöpfung treiben. Aber trotzalledem: Wir kommen nicht umhin, uns dem Verlust zu stellen. Es gibt jedoch Wege und Möglichkeiten, den Prozeß erträglicher zu machen.

Benachrichtigung von Freunden und Angehörigen

Zu den schwersten Dingen, die mit dem Tod verbunden sind, gehört, anderen die traurige Nachricht zu überbringen. Verwandte, Freunde, Geschäftskollegen und -partner sowie Nachbarn zu informieren, fällt den Betroffenen in der Regel sehr schwer. Sie sollten um Beistand bitten und jemanden fragen, ob er bei ihnen bleiben kann, wenn sie die Todesnachricht weitergeben müssen. Sie sollten keine Scheu haben, ihre Gefühle zuzulassen und zu zeigen. Sicher muß ein gewisser Takt gewahrt werden, es wäre jedoch nicht gut, die eigenen Gefühle zu verbergen.

Wenn es Ihnen zu schwer fällt, andere zu benachrichtigen, sollten sie Verwandte oder Freunde bitten, Ihnen dabei zu helfen. Vielleicht sollte auch eine Liste über all die Personen erstellt werden, die zu benachrichtigen sind, um sicherzugehen, daß niemand vergessen wird. Diese Liste kann gegebenenfalls aufgeteilt werden, damit die Aufgabe nicht an einem allein hängenbleibt. Und jeder der angerufen wird, kann gefragt werden, ob er vielleicht noch andere weiß, die ebenfalls zu benachrichtigen sind.

Wie schwer es auch ist, Todesnachrichten zu überbringen, es ist auch nicht einfach, sie zu erhalten. Je nachdem, wie sich der Tod ereignete, welches Verhältnis die Benachrichtigten zu dem Verstorbenen hatten und wo sie wohnen, ist es vielleicht besser, die Nachricht persönlich statt telefonisch zu überbringen.

Wenn möglich sollten die Angehörigen auch Freunde und andere Verwandte bitten, ihnen bei solchen Besuchen zu helfen und sie ihnen bei denjenigen abzunehmen, die sie ihrerseits persönlich kennen, damit sie diese trösten können, wenn sie ihnen die Nachricht überbringen. Gegebenenfalls kann auch ein Geistlicher gebeten werden, einzelnen Personen Beistand zu leisten, wenn ihnen die Nachricht überbracht wird.

Sofern der Verstorbene nicht lange krank war, ist der Tod ein Schock. Die meisten werden die Nachricht nicht gleich verdauen können. Wer die Nachricht überbringt, sollte nicht in allzuviele Einzelheiten gehen, sondern nur allgemein sagen, wie und wann der Betreffende gestorben ist und wann und in welchem Rahmen die Trauer- und Beisetzungsfeier stattfinden wird. Die Totenwache oder Trauerfeier können Gelegenheiten sein, über alles eingehender zu sprechen. Die Überbringer der traurigen Nachricht sollten jedoch darauf vorbereitet sein, auch konkretere Auskünfte zu geben, sofern jemand darum bittet.

Die Überbringer sollten behutsam, aber direkt sein. Es macht alles nur schlimmer, wenn das, was zu sagen ist, nur unnütz in die Länge gezogen wird. Sie müssen auf vielfältige Reaktionen gefaßt sein, manche werden in Tränen ausbrechen, andere in absolutes Schweigen versinken und noch andere seltsam unberührt reagieren, da sie die Nachricht nicht an sich heranlassen können. Man sollte denjenigen, welche die Nachricht gerade erhalten haben, Zeit lassen. Ob die Nachricht persönlich oder telefonisch überbracht wird, derjenige, der sie überbringt, sollte möglichst solange bei dem Benachrichtigten bleiben, bis sichergestellt ist, daß er damit zurechtkommt. Gegebenenfalls ist es auch hilfreich, jemanden zu finden, der Trost spendet.

Der Überbringer der Todesnachricht sollte sich zudem auch darüber im klaren sein, welche Gefühle bei ihm selbst durch die Reaktionen der anderen ausgelöst werden können. Jemand, der von dem Verlust eines geliebten Menschen sehr mitgenommen ist, kann zum Beispiel ärgerlich oder wütend auf einen Verwandten reagieren, bei dem dies nicht so ist. Oder umgekehrt kann jemand, der seine Gefühle noch nicht an sich herangelassen und sich ihnen noch nicht gestellt hat, mit einemmal damit konfrontiert werden, daß er, wenn ein anderer zu weinen anfängt, auch selbst in Tränen ausbricht.

Polizisten, Sozialarbeiter, Feuerwehrleute, Geistliche, Krankenschwestern und -pfleger sowie Ärzte sind oft in der schwierigen Situation, völlig Fremden die Todesnachricht überbringen zu müssen. Es sind höchst streßintensive Berufe, in denen man leicht – und viele halten es sogar für klüger – immun gegenüber menschlichem Kummer und Leid wird. Es ist jedoch besser, mitfühlend mit den Hinterbliebenen umzugehen. Auch wenn es schrecklich und schmerzlich ist, den Schmerz des Todes immer und immer wieder mitzuempfinden, kann dies dennoch gesünder sein als die Alternative.

In seinem Buch *Liebe, Medizin und Wunder* legt Dr. Bernie Siegel dar, wie Ärzte, Krankenschwestern und -pfleger davon profitieren können, wenn sie bei ihrer Arbeit mit sterbenden Patienten ihre Gefühle an sich heranlassen und sich darauf einlassen. Ebenso können auch andere, die ständig mit dem Tod konfrontiert werden, davon profitieren, wenn sie die Gefühle, die mit Tod und Trauer verbunden sind, bei sich zulassen statt sich dagegen zu sperren. Familien und Freunde, die erfahren, daß ein geliebter Mensch gestorben ist, können leichter trauern, wenn ehrlich und mitfühlend mit ihnen umgegangen wird.

Wie man sich bei der Überbringung der Todesnachricht bei AIDS-Opfern oder im Falle von Selbstmord oder einem gewaltsamen Tod am besten verhält, finden Sie in dem Abschnitt über »Umstrittene Todesfälle« (S. 406–410).

Verfassen der Todesanzeige

In einer Todesanzeige sollten folgende Informationen enthalten sein: das Geburts- und Sterbedatum, wo der Betreffende lebte, seine Angehörigen, Organisationen, deren Mitglied er war, wichtige Leistungen, die er in seinem Leben vollbracht hat. Es sollte auch angegeben werden, wann und wo und in welchem Rahmen die Beisetzung und/oder Trauerfeier stattfindet, und ob statt Blumen- und Kranzspenden Gelder an gemeinnützige Organisationen gehen sollen.

Gegebenenfalls kann ein religiöser Spruch, ein Zitat oder ein Gedicht mit hinzugefügt werden, einige sinnreiche Worte, die den Trauernden eine Hilfe sein werden. Wenn den Hinterbliebenen danach ist, können sie auch ein Lieblingsgedicht des Verstorbenen, ein Zitat aus der Bibel oder einen Lieblingsspruch des Verstorbenen mit abdrucken. Wer möchte, kann auch eine Geschichte aus seinem Leben mit aufnehmen, um die Erinnerung an ihn lebendiger zu gestalten.

Was soll ich sagen? Kondolieren

... willst du von mir, daß ich weine, so fühle selbst erst den Schmerz.

HORAZ

Es ist schwer, Worte zu finden, wenn man erfährt, daß ein Freund, ein Verwandter oder Kollege jemanden ihm Nahestehenden verloren hat. Was soll man sagen? Aber wie sehr man seine Freunde auch liebt, man kann ihnen ihren Schmerz nicht abnehmen und sollte es auch nicht versuchen. Ein Freund kann an der Wahrheit nichts ändern. Das Beste, was er tun kann, ist, den Schmerz zu teilen.

Der Drang, bei einem Verlust zu trösten, ist natürlich. Es ist jedoch selten, daß jemand so empathisch ist und so einfühlsam das Herz auf der Zunge trägt, daß er genau weiß, was er in der Situation sagen soll. Die meisten Menschen fühlen sich in solchen Situationen unbeholfen und behelfen sich mit Klischees und Schweigen. Die moderne Gesellschaft lehrt sie nicht, wie sie mit ihren Gefühlen umgehen und anderen emotional helfen können.

Man sollte sich jedoch nicht aus Angst, Fehler zu machen, von einem trauernden Menschen zurückziehen. Man sollte seinen Freunden beistehen und tun, was man kann. Wenn man nicht weiß, was man sagen soll, kann man versuchen, genau das zu sagen. Man kann darüber sprechen, wie unzulänglich und hilflos man sich fühlt. Man kann ehrliches Mitgefühl haben, aber dennoch nicht davon ausgehen, daß man weiß, was der Trauernde wirklich empfindet. Man sollte ihm den Raum geben, zu erzählen, wie er sich fühlt. Seine Freunde sollten ihm zuhören und auf seine Gefühle eingehen. Es kann auch hilfreich sein, ihm zu erzählen, wie man sich selbst in einer ähnlichen Situation gefühlt hat.

Freunde können eine bessere Stütze sein, wenn sie bestimmte Phrasen vermeiden. Es hilft dem Trauernden nicht, wenn er Bemerkungen zu hören bekommt wie: »Es war Gottes Wille.« »Du wirst noch andere Kinder bekommen.« »Sei froh, daß sie ihr Leid hinter sich hat.« »Ich weiß genau, wie es dir geht.« »Er würde bestimmt nicht wollen, daß du so außer Fassung bist.« Viele verwenden solche Argumente, um dem anderen damit zu helfen. Was sie aber in Wirklichkeit damit anrichten, ist, daß der andere am Ende wütend ist oder von Schuldgefühlen geplagt wird oder frustriert ist oder sich alleine fühlt.

Wenn man jemandem schriftlich kondoliert, gelten die gleichen Regeln. Das Schreiben sollte persönlich und warmherzig sein und in der Erinnerung vielleicht auf Charaktereigenschaften des Verstorbenen eingehen. Man kann darin eine lustige Anekdote oder ein erheiterndes Gespräch in Erinnerung rufen. Sofern der Schreiber nicht viel über den Verstorbenen weiß oder die trauernde Person nicht gut kennt, kann er einfach sagen: »Wir sind mit unseren Gebeten bei Ihnen.« Oder: »Ich bin in Gedanken mitfühlend bei Ihnen.« Wenn es für passend erachtet wird, kann auch ein schönes religiöses oder inspirierendes Zitat hinzugefügt werden. Kondolenzworte sollten, ob sie persönlich gesagt oder schriftlich formuliert werden, am besten möglichst einfach und herzlich sein.

Einige weitere Tips zur Kunst des Kondolierens:

Freunde sollten sich, sobald sie die Nachricht erfahren haben, bei den Hinterbliebenen melden. Sie sollten nicht warten, bis sie »wirklich« wissen, was sie sagen oder schreiben sollen.

Es kann gut und richtig sein, einen Freund zu fragen, wie er sich fühlt und ob er etwas braucht. (Denken Sie jedoch daran, daß ein gramgebeugter Mensch möglicherweise außerstande ist, tatsächlich zu antworten. Wer helfen möchte, kann seine Dienste für bestimmte Bereiche anbieten – Besorgungen machen, die Kinder beaufsichtigen, helfen, die Danksagungen zu schreiben etc.)

Zuhören. Trauernde stehen oft unter dem Zwang, die »Todesgeschichte« wieder und wieder erzählen zu müssen. Zuhören hilft Freunden, ihren Schmerz zu verarbeiten.

Niemand sollte davon ausgehen, daß er weiß, wie sich die trauernde Person fühlt und wie es ihr geht. In einer Situation, in welcher der eine Trauer empfindet, verspürt ein anderer vielleicht Erleichterung, und umgekehrt.

Experten in Fragen der Etikette sind der Meinung, handschriftliche kurze Briefe seien herzlicher und wärmer. Aber für jeden, der wirklich nicht weiß, was er sagen soll, wird eine schöne Beileidskarte mit einem kurzen sinnreichen Spruch oder ein paar kurzen Worten genügen.

Wege, auch weiter eine Stütze zu sein

Es gibt einen Brauch, Familien, die in Trauer sind, etwas zu essen zu bringen. Das ist eine traditionelle Art, Mitgefühl zu zeigen und Hilfe anzubieten. Es gibt jedoch auch andere Möglichkeiten, wie man helfen kann. Alles, was man tun muß, ist zu fragen.

Wenn ein geliebter Mensch in Trauer ist, sollten Freunde ihn nach der Beisetzung nicht allein lassen. Oft sind die Trauernden durch die Planungen so in Anspruch genommen, daß sie sich dem Verlust im eigentlichen Sinne gar nicht stellen müssen. In der Zeit vor und unmittelbar nach der Beisetzung sind oft viele da, die ihnen helfen. Erst nachdem eine gewisse Zeit verstrichen ist, stehen sie mit ihrem Schmerz alleine da. Das ist genau die Zeit, in der ein Freund oder eine Verwandte am meisten Unterstützung braucht.

Vielleicht rufen auch dann noch des öfteren Freunde an oder schreiben kurz. In bester Absicht bedeuten sie dem Trauernden dann: »Sag Bescheid, und laß es mich wissen, wenn ich irgend etwas für dich tun kann« – und erwarten, daß dieser sich bei ihnen meldet. Das ist jedoch eine irrige Erwartung. Es wäre dem Trauernden peinlich, jemanden um Hilfe zu bitten. Er möchte wahrscheinlich niemandem zur Last fallen. Oft ist es auch so, daß er Hilfe braucht, selbst jedoch nicht weiß, was er eigentlich braucht. Trauer kann verwirrend sein; und wer dem Trauernden eine Stütze sein möchte, sollte versuchen, es ihm etwas einfacher zu machen.

Das schließt nicht aus, daß es auch Betroffene gibt, die sehr genau wissen, wieviel Kontakt sie brauchen. Abhängig von der Persönlichkeit des Betreffenden können Freunde vielleicht freimütig fragen, wie häufig sie anrufen oder Besuche machen oder schreiben sollen.

Freunde sollten bereit und willens sein, dem Trauernden zuzuhören. Eines der größten Probleme, das Trauernde haben, ist, daß andere ihnen helfen möchten, ihre Trauer möglichst schnell zu überwinden. Sie möchten nicht, daß es ihnen schlechtgeht. Traurigkeit und Wut sind Emotionen, denen man sich nur schwer stellen kann. Dennoch ist es das Beste, wenn ein Freund seinen Schmerz zeigt und darüber spricht, nicht das Thema zu wechseln.

Freunde sollten sich nicht verpflichtet oder unter dem Zwang fühlen, Ratschlage zu erteilen, wie der Trauernde es anstellen kann, daß es ihm bessergeht. Sie sollten vielmehr einfach nur zuhören.

Planung der Trauerfeier und Beisetzung

Die Regel ist leider, daß die Trauernden in einer Zeit intensiven Schmerzes und Schocks die Trauer- und Beisetzungsfeier planen müssen. Wenn der Verstorbene diesbezüglich Anweisungen hinterlassen oder bereits Vorkehrungen getroffen hat, sind ihnen die meisten Aufgaben bereits abgenommen. Wenn nicht, müssen die Hinterbliebenen entscheiden, wie der Verstorbene angekleidet werden soll, welcher Sarg genommen wird, und wie die Trauerfeier gestaltet werden soll.

Wenn ein geliebter Mensch stirbt und die Familie seine Wünsche nicht kennt, sollte vielleicht in einem größeren Kreis über alles gesprochen werden. Manchen Verwandten und Freunden fällt es jedoch schwer, über diese Dinge zu sprechen. In dem Fall kann vielleicht ein anderer Verwandter, ein Freund, ein Geistlicher oder Trauerberater den Angehörigen bei all den anstehenden schwierigen Entscheidungen helfen.

Die Wünsche des Verstorbenen, Familientraditionen und religiöse Bräuche werden mit darüber bestimmen, welche Form der Trauerfeier angemessen ist. In Fällen, wo der Leichnam zur Beisetzung nicht verfügbar ist oder nicht ansehbar ist oder die Trauergäste nicht bei der Beisetzung dabei sein können, wird in der Regel eine Gedenktrauerfeier abgehalten. In manchen Fällen möchte die Familie die Beisetzung auch im engsten Familienkreis und nur die Trauerfeier in einem öffentlichen Rahmen stattfinden lassen. Die Totenwachen wurden traditionell im Haus des Verstorbenen abgehalten, finden heute jedoch zumeist in der Leichenhalle statt. Wenn möglich und angemessen, kann der Sarg geöffnet werden, damit die Trauernden von dem Verstorbenen Abschied nehmen können.

Der Zweck einer Trauerfeier besteht darin, den Trauernden zu helfen, ihre Gefühle auszudrücken, dem Verstorbenen die letzte Ehre zu erweisen und den Heilungsprozeß zu beginnen. Die verschiedenen Kulturen haben unterschiedliche Gepflogenheiten bei der Gestaltung ihrer Trauerfeiern. Die Afro-Amerikaner in New Orleans tanzen auf dem Rückweg vom Friedhof auf den Straßen, womit sie das Leben feiern und das Trauern beenden wollen. Bei den Quäkern, Indianern und Amisch ist es vielfach Brauch, persönlich beim Herrichten des Leichnams für die Beisetzung mitzuhelfen. Die Hinterbliebenen von AIDS-Opfern verwandeln die Trauerfeier oft in einen Akt, bei dem das Leben des Verstorbenen gefeiert wird, oder machen angesichts der AIDS-Krise, die so viele junge Menschenleben fordert, daraus eine politische Demonstration.

Juden haben oft die *Chewra kadisha*, die »Heilige Gemeinschaft«, die den Leichnam vor Schändung und Entheiligung bewahrt und ihn für die Beisetzung reinigt und ankleidet. In Deutschland wird die sogenannte Besorgung der Leiche, das Waschen und Ankleiden, teilweise noch von den Angehörigen vorgenommen (siehe auch Kapitel 9).

Die Gestaltung der Trauerfeier ist eine individuelle Entscheidung. Manche Familien halten sie sehr persönlich. Zu einer eigens ausgewählten Musik werden Gedichte gelesen und Verwandte und Freunde aufgefordert, eine besondere Geschichte von dem Verstorbenen zu erzählen. Andere ziehen ein traditionelleres Zeremoniell, das von einem Priester oder Rabbi vollzogen wird, vor. Ihre Erinnerungen und Geschichten tauschen sie nach der Beisetzung beim gemeinsamen Essen aus. Es gibt keinen richtigen oder falschen Weg, eine Beisetzung zu gestalten. Was die Hinterbliebenen möchten, ist, die Persönlichkeit desjenigen zu ehren, der gestorben ist, und dabei auch die Wünsche der Familie zu berücksichtigen. Die Trauerfeier mag nicht jedem gefallen, man sollte sich jedoch bemühen, niemandem mit Kritik zu nahe zu treten.

Zu den Entscheidungen, welche die Hinterbliebenen zu treffen haben, gehören beispielsweise folgende:

Soll der Sarg geöffnet werden? Diese Entscheidung hängt von der Familie sowie religiösen Überzeugungen und dem Zustand des Leichnams ab.

Sollen Kinder an der Beisetzung teilnehmen? Trauerexperten sind der Auffassung, daß man Kinder an den Trauerritualen teilnehmen lassen sollte. (Siehe auch den Abschnitt »Kindern bei der Trauerbewältigung helfen«, S. 425 ff.)

Wer soll die Ansprache halten? Sollen auch Familienangehörige und Freunde sprechen können?

Wo soll die Trauerfeier stattfinden? In einer Kirche oder Synagoge, der Leichenhalle, im Haus eines Verwandten, auf dem Friedhof?

Wenn der Verstorbene eingeäschert wird

Die Entscheidung zwischen einer Feuerbestattung und Beerdigung wird in der Regel von demjenigen selbst getroffen, der gestorben ist, sei es im Testament oder durch seinen erklärten Wunsch gegenüber den nächsten Angehörigen. Hat der Verstorbene sich dazu nie geäußert, liegt die Entscheidung bei den Hinterbliebenen. Auch hier können kulturelle und religiöse Beweggründe eine Feuerbestattung ausschließen. Einige der Faktoren, die zu berücksichtigen sind, sind die Persönlichkeit des Verstorbenen, die Einstellungen und Überzeugungen der Angehörigen zum Tod, die Reaktion der anderen Verwandten sowie die Kostenfrage.

Sobald die Entscheidung für eine Einäscherung gefallen ist, muß als nächstes die Trauerfeier geplant werden. Für sie gelten die gleichen Richtlinien wie bei der Beisetzung. Die Angehörigen können die Feier in einer Kirche oder Synagoge, einer Leichenhalle oder in privatem Rahmen abhalten.

Was die Hinterbliebenen noch entscheiden müssen, ist, wie sie die Urne mit den Aschenresten beisetzen möchten: in einem Erdgrab, einer Urnenhalle, einem Urnenhain oder einer Urnengrabstelle? (Siehe auch Kapitel 9.)

Etikette für Trauernde

Trauergäste sollten sich vor Augen halten, daß die bei Trauerfeiern geltende Etikette von Kultur zu Kultur und Religion zu Religion verschieden ist. Um sicherzugehen, daß man nichts falsch macht und sich richtig verhält, sollte man einfach fragen. Man kann jemanden aus der Familie ansprechen, der von dem Verlust emotional nicht so sehr betroffen ist, oder auch den Bestattungsunternehmer, den Priester oder Rabbi. Die nächsten Familienangehörigen sollten vielleicht nicht unbedingt mit Fragen, was man anziehen und wie man sich verhalten soll, behelligt werden.

Manche Familien freuen sich über Blumengestecke, Kränze und Beileidskarten. Anderen ist es lieber, wenn statt dessen das Geld zu Ehren des Verstorbenen für caritative Zwecke gespendet wird. Organisationen zu unterstützen, die Forschungen im Bereich von Herzkrankheiten, Krebs, AIDS und anderen Krankheiten fördern, oder einem örtlichen Hospiz zu helfen, ist ein schöner Weg, des Verstorbenen zu gedenken. Ebenso angemessen sind Spenden an eine Organisation, die der Verstorbene selbst unterstützte, zum Beispiel an einen Tierschutzverein, wenn er ein Tierliebhaber war.

Wie bei Geburtstagen, Hochzeiten oder anderen Anlässen wird es für schicklich erachtet, denjenigen zu danken, die bei einem Todesfall in der Familie ihre Unterstützung gezeigt haben. Aber anders als bei diesen glücklichen Anlässen kann es den Betroffenen bei einem Trauerfall schwerfallen, anderen ihre Dankbarkeit auszudrücken.

Es ist in Ordnung, eine einfache Danksagungskarte mit ein paar kurzen handschriftlichen Worten zu schreiben. Die Hinterbliebenen können auch andere Angehörige bitten, ihnen dabei zu helfen oder die Aufgabe auch ganz zu übernehmen. Wenn sie dann soweit sind und sich dafür gerüstet fühlen, können sie die Betreffenden anrufen oder ihnen schreiben, um ihnen für ihre Unterstützung zu danken.

Die Schiwa

Viele Juden halten die *Schiwa*, eine siebentägige Trauerzeit, ein, in der Freunde und Verwandte die Hinterbliebenen trösten und an ihrem Schmerz teilhaben. Sie kann darüber hinaus jedoch auch eine Zeit des Lachens, Geschichtenerzählens und Schwelgens in Erinnerungen sein. Die nächsten Verwandten des Verstorbenen – Ehegatte oder -gattin, Eltern, Kinder und Geschwister – sind verpflichtet, sich an die Schiwa zu halten. Das Gesetz und die Gebräuche verlangen, daß während dieser Zeit alle Spiegel im Hause mit weißen Tüchern verhüllt werden und eine Kerze entzündet wird, die während der ganzen Schiwa brennt.

Enge Verwandte verlassen den Ort, an dem die Schiwa gehalten wird, nicht, wenn es nicht unbedingt nötig ist. Die Trauernden lassen sich in dieser Zeit die Haare nicht schneiden, rasieren sich nicht und tragen kein Make-up. Erlaubt ist ihnen nur, kurz zu duschen.

Es ist unschicklich, Trauernde während der Zeit der Schiwa anzurufen. Wenn Besucher kommen, warten sie, ehe sie etwas sagen, bis sie von einem der Trauernden angesprochen werden. Sie sagen von sich aus nichts zu den Trauernden, wenn sie kommen oder gehen. Es ist auch unschicklich, einem jüdischen Trauernden Blumen oder Geschenke mitzubringen; angemessener ist, zu Ehren des Verstorbenen eine Spende zu leisten. Die Besucher werden gebeten zuzuhören, wie die Trauernden ihre Erfahrungen austauschen, oder gelegentlich auch, sie von ihrem Schmerz abzulenken.

Eine Ansprache oder Grabrede halten

Es ist eine Ehre, bei der Trauerfeier eines verstorbenen Angehörigen oder Freundes zu sprechen. Bei einer Ansprache oder Grabrede hat man die Chance, dem Verstorbenen Tribut zu zollen, die Hinterbliebenen zu trösten, Dinge zu sagen, die man dem Verstorbenen sagen möchte, und ein Gefühl von Nähe herzustellen, mit dem der Heilungsprozeß beginnen kann.

Eine Ansprache oder Grabrede halten zu müssen, kann jedoch

auch eine erschreckende Vorstellung sein. Selbst unter den günstigsten Umständen gehört eine öffentliche Rede vor einem Publikum zu den größten Ängsten, die Menschen haben. Und vor einer Gruppe von Menschen zu sprechen, wenn man sich emotional verwundbar fühlt, kann besonders unangenehm sein.

Wer gebeten wird, eine Ansprache oder Grabrede zu halten, und es nicht möchte, sollte es höflich ablehnen. Es ist besser, im Augenblick nein zu sagen, als sich später bei der Trauerfeier überfordert oder wie ein Heuchler zu fühlen.

Wer sich dagegen bereit erklärt zu sprechen, sollte sich sieben Hinweise vor Augen halten:

Vorher genau überlegen, was man sagen möchte. Redner können nicht erwarten, daß ihnen in der Situation wirklich alles wieder einfällt, was sie sagen wollen. Sie sollten sich Stichworte notieren oder auch die ganze Rede tippen; falls sie von ihren Gefühlen überwältigt werden, kann dann jemand anderes ihre Gedanken vorlesen.

Abgesehen von geübten Rednern sollten sich alle kurzfassen. Sofern sie keine konkrete Zeitvorgabe haben, dürften fünfzehn oder zwanzig Minuten genügen, um lobend auf den Verstorbenen und den Verlust einzugehen, den sein Tod bedeutet. Wenn sie einer von mehreren Rednern sind, haben Sie möglicherweise für ihre Rede noch weniger Zeit.

Redner sollten sich bemühen, sie selbst zu sein. Wenn sich in Ihnen der Wunsch regt, eine lustige Geschichte über den lieben Verstorbenen zu erzählen, dann tun Sie es. Aber diejenigen, die sich nie an die Pointe eines Witzes erinnern können, sollten diese Gelegenheit nicht nutzen, um witzig zu sein. Sie sollten einfach nur das sagen, wonach ihnen in Wirklichkeit zumute ist.

Ansprachen oder Grabreden sollten persönlich sein. Wer den Verstorbenen nicht gut kannte, sollte sich auf das konzentrieren, was er weiß. Er kann vielleicht über gemeinsame Interessen, Hobbys oder Erlebnisse sprechen. Eine blumige Grußkartensprache sollte nach Möglichkeit jedoch gemieden werden. Die Rede sollte realitätsbezogen und konkret sein.

Ansprachen und Grabreden sollten diskret sein. Sie sind nicht dazu geeignet, Beichten abzulegen oder sich für ein Fehlverhalten zu entschuldigen.

Redner sollten keine Angst haben, Gefühle zu zeigen. Wenn sie wütend sind über die Art und Weise, wie der Verstorbene ums Leben kam, sollten sie es sagen. Wenn ihnen nach Weinen zumute ist, sollten sie weinen.

Redner sollten sich ihr Publikum vor Augen halten. Ältere Menschen, Kinder und andere, die sich mit einer derben Sprache schwertun, können unter den Zuhörern sein. Flüche und umgangssprachliche Ausdrücke, an denen Anstoß genommen werden könnte, sollten tunlichst gemieden werden.

Dem Verstorbenen Tribut zollen

Auch wer nicht an der Trauerfeier oder Beisetzung teilnimmt, hat die Möglichkeit, einem lieben Verstorbenen die Ehre zu erweisen. Eine altehrwürdige Tradition ist, zum Symbol der Trauer Schwarz oder eine andere Farbe des Todes zu tragen. Im Fernen Osten ist beispielsweise Weiß die Farbe des Todes.

Eine andere Möglichkeit ist, eine Elegie zu schreiben. Elegie heißt »Klagelied« und wurde von dem griechischen Wort *elegeia* abgeleitet. Eine Elegie kann ein Gedicht sein, das man mit Familienangehörigen und Freunden des Verstorbenen teilen oder in einer Zeitung oder Zeitschrift veröffentlichen kann. Man kann es aufheben, um es sich später einmal wieder anzuschauen.

Weitere Möglichkeiten, den Verstorbenen zu ehren, sind zum Beispiel:

Persönlich bedeutsame Dinge mit in den Sarg zu legen – wie eine Haarlocke, eine Fotografie oder andere persönliche Erinnerungsstücke.

Nach der Trauerfeier beim gemeinsamen Essen kann man die Trauergäste bitten, zu Ehren des Verstorbenen einen Toast auszubringen. Es sollte sichergestellt werden, daß alkoholfreie Getränke für diejenigen verfügbar sind, die keinen Alkohol trinken möchten.

Die Trauergäste könnten gebeten werden, die Lieblingsfarbe des Verstorbenen zu tragen.

Die Trauernden können eine Liste von all die Menschen erstellen, die sie lieben und die noch am Leben sind, und ihnen sagen, wieviel sie ihnen bedeuten.

Der Trauerprozeß

Als Elisabeth Kübler-Ross 1969 *Über den Tod und das Leben danach* schrieb, unterschied sie die fünf Phasen, Leugnen, Wut, Feilschen und Verhandeln, Depression und Annahme für den Prozeß des Sterbens. Diese wurden auch auf die Trauernden übertragen.

Andere Analysen des Trauerprozesses beziehen noch die Phasen der Desorganisation, der Angst und des Protestes mit ein. Die Kenntnis dieses Verlaufs erleichtert den Betroffenen, ihre Trauer zu verstehen. Es ist manchmal hilfreich zu wissen, daß es Gefühle und Symptome gibt, die praktisch alle Trauernden erfahren. Aber jeder, der einmal getrauert hat, wird Ihnen auch sagen, daß die Trauer kein geordnet ablaufender und vorhersehbarer Prozeß ist. Emotionen, die man während der Trauer empfinden kann, sind unendlich vielfältig. Jeder einzelne Trauerprozeß ist letztlich anders.

Traurigkeit ist natürlich ein Hauptbestandteil der Trauer, aber auch andere Emotionen spielen dabei eine Rolle. Nachfolgend seien einige der verbreitetsten Emotionen genannt, die Trauernde erfahren.

Leugnen

Bezeichnend für die Phase des Leugnens sind Schockgefühle, Unglaube, Starre und Betäubung. Wenn die Nachricht vom Tod eines Menschen kommt, ist sie zuerst schwer zu glauben. Selbst wenn der Verstorbene alt oder krank war, kann es schwer sein, die Endgültigkeit des Todes zu begreifen. Das Leugnen schützt den Trauernden vorübergehend, bis er soweit ist, daß er sich dem Verlust stellen kann. Auf einer Ebene weiß er, daß der Mensch gestorben ist, aber auf einer anderen Ebene ist er noch nicht bereit, dieses zu akzeptieren.

Menschen, die leugnen, sagen vielfach Dinge wie: »Ich kann einfach nicht glauben, daß es passiert ist.« »Es kann nicht wahr sein.« »Das ist nicht wahr.« »Das muß ein Irrtum sein.« Sie tun so, als sei alles in Ordnung, oder behaupten, daß sie nichts fühlen. Weitere Anzeichen des Leugnens sind:

- Die Weigerung, die Beisetzung zu planen oder daran teilzunehmen;
- das Beharren darauf, daß der Betreffende nicht tot ist;
- sich ständig übermäßig beschäftigt zu halten.

Selbst nach der Beisetzung kann noch ein gewisses Leugnen vorliegen. So kann eine Witwe abends mit dem Abendessen auf ihren verstorbenen Mann warten, als käme er, wie gewohnt, von der Arbeit nach Hause. Oder ein Kind hört die Stimme seiner verstorbenen Mutter und sieht sie auf der Straße.

Man sollte nicht versuchen, diese Phase allzu schnell hinter sich zu bringen. Leugnen ist ein natürliches, normales Phänomen. Trauernde lassen das Leugnen ganz von selbst sein, wenn sie soweit sind. Wenn jedoch jemand selbst einige Wochen nach der Beisetzung immer noch nicht begonnen hat, sich der Realität zu stellen, sollte ein Berater hinzugezogen werden.

Desorganisation

Wenn jemand soweit ist, daß er sich mit dem Vorfall auseinandersetzen kann, taut sein Herz automatisch soweit auf, daß er die Flut der Gefühle spürt, die über ihn hereinbrechen. Angst, Widerwille, Zweifel, Erleichterung, Wut und Traurigkeit – es ist eine gewaltige Welle von Emotionen, die ihn umtost und schüttelt. Vielfach ist es unmöglich, dieses Knäuel von Gefühlen zu entwirren. Wer jeder einzelnen Gefühlsregung nachspürt, wird sich in dieser Phase der Desorganisation überfordert fühlen.

Bezeichnend für sie ist das Gefühl, betäubt und gelähmt oder verwirrt zu sein. Der einfache Gang zum Supermarkt gerät zu einer schwierigen Aufgabe. Entscheidungen, die vor dem Verlust fast beiläufig getroffen wurden, erscheinen jetzt übergroß.

Trauernde können auch unter dem Zwang stehen, ihr Leben einschneidend verändern zu müssen. Ihr Innenleben hat sich so verändert, daß sie jetzt auch äußerlich etwas verändern möchten. Manche entschließen sich in solchen Situationen zu einem Umzug, zur Kündigung ihrer Arbeitsstelle oder auch dazu, sich scheiden zu lassen oder zu heiraten. Experten empfehlen jedoch, mit solchen lebensverändernden Entscheidungen nach Möglichkeit mindestens ein Jahr zu warten. Trauernde sollten in dieser Phase vorsichtig sein mit Entscheidungen, was sie mit den Besitztümern und persönlichen Dingen eines geliebten Menschen machen.

Wut

Die Wutphase wird auch als die Protestphase bezeichnet. Wenn todkranke Patienten erkennen, daß sie tatsächlich sterben, werden sie wütend. Sie fragen: »Warum ich?« Und bei Trauernden wird diese Frage: »Warum ich?« zu einem »Warum mein Mann/meine Frau/mein Kind?« Es ist gang und gäbe, daß Trauernde wütend auf Ärzte sind, die ihre Lieben nicht »gerettet« haben. Im Zweifel sind sie auch wütend auf Gott und stellen ihren Glauben in Frage. Wie konnte Gott den Flugzeugabsturz, das Bombenattentat, den Bandenkrieg, die Krankheit und Zerstörung zulassen?

Warum hat Gott mir meine Mutter, meinen Sohn, meinen Geliebten genommen?

Selbst Agnostiker und Atheisten geraten in solchen Situationen über die Frage von Gut und Böse und die Mysterien des Universums ins Grübeln.

Wut kann erschreckend sein, besonders für Frauen. Ihnen wird häufig beigebracht, wütend zu sein, sei schlecht und böse. Viele haben Angst, ihr Zorn könnte sie überwältigen und durchdrehen lassen und sie zu Gewalttätigkeiten oder in den Wahnsinn treiben. Solange man nicht vorhat, seine Wut an jemandem auszulassen, den man verletzen möchte, braucht man vor ihr jedoch keine Angst zu haben. Aber wer zerstörerisch oder selbstzerstörerisch ist oder Angst hat, es zu sein, sollte einen Therapeuten aufsuchen.

Wut kann hilfreich sein. Die in den USA ins Leben gerufene Initiative der »Mütter gegen Trunkenheit am Steuer« ist ein Beispiel, wie eine Gruppe ihre Wut positiv nutzt: sie entwickelte daraus ein Engagement für entsprechende Gesetzesveränderungen und Aufklärung der Öffentlichkeit über die Gefahren, die mit Trunkenheit am Steuer verbunden sind.

Wutgefühle können den Hinterbliebenen helfen, sich von dem Schmerz zu erholen. Die Wut zu unterdrücken kann zu Depressionen und Feindseligkeiten führen. Trauernde sollten sich bemühen, ihre Wut auf gesunde Weise zu äußern. Sie können auf ein Kissen einschlagen, sie einem Tagebuch anvertrauen, darüber sprechen, sich ins Auto setzen und irgendwo in aller Abgeschiedenheit laut schreien oder an die frische Luft gehen, um ihre Wut bei einem Spaziergang in Bewegungsenergie umzusetzen.

Schuldgefühle

In ihrem Ringen, den Tod eines geliebten Menschen verstehen und begreifen zu wollen, werden viele auch wütend auf sich selbst. Sie quälen sich selbst mit Fragen wie: »Warum habe ich nicht ...?« und: »Hätte ich doch nur ...« Manchmal ist es leichter, sich selbst Vorwürfe zu machen, als zu akzeptieren, daß der Tod ein Teil des Lebens ist.

Hinter dem Nicht-annehmen-können des Todes steckt unter anderem auch der Wunsch, noch einmal eine Chance mit dem geliebten Menschen zu bekommen. Manche Hinterbliebenen glauben, sie hätten ihm seine letzten Tage vielleicht schöner und angenehmer machen können. Sie hätten bessere Kinder, Partner, Eltern, Freunde sein können. Sie werden von diesen ganzen »Könnte« und »Sollte« und ihren Gewissensbissen regelrecht aufgefressen. Egal, was sie für ihre Lieben alles getan haben, sie glauben, sie hätten mehr tun können.

Aller Wahrscheinlichkeit nach haben sie jedoch alles getan, was sie tun konnten. Schuldgefühle, daß man einen geliebten Verstorbenen nicht beschützen oder retten oder ihm gegenüber kein besserer Mensch sein konnte, sind nur natürlich. Aber Selbstvorwürfe werden den Verstorbenen auch nicht wieder zurückbringen.

In manchen Fällen ist es natürlich wirklich so, daß ein Hinterbliebener Schuld am Tod eines geliebten Menschen hat. Ein Unfall, bei dem er ihn vielleicht erschossen oder mit seinem Wagen totgefahren hat. Aber selbst dann muß der Prozeß stattfinden, an dessen Ende man sich vergeben kann. Wer sich am Tod eines Menschen schuldig fühlt, sollte versuchen, seine Schuldgefühle zu überprüfen und wirkliche Schuld von falscher Schuld zu unterscheiden. Er sollte wissen, daß es lange dauert, bis er Frieden mit sich schließen kann, aber auch, daß er dies erreichen kann. Er sollte sich vielleicht einen Freund suchen, dem er vertrauen und bei dem er seine Gewissensbisse immer wieder zeigen kann. Um sich von tatsächlichen Schuldgefühlen zu erholen, ist wahrscheinlich professionelle Hilfe erforderlich.

Feilschen und Verhandeln

Die Phase des Feilschens und Verhandelns ist die Phase, in der todkranke Patienten anfangen, mit Gott zu verhandeln. Als sie wütend waren, haben sie etwa verlangt, geheilt zu werden. Jetzt sind sie bereit zu feilschen – und beten vielleicht: »Ich werde nie mehr schwören, betrügen, lügen, stehlen, wenn ich am Leben bleiben darf.«

Wie sieht nun dieses Feilschen bei Personen aus, die bereits einen geliebten Menschen verloren haben? Was könnten Trauernde hoffen zu erreichen, wenn sie mit Gott verhandeln? Sie möchten ihre Lieben zurückhaben. Leugnen und Traurigkeit sind ein Teil des Feilschens und Verhandelns. Es ist gang und gäbe, daß Trauernde darum beten, daß der Verstorbene nicht wirklich gestorben ist. Sie sehnen sich so sehr nach dem geliebten Menschen, daß sie bitten und betteln, er möge zu ihnen zurückkommen.

Auch wenn es irrational erscheint, über das Zurückkehren eines Verstorbenen verhandeln zu wollen, kann dies doch ein normaler Bestandteil des Heilungsprozesses sein. Die Trauernden werden schließlich akzeptieren, daß, egal, was sie auch tun, ihre Lieben nie zurückkommen werden.

Depressionen

Das Feilschen und Verhandeln funktioniert nicht. Der geliebte Verstorbene ist immer noch tot. Es gibt keinen Weg an der Wahrheit vorbei. Trauernden bleibt keine Hoffnung, als sich der Wirklichkeit zu stellen. Das ist der Punkt, an dem eine Depression einsetzen kann. Sie äußert sich in Form von Hoffnungslosigkeit, Trägheit, Apathie, Isolation und Traurigkeit.

Trauernde können ihr Interesse an Aktivitäten verlieren, die ihnen zuvor Freude gemacht haben. Essen, Musik, Sex, Hobbys und Freunde sind oft nicht mehr das, was sie im Sinne von Genuß und Vergnügen einmal waren. Trauernde werden von ihrem Schmerz zu sehr hinuntergezogen, um glücklich zu sein. Die Traurigkeit und Einsamkeit kann unerträglich sein. Trauernde sehnen sich oft so sehr nach ihren Lieben, daß es sogar weh tun kann.

Eine Trauerdepression ist, auch wenn es vielleicht nicht so aussieht, vorübergehender Natur und erfordert nur selten eine Medikation. Wie lange die Depression dauert, ist von Person zu Person verschieden. Es ist jedoch durchaus normal, daß die Betroffenen sich monatelang depressiv und niedergeschlagen fühlen. Manche können jedoch auch jahrelang an einer schweren Depression leiden.

Ängste

Angst ist ein normaler Bestandteil des Trauerprozesses. Der Tod ist so allüberragend im Bewußtsein, daß alle Gefahren der Welt über einem hereinzubrechen drohen. Es kann zur Besessenheit werden, daß der Trauernde nur noch sieht und hört, auf welche Weise man sterben kann. Die Angst, die sich breitmacht, kann allgemein und gegen alles und nichts gerichtet sein; und auch wenn es nichts Konkretes gibt, wovor er sich zu fürchten braucht, kann er von einem generellen Mißtrauen gegenüber allem Guten und Schönem erfaßt werden.

Menschen die trauern, können vorübergehend außerstande sein, zwischen realistischen Ängsten und unrealistischen Ängsten zu unterscheiden. Sie können Hypochonder werden und Angst haben, sich die Krankheit zuziehen, an der ihre Lieben gestorben sind. Oder sie haben Angst, in ein Flugzeug oder ein Auto zu steigen, weil ihre Lieben damit bei einem Unfall ums Leben kamen.

Es gibt natürlich auch realistische Ängste. Jemand, der ungeschützt Geschlechtsverkehr mit jemandem hatte, der an AIDS gestorben ist, oder jemand, der ein einschlägiges Krankheitsbild in der Familiengeschichte hat, sollte einen Arzt aufsuchen. Es wird ihm wesentlich bessergehen, wenn er die Wahrheit über seinen Gesundheitszustand kennt. Und wenn er tatsächlich krank ist, kann die Krankheit vielleicht noch rechtzeitig erkannt werden, ehe sie einen tödlichen Ausgang nimmt. Er kann unter Umständen seinen Lebensstil ändern und sein Leben noch um Jahre verlängern.

Für Personen, die sich von ihrer Angst überwältigt fühlen, kann es hilfreich und ratsam sein, mit anderen Trauernden, Trauerberatern oder religiösen Beratern zu sprechen.

Annahme

Nach großer Verzweiflung und vielen Kämpfen akzeptieren Trauernde schließlich die Realität des Todes eines geliebten Menschen, so daß der Heilungsprozeß beginnen kann. Die Phase der Annahme wird auch als Phase der Reorganisation oder der Versöhnung bezeichnet. Mit ihr eröffnen sich neue Möglichkeiten. Das Leben sieht nicht mehr so düster aus. Es gibt neue Hoffnung.

Die Hinterbliebenen finden wieder Interesse am Leben. Das Essen schmeckt wieder gut. Sie können wieder lachen und ihre Freunde und Familie wieder mehr genießen. Sie können an den geliebten Verstorbenen denken, ohne von Traurigkeit überwältigt zu werden. Und sie haben sogar das Gefühl, durch den Verlust etwas gelernt zu haben.

Trauernde, die sich wieder gefangen haben, sagen oft, sie fühlen sich wie ein anderer Mensch. Sie kehren möglicherweise nicht mehr zu ihren alten Hobbys und Aktivitäten zurück, sondern gehen veränderten Interessen nach. Ihre neue Identität macht ihnen in dieser Phase der Annahme keine Angst. Sie werden dankbarer für ihr Leben und das Leben ihrer Lieben. Und in ihrer Dankbarkeit können sie weitermachen. Ganz nach dem Motto: »Was dich nicht umbringt, macht dich nur stärker.«

Physische Symptome

Bei Trauernden stellen sich Veränderungen im Appetit und Schlafverhalten ein. Sie können möglicherweise überhaupt nicht mehr schlafen oder stellen umgekehrt fest, daß sie nur noch schlafen möchten. Ebenso kann es sein, daß sie jeden Appetit verloren haben oder umgekehrt mehr als gewöhnlich essen.

Trauer schmerzt; nicht nur psychisch, sondern auch physisch, so daß Trauernde unter Kopfschmerzen, Brustschmerzen, Magenschmerzen oder Brechreiz leiden können. Sie können sich benommen, betäubt oder schwach fühlen, oder anfällig für Erkältungen oder eine Grippe sein.

Man ist häufig »krank vor Trauer und Schmerz.« Körperliche Bewegung, Entspannungsübungen und eine angemessene Ernährung können helfen, einige der physischen Unpäßlichkeiten zu lindern. Sofern die Symptome anhalten oder sich verschlimmern, sollte ein Arzt aufgesucht werden.

Spirituelle Aspekte der Trauer

Trauernde sind oft einer Vielzahl von metaphysischen und spirituellen Erfahrungen ausgesetzt. Die meisten berichten zum Beispiel, daß sie von ihren geliebten Verstorbenen träumen. Oft »sprechen« die Toten mit ihren Hinterbliebenen, stellen ihnen Fragen oder beteuern, daß es ihnen gutgeht. Am quälendsten sind Alpträume, die Trauernde manchmal haben, in denen sie ihre Lieben nicht retten können und gezwungen sind, ihren Tod nochmals zu erleben. Psychische Traumata durch Träume aufzuarbeiten, ist jedoch normal und gesund.

Es ist auch nicht außergewöhnlich, daß Trauernde Halluzinationen haben, in denen sie ihre geliebten Verstorbenen sehen oder hören oder ihre »Gegenwart spüren.« Abhängig von der Persönlichkeit und den Überzeugungen des Trauernden können diese Erfahrungen beruhigend oder aber auch furchteinflößend sein. Insgesamt sind sie jedenfalls relativ normal. Wer sich dadurch jedoch zermürbt fühlt, sollte mit einem Trauerberater sprechen.

Umstrittene Todesfälle und erschwerte Trauer

Ein plötzlicher, unerwarteter Tod ist immer schockierend und schwer zu bewältigen. Um jemanden zu trauern, der ermordet, bei einem Unwetter getötet oder von einem Betrunkenen überfahren wurde, ist besonders hart. Um jemanden zu trauern, der Selbstmord begangen hat, an AIDS gestorben oder in einer anderen »gesellschaftlich nicht akzeptierten« Form ums Leben gekommen ist, kann ebenso schwer sein.

Wenn ein Hinterbliebener oder jemand, um den man sich sorgt, sich mit der Bewältigung eines Todes besonders schwertut, gibt es möglicherweise grundsätzliche Probleme, die eine Lösung und ein Fortschreiten zur nächsten Phase verhindern.

Es gibt zahlreiche Situationen, die den Trauerprozeß extrem erschweren können. Ein Beispiel, das relativ häufig vorkommt, ist etwa, wenn ein geliebter Mensch zu einem Zeitpunkt stirbt, an dem der Hinterbliebene sowieso schon einiges durchzumachen und eine harte Zeit durchzustehen hat – eine Scheidung, einen Arbeitsplatzwechsel oder einen Umzug. Wenn man mehr als nur einen Streßfaktor zu bewältigen hat, kann sich das Gefühl breitmachen, man verliere jeden Halt und den Boden unter den Füßen. Hinzu kommt, daß man andere in einer Zeit, in der man sich durch etwas hindurchzukämpfen hat, eher meidet, wodurch sich der Trauerprozeß verzögert.

Weitere Umstände, die den Trauerprozeß erschweren können, sind beispielsweise:

Wenn der Leichnam des Verstorbenen nicht geborgen werden konnte oder entstellt ist.

Wenn es um mehrere Tote geht. Das Schicksal kann manchmal grausam sein, wenn Menschen gleich Schlag auf Schlag mehrere Familienmitglieder oder Freunde verlieren. Der Schmerz solcher Verluste kann überwältigend sein. Die finanzielle und psychische Belastung, mehr als nur eine Beerdigung auf einmal planen und bezahlen zu müssen, kann traumatisch sein.

Gewaltsamer Tod

Wenn schon der normale Tod schockierend wirken kann, so ist ein gewaltsamer Tod ein absolutes Desaster. Es gibt keinen Weg, die Sinnlosigkeit eines Mordes zu verstehen. Um jemanden zu trauern, der getötet wurde, heißt, einem Maß an Entsetzen, Schock, Zorn, Angst und Hilflosigkeit ausgesetzt zu sein, dem ein Durchschnittsmensch nicht gewachsen ist.

Die Trauer um einen geliebten Menschen, der absichtlich oder durch einen Unfall getötet wurde, sprengt alles, was man unter Gut und Richtig versteht. Durch diesen Tod kann man das Vertrauen und den Glauben an die Menschheit und an Gott verlieren. Der Schmerz ist unbeschreiblich.

Man fühlt sich im Zweifel nicht mehr sicher, wie sollte man auch, wenn man weiß, daß ein geliebter Mensch durch einen betrunkenen Autofahrer, bei einem Raubüberfall, einer Vergewaltigung oder durch Mord getötet wurde. In solchen Fällen kann die Wut, die viele Trauernde empfinden, in Rage umschlagen. Die Hinterbliebenen verlangen Gerechtigkeit und auch Rache: »Auge um Auge.«

Zu allem, was mit der Planung der Beisetzung, der Benachrichtigung der Freunde und Familie und des Ertragens derart gewaltiger Schmerzen auf die Angehörigen zukommt, sehen sie sich möglicherweise auch noch mit weiteren Herausforderungen konfrontiert. Sie müssen eventuell die Leiche und den Mörder identifizieren oder als Zeugen vor Gericht erscheinen. Es wird von ihnen erwartet, mit der Polizei, der Staatsanwaltschaft und mit Gerichtsmedizinern zusammenzuarbeiten. Und wenn ihnen ein langwieriger Gerichtsprozeß erspart bleibt, müssen sie unter Umständen mit dem Schmerz leben, nie zu wissen, wer den geliebten Menschen und warum umgebracht hat.

Größere Rücksichtnahme auf Freunde und Verwandte von Opfern von Gewaltverbrechen wäre bei den Medien mehr als vonnöten. Fernseh- und Zeitungsreporter bedrängen die Hinterbliebenen oft, wenn sie noch unter Schock stehen, völlig verwirrt, wütend oder niedergeschmettert sind. Sie werden genötigt, ihre Alpträume im Rampenlicht der Öffentlichkeit zu erleben.

Zudem müssen sie die gesellschaftliche Stigmatisierung ertragen, die gemeinhin mit Mord oder Totschlag verbunden ist. Wenn die Betroffenen in der glücklichen Lage sind, einer wohlhabenden Schicht anzugehören, erkennen sie mit einemmal, daß sie sich bisher nur in Illusionen wiegten, wenn sie glaubten, Mord käme nur bei Minderheiten, unter Bandenmitgliedern und bei Leuten vor, die im »falschen« Stadtteil wohnen oder einfach »schlecht« sind.

Wer um jemanden trauert, der getötet wurde, sollte sich andere suchen, die das Trauma verstehen, das er erlebt hat. Es gibt entsprechende Selbsthilfegruppen, die den Familien beistehen können, mit dem öffentlichen Martyrium der Trauer um einen Toten, der das Opfer eines Gewaltverbrechens ist, umzugehen und fertig zu werden. Ebenso können Sozialarbeiter, Geistliche, Beratungsstellen oder Therapeuten helfen, den Streß und Schmerz aufzuarbeiten, Belastungen, die einmalig für alle sind, die im Bewußtsein leben müssen, daß Gewalt nicht nur »anderen« widerfährt.

AIDS

Wie bei anderen tödlichen Krankheiten beginnt auch bei AIDS die Trauer bereits, sobald erstmals HIV positiv diagnostiziert wurde. Mit neuentwickelten Behandlungsmethoden leben Personen, die HIV positiv sind, inzwischen länger und auch mit einer besseren Lebensqualität. Und in dem Zuge, wie die Gesellschaft besser über HIV und AIDS aufgeklärt und informiert wird, nimmt die gesellschaftliche Stigmatisierung ab. Aber für viele ist AIDS noch immer eine mit Scham, Ängsten und Peinlichkeiten behaftete Krankheit. Die Angehörigen sind oft nicht bereit, sich dazu zu bekennen und einzugestehen, daß ein geliebter Mensch an AIDS gestorben ist, aus Angst, geächtet und verachtet zu werden.

Auch homosexuelle Männer fühlen sich oft nicht sicher genug, um ihre Trauer über den Tod ihrer Partner und Geliebten offen zu zeigen. Aufgrund ihrer sexuellen Orientierung und ihrer Beziehung mit jemandem, der an AIDS gestorben ist, sind Homosexuelle gemeinhin Vorurteilen ausgesetzt. Hinzu kommt, daß die Familien ihrer Partner ihre Beziehung oft nicht anerkennen oder würdigen. So daß zu der Qual, ihre Partner verloren zu haben und zu vermissen, oft auch noch der Kampf um das Recht, ihre Liebe zu zeigen, hinzukommt. Im Unterschied zu heterosexuellen Partnern wird Homosexuellen kaum das Recht zugestanden, die Beisetzung und Trauerfeier zu organisieren und in dem Sinne dann auch den Sarg und den Friedhof auszuwählen. Ihnen werden althergebrachte, grundlegende Bewältigungsmuster, die für den Umgang mit der eigenen Trauer wichtig sind, vorenthalten.

Für den hinterbliebenen Partner eines an AIDS gestorbenen Menschen kann die Trauer besonders vielschichtig und schwierig sein. Sofern der Hinterbliebene infiziert ist, ist er zusätzlich zu seiner Trauer, mit seiner eigenen Krankheit und Sterblichkeit konfrontiert. Möglicherweise empfindet er auch Wut auf den Partner, die in der Folge dann wiederum Schuldgefühle auslöst. Und ist er nicht infiziert, quält er sich möglicherweise mit Schuldgefühlen ob der Tatsache, daß er überlebt hat.

Um den Verlust von jemandem zu verarbeiten, der an AIDS gestorben ist, muß man sich der ganzen Trauer stellen. Ein Geheimnis aus der Todesursache zu machen oder Lügen zu erfinden, ist keine Lösung, sondern wird den Streß nur noch erhöhen. Wer es seinen Kollegen, Nachbarn oder anderen Bekannten nicht sagen kann, sollte sich eine Selbsthilfe- oder Unterstützergruppe suchen, die ihm helfen kann.

Hilfreich ist es bereits, die Betroffenen richtig über HIV und AIDS aufzuklären, so daß sie wirklich informiert sind, wenn sie anderen von einem AIDS-Tod erzählen müssen. Ihr Unbehagen kann abnehmen, wenn sie die Fakten kennen, wie sich das Virus verbreitet. Örtliche Hospizvereine und AIDS-Organisationen können mit Aufklärungsbroschüren und Informationen über Selbsthilfe- und Unterstützergruppen weiterhelfen.

Selbstmord

Leugnen, Traurigkeit, Wut, Angst, Schuldgefühle, schmerzliche Sehnsucht und andere Emotionen, die mit Trauer verbunden sind, spielen auch bei Selbstmordfällen eine Rolle. Die Trauer um Menschen, die sich selbst umgebracht haben, kann jedoch aufgrund der Schande, die einem Selbstmord anhaftet, besonders schwierig sein. Für einige Religionen ist Selbstmord eine Sünde, so daß der Tote somit auch nicht in den Himmel kommen kann. Hinzu kommt, daß sich die Trauernden selbst vielfach die Schuld am Tod dieses Menschen geben oder sich mit der Sorge quälen, andere könnten ihnen die Schuld daran geben. Sie wissen vielleicht, daß sie nicht dafür verantwortlich sind, wenn ein anderer Mensch sich das Leben nimmt. Unter Umständen bringt sie aber der gesellschaftliche Druck dahin, sich schuldig zu fühlen.

Angesichts des Tabus, mit dem Selbstmord belegt ist, schämen sich die Angehörigen mitunter zu sehr, um anderen zu sagen, wie der Betreffende starb. Sie möchten die wahren Todesumstände vertuschen, um sich Verlegenheiten und Peinlichkeiten oder anderen die schmerzliche Wahrheit zu ersparen. Darüber hinaus können finanzielle Fragen ein weiterer Grund sein, warum eine Familie erwägt, hinsichtlich der Todesursache zu lügen. Versicherungspolicen, vor allem Lebensversicherungspolicen enthalten zum Teil Klauseln, daß die Versicherungssummen im Falle von Selbstmord nicht oder nur eingeschränkt auszahlbar sind.

Der Weg der Trauer um einen geliebten Menschen, der Selbstmord begangen hat, ist zumeist noch um ein vielfaches schmerzlicher für diejenigen, welche die Leiche gefunden haben. Sie müssen sich mit dem oft grausamen Bild der Todesszene auseinandersetzen, das ihnen ständig vor Augen steht, oder auch an dem Ort weiterleben, wo der Betreffende sich das Leben genommen hat.

Wer um jemanden trauert, der Selbstmord begangen hat, wird sich wahrscheinlich lange Zeit mit der Frage nach dem Warum quälen. »Warum habe ich es nicht kommen sehen?« fragt er. Oder: »Was hätte ich tun können, um sie aufzuhalten?« »Warum hat sie das jetzt getan?« Den Hinterbliebenen fallen Situationen ein, in denen der Betreffende mit seinem Verhalten oder in Bemerkungen, Andeutungen gemacht hat, die vorher meistenteils entweder nicht verstanden oder übersehen wurden.

Die Wahrheit ist, daß viele Hinterbliebenen nicht verstehen, warum ein geliebter Mensch sich das Leben genommen hat. Aus der Sicht der Psychologen ist Selbstmord, wenn es nicht um einen Todkranken oder Schwerbehinderten geht, zumeist mit Depressionen verknüpft. Eine nicht behandelte Depression führt zu einem chemischen Ungleichgewicht im Gehirn, das es buchstäblich unmöglich machen kann, noch glücklich zu sein. Personen, die sich infolge einer Depression umbringen, möchten tiefen emotionalen Schmerzen entfliehen. Für die Trauernden wird der Prozeß leichter sein, wenn sie verstehen, um was es bei einer Depression geht. Sie können bei Psychologen, Trauerberatern, Therapeuten oder Trauerselbsthilfegruppen Unterstützung finden.

Ein weiterer Punkt, der bei Selbstmord mit darüber entscheidet, wie die Hinterbliebenen mit ihrer Trauer fertig werden, ist die Methode, die der Betreffende wählte, um sich das Leben zu nehmen. Es ist fast unmöglich, jemanden zu verstehen, der von einem Gebäude springt, sich anzündet oder erschießt. Je gewalttätiger oder grotesker die Methode, desto schwieriger ist die Trauer.

Wie bei anderen Todesursachen kann auch bei der Trauer bei einem Selbstmordfall ein Gefühl der Erleichterung hinzukommen. In manchen Fällen wußten die Hinterbliebenen auch, wie sehr und worunter der Verstorbene gelitten hat. Vielleicht hatte er vorher auch schon einmal einen gescheiterten Selbstmordversuch unternommen oder in anderer Hinsicht ein unausgeglichenes Verhalten erkennbar werden lassen. Vielleicht hatte er auch schon länger damit gedroht, sich umzubringen, und damit seine Freunde oder Familie psychisch unter Druck gesetzt. Selbst bei extremer Traurigkeit, Wut und tiefen Schuldgefühlen, ist es nur natürlich, sich erleichtert zu fühlen, daß es mit dem Bangen und Warten nun vorbei ist.

Angesichts der Wirren fragen die Hinterbliebenen sich vielleicht auch, ob sie nicht selbst psychisch krank sind. Depressionen und andere psychische Krankheiten spielen mitunter in familiären Krankengeschichten eine Rolle. Es besteht jedoch ein Unterschied zwischen dem »Verrücktsein«, das Trauernde empfinden, und einer chemisch verursachten Depression. Eine Depression kann erfolgreich therapiert und mit Medikationen behandelt werden. Wer irritiert und verunsichert ist angesichts der Wirren seiner Gefühle und sich fragt, ob mit ihm vielleicht etwas nicht in Ordnung ist, sollte mit einem Geistlichen, Rabbi, Trauerberater oder Psychologen sprechen. Hinterbliebene, die daran denken, sich selbst das Leben zu nehmen, sollten sofort in die Beratung gehen.

Voraussetzung, um die Trauer bei einem Selbstmordfall zu bewältigen, ist die Lösung und Überwindung der eigenen Schuldgefühle. Derjenige, der sich umgebracht hat, hat selbst die Entscheidung dazu getroffen. Auch wenn sie wahrscheinlich nicht rational oder logisch war, es war jedoch seine Entscheidung.

Wichtig ist auch, daß die Hinterbliebenen ehrlich sind, was die Todesumstände angeht. Ein Lügengespinst wird ihren Streß nur noch erhöhen und zudem auf Dauer die Idee rechtfertigen, daß sie sich tatsächlich wegen etwas zu schämen haben.

Wer um einen Selbstmordfall trauert, sollte sich so gut und umfassend es geht, über Selbstmord informieren. Bücher über Selbstmord und Selbsthilfegruppen von Angehörigen von Selbstmordopfern helfen zu verstehen, daß man nicht alleine ist.

Euthanasie und Freitod

Von Euthanasie oder Gnadentod wird gesprochen, wenn einem Todkranken oder hirntoten Patienten zum Tode verholfen oder ihm zugestanden wird, zu sterben. Der Freitod erlaubt es dem hoffnungslos Kranken, sich das Leben zu nehmen. Manche sind der Überzeugung, daß Euthanasie und Freitod mitfühlende, würdige Akte sind. Andere sehen darin eine Form von Mord und kritisieren, daß niemand das Recht habe, »Gott zu spielen.« Wenn ein geliebter Mensch darum bittet, von seinen Schmerzen erlöst zu werden, oder beschließt, seine Todesqualen zu beenden, oder wenn die Familie die Entscheidung treffen muß, ob der Apparat »abgeschaltet« wird, so ist das in jedem Fall ein schwieriges Problem.

Wie die Hinterbliebenen mit der Trauer nach der Euthanasie fertig werden, hängt von der medizinischen Lage des Verstorbenen sowie ihren religiösen und kulturellen Überzeugungen ab. Angehörige, die jede Sterbehilfe ablehnen oder in die Entscheidung nicht einbezogen waren, entwickeln unter Umständen ähnliche Gefühle, wie Hinterbliebene sie bei einem typischeren Selbstmordfall haben. Selbst wenn sie im Grunde einem Menschen das Recht auf den eigenen Tod zugestehen, können sie von Schuldgefühlen geplagt werden. Obwohl es eine große Erleichterung ist, daß dem Betreffenden weitere Leiden und Unwürdigkeiten erspart bleiben, empfinden sie wahrscheinlich dennoch tiefe Trauer und schmerzlich den Verlust.

Hospizvereine, Trauerberater und Gruppen, die sich für einen würdevollen Tod einsetzen, können hier Informationen und Unterstützung liefern.

Wenn ein Kind stirbt

Der herzzerreißendste Tod ist für viele der eines Kindes. Für Eltern scheint der Schock und der Schmerz schier überwältigend zu sein. Die ersten Wochen können sie wie betäubt und starr sein, wobei sie das Geschehene nur leugnen. Egal, wie alt ihr Kind war, Eltern erwarten, vor ihren Kindern zu sterben – es wäre die natürliche Reihenfolge und der natürliche Lauf der Dinge. Um so unfaßbarer ist es, wenn ein Kind nicht mehr da ist. Trauernde fragen oft: »Warum?« Beim Tod eines Kindes wird diese Frage noch dringlicher.

Selbst nach einer langen Krankheit kann es für die Eltern ein Schock sein, wenn ihr Kind tatsächlich stirbt. Solange es noch am Leben war, gab es Hoffnung, und selbst die kleinste Aussicht auf Besserung war ein Hoffnungsfunke. Es kann Wochen oder Monate dauern, bis Eltern den Tod ihres Kindes annehmen. Leugnen ist eine natürliche Reaktion. Es ist notwendig, die Verzweiflung und die Schuldgefühle, die über die Eltern hereinbrechen, abzufangen.

Während eine traumatische Erfahrung Paare und Familien oftmals wieder näher zusammenbringen kann, verursacht der Tod eines Kindes oft zusätzliche Spannungen in einer Ehe oder Familie. Das psychische Chaos kann für zusätzliche Probleme sorgen und Probleme ans Licht bringen. Aber sogar in den gesündesten Beziehungen werden die Belastungen spürbar sein.

Ehemänner und -frauen können, von ihrer Trauer an den Rand ihrer psychischen Belastbarkeit gedrückt, unter dem Druck zusammenbrechen. Der männliche Partner kann vielleicht nicht zugeben, daß er leidet, während seine Frau Kommunikation verlangt. Oder sie empfindet vielleicht nichts als Leere, während er nur noch zornig ist. Der Druck, dem Paare nach dem Verlust eines Kindes ausgesetzt sind, ist enorm. Sie sollten in der Situation besonders auf ihre Ehe achten. Sofern sich Probleme breitmachen, die nicht lösbar erscheinen, sollten sie Hilfe bei einem Geistlichen oder in einer Eheberatung suchen.

Auch die hinterbliebenen Geschwister sind von dem Tod tief

betroffen. Eltern können ihren Kindern helfen, wenn sie wissen, wie Kinder trauern. Vor allem ist es wichtig, ihnen einfach zu erlauben, ihre Gefühle zu zeigen. Sie müssen wissen, daß die übrigen Kinder sich im Zweifel schuldig, verwirrt oder außerstande und überfordert fühlen, den Verlust ihres Geschwisterteils zu bewältigen. Eltern sollten versuchen, den Kindern zu verstehen geben, daß sie nicht der Grund für den Kummer ihrer Eltern und auch nicht dafür verantwortlich sind, in der Familie alles wieder »in Ordnung zu bringen.« (Siehe den Abschnitt »Kindern bei der Trauerbewältigung helfen«, S.: 425 ff., wo Sie mehr Informationen darüber finden, wie Kinder mit Tod und Trauer umgehen.)

Eltern können den Verlust ihres Kindes vielleicht auch aus Schuldgefühlen heraus nicht verwinden. Wie können sie es anstellen, wenn ihr Kind nicht mehr da ist, glücklich zu sein und das Leben wieder zu genießen? Manche Paare haben das Glück, gute und kluge Freunde und Familienmitglieder zu haben, die ihnen durch diese schwierigste Zeit hindurchhelfen. Manche haben auch das Glück, gute Ehen zu führen, in denen jeder sich bei dem anderen anlehnen kann. Alleinerziehende, geschiedene oder getrennt lebende Elternteile, die keinen Partner haben, auf den sie sich stützen können, müssen diesen Weg alleine gehen. Sie suchen bei Gott, Therapeuten, Trauerberatern und entsprechenden Selbsthilfegruppen Hilfe und Unterstützung. Was immer sich anbietet und hilft, ist die richtige Antwort.

Nach dem Tod eines Kindes wird es nie mehr genauso sein wie vorher. Aber es muß und kann weitergehen. Die Trauer zu bewältigen, heißt nicht vergessen. Wie bei jedem anderen Tod können die Wunden heilen.

Nachfolgend finden Sie ein paar hilfreiche Hinweise zur Bewältigung des Todes eines Kindes:

Die Hinterbliebenen sollten Freunde und die übrige Familie in die Trauerrituale miteinbeziehen. Großeltern, Geschwister, Tanten, Onkel, Cousinen, Paten, Babysitter, Schulkameraden und Nachbarn müssen auch ihren Schmerz zum Ausdruck bringen können.

Die Trauernden können sich politisch engagieren, damit sich an bestimmten Gesetzgebungen etwas ändert. Sie können mit zur Aufklärung der Öffentlichkeit beitragen und andere trauernde Familien zu trösten. Das kann das Gefühl der Hilflosigkeit lindern, das viele beim Tod eines Kindes empfinden.

Eltern sollten ihren hinterbliebenen Kindern viel Aufmerksamkeit schenken und ihnen das Gefühl geben, daß sie geliebt werden und ihre Eltern ihnen nicht die Schuld an der Traurigkeit in der Familie geben.

Die Hinterbliebenen sollten ihre Gefühle akzeptieren. Trauernde Eltern bewältigen ihre Trauer wie Alkoholiker ihre Sucht – Schritt für Schritt, »ein Tag nach dem anderen.«

Eltern sollten sich ihre Schuldgefühle eingestehen und sie annehmen. Kein Elternteil ist perfekt, und fast alle trauernden Eltern haben das Gefühl, bei ihrem Kind versagt zu haben. Nicht aufgearbeitete Schuldgefühle und Vorwürfe können den einzelnen, Ehen und Familien zerstören.

Wenn ein Ehepartner stirbt

Der Tod des Ehemannes oder der Ehefrau hat tiefgreifende Folgen für den hinterbliebenen Partner, insbesondere wenn sie lange verheiratet waren. Mit dem Verlust des Lebenspartners hat man vieles verloren: den Vertrauten, den besten Freund, den Geliebten, den Gefährten und das Mitelternteil.

Aber es ist nicht nur der Verlust des Menschen, der so schmerzlich ist, es ist auch der Verlust des Vertrauten, der Gewohnheit. Der Verlust der Abschiedsküsse am Morgen und das Erzählen beim Abendessen, was tagsüber war. Der Hinterbliebene muß es nach vielen Jahren oft erst einmal wieder lernen, alleine zu leben und alleine zu schlafen. Er muß lernen, finanzielle und sonstige Entscheidungen, etwa in der Erziehung der Kinder, alleine zu treffen. Er muß lernen, mit seiner Sexualität alleine zurechtzukommen, bis der Schmerz geheilt ist. Und er muß sich dann der fremd gewordenen Welt der Rendezvous und Sexualität wieder stellen.

Die meisten Witwen und Witwer leiden stark unter ihrer Einsamkeit. Schließlich hatten sie ihr Leben bewußt mit dem eines anderen Menschen verknüpft, »aus zwei eins gemacht.« Wie könnte es nicht traumatisch sein, wenn es kein »Wir« mehr gibt, sondern alles nur noch »ich« ist? Was ihre Einsamkeit und Isolation noch erhöht, ist die Tatsache, daß viele Witwen mit ihrem Partner auch ihre Freunde verlieren und von ihnen im Stich gelassen werden. Was zum Teil daran liegen mag, daß befreundete Paare sich angesichts des Todes mit einemmal selbst bedroht fühlen – der Tod könnte auch ihr Leben zerstören. Oft ist ihnen einfach unwohl dabei, es nun mit einer alleinstehenden Person zu tun zu haben.

Hinzu kommt, daß Verwitwete sich häufig dem Druck ausgesetzt fühlen, auch »richtig« trauern zu müssen. Familienangehörige und Freunde erwarten mitunter von ihnen, daß sie nie aufhören zu trauern, und reagieren entsetzt, wenn sie anfangen, sich wieder zu erholen. Andere Verwandte oder Freunde versuchen vielleicht, sie möglichst schnell wieder aus dem Trauerprozeß herauszuholen und das Ganze zu beschleunigen. Aber wie bei allen Todesfällen gilt auch hier, daß es kein Rezept gibt, wie man »richtig« trauert.

Zusätzlich zu dem tiefen menschlichen, emotionalen Verlust stehen rechtliche und finanzielle Entscheidungen an. Es kann hart sein, sich auf Testamente und Vermögensfragen zu konzentrieren, wenn man immer daran denken muß, wie sehr man den Partner vermißt. Wenn es jemanden gibt, dessen Rat man vertraut, sollte man ihn bitten, ob er einem in dem Labyrinth der anstehenden Entscheidungen helfen kann. Wenn möglich, sollte man warten, bis man wieder einen klareren Kopf hat, ehe man ein Haus oder eine Wohnung verkauft, in eine andere Stadt zieht oder die Arbeitsstelle wechselt.

Wenn jemand seinen Geliebten oder seine Geliebte verliert, muß er oft feststellen, daß sein Schmerz von anderen nicht wirklich ernst genommen wird. Der Tod eines Freundes oder einer

Freundin wird nicht so wichtig genommen wie der Todes eines Ehemannes oder einer Ehefrau. Aber der Verlust eines geliebten Partners ist immer quälend und niederschmetternd. Einige allgemeine Ratschläge für die Trauer eines Partners oder Geliebten sind:

Die Hinterbliebenen sollten sich bei ihrer Trauer von ihrem eigenen Tempo leiten lassen.

Es hilft, eine neue Routine und neue Traditionen mit den Kindern, der Familie und Freunden oder auch nur für sich selbst zu schaffen.

Wer alleine lebt, könnte überlegen, ob er sich ein Haustier zulegt, das ihm Gesellschaft leisten kann.

Sich einer Selbsthilfegruppe anzuschließen, ist für Verwitwete besonders hilfreich.

Wenn ein Elternteil stirbt

Der Tod eines Elternteils ist ein Verlust, den (fast) jeder erleidet. Da niemand erwartet, vor seinen Eltern zu sterben, ist das zumindest ein Verlust, der vorausgesetzt wird. Es entspricht dem Lebensmuster: Eine Generation weicht, um der nächsten den Weg freizumachen. Was jedoch nicht heißt, daß es nicht schmerzt.

Und es heißt auch nicht, daß man letztlich darauf vorbereitet ist. Angesichts der Fortschritte in der modernen Medizin gehen die meisten Erwachsenen davon aus, daß ihre Eltern bis weit in ihre Siebziger oder Achtziger hinein leben. Und selbst wenn die Eltern erst in hohem Alter sterben, sind ihre erwachsenen Kinder oft schlecht gerüstet, mit dem Schmerz, den Schuldgefühlen und der Sehnsucht, die sie empfinden, umzugehen.

In westlichen Gesellschaften ist es noch schwieriger, um den Verlust eines Elternteils zu trauern, da Erwachsenen nicht zugestanden wird, »zu sehr« um einen toten Vater oder eine tote Mutter zu trauern. Die Trauer um ein Elternteil, insbesondere um einen alten Elternteil ist nicht so »legitim« wie die Trauer um einen Partner oder ein Kind. Von den trauernden Nachkommen wird oft einfach erwartet, daß sie »darüber hinwegkommen.«

Entgegen dieser Einstellung gilt auch bei dem Tod eines Elternteils, daß, egal wie alt der Trauernde ist, Leugnen, Depression und Desorganisation typische Reaktionen auf den Tod sind. Sechzigjährige können schockiert und mit tiefer Trauer auf den Tod ihres achtzigjährigen Elternteils reagieren. Und noch Jahre nach dem Verlust eines Elternteils weinen viele Erwachsene gelegentlich oder fühlen sich niedergeschlagen, wenn sie daran denken.

Die Eltern-Kind-Beziehung ist eine unwiederholbare Beziehung; wir haben nur eine Mutter und einen Vater. Das Verhältnis zu unseren Eltern stellt den Kern und die Crux unserer Identität bis weit ins Erwachsenenalter hinein dar. Kein Wunder also, daß der Verlust dieser Beziehung den Hinterbliebenen zu schaffen macht. Aufgrund der starken Bindung zwischen Eltern und Kindern kann der Verlust tiefe psychische Narben hinterlassen.

Wenn ein Elternteil stirbt, betrauern erwachsene Kinder, was ihre Mutter oder ihr Vater für sie bedeutete. Solange die Eltern leben, gibt es immer die Chance, daß sie ihren Kindern die bedingungslose Liebe, Aufmerksamkeit und Zustimmung geben, die diese sich immer wünschten. Aber wenn sie sterben, sterben auch diese Hoffnungen und Träume.

Zusätzlich zu dem Trauma des Verlustes wird Erwachsenen in der Regel auch ihre eigene Sterblichkeit bewußter, nachdem die Eltern gestorben sind. Es gibt nun zwischen ihnen und dem Tod keinen psychologischen Puffer mehr; sie sind jetzt selbst an der vordersten Linie.

Der Tod eines Elternteils kann jedoch auch einen Wendepunkt im Leben eines Erwachsenen markieren. Die Trauer um ein Elternteil kann ein Entwicklungsschub zur Reife sein. Wenn die Wunde geheilt ist, können sich mit dem Ende der Trauer aufregende neue Möglichkeiten eröffnen.

Zur Trauer um den Tod eines Elternteils sei gesagt:

Die Hinterbliebenen sollten sich vor Augen halten, daß sie ein Recht darauf haben zu trauern, egal, wie alt sie sind oder wie alt Vater oder Mutter waren.

Ein Brief über die Enttäuschungen und Verletzungen, die der Vater oder die Mutter dem Kind zufügten, kann ihm helfen, dem toten Elternteil zu vergeben. Der Brief kann mit in den Sarg gelegt oder irgendwo versteckt aufbewahrt werden. Wer nicht soweit ist, daß er seinem Vater oder seiner Mutter vergeben kann, kann seine Gefühle niederschreiben und den Brief dann verbrennen.

Die Hinterbliebenen sollten mit anderen über den verstorbenen Elternteil sprechen. Sie können auch Menschen fragen, die auch ein Elternteil verloren haben, und sie ermutigen, ihre Trauererfahrungen mit ihnen zu teilen.

Trauer macht verrückt

Ein Trauernder verliert nicht seinen Verstand, kann jedoch angesichts des Schmerzes das Gefühl haben, er sei auf dem besten Weg dazu. Hinterbliebene erleben ein ständiges Hin und Her und Vor und Zurück mit ihren Gefühlen – in der einen Minute geht es ihnen gut, und in der nächsten fühlen sie sich scheinbar aus dem Nichts heraus wieder wie am Boden zerstört. Sie sind vergeßlich und zerstreut und verlegen Dinge. Sie haben den Tod des geliebten Menschen so oft erzählt, daß sie es selbst nicht mehr hören können. Sie haben jedes Zeitgefühl verloren, und die Tage zerrinnen ihnen zwischen den Fingern. Vielleicht sehen oder hören sie den Verstorbenen sogar noch.

Es sind ganz natürliche Reaktionen auf den Tod. Der Trauernde darf gewiß sein, daß die Trauer nicht für immer und ewig anhält und er sie überstehen wird. Es kann hilfreich sein, Bücher über Verlust und Trauer zu lesen oder sich einer Selbsthilfegruppe anzuschließen.

Wie lange dauert die Trauer?

Es gibt keine präzise Antwort auf die Frage, wie lange jemand trauern sollte oder trauern wird. Der Trauerprozeß ist bei jedem anders. Wie er verläuft, hängt von der Persönlichkeit des Trauernden, seiner Beziehung zu dem Verstorbenen und davon ab, wie alt er ist, wie alt der Verstorbene war und wie er gestorben ist.

Selbst die Frage des Geschlechts hat Einfluß darauf, wie der einzelne trauert. Von Männern wird typischerweise erwartet, daß sie gefaßt und kontrolliert bleiben, so daß sie oft sogar Schwierigkeiten haben zu zeigen, wie verwundet und verwirrt sie sind. Frauen »dürfen« sich demgegenüber traurig fühlen, aber nicht wütend sein. So daß es für Frauen besonders schwierig sein kann zu akzeptieren, daß Wut gerade oft ein gesunder Teil der Trauer ist.

Trauerexperten haben festgestellt, daß Menschen im allgemeinen etwa ein Jahr trauern. Wobei sich ein Hinterbliebener jedoch auch noch viele Jahre nach dem Tod des geliebten Menschen traurig und einsam fühlen und Wut oder Schuldgefühle empfinden kann. Entscheidend ist nicht die Zeitspanne, die nach einem Tod verstrichen ist, sondern wie die Hinterbliebenen diese Zeit nutzen, um ihre Trauerarbeit zu leisten. Wird sie nicht geleistet, dauert der Heilungsprozeß entsprechend länger.

Nachfolgend finden Sie einige allgemeine Ratschläge, wie Hinterbliebene nach einem schmerzlichen Verlust selbst etwas für sich tun können:

Wichtig ist körperliche Bewegung. Selbst ein Spaziergang von zehn oder zwanzig Minuten am Tag genügt, um körpereigene Chemikalien, die sogenannten Endorphine, im Gehirn freizusetzen, die eine Depression abwehren und dafür sorgen, daß der Betreffende sich besser fühlt.

Sie sollten auf ihre Ernährung achten. Trauernde essen oft zu wenig oder zu viel. Weder das eine noch das andere ist gut für die Gesundheit.

Sie sollten ihre Gefühlslage respektieren. Sie müssen weder stark noch absolut kontrolliert sein. Weinen hilft wirklich. Wissenschaftler behaupten sogar, daß Tränen, die aus Kummer geweint werden, sich chemisch von Tränen unterscheiden, die aus Freude geweint werden.

Sie sollten sich nicht mit Alkohol, Drogen oder Medikamenten betäuben. Ein Glas Wein oder Bier von Zeit zu Zeit ist eine Sache. Aber Alkohol zu benutzen, um »zu vergessen«, ist eine ganz andere. Alkohol-, Drogen- oder Medikamentenmißbrauch werden Ihnen Ihren Kummer nicht nehmen, sondern im Zweifel nur noch mehr Probleme schaffen.

Sie sollten genug Ruhe und Schlaf bekommen. Wie bei der Frage des Appetits kann es sein, daß sie entweder nur noch schlafen möchten oder überhaupt keinen Schlaf mehr finden. Sie sollten auf ihren Körper hören.

Sie sollten Hilfe und Unterstützung suchen. Wer eine unterstützende Familie und unterstützende Freunde hat, kann sich bei ihnen anlehnen und sollte ihr Geben annehmen. Wer niemanden hat, der seine Trauer mit ihm teilen kann, sollte sich einer Selbsthilfegruppe anschließen. Viele Hospize, Krankenhäuser, Kirchen und Beratungsstellen bieten entsprechende Selbsthilfegruppen an.

Sie sollten über ihre Trauer reden. Die »Trauergeschichte« zu erzählen, ist ein wichtiger Teil des Heilungsprozesses. Die Todesumstände immer wieder durchzuspielen, ist eine ganz natürliche Reaktion. Die Hinterbliebenen merken selbst, daß sie dieselben Geschichten über den Verstorbenen, und wie er starb, immer wieder wiederholen. Sie haben oft auch einen immer wiederkehrenden Traum oder Alptraum von dem Verstorbenen, der ihnen letztlich hilft, sich durch ihre Trauer hindurchzuarbeiten. Auch hier gilt wieder, wenn der Trauernde keine Freunde oder Familienangehörigen hat, die bereit sind zuzuhören, sollte er sich anderweitig Unterstützung suchen. Vielleicht sollte er auch erwägen, in eine Beratung zu gehen.

Sie sollten gut und nett zu sich selbst sein. Es kann lange dauern, bis sie das Gefühl haben, wieder der Alte oder die Alte zu sein und ihr altes Selbst wiedergefunden zu haben. Trauernden sollte jede Zeit zugestanden werden, die sie für ihren Heilungsprozeß brauchen.

Sie sollten sich selbst verwöhnen. Ein ausgiebiges Bad zu nehmen, eine Kerze anzuzünden, ein Lieblingsvideo anzuschauen, zur Massage zu gehen, kann helfen, den Streß zu lindern.

Sie können sich auf ihren Glauben besinnen. Wenn wir jemanden verlieren, ist es manchmal schwer, noch an das Gute zu glauben. Dann stellen wir die Existenz einer höheren Macht in Frage. Aber das Fragen und Hinterfragen kann auch zu einem tieferen Verständnis der Spiritualität und des Glaubens führen.

Trauern

Trauer ist das komplexe Gespinst an Gefühlen, die Menschen nach einem Tod empfinden. Und dazu gehört auch, wie sie diese Gefühle zum Ausdruck bringen. Wenn sie traurig sind, weinen sie oder zeigen der Welt ihren Schmerz in anderer Form. Sie kommunizieren in vielfältiger Weise mit dem Verstorbenen, um ihm zu sagen, daß sie ihn vermissen. Die Trauer ist wichtig, damit die Wunde des Verlustes heilen kann. William Worden, Autor des Buches *Beratung und Therapie in Trauerfällen*, sprach von den »vier Aufgaben des Trauerns«:

1. die Realität des Verlustes anzunehmen;
2. sich durch den Schmerz der Trauer hindurchzuarbeiten;
3. sich einer Umwelt anzupassen, in welcher der Verstorbene fehlt;
4. den Verstorbenen auf der emotionalen Ebene umzusiedeln und mit dem Leben weiterzumachen.

Nicht jeder empfindet Schmerz und Trauer. Die spirituellen, kulturellen oder psychologischen Überzeugungen des einzelnen können ihn der Überzeugung sein lassen, daß der Tod eines Menschen nichts ist, worüber man traurig sein sollte. Manche akzeptieren den Tod, ohne einen Trauerprozeß durchzumachen, als Teil des natürlichen Lebenszyklus. Und wenn der Verstorbene hochbetagt war, nur noch künstlich am Leben erhalten wurde, unter Schmerzen litt oder nur noch eine eingeschränkte Lebensqualität hatte, kann der Tod vielleicht sogar mehr Erleichterung als Kummer bedeuten.

Die Reaktion jedes Menschen und jeder Kultur auf den Tod ist unverwechselbar. Die Lakota und viele andere Indianer glauben, daß der Tod ein natürlicher Teil des Lebens ist. Er ist heilig und wird nicht in Frage gestellt. Leugnen und Wut sind somit keine typischen Trauersymptome bei den Lakota.

Aber, egal, was die Hinterbliebenen nach dem Tod eines Menschen fühlen oder denken, wichtig ist, des Lebens des Verstorbenen zu gedenken. Es scheint ein universales menschliches Bedürfnis zu sein, die Toten zu ehren und ihr Leben zu feiern.

Rituale

Die Beisetzung oder Trauerfeier ist das Ritual, welches es den Hinterbliebenen erlaubt, ihre Gefühle über den Verlust zum Ausdruck zu bringen. Aber damit müssen die Rituale nicht beendet sein. Rituale sind wichtig, da sie einen formalen Rahmen bieten, in dem Gefühle sich Luft machen können. Für viele, die in Trauer sind, ist es tröstlich, Rituale zu haben, auf die sie sich stützen können, um ihrem geliebten Verstorbenen zu gedenken. Rituale helfen auch, die Zeit festzuhalten, seit der geliebte Mensch verstorben ist.

Bei Ritualen muß es nicht um aufwendige Zeremonien gehen. Und es müssen auch keine anderen Personen dabei einbezogen sein. So etwas, wie einmal im Monat einfach eine besondere Blume auf das Grab des Betreffenden zu legen, kann ein gesundes Ritual sein. Weitere Rituale, die hilfreich sein können, sind etwa:

An besonderen Tagen eine Kerze anzuzünden. Bei den Juden ist es im Sinne dieses Rituals Brauch, am *Jahrzeittag*, am Datum des Todes oder der Bestattung, eine Kerze anzuzünden.

Einen kleinen Altar mit Photos und Erinnerungsstücken des Toten aufzustellen.

Kräuter oder Weihrauch zu entzünden oder ätherische Öle verdampfen zu lassen. Düfte können sowohl einen beruhigenden Effekt haben als auch eine gewissermaßen heilige Atmosphäre schaffen.

Ein Erinnerungskästchen anzulegen, worin Geschriebenes, Photos und Erinnerungen gesammelt werden, die an den Toten erinnern und helfen, die Wunde zu heilen.

Feiertage wie Totengedenktage mitzubegehen, an denen die Toten geehrt werden.

Einen Abschiedsbrief an den geliebten Verstorbenen zu schreiben, der mit in den Sarg gelegt und mit beerdigt oder zusammen mit der Urne beigesetzt werden oder verbrannt werden kann, wenn er unangenehme Erinnerungen enthält.

Einen Baum oder blühenden Strauch zu Ehren des Toten zu pflanzen. Jedes Jahr, wenn er Blätter treibt oder blüht, erinnert er an den Verstorbenen.

Rituale sind jedoch keine Entschuldigung, in der Trauer steckenzubleiben. Sie sollen den Menschen vielmehr helfen, mit ihrem Leben weiterzumachen.

Besuch am Grab

Steht nicht an meinem Grab und weint.
Ich bin nicht dort. Ich schlafe nicht.
Ich bin tausend Winde, die wehen.
Ich bin das diamantene Glitzern des Schnees.
Ich bin das Sonnenlicht auf gereiftem Korn.
Ich bin der freundliche Herbstregen.
Wenn ihr in der Morgenstille erwacht,
Bin ich das schnelle, aufsteigende Dahinschießen
stiller Vögel im kreisenden Flug.
Ich bin der sanfte Sternenschein bei Nacht.
Steht nicht an meinem Grab und weint.
Ich bin nicht dort ... Ich bin nicht gestorben.

INDIANISCHES GEDICHT, AUTOR UNBEKANNT

Für viele ist das Grab der Ort, an dem sie Kontakt mit ihrem geliebten Verstorbenen pflegen. Es tut ihnen gut, dort mit ihm zu sprechen. Sie lassen Blumen oder Briefe oder gar Photos da, um ihn zu ehren und mit ihm »zu kommunizieren.« Für andere ist – wie in dem indianischen Gedicht – der Körper dageblieben, aber der Geist oder die Seele sind von dannen gegangen.

Ganz gleich, welche Überzeugungen man zum Leben nach dem Tod hat, der allererste Grabbesuch kann ein Schock sein. Und es kann hilfreich sein, gegebenenfalls einen Freund mitzunehmen. Wer am Grab selbst dennoch gerne alleine wäre, kann den Freund bitten, inzwischen eine Weile im Wagen zu warten.

Geburtstage, Feiertage und andere besondere Anlässe

Nach dem Tod eines geliebten Menschen sind Feiertage, Geburtstage und Jahrestage eher Anlässe, die man durchstehen muß. Von Feiern kann kaum die Rede sein. Feiertage rücken einen Verlust ganz besonders wieder in den Mittelpunkt. Die ganze Welt scheint glücklich zu sein, während der Hinterbliebene einen Teil von sich selbst vermißt.

Die Hinterbliebenen sollten sich im voraus Gedanken machen

über Feiertage, nicht nur religiöse und weltliche wie Allerseelen und Weihnachten, sondern auch persönliche, sie im Kalender anstreichen und sich eine Strategie zur Bewältigung dieser Tage überlegen.

Man kann sich vornehmen, einen Feiertag einfach nicht zu begehen, oder sich überlegen, ihn anders als bisher zu feiern. Durch eine Änderung der Traditionen kann es leichter sein, einen Feiertag zu überstehen. Statt, wie gewohnt, zu Hause ein großes Familienessen zu veranstalten, kann man beschließen, mit der Familie in ein Restaurant zu gehen. Selbst kleine Veränderungen, wie die Geschenke zu einem anderen Zeitpunkt als gewohnt auszupacken, können dazu beitragen, daß Feiertage weniger schmerzlich sind.

Zudem können Trauernde auch bestimmte Aufgaben an andere delegieren. Die Feiertage als solche können bereits streßreich und deprimierend sein. Wer sich überfordert fühlt, sollte ruhig andere um Hilfe bitten. So daß die Kinder zum Beispiel an Weihnachten alles schmücken und die Plätzchen backen können, und eine Verwandte gebeten wird, das Einkaufen zu erledigen.

Eine Möglichkeit ist auch, den Verstorbenen in die Feiern miteinzubeziehen. So kann bei Tisch zum Beispiel ein Platz für ihn reserviert bleiben, zu seinen Ehren eine Kerze angezündet werden, oder Geld gespendet oder ein Geschenk gemacht werden.

Für manche Trauernden ist es hilfreich, ihren eigenen Schmerz eine Zeitlang zu vergessen, indem sie anderen Bedürftigen helfen. Man kann zum Beispiel jemanden einladen, der ansonsten allein wäre, oder sich auch auf der gemeinnützigen Ebene bei Hilfsorganisationen engagieren.

Der Jahrestag des Todes eines geliebten Menschen kann besonders schmerzlich sein. Viele Trauernde sagen jedoch, daß es gerade die Tage oder Wochen vorher oder danach sind, die am schlimmsten sind. So daß der Jahrestag selbst kaum eine Zuspitzung bedeutet. Andere schwierige Jahrestage, auf die man vorbereitet sein sollte, sind: der Tag, an dem der Betreffende erkrankte, der Tag, an dem sein Tod festgestellt wurde, und der Tag der Beisetzung.

Kindern bei der Trauerbewältigung helfen

Unsere Gesellschaft tut sich schwer, mit Verlusten umzugehen, wobei der Umgang mit der Trauer von Kindern dann auch allzu leicht gemieden wird. Es ist jedoch wichtig für ihre Entwicklung, Kindern bei der Trauerbewältigung zu helfen.

Wie ein Kind auf den Tod reagiert, hängt von einer Reihe von Faktoren ab – etwa davon: wie nahe es dem Verstorbenen war, dem Alter des Kindes, anderen Streßfaktoren im Leben des Kindes, der Todesursache oder den Todesumständen und der faktischen Unterstützung, die das Kind erhält.

Der Hauptfaktor, der Einfluß darauf hat, wie ein Kind einen Verlust bewältigt, ist jedoch, wie die Eltern auf den Tod reagieren. Die Reaktion von Kindern auf den Tod ist so gesund und direkt wie die Erwachsenen es ihnen in ihrem Leben vormachen. Wenn Kindern beigebracht wurde, ihre Gefühle zu akzeptieren und zum Ausdruck zu bringen, fällt es ihnen leichter, mit ihren Gefühlen fertig zu werden. Wenn sie in einer Familie leben, in der eine offene Kommunikation gefördert wird, haben sie keine Probleme, Fragen zu stellen, die ihnen helfen, aus ihrer Verwirrung herauszukommen.

Selbst sehr kleine Kinder brauchen Informationen, um den Tod irgendwie zu begreifen. Und zwar ehrliche Informationen, da ihre Phantasie ansonsten entsetzliche Vorstellungen entwickeln kann. Einem Kind zu sagen: »Opa ist im Schlaf gestorben«, kann bewirken, daß es danach Angst hat, abends schlafengehen, aus Angst, auch zu sterben.

Erwachsenen fällt es schon schwer, die Endgültigkeit des Todes zu akzeptieren. Für kleine Kinder kann das unmöglich sein. Sie verstehen vielleicht, daß »Oma im Himmel ist«, fragen jedoch, warum sie sie dann nicht anrufen können. Natürlich sollten Eltern das Geschehene in möglichst einfachen Worten erklären. Kinder brauchen keinen medizinischen Bericht. Aber sie brauchen Informationen.

Wie bei Erwachsenen geht es auch bei dem Trauerprozeß bei Kindern nicht um eine geordnete Folge von Emotionen und Symptomen. Der Prozeß schließt in der Regel Schock, Leugnen, Angst, Desorganisation, Wut, Schuldgefühle, Traurigkeit und schließlich die Annahme des Todes mit ein. Zusätzlich zu diesen Gefühlen stellt sich bei Kindern jedoch vielfach auch eine Phase der Regression ein. Wobei sie dann zum Beispiel wieder anfangen, in der Babysprache zu reden, um die Flasche zu bitten, sich weigern, alleine zu laufen, ständig auf dem Arm gehalten werden möchten oder bei ihren Eltern schlafen möchten. Diese Regression ist normalerweise vorübergehend und sollte akzeptiert werden. Die Eltern sollten sich in jedem Fall davor hüten, ihre eigenen Einsamkeitsgefühle und Ängste damit zu beschwichtigen und zu übertünchen, daß sie ihrerseits eine übermäßige Abhängigkeit ihrer Kinder fördern.

Das Leugnen kann sich bei Kindern in der Form äußern, daß sie sich »älter« verhalten, als sie sind. Dahinter steht möglicherweise, daß sie von Verwandten und Freunden der Familie Botschaften aufschnappen wie: »Große Jungen weinen nicht.« Oder: »Sei stark für Vati.« Oder: »Denk nicht darüber nach.« Botschaften, durch die der Trauerprozeß nur verschleppt wird.

Erwachsene versuchen oft, ihren eigenen Schmerz von Kindern fernzuhalten. Sie bemühen sich, vor den Kindern nicht zu weinen oder zu streiten. Wenn es darauf ankommt, lügen sie sogar, was ihre Gefühle angeht, und sagen: »Ich weine doch nicht«, wenn eigentlich klar ist, daß es so ist. Dadurch erhalten Kinder eine sehr verwirrende Botschaft. Das Gesündeste, was Kinder lernen können, ist, daß sie ein Recht auf ihre Gefühle haben. Es ist in Ordnung, wenn sie wütend auf Vati sind, daß er gestorben ist und nicht mehr zurückkommt. Es ist in Ordnung, wenn sie traurig sind, daß Oma ihnen nie mehr eine Geschichte vorlesen wird.

Manche Kinder möchten nicht über ihre Gefühle sprechen. Vielleicht, weil sie sich schämen oder es ihnen peinlich ist. Vielleicht fühlen sie sich auch verantwortlich, für ihre Eltern oder Geschwister stark zu sein. Eltern sollten Kinder nicht drängen, offen zu sein und aus sich herauszugehen, wenn sie es nicht möchten. Sie müssen nur die Sicherheit und das beruhigende Gefühl haben, daß ein Elternteil da ist, wann immer sie reden möchten, ihnen aber auch Zeit gegeben wird, selbst mit ihren Gefühlen umzugehen. Erwachsene können sie vielleicht auch animieren, ihre Gefühle durch Schreiben oder Malen zum Ausdruck zu bringen.

Der wohl schwierigste Teil des Trauerprozesses, den ein Kind zu bewältigen hat, sind Schuldgefühle. Kleine Kinder neigen zu magischem Denken. Sie glauben an Märchen, Drachen und Monster. Und sie glauben auch an die Macht ihrer Gedanken, die Dinge geschehen lassen können. So kann ein Junge zum Beispiel glauben, seine Mami sei gestorben, weil er böse oder wütend auf sie war und sie weg gewünscht hat.

Fragen zum Leben und Tod zu beantworten, kann eine der schwierigsten Aufgaben sein, wenn man Kindern bei ihrer Trauerbewältigung helfen möchte. Ehrlichkeit ist die beste Strategie. Eltern sollten ihre spirituellen Überzeugungen mit einem Kind teilen. Erwachsene, die diesbezüglich selbst unsicher sind, sollten das auch sagen und einräumen, daß sie nicht sicher sind, was es mit dem Himmel und der Hölle auf sich hat. Es kann einem Kind helfen, seine eigene Verwirrung zu akzeptieren, wenn es mitbekommt, daß ein Erwachsener auch nicht sicher weiß, was nach dem Tod passiert. Das ist auch eine gute Lektion über die Mysterien des Lebens.

Kinder neigen dazu, die gleichen Fragen immer wieder zu stellen. So lernen sie. Mit jedem Mal, wo sie über den Tod sprechen dürfen, wird er etwas verständlicher und der Schmerz geringer.

Eltern können ihre Kinder ermutigen, ihre Verluste zu ritualisieren, und sie an der Trauer teilhaben lassen. Eltern glauben oft, es sei besser für die Kinder, wenn sie bei der Beisetzung nicht dabei sind. Aber das Gegenteil ist der Fall: Durch die Teilnahme können ihre Ängste und Verwirrungen beschwichtigt und ein Abschluß gefunden werden, genau wie es bei den Erwachsenen ist. Kinder dazu anzuregen, Bilder, Briefe oder Photos in den Sarg zu legen, ein besonderes Lied auszuwählen, das bei der Beerdigung gespielt wird, oder etwas anderes in diesem Sinne zu tun, kann ein wichtiger Teil bei der Bewältigung ihres Trauerprozesses sein. Hierbei sollten sich die Eltern natürlich von ihrer eigenen Einschätzung leiten lassen. Wenn sie glauben, diese Form des Abschiednehmens könnte für das Kind traumatisch oder beängstigend sein, können sie andere Methoden wählen, wie das Kind Abschied nehmen kann. Auch wenn die Kinder nicht an der Beisetzung teilnehmen, sollte man ihnen Rituale zugestehen, die ihnen helfen, mit dem Tod fertig zu werden.

Der beste Weg, einem Kind bei seiner Trauer zu helfen, ist, wenn die Eltern offen und ehrlich selbst trauern. Wenn Eltern das ganze Spektrum der Traueremotionen bei sich zulassen, wird das Kind ihrem Beispiel folgen. Und Eltern, die an sich selbst arbeiten, damit ihre Wunden heilen, können ihren Kindern auch besser helfen.

Jugendliche

Jugendliche sind vor allem damit beschäftigt herauszufinden, wer sie sind und wie sie zu ihren gleichaltrigen Kameraden, ihrer Familie und der Gesellschaft passen. Der Verlust durch den Tod eines geliebten Menschen, den sie in ihren Teenagerjahren erfahren, kann diesen Selbstfindungsprozeß noch schwieriger machen; insbesondere, wenn es sich bei dem Verstorbenen um einen Elternteil handelt, von dem der Jugendliche sich gerade zu lösen versuchte.

Woran Jugendliche zu arbeiten haben und worum es in der Jugend geht, ist, sich von den Eltern zu lösen, um eine eigene Identität zu finden, zu rebellieren und zu experimentieren, um sich selbst zu entdecken und zu finden. Die gewaltsame Trennung von einer Mutter oder einem Vater, von denen ein Jugendlicher sich gerade psychisch lösen wollte, kann dazu führen, daß Schuldgefühle bei ihm ausgelöst werden. Wie das Kind, das glaubt: »Vati ist gestorben, weil ich wütend auf ihn war«, kann ein Teenager sich irgendwie für den Tod eines Elternteils verantwortlich fühlen.

Ein Teenager bringt seine Trauer oft durch »Ausagieren« zum Ausdruck: durch Rauchen, Trinken oder die Einnahme von Drogen, durch promiskuitives Verhalten, durch Schuleschwänzen oder Schlägereien. Oder indem er hyperverantwortlich reagiert und versucht, die Belastungen für die Familie dadurch zu erleichtern, daß er den Platz des fehlenden Eltern- oder Geschwisterteils einnimmt. Oder indem er versucht, einfach normal zu bleiben, als unterscheide ihn nichts von seinen Freunden. Bei trauernden Jugendlichen kann dieses »Normalsein« dann für Jungen heißen, daß sie nicht weinen dürfen, und für Mädchen, daß sie »nett« und »brav« sein müssen – egal, wie ihnen zumute ist.

Wenn Jugendliche ihre Gefühle zum Ausdruck bringen und sich ihrem Schmerz stellen dürfen, können ihre Wunden heilen. Eltern sollten Jugendlichen erlauben, ihre Gefühle zu erforschen, ohne sie zu ersticken. Sie werden wesentlich eher auf sie zukommen und ihre Unterstützung suchen, wenn sie nicht das Gefühl haben, dabei Gefahr zu laufen, jede harterrungene Unabhängigkeit wieder zu verlieren. Selbst wenn Teenager so tun, als sei alles in Ordnung, ist es keine Frage, daß der Tod eines Eltern- oder Geschwisterteils oder eines nahen Verwandten sie trifft. Vielleicht brauchen sie auch eigens eine Erlaubnis, um zu trauern.

Abschiednehmen, gut Abschied zu nehmen, ist eine der schwierigsten Aufgaben, mit denen wir im Leben konfrontiert werden. Aber, so wie wir wachsen und lernen, stellen wir fest, daß das Leben voller Abschiede, voller Trauer ist. Aber jede Trauer geht auch zu Ende.

Ein Zeichen, daß die Trauer abgeschlossen ist, ist, wenn die Gedanken an den Verstorbenen mit mehr Freude als Schmerzen verbunden sind. Und dazu gehört auch, daß man über den Tod und das Leben eines geliebten Menschen ohne Qualen sprechen kann. Die Traurigkeit verschwindet nie ganz, aber sie verändert sich. Mit der Zeit, und wenn sie auf sich aufpassen, können Hinterbliebene ihre Trauer hinter sich lassen und mit ihrem Leben weitermachen. Wie eine Frau sagte, die innerhalb von drei Jahren ihren besten Freund, ihren Vater und ihre Schwester verloren hatte: »Es geht nie weg, es wird aber mit jedem Tag etwas leichter.«

Anhang

Organisationen und Hilfsorganisationen

Das **Formular-Set »Patienten-Testament«** und **»Vorsorgevollmacht«** ist über den Buchhandel zu beziehen vom Verlag Klaus Vahle, Eisenacher Str. 76, 10823 Berlin.

ArbeitsGruppe Organspende – AGO
gemeinnütziger Verein
Ameranger Str. 6
83129 Höslwang
Tel. 08055/336

Allgemeiner Patienten-Verband e. V.
Postfach 1126
35001 Marburg/Lahn
Tel. 06421/64735

Deutscher Patientenschutzbund e.V.
Adenauerallee 11
53111 Bonn
Tel. 0228/278801

Gutachter- und Schlichtungsstellen der Landesärztekammern – als Anlaufstellen bei strittigen Behandlungsfragen:

Baden-Württemberg
Gutachterkommission Fragen ärztlicher Haftpflicht
Landesärztekammer Baden-Württemberg
Jahnstr. 38a
70597 Stuttgart
Tel. 0711/769890

Bayern
Schlichtungsstelle Landesärztekammer Bayern
Elsenheimerstr. 37
80687 München
Tel. 089/572733

Brandenburg
Ärztekammer Land Brandenburg
Thiemstr. 41
03050 Cottbus
Tel. 0355/422012

Hessen
Gutachter- und
Schlichtungsstelle für ärztliche
Behandlungen
Landesärztekammer Hessen
Broßstr. 3
60487 Frankfurt
Tel. 069/524570

Mecklenburg-Vorpommern
Ärztekammer Mecklenburg-Vorpommern
Humboldtstr. 6
10855 Rostock
Tel. 0381/4922265

Norddeutschland
Schlichtungsstelle für Arzthaftpflichtfragen der
norddeutschen Ärztekammern
Berliner Allee 20
30175 Hannover
Tel. 0511/3802-415

Nordrhein
Gutachterkommission für ärztliche Behandlungsfehler
bei der Ärztekammer Nordrhein
Tersteegenstr. 31
40474 Düsseldorf
Tel. 0211/43020

Rheinland Pfalz
Gutachter- und Schlichtungsstelle für
ärztliche Behandlungen bei
der Landesärztekammer
Rheinland-Pfalz
Deutschhausplatz 3
55116 Mainz
Tel. 06131/2882225

Saarland
Gutachterkommission für Fragen ärztlicher Haftpflicht
bei der Ärztekammer des Saarlands
Faktoreistr. 4
66111 Saarbrücken
Tel. 0681/40030

Sachsen
Schlichtungsstelle der Landesärztekammer Sachsen
Kaitzer Str. 2
01069 Dresden
Tel. 0351/33861-39

Sachsen-Anhalt
Ärztekammer Sachsen-Anhalt
Zollstr. 12
39114 Magdeburg
Tel. 0391/33861

Thüringen
Landesärztekammer Thüringen
Stoystr. 2
07743 Jena
Tel. 03641/25541

Westfalen-Lippe
Gutachterkommission für ärztliche Haftungsfragen
bei der Ärztekammer Westfalen-Lippe
Kaiser-Wilhelm-Ring 4–6
48145 Münster
Tel. 0251/3750356

Hilfe- und Selbsthilfegruppen:

NAKOS (Nationale Kontakt- und Informationsstelle zur Anregung und Unterstützung von Selbsthilfegruppen)
Albrecht-Achilles-Str. 65
10709 Berlin

Deutsche Arbeitsgemeinschaft Selbsthilfegruppen
Friedrichstr. 28
35392 Gießen
Unterstützt die Entstehung, Arbeit und Entwicklung von Selbsthilfegruppen im Gesundheits- und Lebenshilfebereich.

KIBIS
Kontakte – Informationen – Beratung im Selbsthilfebereich
Beselerallee 57
24105 Kiel
Tel. 0431/560222

KISS
Kontakt- und Informationsstelle für Selbsthilfegruppen
Gaußstr. 21
22765 Hamburg

Kontakt- und Informationsstelle für Selbsthilfegruppen
Stapenhorststr. 5
33615 Bielefeld
Tel. 0521/121802

Dachverband Psychosozialer Hilfsvereinigungen e. V.
Thomas-Mann-Str. 49a
53111 Bonn
Tel. 0228/632646

Deutsche AIDS-Hilfe e. V.
Nestorstr. 8–9
10709 Berlin
Für Auskünfte über nächstgelegene örtliche AIDS-Hilfegruppen und allgemeine Informationen über alle mit AIDS zusammenhängenden Fragen.

Verband alleinstehender Mütter und Väter e. V.
Von-Groote-Platz 20
53173 Bonn
Tel. 0228/352995

Evangelische Akademie Nordelbien
c/o **Beratungsstelle für Selbsthilfegruppen »Verwaister Eltern«**
Esplanade 15–16
20354 Hamburg

Kontakt in Krisen – Selbsthilfekontaktstelle
Reinhäuser Landstr. 44
37083 Göttingen
Tel. 0551/76400

Gesellschaft für Sterbebegleitung und Lebenshilfe
Diezer Str. 17–19
65549 Limburg/Lahn

Menschen und Tod e. V.
Corlißstr. 7
45145 Essen
Gemeinnützige Gesellschaft, die sich um die Begleitung Sterbender und Unterstützung von Angehörigen, die sich in Trauer befinden, bemüht, Trauerseminare veranstaltet und sich in der Weiterbildung von Laien und professionellen Helfern engagiert.

Omega – Mit dem Sterben leben e. V.
Postfach 1407
34346 Hann.-Münden
Tel. 05541/5356
Kontaktnetz von Beratungs- und Informationsstellen mit der Zielsetzung, sich mit dem eigenen und fremden Sterben zu befassen und zur Begleitung Sterbender zu befähigen.

Tabu e. V.
Camillo-Sitte-Platz 3
Im Haus des DPWV
45136 Essen
Tel. 0201/328777

Arbeitsgruppe »Zu Hause sterben«
an der Evangelischen Fachhochschule Hannover
Blumhardtstr. 2
30625 Hannover

Deutsche Hospizhilfe
Reit 25
21244 Buchholz
Tel. 04181/38855
Die Deutsche Hospizhilfe hat in den vergangenen zehn Jahren weit über einhunderttausend Menschen über Sterbebegleitung, Schmerztherapie und Trauer beraten. In der Bundesrepublik gibt es inzwischen rund sechzig stationäre Einrichtungen und Hunderte von Initiativen. Hier erhalten Sie Auskunft über Ihre nächstgelegenen örtlichen Hospizeinrichtungen oder -Vereine und ausführliche Informationen über die Arbeit der Hospizbewegung.

Internationale Gesellschaft für Sterbebegleitung und Lebensbeistand e. V.
Im Rheinblick 16
55411 Bingen

Evangelische Gesellschaft Stuttgart e. V.
Abt. Dienste für Seelische Gesundheit – Hospiz
Büchsenstr. 34/36
70174 Stuttgart
Tel. 0711/2054-371

QUELLENVERZEICHNIS

Einleitung
Mann, Thomas, *Der Zauberberg*, Frankfurt 1991, S. 675.

Kapitel 1
Constable, George, *Die Neandertaler. Die Frühzeit des Menschen*, Time-Life 1973, S. 108f.
Tackenberg, Kurt, Hg., *Der Neandertaler und seine Umwelt. Gedenkschrift zur Erinnerung an die Auffindung im Jahre 1856*, Bonn 1956.
Das Ägyptische Totenbuch, München 1970, S. 88 ff.
Homer, *Ilias*, München 1989, S. 33f, 350, 362 ff.
Vergil, *Lied vom Helden Aeneas*, in: Werke, Berlin, Weimar 1987.
La Chançon de Roland (Rolandslied), München 1983.
Villon, Francois, *Das große Testament*, München 1980, S. 100, 204, 208, 222.
Thieberger, Friedrich, Hg., *Jüdisches Fest, Jüdischer Brauch*, Königstein 1985, S. 434 ff, 446.
Bellinger, Gerhard J., *Knaurs Grosser Religionsführer*, »Judentum«, München 1990, S. 273.
Gotteslob, Katholisches Gebet- und Gesangbuch, Ausgabe für das Bistum Trier, 1975, S. 167.
Bhagavadgita, »Gesang des Erhabenen«, Freiburg 1989, S. 55.
Die Bibel, Das zweite Buch Samuel, 21,1–10.
Wüpper, Edgar, *Sie nannten ihn Crazy Horse*, Kiel 1984, S. 5.

Kapitel 2
Hayflick, Leonard, *Auf ewig jung? Ist unsere biologische Uhr beeinflußbar?* Köln 1996, S. 192f, 257ff.
Ebenda, S. 20, 106 ff.
Hippokrates, *Auserlesene Schriften*, *Von der Umwelt*, Zürich, München 1984, S. 117.
Hayflick, Leonard, *Auf ewig jung?* Köln 1996, S. 174, 268.
Ebenda, S. 263 f.
Ebenda, S. 252 f, 257f, 276.
Bierce, Ambrose, *Aus dem Wörterbuch des Teufels*, Frankfurt 1980, S. 63.
Nuland, Sherwin, *Wie wir sterben. Ein Ende in Würde?* München 1994, S. 136.

Kapitel 3
Statistisches Bundesamt, *Statistisches Jahrbuch 1997 für die Bundesrepublik Deutschland*, 1997, S. 76.
Zahlen über Asbesttote: *Stern*, 25. Juni 1981 und 26. November 1981.

Kapitel 4
Shakespeare, William, *Maß für Maß*, Sämtliche Werke, Bd. 2, Berlin 1994, S. 252 f.
Homer, *Ilias*, München 1989, S. 350.

Kapitel 5
Platon, *Phaidon*, Hamburg 1959, S. 61.
Das Ägyptische Totenbuch, München 1970, S. 21, 85, 90 ff.
Vergil, *Lied vom Helden Aeneas*, in: Werke, Berlin 1987, S. 278.
Dante, *Die göttliche Komödie*, München 1974.
Camus, Albert, *Der glückliche Tod*, Reinbek 1983, S. 130.
Die Bibel, »Die Samuelbücher«, 28,3–25.

Kapitel 6
Der Koran, Stuttgart 1991, Sure 6.151, S. 150.
Ebenda, Sure 17.33, S. 271.
Die Bibel, Altes Testament, Levitikus 19,18; Genesis 9,6; Exodus 21, 23–24; Neues Testament, Matthäus 5,38–39.
Ebenda, Altes Testament, Exodus 21,12.
Kant, Immanuel, *Die Metaphysik der Sitten*, in: Werke in sechs Bänden, Darmstadt 1963, Band IV., S. 455.
Do-Dinh, Pierre, *Konfuzius*, Reinbek 1960, S. 56.
Camus, Albert, *Der Mythos von Sisyphos*, in: *Lesebuch. Unter dem Zeichen der Freiheit*, Reinbek 1985, S. 61.
Platon, *Phaidon*, Sämtliche Werke, Band 3, Hamburg 1959, S. 14 f.
Das Gilgamesch-Epos, Stuttgart 1988, S. 73, 104.
Platon, *Phaidon*, Reinbek 1959, S. 17.
Reden des Buddha, Stuttgart 1957, S. 77.
Dickinson, Emily, *Da ich nicht halten konnte für den Tod*, in: *Amerikanische Lyrik*, Stuttgart 1984, S. 179.
Tolstoj, Leo, *Der Tod des Iwan Iljitsch*, in: Sämtliche Erzählungen, 5. Band, Frankfurt 1980, S. 272.
Poe, Edgar Allan, *Das Geheimnis um Marie Rogêt*, in: Das gesamte Werk in zehn Bänden, Olten 1966, Band 2, S. 778 ff, 850.
Conrad, Joseph, *Herz der Finsternis*, Frankfurt 1968, S. 178.
Camus, Albert, *Der Fremde*, Reinbek 1992, S. 7.

Kapitel 7
Ludwig, Emil, *Kleopatra*, Gütersloh o. J., S. 368.
Beethoven, Ludwig van, *Heiligenstädter Testament*, Wien und München 1992, S. 13.
Gavoty, Bernard, *Chopin. Eine Biographie*, Reinbek 1990, S. 436 und S. 550, Anmerkungen 30 und 31.
Haffner, Sebastian, *Winston Churchill – mit Selbstzeugnissen und Bilddokumenten*, Reinbek 1967, S. 169.
Weber, Carl W., *Diogenes – Die Botschaft aus der Tonne*, München 1987, S. 25.
Kafka, Franz, *Briefe 1902–1924*, Frankfurt 1975, S. 385.
Muir, D. Erskine, *Machiavelli. Ein Mann und seine Zeit*, Stuttgart 1939, S. 128 f.
Deutsch, Otto Erich, *Mozart – Die Dokumente seines Lebens*, Basel 1961, S. 439.
Sabin, Stefana, *Gertrude Stein*, Reinbek 1996, S. 123.
Orieux, J., *Das Leben des Voltaire*, Frankfurt 1968, S. 492, 494.
Mayer, Hans, *Richard Wagner – mit Selbstzeugnissen und Bilddokumenten*, Reinbek 1959, S. 164 f.

Heresch, Elisabeth, *Rasputin. Das Geheimnis seiner Macht*, München 1995, S. 368 f, 385, 388.
Paris, Jean, *Shakespeare*, Reinbek 1958, S. 65.

Kapitel 8

Zur Patientenverfügung: R. Harri Wettstein, *Leben- und Sterbenkönnen. Gedanken zur Sterbebegleitung und zur Selbstbestimmung der Person*, Bern 1997, S. 104 ff.
Zur Ernennung des Patientenanwalts: Andrea Langenfeld, *Vorsorgevollmacht, Betreuungsverfügung und Patiententestament nach dem neuen Betreuungsrecht*, Konstanz 1994, S. 114 ff.
Zur Ernennung des Vertreters – Muster einer Betreuungsverfügung: Andrea Langenfeld, *Vorsorgevollmacht, Betreuungsverfügung und Patiententestament nach dem neuen Betreuungsrecht*, Konstanz 1994, S. 170 ff. Muster einer Vorsorgevollmacht: Prof. Dr. Wilhelm Uhlenbruck, *Vorsorgevollmacht*, Berlin 1997, Formular-Set.
Zur Organspende: Deutscher Bundestag, Gesetzentwurf: Entwurf eines Gesetzes über die Spende, Entnahme und Übertragung von Organen (Transplantationsgesetz – TPG), Drucksache 13/4355 vom 16.04.1996; Beschlußempfehlung und Bericht des Ausschusses für Gesundheit, Drucksache 13/8017 vom 23.06.1997; Änderungsantrag, Drucksache 13/8027 vom 24.06.1997.
Zum Patiententestament: Andrea Langenfeld, *Vorsorgevollmacht, Betreuungsverfügung und Patiententestament nach dem neuen Betreuungsrecht*, Konstanz 1994, S. 183 f. Prof. Dr. Wilhelm Uhlenbruck, *Patienten-Testament*, Berlin 1997, Formular-Set.
Shakespeare, *Hamlet*, Stuttgart 1990, S. 122.
Gaedke, Jürgen, *Handbuch des Friedhofs- und Bestattungsrechts*, Köln 1992, S. 135 ff, 273.

Kapitel 9

Gaedke, Jürgen, *Handbuch des Friedhofs- und Bestattungsrechts*, Köln 1992, S. 20, 113 f, 141 ff, 150 f, 161 ff, 167, 238, 242, 244 ff, 256 ff.

Kapitel 10

Horaz, *Über die Dichtkunst*, in: *Satiren und Briefe*, Zürich 1962, S. 357 f.

Bibliographie

Achebe, Chinua, *Okonkwo oder das Alte stürzt*, Frankfurt 1982.

Alighieri, Dante, *Die göttliche Komödie*, Frankfurt, o. J.

Ariès, Philippe, *Geschichte des Todes*, München 1982.

Biedermann, Hans, *Knaurs Lexikon der Symbole*, München 1989.

Bojanovsky, Jörg J., *Verwitwete. Ihre gesundheitlichen und sozialen Probleme*, Weinheim 1986.

Caine, Lynn, *Und plötzlich stehst du allein. Rat und Hilfe für Witwen*, Hamburg 1990.

Childs-Gowell, Elaine, *Heilungsrituale. Aktive Hilfe zum Akzeptieren und Überwinden von Schmerz und Verlust*, Edition Tramontane,1994.

Colgrove, M., H. H. Bloomfield und P. McWilliams, *Die nächste Liebe kommt bestimmt. Gedanken zum Trost*, Berlin 1995.

Conrad, Joseph, *Herz der Finsternis*, Zürich 1994.

Dalby, Richard, *Geister zum Fest. Weihnachtliche Gruselgeschichten,* München 1992.

Dießenbacher, H., Hg., *Witwen. Vom Leben nach dem Tod des Mannes*, Frankfurt 1985.

Fried, Anne, *Wo man in Frieden sterben kann. Die Hospizbewegung,* Wuppertal 1988.

Fuldauer, Alice, *Fatale Liebe. Von Männem und Frauen, die ihren Partner töteten oder es versuchten*, Hamburg 1995.

Ginsburg, Geneviève Davis, *Trauer, Schuld und Zorn. Ein Selbsthilfebuch für Witwen,* Bergisch-Gladbach 1993.

Hauck, Waltraud und Frank Müller, *Zur Sache: Organspende*, Düsseldorf 1994.

Hayflick, Leonard, *Auf ewig jung. Ist unsere biologische Uhr beeinflußbar?* Köln 1996.

Hillman, James, *Selbstmord und seelische Wandlung. Eine Auseinandersetzung*, Daimon, 1984.

Ide, Helga, *Mein Kind ist tot. Trauerarbeit in einer Selbsthilfegruppe*, Reinbek 1988.

Klawans, Harold L., *Der Mann, der die Welt retten wollte. Und andere neurologische Geschichten*, Köln 1991.

Kübler-Ross, Elisabeth, *Was können wir noch tun? Antworten auf Fragen nach Sterben und Tod*, Gütersloh 1987.

dies., *Über den Tod und das Leben danach*, Neuwied 1989.

Kushner, Harold S., *Wenn guten Menschen Böses widerfährt*, Gütersloh 1994.

Langenfeld, Andrea, *Vorsorgevollmacht, Betreuungsverfügung und Patiententestament nach dem neuen Betreuungsrecht*, Konstanz 1994.

Lewis, C. S., *Über die Trauer*, Tübingen 1992.

Lohner, Marlene, *Plötzlich allein. Frauen nach dem Tod des Partners*, Frankfurt 1984.

Maples, William R. und Michael Browing, *Knochengeflüster. Mysteriösen Kriminal- und Todesfällen auf der Spur*, Berlin 1996.

Moody, Raymond, *Leben nach dem Tod*, Reinbek 1977.
ders., *Nachgedanken über das Leben nach dem Tod*, Reinbek 1978.
Morse, Melvin und Paul Perry, *Zum Licht. Was wir von Kindem lernen können, die dem Tod nahe waren*, Frankfurt 1993.
Nuland, Sherwin B., *Im Dienste des Hippokrates. Der Fortschritt in der Medizin*, München 1994.
ders., *Wie wir sterben. Ein Ende in Würde?* München 1994.
Panati, Charles, *Universalgeschichte der ganz gewöhnlichen Dinge*, Frankfurt 1994.
Pisarski, Waldemar, *Anders trauern, anders leben*, München 1982.
Putnam, James, *Mumien. Das Geheimnis der konservierten Mensch- und Tierkörper*, Hildesheim 1993.
Rinpoche, Sogyal, *Den Tod verstehen – Den Sterbenden helfen*, Münsterschwarzach 1995.
Ross, Anne und Dan Robins, *Der Tod des Druidenfürsten. Die Geschichte einer archäologischen Sensation*, Köln 1990.
Schutze, Jim, *Mein Mann will mich umbringen*, München 1993.
Stearns, Ann Kaiser, *Und plötzlich ist alles anders. Verluste verstehen und meistern*, München 1991.
Student, Johann-Christoph, *Das Hospiz-Buch*, Freiburg 1989.
Tannahill, Reay, *Fleisch und Blut*, München 1979.
Tietze, Henry G., *Abschied von Dir. Trennungen und Verluste auf dem Weg zur reifen Persönlichkeit*, Hamburg 1988.
Uhlenbruck, Wilhelm, *Patiententestament mit Vorsorgevollmacht*, Berlin o. J.
Viorst, Judith, *Mut zur Trennung*, München 1989.
Wettstein, R. Harri, *Leben- und Sterbenkönnen. Gedanken zur Sterbebegleitung und zur Selbstbestimmung der Person*, Bern 1997.

Namenregister

Stichwortregister

Walter Jens / Hans Küng

Menschenwürdig sterben

Ein Plädoyer für Selbstverantwortung. Mit Beiträgen von Albin Eser und Dietrich Niethammer. 176 Seiten. SP 2329

Der Mensch ist das einzige Lebewesen, das sich bewußt ist, daß es sterben muß. Doch die meisten Menschen verdrängen dieses Wissen, jedenfalls die meiste Zeit ihres Lebens. Dem setzt Hans Küng seine These entgegen: das Sterben und der Tod gehören zum Leben, sind seine letzte Phase. Zu einem menschenwürdigen Leben gehört auch ein menschenwürdiger Tod. Gerade für einen Theologen stellt sich hier aber die Frage nach dem »eigenen Tod«: Darf der Mensch bestimmen, wie und wann er stirbt – oder muß er unter allen Umständen »aushalten bis zum Schluß«?
Walter Jens weitet das Thema zunächst ins Literarische aus. Er befragt große Autoren der Weltliteratur: von Homer über den Verfasser des Matthäus-Evangeliums, bis hin zu Tolstoi und Camus – darüber, was »menschenwürdig sterben« heißt. Gibt es den Tod in Würde überhaupt? Dabei zieht er auch die Texte von Betroffenen heran, etwa von Maxie Wander oder Peter Noll. Der Band wird abgerundet durch eine Diskussion, in der der Freiburger Völkerrechtler Albin Eser und der Tübinger Mediziner Dietrich Niethammer die juristischen und medizinischen Aspekte der Sterbehilfe darlegen.

»Küng wendet sich entschieden gegen die sich nicht nur von den Kirchen betriebene ›Spiritualisierung und Mystifizierung‹ des qualvollen Sterbens, die er auf ein ›schiefes Gottesbild‹ zurückführt. Wie in vielen anderen Fällen, so liefere die Bibel auch nicht gegen Sterbehilfe, ja nicht einmal gegen den Suizid, wohlfeile Argumente. Walter Jens versieht sein sprachlich elegantes Plädoyer für ein menschenwürdiges Sterben mit eindrucksvollen Beispielen aus der Literaturgeschichte, in deren Verlauf die Beschreibung von Sterbevorgängen in körperlicher wie psychischer Hinsicht immer präziser geworden sei. Das gelte gleichermaßen für Darstellungen von Ärzten wie Schriftstellern.«
Süddeutsche Zeitung

Bert Keizer

Das ist das Letzte!

Erfahrungen eines Arztes mit Sterben und Tod. Aus dem Niederländischen von Steffen Haselbach. 298 Seiten. SP 2314

Was geschieht, wenn ein Mensch stirbt? Gibt es einen würdigen Umgang mit dem Tod? Was tun, wenn kein Arzt mehr helfen kann? Seit Jahren arbeitet Bert Keizer als Arzt in einer niederländischen Klinik, in der er täglich mit dem Sterben konfrontiert ist. Aus nächster Nähe erlebt er, wie Menschen den Tod erfahren, wie sich ihre Angehörigen verhalten, was Ärzte tun und was sie versäumen. Seine Erlebnisse präsentiert Keizer in diesem unverblümten und direkten Bericht, der mit unsentimentalem Mitgefühl und mit einer Humanität geschrieben ist, die bar jeder Frömmigkeit ist. Er kritisiert nicht theoretisch oder gar theologisch, sondern mit der praktischen Dramaturgie seiner Bilder und Szenen die Tradition der westlichen Kultur, die den Tod ausgrenzt, und plädiert für einen aufgeklärten Umgang mit dem Sterbenden und für eine humane Behandlung der Betroffenen. Ein Plädoyer für einen aufgeklärten Umgang mit dem Tod und für eine humane Behandlung der Betroffenen, aber auch eine bittere, oft ironische Kritik der schlechten Verhältnisse, in denen unsere Kultur den Sterbenden (allzu häufig) allein läßt.

SERIE PIPER

Sybil Gräfin Schönfeldt

Die Jahre, die uns bleiben

Gedanken einer Alten über das Alter. 260 Seiten. SP 2833

Ist man alt, so wird einem klar, wie wenig man sich in seiner Jugend vorstellen konnte, was das Alter ist. Ein Ausgangspunkt ist ihre eigene Erfahrung mit dem Alter: Man wird dem Körper untertan, das Zeitgefühl ändert sich, die ersten Freunde sterben, man trauert über Unwiederbringliches, man ist glücklich über die Kinder und Enkel.
Ein zweiter Ausgangspunkt ist der Ärger darüber, wie die Jungen über die Alten reden, daß sie so tun, als könnten Alte mit ein bißchen Kosmetik, Gymnastik und Diät wie Junge funktionieren.
Über Politiker und Abzocker, die die Alten als Material für die eigene Karriere betrachten, und über die Werbung mit ihrem Kult um die jungen Alten.
Über ihre Erfahrung und den Ärger ist die Autorin auf viele passende Geschichten aus der Weltliteratur gestoßen, die sie hier zitiert und in die sie ihre Gedanken über das Alter anschließt.

Kinder brauchen Großmütter

191 Seiten. SP 2127

»Die Autorin spricht nicht von Idealgestalten, sondern von lieben, aufgeschlossenen Großmüttern, die manchmal sogar den Unsinn der Enkel mitmachen.«
Welt am Sonntag

Bei Großmutter ist es am schönsten

Ein Handbuch für Großeltern. Gemeinsam spielen, essen, lesen, basteln, malen, Feste feiern. Illustriert von Steffen Butz. 269 Seiten. SP 2517

Sybil Gräfin Schönfeldt macht mit diesem Buch ein besonders liebenswertes Angebot an die Großeltern von heute: Sie hat für all die vielen Großmütter und Großväter, die vergnügte Stunden mit ihren Enkeln haben wollen, all jene alten, immer neuen, vertrauten Reime und Spiele zusammengetragen – wie »Das ist der Daumen« und »Backe, backe Kuchen« – und gibt außerdem viele praktische Mal- und Basteltips, Rezepte fürs gemeinsame Kochen und Ideen zum Feste-Feiern.

SERIE PIPER

Norberto Bobbio

Vom Alter

De senectute. Aus dem Italienischen von Annette Kopetzki. 128 Seiten. SP 2803

Der Turiner Rechtsphilosoph – seit Jahrzehnten eine intellektuelle Institution in Italien – erzählt hier gänzlich unprofessoral, unbestechlich nüchtern, mit hellwacher Aufmerksamkeit, wie er sein Altwerden erfahren und was er dabei erkannt hat – ein selbstkritisches, bescheidenes, sehr persönliches Buch, dessen Realismus in heitere Gelassenheit mündet.

Es gibt immer mehr Alte, die immer älter werden, und dabei wandeln sich die Anschauungen über das, was Alter ist und wann es beginnt, immer schneller. Nur die Werbespots und die Botschaften der Ratgeber wissen es genau: Moderne Senioren sind frisch, quick, sexy und optimistisch. Ganz anders dagegen Norberto Bobbio, der große alte Rechtsphilosoph aus Turin, in seinen Gedanken über das Alter und über das, was er beim Altwerden erfahren hat. In Italien ist Bobbio eine intellektuelle Institution und singuläre Autorität. In diesem sympathischen Buch spricht er als ein gescheiter alter Mann sehr einfach und klar über das Leben, den Tod und über sich selbst. Und er tut dies mit heiterer Melancholie. Am Anfang steht eine Art Selbsterkundung – offen, bescheiden, selbstkritisch. Mit illusionslos klarem Blick sieht und benennt Bobbio die Schwächen des Alters, er beschwört die Kraft des Erinnerns als Quelle der Lebendigkeit, er räsoniert über die modische Parole »das Alter genießen« und die handfesten Vermarktungsinteressen, denen sie dient.

»Es ist ein glasklares, unprätentiös schlichtes, beispielhaft nüchternes Buch, melancholisch zuweilen, trotzdem nicht depressiv, sondern von einem humanen Humor erwärmt.«
Ludger Lütkehaus, Die Zeit

SERIE PIPER

Maria Wallisfurth

Lautlose Welt

Das Leben meiner gehörlosen Mutter. 277 Seiten. SP 2541

Maria Wallisfurth wurde als hörendes Kind taubstummer Eltern geboren. Um ihr Leben »jenseits der Stille« im Spannungsverhältnis zweier Welten besser bewältigen zu können und um die eigene Lebenssituation vom Ausgangspunkt her zu erklären, ließ sie sich von ihrer Mutter deren Leben »erzählen« – mit ihrer unartikulierten Stimme, mit Hilfe von Gesten und Mimik. Das Leben des taubstummen Mädchens Maria Giefer, das 1897 in einem Dorf in der Eifel geboren wurde: die karge Kindheit auf dem elterlichen Hof, die Schuljahre in der Taubstummen-Anstalt in Aachen, eine Lehre als Näherin, ihre Arbeit als Hausgehilfin in einem Professorenhaushalt, der Alltag im Ersten Weltkrieg und in der Zeit der Inflation. Dann lernt Maria im Taubstummenverein Wilhelm kennen. Sie bekommen eine gesunde Tochter, werden in der Zeit des Nationalsozialismus gegen ihren Willen sterilisiert. – Dieser bewegende Lebensbericht schildert nicht nur den äußeren Verlauf eines besonderen Lebensschicksals; es gelingt ihm mit großer Authentizität und Einfühlsamkeit, in die ganz eigene Assoziations- und Gedankenwelt der Taubgeborenen einzuführen. Und er beschreibt ein auch glückliches Leben und eine große Liebe.

»Meine Eltern waren taubstumm. Ich war ihr einziges Kind, und ich hörte und sprach für sie. Als kleines Mädchen beunruhigte mich der Gedanke, daß meine Eltern vor meiner Geburt ohne ihr hörendes Kind leben mußten. Die Ausnahmesituation meiner Eltern und meine eigene ließen mich schon früh nach dem Wieso und Warum fragen. Ich habe meine Mutter gefragt, immer wieder.«

»Der erste literarische Laut, der aus der Welt der Taubstummen an die Öffentlichkeit dringt, ein Dokument, ein farbiges Zeitgemälde.«
Aachener Volkszeitung

Rémy Eyraud, Julien Caumer

Ich habe vergessen, wer ich bin

Die Geschichte eines Mannes, der ganz von vorne beginnen mußte. Aus dem Französischen von Inge Leipold. 256 Seiten. SP 2976

Rémy Eyraud ist sechsundzwanzig Jahre alt, als er Opfer eines mysteriösen Überfalls wird. Nach einem Schlag auf den Kopf fällt er ins Koma. Als er wenige Stunden später erwacht, hat er sein Gedächtnis verloren. Er erkennt niemanden, nicht seine Freundin Christine, nicht seine Eltern. Liebe, Gefühle, Schreiben und Lesen, das Know-how des Alltags und seine beruflichen Qualifikationen – alles ist weg, wie in einem dunklen Loch verschwunden. Rémy muß bei null anfangen. Alles ist ihm fremd und aufregend neu. Wie ein »Außerirdischer« betrachtet er die Welt, eine Perspektive, die nachdenklich macht, immer wieder aber auch zum Lachen bringt. Mit der Intelligenz eines Erwachsenen und der Neugier eines unvoreingenommenen Kleinkindes entdeckt Rémy seine Umgebung neu. Mit der liebevollen Unterstützung von Christine faßt er einen Entschluß: Er will kein Patient mehr sein, er will neu lernen zu leben. Dieses Buch ist das einmalige Dokument eines Falles von retrograder Amnesie und ist, nach monatelangen Recherchen, von dem Journalisten Julien Caumer aufgeschrieben worden.

»Wer bin ich? Ich habe es aufgegeben, auf meine Vergangenheit zu warten. Ich komme ohne sie aus, versuche einfach, normal zu leben. Ich werde es schaffen. Und wenn meine Erinnerung wiederkommt, wird es die Kirsche auf der Torte sein.«

Rémy Eyraud, sechs Jahre später

SERIE PIPER

SERIE PIPER

Rolf Verres

Die Kunst zu leben

Krebsrisiko und Psyche.
233 Seiten. SP 1815

Dieses Buch bietet einen ungewöhnlichen Zugang zum umstrittenen Thema Krebs und Psyche. Es ist ein Plädoyer, mit dem Risiko und der Angst aufgeklärt und beherzt umzugehen, das Leben *mit* dem Risiko anzunehmen, und es geht um die Frage, ob sich aus den Ergebnissen der wissenschaftlichen Krebsforschung Anregungen für die alltägliche Lebensführung ableiten lassen.

Rolf Verres hat sich als Arzt und Psychologe seit 15 Jahren mit den Wechselwirkungen zwischen Psyche und Krebs befaßt und mit Krebskranken gearbeitet. Die Dauer und die Qualität eines Menschenlebens werden – in einem bisher in der Öffentlichkeit wenig bekannten Maße – von Gedanken und Gefühlen mitbeeinflußt, die den Umgang der Menschen mit ihren Lebensrisiken widerspiegeln. Der Autor analysiert die verschiedenen Sichtweisen und Erlebnisinhalte zum Thema Krebs.

Neben den Zentralthemen seiner Argumentation für eine umfassendere medizinische Aufklärung und ein mündiges Verhältnis von Arzt und Patient geht es um folgende Fragen und Themenkomplexe: Krebswelten im Kopf – Aufklärung als Orientierungshilfe und als Verunsicherung · Unheil-Kunde: Was ist Krebs? · Die Angst als ein Zugang zum Leben · Gibt es eine »Krebspersönlichkeit«? · Genießen und bewußt »sündigen«: Die Lust am Risiko · Früherkennung: Gut gemeint, aber...

»Zur Lektüre muß man durchaus nicht krebskrank sein. Das Buch richtet sich an uns alle, die wir endlich begreifen sollten, daß es keine sinnlosen Krankheiten gibt, auch wenn uns der Sinn dafür oft viel zu lang verschlossen bleibt.«
Die Zeit

»Den Betroffenen möchte das Buch helfen, den Weg von einer teuflischen Angst zur rationalen Furcht zu finden und Hoffnung auf ein würdiges Lebensende zu entwickeln oder zu bewahren.«
Psychologie heute

Paul Watzlawick

Die erfundene Wirklichkeit

Wie wissen wir, was wir zu wissen glauben? Beiträge zum Konstruktivismus. Herausgegeben von Paul Watzlawick. 326 Seiten mit 31 Abbildungen. SP 373

Münchhausens Zopf oder Psychotherapie und »Wirklichkeit«

Gesammelte Aufsätze und Vorträge. 260 Seiten mit 6 Abbildungen. SP 1237

Vom Unsinn des Sinns oder vom Sinn des Unsinns

Mit einem Vorwort von Hubert Christian Ehalt. 83 Seiten. SP 1824

»Wenn sich der brillante Philosoph und Psychoanalytiker Paul Watzlawick Gedanken über den Sinn und seine Täuschungen macht, ist Konzentration gefragt. Trotz aller Verwirrung und sprachmächtigen Wortspielereien behandelt er nämlich die zentrale Frage der menschlichen Existenz. Unbedingt ernstzunehmen.«
Forbes

Anleitung zum Unglücklichsein

132 Seiten. SP 2100

»Ein Lesevergnügen mit paradoxem Effekt. Das Nichtbefolgen der ›Anleitung zum Unglücklichsein‹ ist die Voraussetzung dafür, glücklich sein zu können.«
Brigitte

Vom Schlechten des Guten

oder Hekates Lösung. 124 Seiten. SP 1304

Paul Watzlawick / Franz Kreuzer

Die Unsicherheit unserer Wirklichkeit

Ein Gespräch über den Konstruktivismus. Mit einem Beitrag von Paul Watzlawick. 76 Seiten. SP 742

Paul Watzlawick / John H. Weakland (Hrsg.)

Interaktion

Menschliche Probleme und Familientherapie. Forschungen des Mental Research Institute 1965–1974. 526 Seiten mit 4 Abbildungen. SP 1222

Einführung in den Konstruktivismus

Mit Beiträgen von Heinz von Foerster, Ernst von Glasersfeld, Peter M. Hejl, Siegfried J. Schmidt und Paul Watzlawick. 187 Seiten mit 15 Abbildungen. SP 1165